全国高等职业教育示范专业规划教材

河南省“十二五”普通高等教育规划教材

经济学基础

第2版

主　编　王爱红　刘东波

副主编　王红萍　樊春燕　孙玲霞

参　编　陈耀敏　刘晓莉　郭培培

机械工业出版社

本书根据教育部颁布的《高职高专教育西方经济学课程教学基本要求》编写而成。全书共分为十三个项目，分为经济学基本理论知识、微观经济学和宏观经济学三大部分。项目一主要介绍经济学的研究对象与研究方法；项目二至项目八为微观经济学部分，主要介绍需求、供给与均衡价格、消费者行为理论、生产理论、成本与收益、市场结构理论、分配理论、市场失灵与微观经济政策的相关内容；项目九至项目十三为宏观经济学部分，主要介绍国民收入核算理论、国民收入决定理论、失业与通货膨胀理论、经济周期与经济增长理论、宏观经济政策的相关内容。本书内容新颖、深入浅出、语言朴实，案例及阅读资料丰富。

本书可作为高职高专院校财经类、管理类专业的教材，也可供五年制高职、成人高校相关专业和相关人员使用。

图书在版编目（CIP）数据

经济学基础/王爱红，刘东波主编．—2 版．—北京：机械工业出版社，2014.12（2017.7 重印）
全国高等职业教育示范专业规划教材
ISBN 978-7-111-48968-9

Ⅰ．①经… Ⅱ．①王… ②刘… Ⅲ．①经济学—高等职业教育—教材 Ⅳ．①F0

中国版本图书馆 CIP 数据核字（2014）第 298713 号

机械工业出版社（北京市百万庄大街 22 号 邮政编码 100037）
策划编辑：孔文梅 责任编辑：张 亮
责任校对：郭明磊 责任印制：李 洋

三河市国英印务有限公司印刷

2017 年 7 月第 2 版第 3 次印刷

184mm×260mm・18.5 印张・436 千字

6001—9000 册

标准书号：ISBN 978-7-111-48968-9

定价：44.80 元

凡购本书，如有缺页、倒页、脱页，由本社发行部调换

电话服务
服务咨询热线：010-88379833
读者购书热线：010-88379649

网络服务
机工官网：www.cmpbook.com
机工官博：weibo.com/cmp1952
教育服务网：www.cmpedu.com
金书网：www.golden-book.com

第 2 版前言

目前，高职高专层次的经济学教材过多地强调完整性、系统性，却忽略一个事实："过于完整"的内容和"过于科学"的体系往往因为运用了枯燥乏味的方式而扼杀了学生的学习兴趣，使他们在未接触到经济学领域有趣的内容之前，就丧失了学习该门课程的信心。同时，由于高职高专只开设一个学期的经济学课程，课时较少，学生的数学功底也不足，因此，我们结合这几方面对本书进行以下几个方面的修改：

1．编写体例模块化

传统的《经济学基础》教材基本都是按照章节进行编排，即使有所创新，也只是在格式上和案例引用上进行改进，并没有从当前高职高专院校教学对教材的实际要求以及学生学习兴趣和学习能力的改变等方面对教材进行变革。与之相比，本书在编写体例上采用模块和项目式的编写，将经济学各部分理论知识融于每一个具体的项目中，使学生在学完项目的基础上，真正领悟经济学知识的精髓。

2．编写形式新颖

本书重视运用图、表、案例进行分析说明，避免繁杂的计算和模型的推导过程，对必要的计算进行了有针对性的命题演示。为了保持语言精练以及高职高专学生的理解，本书每个项目前都有项目导入，每个项目后也都配有阅读材料、小结、思考题、案例分析、技能训练、项目实训，使得本书重点突出、复习有据。并且更多地结合了中国的经济现象，用通俗易懂的语言讲述了经济学原理。

3．实践运用真实化

传统的《经济学基础》教材多是纯理论知识的接受，学生在学习时很吃力，导致学习完经济学知识之后，不知道如何运用，对现实的经济现象也不能利用经济学原理进行分析。因此，本书在内容项目化设计和编排时，尽量多地加入现实经济生活中原汁原味的真实案例，使学生能够在学习理论知识的同时，对经济现象进行理解和分析。以便于学生将理论和应用相互结合、相互促进。

总之，实践运用的真实化充分体现在本书的体例结构上——知识目标、能力目标、项目导入、项目实训等板块，相比同类书的编写更为新颖。

本书由主编王爱红拟定编写大纲，并对全书进行总纂、修改和审定。具体编写分工如下：濮阳职业技术学院王爱红编写前言、项目一、二，濮阳职业技术学院刘东波编写项目三、四和项目十一（任务一），濮阳职业技术学院陈耀敏编写项目五、七和项目十一（任务二），濮阳职业技术学院王红萍编写项目六，濮阳职业技术学院孙玲霞编写项目八和项目九（任务一、任务二），濮阳职业技术学院郭培培和刘晓莉编写项目十、十二、十三，山东电子职业技术学院樊春燕编写项目九（任务三）和项目十一（任务三）。尽管编者已付出了极大努力，但由于水平有限，书中难免存在错误或遗漏，恳请同行和读者给予批评指正。

为方便教学，本书配备电子课件等教学资源。凡选用本书作为教材的教师均可索取，请发送邮件至 cmpgaozhi@sina.com，咨询电话：010-88379375。

编　者

2014 年 3 月

第1版前言

经济学基础是经济学家对市场经济运行规律的理论概述，对于我国建设和完善社会主义市场经济不仅具有重要的借鉴价值，而且具有很强的实用性。从学科的课程设计来说，它是经济管理类专业的专业基础课。

本书根据教育部颁布的《高职高专教育经济学基础课程教学基本要求》设计编写大纲，主要针对培养经济管理类高等应用型专业人才编写。在编写过程中，体现高职高专的教育教学特色，贯彻“理论够用为度，知识注重实用”的原则，注重理论联系实际，比较全面、系统地介绍经济学理论的新进展。每章前有学习目标，章后附有小节和练习题，每节附有和内容相关的案例，力求编出“讲、读、思、练”一体化的新型教材，以适应高职高专教学中以教师理论精讲、多联系实际，学生勤思多练、提高分析问题解决问题的能力为特色的“能力本位”教学模式的需要。

本书内容主要包括微观经济学和宏观经济学两大部分。第一章导论主要介绍经济学的研究对象和研究方法；第二章至第八章介绍需求、供给与均衡价格、消费者行为理论、生产理论、成本与收益、市场理论、分配理论、市场失灵与微观经济政策等微观经济学内容；第九章至第十三章介绍国民收入核算理论、国民收入的决定理论、失业与通货膨胀理论、经济周期与经济增长理论、宏观经济政策等宏观经济学内容。

本书由主编王爱红拟定编写大纲，并对全书进行总纂、修改和审定。具体编写分工如下：濮阳职业技术学院王爱红编写第五章、第七章；郑州轻工职业学院韩梅编写第一章、第二章；濮阳职业技术学院董艳丽编写第九章第三节；濮阳职业技术学院刘东波编写第六章，第九章第一节、第二节；河南财税高等专科学院武建铭编写第三章、第四章；濮阳职业技术学院孙玲霞编写第十章第三节、第四节，第十三章；濮阳职业技术学院张志忠编写第十一章、第十二章；濮阳职业技术学院呼合银编写第八章，第十章第一节、第二节。尽管编者已付出了极大努力，但由于水平有限，书中难免存在错误或遗漏，恳请同行和读者给予批评指正。

为方便教学，本书配备电子课件等教学资源。凡选用本书作为教材的教师均可索取，请发送邮件至 cmpgaozhi@sina.com，咨询电话：010-88379375。

编　者

目　　录

模块一　经济学基础理论知识

项目一　认知经济学基础知识——带你步入经济学殿堂

任务一　认知经济学的研究对象

任务二　认知经济学的研究内容

任务三　认知经济学的研究方法

项目一

认知经济学基础知识——带你步入经济学殿堂

知识目标

1. 掌握经济学的研究对象。
2. 理解经济学的研究方法。
3. 明确学习经济学的意义和作用。

能力目标

1. 理解经济学的含义，掌握其研究对象。
2. 能用所学的概念和原理，解释生活中常见的经济现象和问题。

项目导入

经济生活与我们老百姓息息相关，几乎每个人每天都处于一定的经济活动中。我们总是自觉或者不自觉地对经济环境进行思考。譬如：房价是否会下跌，中国的股市会有怎样的走势，高速发展的中国经济运行形势等诸多问题，这些问题影响着老百姓日常生活的方方面面。经济生活是由一系列活动组成的复杂的集合，包括购买、销售、讨价还价、投资、生产、预算、成本控制等。经济学的最终目的就是要解决这些复杂的经济问题。每个人在一生中都无法回避纷繁复杂的经济现象和客观的经济规律。作为一名大学生，更应该能够读懂一般的财经新闻和报道，对政府税收、财政赤字、失业和通货膨胀有着自己的看法和观点。为了达到这个目的，就有必要通过了解经济学知识来为自己的判断提供依据。那么，在今天的生活中，你思考过哪些有关经济方面的问题？在我们平时的工作、生活和学习中又会面临哪些经济问题？什么是经济学？它的研究对象和方法是什么？它包括哪些主要内容？它的发展和演变历史如何？

项目思考

我们要学习的经济学和原先所想的经济学是一回事吗？

任务一　认知经济学的研究对象

一、经济学研究的基本前提

经济学研究的基本前提是人类欲望的无限性和资源的有限性，而西方经济学就是要找到最大限度缓解这对矛盾的方法。

人类欲望的无限性是指人类的欲望或需要是无穷的。欲望是人们为了满足生理或心理上的需要而产生的渴望。根据西方心理学家马斯洛的解释，人的欲望或需要可以分成五个层次，它们由低到高分别是：基本的生理需要、安全和保障需要、社会需要（如爱情、归属感等）、被尊敬的需要、自我实现需要。从欲望或需要的层次来考察，较低层次的欲望或需要一旦相对得到满足，人们就会产生高一个层次的欲望或需要。

【从《西游记》学马斯洛理论】猪八戒需求的是生理，沙僧需求的是安全，白龙需求的是归属，唐僧需求的是荣誉，孙悟空需求的是实现自我价值。取经目的不同，价值观不同，从一路上的行为表现来看就很好理解了：八戒偷懒，沙僧撮合，白龙无闻，唐僧哭啼，悟空拼命。这五个人恰好代表了马斯洛五个层次的需求。

思考

如何理解人的欲望是无限的？

解析

例如，人们有了小房子还想要大房子，成了百万富翁还想当千万富翁。饥寒交迫的人们需要首先解决温饱问题，但是当丰衣足食之后，他们会产生安全、医疗、学习、旅游等方面的需要等。

资源的有限性是指针对人类的欲望而言的，用来生产物品满足人类欲望的资源是有限的。用来满足人类欲望的物品可分为自由取用的物品和经济物品两种。前者的供给是无限的，取用时不需要花费任何成本，如空气、阳光等，但它们只能满足人类最基本的需要；后者的供给是有限的，相对于人类的欲望而言，绝大多数物品都属于经济物品，这些物品和生产这些物品所需的资源是不足的，这种不足就是稀缺性。

二、稀缺性

1. 自由物品、经济物品、有害物品

人类的生存与发展，离不开形形色色的物品，广袤的土地、充裕的阳光以及作为生命之源的水，都是大自然赋予人类的基本生存条件。同时，人类也在不断生产出各式各样的物品，既有能够满足人类各种需要的物品，如房子、汽车、衣服、食品等，也在制造着为人类带来各种麻烦的物品，如垃圾、汽车尾气等。从经济学的角度来看，我们可以把与人类生存和发展息息相关的物品分为三类，即自由物品、经济物品和有害物品。

经济学中把那些不需要付出任何代价就能够得到的有用物品叫自由物品（Free Goods），如阳光、空气等。这类物品的基本特点是“取之不尽、用之不竭”，对人类有用而且价格为零，即买方不用花费任何代价，卖方也得不到任何好处，因此通常不存在供求双方形成的买卖市场。在日常生活中，没有人愿意为呼吸的空气付给其他经济主体报酬，也是这个道理。

经济物品（Economic Goods）也叫稀缺物品（Scarce Goods），是指人类必须付出相应代价才能够得到的有用物品，如房子、汽车、粮食等。这类物品的共同特点是有一定的市场价格，如果免费相送，人们得到的数量必然小于人们想要的数量。显然，经济物品的第一个特点是有用性。第二个特点是人们获得时通常都要花费代价。第三个特点是经济物品相对于自由物品来说一定是稀缺的，这与我们平时在日常生活中的感觉——有用的物品总是相对缺乏的——相一致。换句话说，人的欲望是无限的，但是我们面临的经济物品是有限的，这两者构成了一对矛盾，即经济物品的稀缺性。第四个特点是价格为正。价格为正的物品在市场交易时，通常是买方向卖方支付代价。这与我们平时购买商品、劳务时的经验相一致。

有害物品（Harmful Goods）是指人类必须付出相应代价才能够消除的物品，它来源于人们的经济活动或其他活动，或是大自然的力量留下来的灾害，如垃圾、尘垢和汽车尾气等。人们总是希望有害物品越少越好，否则就会降低物质生活水平。这类物品可以被看成是价格为负的物品，即这类物品的卖者需要向买者付费。从经济学角度来看，负的价格意味着卖方向买方付费。例如，清洁工为居民清除垃圾，由于垃圾是有害物品，可以认为居民是卖方而清洁工则是买方，没有清洁工为了运走垃圾需要向居民付费的道理。垃圾不仅没有用，还会对人们的身心健康造成负面影响，这就是有害物品的典型例子。

2．稀缺性

经济物品的基本特征决定了经济物品的稀缺性。下面给出稀缺性的定义：

经济物品是有限的，而人类的欲望是无限的，有限的经济物品总是难以满足无限产生和膨胀的人类欲望，这一矛盾就是经济学中通常所说的稀缺性（Scarcity）。

可以看出，稀缺性总是指经济物品的稀缺性，自由物品不存在稀缺性，有害物品也无需谈什么稀缺性。同时，稀缺性一般可以分为消费品的稀缺和生产要素的稀缺，后者决定前者。换言之，如果生产消费品的所有生产要素都是取之不尽、用之不竭的自由物品，那么，消费品也不存在稀缺性，而会自然成为自由物品。

经济资源的稀缺性既是相对的，又是绝对的：

（1）资源的稀缺性具有绝对性，这种绝对性存在于人类社会的各个时期和人们生存的所有区域。从历史上来看，稀缺性存在于人类社会的所有时期。从世界各地来看，稀缺性存在于所有人类活动的区域。现实生活中的每个人都面临着稀缺性的问题，只不过稀缺的内容不同而已。所以，稀缺性是人类社会永恒的问题。

（2）资源的稀缺性具有相对性，也就是说相对于人类无限的欲望而言，再多的资源也是稀缺的。

三、机会成本与生产可能性曲线

从资源的稀缺性这一概念出发，如果进一步思考就会发现，人的欲望和满足欲望的手段，即生产资源和物质产品，一般具有以下几个特征：①人的欲望或需要是无限的；②这些需要的轻重缓急是各不相同的；③满足人的欲望或需要的手段，即可以支配的生产资源是有限的，从而可生产的产品是有限的；④每一种资源在大多数情况下是可以有多种用途的。人的欲望和生产资源的上述四个特征给人们提出了这样一个问题，即怎样使用和分配这些可以有多方面用途但数量有限的资源，来满足轻重缓急各不相同的无限的欲望或需要呢？要回答这个问题，就必须处理好两个方面的关系：①各种需要的轻重缓急；②为了实现某种既定的需要所需付出的代价。由此，经济学家在他们的分析中提出了两个重要的概念和工具：机会成本（Opportunity Cost）和生产可能性曲线（Production Possibility Curve）。

1．机会成本

经济资源一般是可以有多种用途的，但一定的资源用来生产某种产品后，就不可能用来生产其他产品，这就意味着，一定数量的资源用来生产某种产品时，就必须放弃其他产品的生产。当把一定的资源用来生产某种产品时所放弃的其他产品的最大产量（产值），就是这种产品的机会成本。例如，土地可以有多种用途，既可以种稻谷，也可种棉花、蔬菜或其他农作物。假如有一亩土地，用来种粮食，可产稻谷 500 公斤，价值 800 元；如果用来种棉花，投入同样多的资本与劳动可产棉花 100 公斤，价值 700 元，则这一亩土地用来生产粮食的机会成本是 100 公斤棉花或 700 元。同样，用来生产棉花的机会成本就是 500 公斤稻谷或 800 元。机会成本还可表述为，一种资源用来获得某种收入时所放弃的另一种收入。例如，某学生大学毕业后，面临多种选择，可以去银行工作，年薪 20 000 元；去某公司工作，年薪 28 000 元；继续深造，读研究生，收入为零。那么，如果去公司工作，机会成本就是所放弃的到银行工作可能获得的收入 20 000 元。如果继续读研究生，三年研究生学习的机会成本就是放弃去公司工作可能获得的收入 84 000 元。

由此可见，所谓机会成本，实质上是指选择的代价，即“选择成本”。它可以帮助人们进行可行性研究和最优化决策。当然，运用机会成本概念时，要满足以下三个条件：①资源本身要有多种用途；②资源可以自由流动且不受限制；③资源能够充分利用。如果不具备以上条件，机会成本便毫无意义。

2. 生产可能性曲线

资源的稀缺性决定了在一定社会的一定时期内，可以利用的资源是有限的，从而可以生产的产品数量也是有限的。生产可能性是指在一定的资源条件下，利用现有资源可能生产的最大产量组合。

生产可能性曲线主要用来考察一个国家应该怎样分配其相对稀缺的生产资源问题。我们知道，一国可利用的资源，按用途来说，主要用来生产资本品和消费品。由于资源总量是一定的。因此，要多生产消费品就必须减少资本品的产量。那么，一个国家如何兼顾目前利益和长远利益，把有限的资本分配使用于消费品和资本品的生产，是经济学必须回答的一个重要问题。这个问题可以用生产可能性曲线来解释和回答。

现在，假定一国现有资源用来生产两种产品 *X*（消费品）和 *Y*（资本品）。如果全部用来生产 *X* 产品，可生产 *OD* 单位；如果全部用来生产 *Y* 产品，可生产 *OA* 单位；如果同时用来生产 *X* 和 *Y* 两种产品，则可能有各种不同的 *X* 与 *Y* 的产量组合。将 *X* 和 *Y* 的各种不同的产量组合描绘在坐标图上，便可得出生产可能性曲线，如图 1-1 所示。图中的 *AD* 线即生产可能性曲线，或称生产可能性边界（Production Possibility Frontier）。

生产可能性曲线是用来说明和描述在一定的资源与技术条件下可能达到的最大的产量组合曲线，它可以用来进行各种生产组合的选择。如图 1-1 中 *F* 点和 *C* 点比较，少生产 *GB* 数量的 *Y* 产品（资本品），就可以多生产 *HE* 数量的 *X* 产品（消费品）。因此，生产 *HE* 单位 *X* 产品的机会成本就是 *GB* 单位的 *Y* 产品。那么，一个国家关于消费品和资本品这两大部类的生产，到底是选择 *F* 点还是 *C* 点，或者是 *AD* 线上的任何其他一点，这就是经济学所面临和必须回答的问题。

生产可能性曲线还可以用来说明潜力与过度的问题。生产可能性曲线以内的任何一点（如 *Q* 点），说明生产还有潜力，即还有资源未得到充分利用，存在资源闲置；而生产可能性之外的任何一点（如 *P* 点），则代表现有资源和技术条件所达不到的水平。只有生产可能性曲线之上的点，才是资源配置最有效率的点。因为它说明了一个社会的全部资源都得到了充分利用，不存在闲置资源和失业，社会经济达到了充分就业的状态。

在资源数量和技术条件不变的条件下，一个社会现有资源可能生产的产品产量组合是既定的，但当资源数量变化或技术条件改变时，生产可能性曲线会相应移动。随着资源数量的增加或技术的进步，生产可能性曲线会向外平行移动，如图 1-2 所示。

图 1-2 中，在原来的技术水平和资源条件下，生产可能性曲线为 X_1Y_1。现假定资源数量增加了或者技术进步，劳动生产率提高了，使生产可能性曲线向外平移至 X_2Y_2。在 X_2Y_2 上，每一点所代表的两种产品的产量组合都比 X_1Y_1 上相应的点所代表的产量组合要大。因此，生产可能性曲线向外移动，代表着一个社会生产能力的提高。

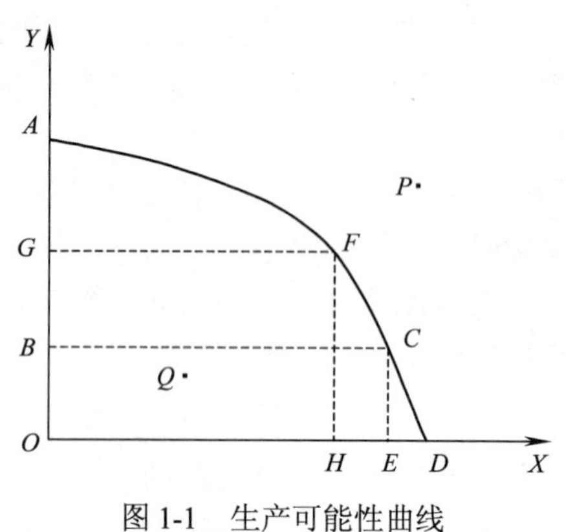

图 1-1　生产可能性曲线

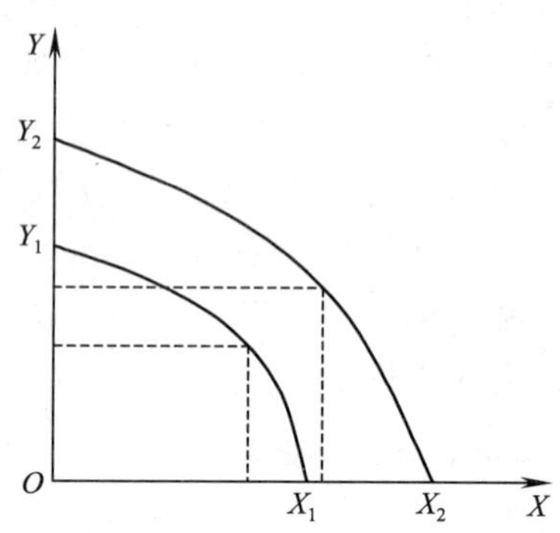

图 1-2　生产可能线的移动

四、经济学的研究对象

稀缺性是一切经济问题产生的根源。资源的稀缺性提出了两方面问题：一方面是人们尽可能充分地利用资源以获得最大的满足；另一方面是人们需要对资源的用途做出合理的安排或配置，尽可能地降低机会成本。这两方面问题都属于在既定的资源约束条件下如何有效运用资源的问题，即效率问题。由于资源是稀缺的，人们在经济活动中就要做出各种各样的“选择”。

资源配置是经济学要解决的主要问题。资源的稀缺性和欲望的无限性是人类社会的基本矛盾，如何解决这个矛盾，就是经济学要研究的主要问题，也就是我们经常说的资源配置问题。资源配置就是研究如何利用有限的资源生产出最多的产品，最大限度地满足人们的需要。这个定义与经济学的定义比较类似，因为经济学研究的就是资源配置问题。

资源配置是指如何把资源分配于各种用途。一种资源有很多用途，如钢铁，可以制造飞机、轮船、大炮等。到底生产什么，怎样进行选择，包括五个方面的问题。

1．生产什么（what）

一种资源有多种用途，我们首先要选择其用途。如在电影《头文字 D》中，周杰伦饰演了一个卖豆腐但又有车技的青年，如果在现实中周杰伦真的选择了当一个外卖工或赛车手的话，无论对其自身还是对社会来说可能都不是最佳选择。对其自身来说，他可能无法获得现在这么大的成功，从而损失了大量的财富和名誉；对社会来说，我们就欣赏不到那么悦耳动听的音乐了。可见，选择资源的用途至关重要。

2．生产多少（how much）

生产多少就是生产商品和服务的数量问题，生产多了会造成资源和经济物品的浪费，生产少了又会造成商品和服务供给不足，因而必须确定合理的生产数量。

3．如何生产（how）

如何生产就是选择何种生产方法来生产。据测算，美国的农业人口不足 2%，一个美国农民能养活 98 个本国人和 34 个其他国家的人。而我国则由 70%的农业人口去解决全国人民的吃饭问题。这是为什么呢？主要是生产方法不同，美国的农业生产是典型的机械化大生产，而我国的农业生产还是典型的依靠人力的小规模生产，因而效率低下。用什么方法生产，如蔬菜，用大棚生产还是传统方式生产，是资本密集型生产，还是资金、技术密集型生产，也要做出选择。

4．为谁生产（for whom）

为谁生产就是生产出来的商品和服务分配给谁的问题。2003 年美国的人均 GDP 达到了 37756 美元，与此同时，美国的贫困人口却超过了 3 300 万，约占美国人口的 11%，这是为什么呢？原因很简单，因为生产出来的商品和服务是按照一定的标准分配的，而不是按照人口平均分配的。

5．何时生产（when）

何时生产是指生产时间的选择。我国的家电企业中绝大多数厂家已经不再生产黑白电视机，即使有少量企业生产少量的黑白电视机，也是出口到非洲一些国家，很少在国内销售，因为黑白电视机在国内已经过时了。

稀缺性是人类社会永恒的问题，只要有人类社会存在，就有稀缺性，所以选择问题——生产什么、生产多少、如何生产、为谁生产和何时生产——是人类社会必须要解决的问题，这五个问题，称为资源配置问题。

五、资源利用

资源利用是指人类如何更好地利用现有的稀缺资源，使之生产出更多的物品与劳务。包括三个相关的问题：

（1）为什么资源得不到充分利用，如何使稀缺资源得到充分利用，即充分就业问题。

（2）为什么资源既定，但产量时高时低，如何使产量不断增加，并减少这种产量波动，即经济周期、经济增长问题。

（3）现代社会是一个以货币为交换媒介的商品社会，货币购买力的变动对生产产生什么影响，如何解决因货币购买力变动造成对经济的影响，即通货膨胀或通货紧缩问题。

六、经济学的定义

经济学是研究社会如何使用稀缺资源生产各种商品或劳务，并分给不同的人，以使人类无限欲望得到最大满足的一门科学。从经济学的定义可以看出，其逻辑起点是资源的稀缺性，其逻辑的终点是欲望的最大满足，也就是人类的福利最大化。

七、资源配置方式（经济制度）

经济制度是国家性质的决定因素，表现为两个方面：一是决定着一个国家所属的历史类型；一是决定着一个国家与其他同类型国家间相互区别的具体国家性质。根据资源配置和利用方式不同，可以将经济制度分为四类：

1．自然经济

自然经济简单地讲就是自给自足的经济，没有商品交换。它指生产是为了直接满足生产者个人或经济单位的需要，而不是为了交换的经济形式。自然经济处在商品经济的对立面，是私有制经济的一种表现。是存在于市场范围比较小的一种经济形态，是社会生产力水平低下和社会分工不发达的产物。该种经济形态占统治地位的持续时间涵盖原始社会、封建社会以及早期的资本主义社会与半殖民半封建社会。

2．计划经济

计划经济，或计划经济体制，又称指令型经济，是对生产、资源分配以及产品消费事先进行计划的经济体制。由于几乎所有计划经济体制都依赖于指令性计划，因此计划经济也被称为指令性经济。解决三个基本经济问题的是政府。所谓的三个经济问题是指：生产什么、怎样生产和为谁生产。而其中大部分的资源是由政府所拥有的，并且由政府指令而分配资源，不受市场影响。计划经济被当做社会主义制度的本质特征，是传统社会主义经济理论的一个基本原理，这种观点的逻辑推理是：社会化大生产把国民经济各部门联接成为一个有机的整体，因而客观上要求它们之间保持一定的比例关系。

3．市场经济

市场经济（又称为自由市场经济或自由企业经济）是一种经济体系，在这种体系下产品和服务的生产及销售完全由自由市场的自由价格机制所引导，而不是像计划经济一般由国家所引导。市场经济也被用作资本主义的同义词。在市场经济里并没有一个中央协调的体制来指引其运作，但是在理论上，市场将会透过产品和服务的供给和需求产生复杂的相互作用，进而达成自我组织的效果。市场经济的支持者通常主张人们所追求的私利其实是一个社会最好的利益。

4．混合经济

混合经济是资本主义和社会主义的某些特征并存的一种经济制度，或某一特定社会制度下经济体制中各种不同因素的混合。有些西方学者从公私混合的角度提出，现代资本主义经济是私人资本主义经济与社会化经济的混合。社会化经济在生产上是指国有企业；在收入与消费上是指公共卫生、房租低廉的住宅和社会安全与福利开支等。混合经济就是指生产、收入与消费上的公私混合经济。另一些西方学者从资本主义国家的政府在经济中所起的巨大作用的角度提出，政府和私人同时对经济发生作用，从而使现代资本主义经济成为一种混合经济。还有些学者认为，市场经济体制通过市场机制的作用配置资源、调节经济运行；在这一经济体制中，同时也运用了计划这一调控手段；国家采用指标、综合平衡的办法，对宏观经济活动进行预测、规划和指导，规范微观经济符合宏观经济发展目标，引导市场经济的发展方向。正是在这一意义上，市场与计划在一种经济体制范围内的结合，也意味着一种混合经济的形成。

任务二　认知经济学的研究内容

根据经济学理论解决的问题不同，经济学从总体上分为微观经济学和宏观经济学两部分。前者研究资源配置问题，后者研究资源利用问题。

一、微观经济学

（一）微观经济学的含义

“微观”的英文为“Micro”，源于希腊文“ukto”，原意是“小”。微观经济学（Microeconomics）

以单个经济单位为研究对象，通过研究单个经济单位的经济行为和相应的经济变量单项数值的决定，来说明价格机制如何解决社会的资源配置问题。这一定义包括以下四个方面的内容。

1. 微观经济学的研究对象是单个经济单位的经济行为

单个经济单位是指经济活动中最基本的单位，包括个人、家庭、企业。其中，个人和家庭又称居民户，是经济中的消费者。企业又称厂商，是经济中的生产者。在微观经济学的研究中，假设居民户和厂商经济行为的目标是实现最大化，即消费者居民户要实现满足程度（即效用）最大化，生产者厂商要实现利润最大化。微观经济学研究居民户与厂商的经济行为，即研究居民如何把有限的收入分配于各种物品的消费以实现其满足程度最大化，以及厂商如何把有限的资源用于各种物品的生产以实现厂商利润最大化。

思考

下面哪些经济体是微观经济学的主要研究对象？

A. 居民　　B. 厂商　　C. 市场　　D. 国际组织

解析

ABC

---

2. 微观经济学解决的问题是资源配置问题

解决资源配置问题就是要使资源配置达到最优化，即在这种资源配置下能给社会带来最大的经济福利。微观经济学从研究单个经济单位的最大化行为入手，来解决社会资源的最优化配置问题。因为每个经济单位都实现了最大化，整个社会的资源配置也就实现了最优化。

3. 微观经济学的中心理论是价格理论

在市场经济中，居民户和厂商的行为要受价格的支配，生产什么、如何生产和为谁生产都由价格决定。价格像一只看不见的手，调节着整个社会的经济活动，实现社会资源配置最优化。因此，价格理论是微观经济学的中心，其他内容都是围绕这一中心问题展开的。因此，微观经济学也称为价格理论。

思考

微观经济学的中心理论是什么？

A. 价格理论　　B. 消费者行为理论

C. 生产理论　　D. 分配理论

解析

A

---

4. 研究方法是个量分析

个量分析研究经济变量的单项数值如何决定。例如，某种商品的价格，就是价格这种经济变量的单项数值。微观经济学分析个量的决定、变动及其相互间的关系。

（二）微观经济学的基本假设

经济学的研究是以一定的假设条件为前提的。就微观经济学而言，有三个基本假设条件。

1. 市场出清的假设

所谓市场出清，是指市场供求相等，或者说产品既无过剩，又非不足。在理想的状态下，价格机制可以自发实现市场出清。市场出清可以表现出市场运动的方向和终点。市场出清假设可以使我们把复杂的动态研究转化为简化的静态分析。

2. 完全理性的假设

完全理性的假设又称为理性人的假设，是指消费者和企业都是以利己为目的的经济人，他们自觉地按利益最大化的原则行事，既把最大化作为目标，又知道如何实现最大化，即他们是完全理性的。只有在这一假设的前提下，价格调节实现资源配置的最优化才是可能的。

3. 完全信息的假设

完全信息的假设是指消费者和厂商可以免费而迅速地获得各种市场信息。消费者和厂商只有具备完全而迅速的市场信息才能及时对价格信号作出反应，实现其行为的最优化。

只有在以上三个假设条件之下，微观经济学关于价格调节实现资源配置最优化，以及由此引出自由放任的经济政策才是正确的。但事实上，这三个假定条件并不一定具备，这也是传统微观经济学受到现代经济学家质疑的重要原因。

➘ 思考

微观经济学基本假设条件包括哪几种？

A. 市场出清　B. 完全理性　C. 完全信息　D. 市场经济

➘ 解析

ABC

（三）微观经济学的基本内容

微观经济学的基本内容包括以下五方面内容。

1. 均衡价格理论（价格理论）

该理论研究商品的价格是如何决定的，以及价格如何调节整个经济的运行。它是微观经济学的中心。

2. 消费者行为理论

该理论研究消费者如何把有限的收入分配于各种物品的消费上，以实现效用最大化。

3. 生产者行为理论

该理论研究生产者如何把有限的资源用于各种物品的生产上而实现利润的最大化。这部分包括研究生产要素与产量之间关系的生产理论，研究成本与收益的成本收益理论，以及研究不同市场条件下厂商行为的厂商理论。

4. 分配理论

该理论研究产品按什么原则分配给社会各成员，即工资、利息、地租和利润如何决定。

5. 微观经济政策

该理论研究政府有关价格管理、消费与生产调节，以及实现收入分配平等化的政策。这些政策属于国家对价格调节经济作用的干预，是以微观经济理论为基础的。

➘ 思考

下列哪些理论属于微观经济学的基本理论？

A. 价格理论　B. 国民收入决定理论

C. 消费者行为理论　D. 分配理论

➘ 解析

ACD

二、宏观经济学

（一）宏观经济学的含义

“宏观”的英文是“Macro”，源于希腊文“nakno”，原意是“大”。宏观经济学（Macroeconomics）以整个国民经济为研究对象，通过研究经济中各有关总量（如国民生产总值、国民收入、总需求、总供给、总储蓄、总投资、总就业量、货币供给量及物价水平等）的决定及其变化，来说明资源如何才能得到充分利用。这一定义包括以下四个方面的内容。

1．宏观经济学的研究对象是整个经济

宏观经济学研究的不是经济中的单个经济单位，而是由这些单位所组成的整体；不是树木，而是由这些树木所组成的森林。这样，宏观经济学就要研究整个经济的运行方式与规律，从总体上分析经济问题。

2．宏观经济学解决的问题是资源利用问题

宏观经济学把资源配置作为既定前提，研究现有资源未能得到充分利用的原因，达到充分利用的途径，以及如何增长等问题。

3．宏观经济学的中心理论是国民收入决定理论

宏观经济学把国民收入作为最基本的总量，以国民收入的决定为中心来研究资源利用问题，分析整个国民经济的运行。其他理论都围绕着这一理论展开。

➘ 思考

宏观经济学的中心理论是什么？

A．价格理论　　B．国民收入决定理论

C．国际收支平衡理论　　D．消费者行为理论

➘ 解析

B

4．宏观经济学的研究方法是总量分析的方法

总量是指能反映整个经济运行情况的经济变量。这种总量有两类：一类是个量的总和。例如，国民收入是组成整个经济的各个单位的收入的总和，总投资是各个厂商的投资之和，总消费是各个居民户消费的总和。另一类是平均量。例如，价格水平是各种商品与劳务的平均价格。总量分析就是研究这些总量的决定、变动及其相互关系，从而说明整体经济的状况。因此，宏观经济学也称为总量经济学。

➘ 思考

下列变量中哪些属于宏观经济变量？

A．国民生产总值　　B．总储蓄　　C．总就业量　　D．总投资

➘ 解析

ABCD

（二）宏观经济学的基本假设

宏观经济学产生于20世纪30年代，它的基本内容基于以下假设。

1．市场机制是不完善的

自从市场经济产生以来，各国的经济就是在繁荣与萧条的交替中发展的，若干年一次的经济危机成为市场经济的必然产物。尤其是20世纪30年代的大危机使经济学家认识到，如果只靠市场机制的自发调节，经济就无法克服危机与失业，就会在资源稀缺的同时，又产生资源浪费。稀缺性不仅要求资源得到恰当配置，而且还要使资源得到充分利用。要做到这一点，仅靠市场机制是不够的。

2．政府有能力调节经济，纠正市场机制的缺点

人类不是只能顺从市场机制的作用，而是能在尊重基本经济规律的前提下，对经济进行调节。进行这种调节的就是政府。政府可以通过研究认识经济运行的规律，并采取适当的手段进行调节。整个宏观经济学正是建立在对政府调节经济能力信任的基础之上的。

3．各种经济变量之间存在错综复杂的相互关系

宏观经济学研究的是总量，它必须考虑各种个量之间的关系。著名的蝴蝶效应（拉丁美洲蝴蝶的行为与美国的风暴有关）虽然有些夸张，但是它说明了世界万物之间具有相互影响的现实。与微观经济学相比，宏观经济学这种更反映现实的假设，使它更为复杂化了。

小知识

蝴蝶效应（Butterfly Effect）

蝴蝶效应是美国麻省理工学院气象学家洛伦兹（Lorenz）在1963年提出来的。为了提高长期天气预报的准确性，他用计算机求解仿真地球大气的13个方程式。为了更细致地考察结果，他在试验中把一个中间解0.506取出，提高精度到0.506127再送回。而当他到咖啡馆喝了杯咖啡以后回来再看时大吃一惊：本来很小的差异，结果却偏离了十万八千里!再次验算发现计算机并没有毛病。洛伦兹发现，由于误差会以指数形式增长，在这种情况下，一个微小的误差随着不断推移造成了巨大的后果。他于是认定这是“对初始值的极端不稳定性”，即“混沌”，又称“蝴蝶效应”。拉丁美洲的蝴蝶拍拍翅膀，将使美洲几个月后出现比狂风还厉害的龙卷风!

其原因在于：蝴蝶翅膀的运动，导致其身边的空气系统发生变化，并引起微弱气流的产生，而微弱气流的产生又会引起它四周空气或其他系统产生相应的变化，由此引起连锁反应，最终导致其他系统的极大变化。

此效应说明，事物发展的结果对初始条件具有极为敏感的依赖性，初始条件的极小偏差，将会引起结果的极大差异。

“蝴蝶效应”在社会学界用来说明：一个坏的微小的机制，如果不加以及时地引导、调节，会给社会带来非常大的危害，戏称为“龙卷风”或“风暴”；一个好的微小的机制，只要正确指引，经过一段时间的努力。将会产生轰动效应，或称为“革命”。

（三）宏观经济学的基本内容

宏观经济学的基本内容包括以下五个方面。

1．国民收入决定理论

国民收入是衡量一国经济资源利用情况和整个国民经济状况的基本指标。国民收入决定

理论就是要从总需求和总供给的角度出发，分析国民收入决定及其变动的规律。它是宏观经济学的中心。

2．失业与通货膨胀理论

失业与通货膨胀是各国经济中最主要的问题。宏观经济学把失业与通货膨胀和国民收入联系起来，分析其原因和相互关系，以便找出解决这两个问题的途径。

3．经济周期与经济增长理论

经济周期指国民收入的短期波动，经济增长是国民收入的长期增加趋势。这一理论分析国民收入短期波动的原因、长期增长的源泉等，以期实现经济长期稳定的增长。

4．开放经济理论

现实的经济都是开放型的经济。开放经济理论要分析一国国民收入的决定和变动如何影响别国，以及如何受别国影响，同时也要分析开放经济条件下一国经济的调节问题。

5．宏观经济政策

宏观经济学是为国家干预经济服务并为它提供理论依据，而宏观经济政策是要为这种干预提供具体的措施。政策问题包括政策目标、政策工具以及政策效应。

经济学界对经济运行的认识和分析不同，提出的政策主张和建议不同，形成了不同的经济学流派，如货币学派、供给学派和理性预期学派等。

三、微观经济学与宏观经济学的区别和联系

微观经济学与宏观经济学是经济学两大组成部分，二者既有区别，又有联系。

（一）区别

微观经济学与宏观经济学在研究对象、解决的问题、中心理论和研究方法上都不相同，见表 1-1。

表 1-1 微观经济学与宏观经济学的区别

区　别	微观经济学	宏观经济学
研究对象	单个经济单位	整个经济
解决的问题	资源配置	资源利用
中心理论	价格理论	国民收入决定理论
研究方法	个量分析	总量分析

（二）联系

（1）二者的区别是相对的，目标是相同的。严格地说，只有一个经济学，只是二者的侧重点不同。在实际经济分析中，往往同时涉及微观与宏观两个方面，比如，在分析决定一国物质利益变动时，必须同时考虑如何使资源（在宏观上）全部利用，并（在微观上）达到最优化配置。

（2）二者研究的都是基本经济问题，但分工不同。任何一个经济学都要回答以下几个问题：生产什么？如何生产？为谁生产？资源是否全部利用？货币和储蓄的购买力是否由于通货膨胀而改变？生产能力能否持续增长？前三个问题是微观经济学研究的问题，后三个问题是宏观经济学研究的问题。

（3）二者是互相补充的。经济学的目的是要实现社会经济福利的最大化。为了达到这一目的，就要实现资源优化配置与充分利用。微观经济学在假定资源充分利用的前提下，分析如何达到最优

化配置问题。宏观经济学在假定资源优化配置的前提下，分析如何达到充分利用的问题。它们从不同的角度分析社会经济问题，可见二者是互相补充的，它们共同组成经济学的基本原理。

（4）微观经济学是宏观经济学的基础。宏观经济学分析总是以一定的微观经济分析为基础。比如，就业理论和通货膨胀理论作为宏观经济学的重要组成部分，总是要涉及劳动的供求和工资的决定理论以及商品价格如何决定的理论，而充分就业的宏观经济模型，正是建立在以完全竞争为假定前提的价格理论和工资理论的基础上。

（5）二者所使用的分析方法（除个量分析与总量分析的区别外）大都是相同的，都属于实证经济学。比如，二者都使用模型法、静态分析和动态分析方法，在进行数量分析时都采用边际分析的方法，都把制度作为既定前提来分析资源的配置与利用问题，因此都属于实证经济学。

思考

对于实际工资下降所产生的效应，微观经济学和宏观经济学给出的回答可能是截然不同的，是什么原因造成的呢？

解析

从微观经济学角度看，实际工资（货币工资除以价格水平）下降，意味着劳动力成本下降，企业家在组织生产时就会多用人，即采用劳动密集型生产方法，从而会使就业增加。例如，当劳动力价格十分低的时候，采用人海战术挖水库，比使用大型挖土机更能节约成本。

从宏观经济学角度看，实际工资下降会使失业增加。这是因为实际工资下降会使人们的消费减少，当产品卖不出去时，企业就会减产和裁员。

结论相反并不说明某一结论是错误的。因为两者的假设条件不同。在微观经济分析中，只考虑一个企业实际工资下降，其隐含前提是社会实际工资不变。前提条件不同，自然会导致结论不同。

任务三　认知经济学的研究方法

一、基本分析方法

通常，成本收益法是经济学分析的基本方法。经济问题不同于其他社会科学问题，它讲究节约，追求优化，它把微观经济单位看作追求自身利益最大化的经济主体。因此，其决策行为必然重视成本与收益的对比状况。经济学研究经济主体的决策行为，而经济主体决策行为的重要特点是成本最小化或收益最大化。这样，成本和收益的核算就成了经济学家分析经济主体行为的有效切入点。当然正如前面指出，这里的成本和收益是广义概念，既包括经济因素，也包括非经济因素，如生育问题。夫妻俩生育孩子是有成本和收益的，收益就是孩子带来的愉悦感，孩子长大后可以防老带来的安全感，以及其他收益；成本有妻子十月怀胎的辛苦，还有每次孩子生病时的费用，以及其他衣食住行费用和教育费用等。如果是重视自由的夫妻，养育孩子后失去的部分自由也是夫妻俩的成本。这样，一对夫妻要不要孩子，要多少孩子则取决于生育这个孩子的成本和收益的对比情况。以后我们会知道这就是边际成本和边际收益的对比情况。当收益大于成本时就会继续生育，当收益小于成本时就不再生育，均衡的生育数量是成本等于收益，即边际成本和边际收益相等的孩子数量。在农村，多养育孩子几乎不需要什么额外成本，加个碗就行了；而且生多了孩子还有规模效益，比如老大的衣服老二穿等，边际成本在一定范围内表现出递减的趋势，但是收益很大。这是由于农村的劳动需要更多的劳动力，以及出于实现旺族大户的考虑。所以，在农村推行计划生育总是很难，这是有一定经济学道理的，并不仅仅是农民的传统观念导致。

可见，成本收益对比法是经济学分析和研究的基本方法，也是经济主体行为的一贯特点。遵循成本收益法对经济现象分析并构建正确的经济理论还需要有一套科学的分析程序。经济学家们认为，科学的分析程序应该是：①选定准备分析的经济现象；②把互不相关的或无关紧要的经济变量抽象掉；③采用成本收益法进行分析并提出假设；④搜集相关的数据进行检验；⑤进一步修正提出的假设并建立符合实际的经济理论。

二、规范经济学和实证经济学

在介绍了经济学的基本分析方法和分析程序以后，我们再介绍经济学的两种重要分析方法：实证分析（Positive Analysis）和规范分析（Normative Analysis）。

经济学的实证分析重点在于研究经济是如何运行的。同时解释经济现象的原因和后果。例如，假定中国提高知识分子的待遇，为知识分子发放高额补贴，则经济学的实证分析重点研究的问题是：中国政府为什么这么做；其后果是什么；中国目前的财政收入是否允许这么做；如果这么做，大规模的补贴可能来自哪几个主要途径。这些都是实证分析的范畴。实证分析不涉及价值判断问题，更不涉及“好”与“坏”、“应该”与“不应该”的问题，这些是规范分析的任务。经济学的规范分析重点研究经济学中的价值判断问题。例如，在上例中，经济学的规范分析重点研究的问题是：大量的财政支出用于改善知识分子的生活境况是否值得；把钱用于其他方面是否会更好；如果这么做，大规模的补贴应该来自哪几个途径；增加税收是否是最好的办法等。

由于规范分析通常建立在价值判断的基础上，因此，规范分析得出的经济理论一般不能通过科学的方法加以检验，因为不同的经济学家具有不同的价值判断标准，人们经常谈到的“五位经济学家会有六个不同的观点”，说明了经济学家们更容易在规范分析方面产生观点上的分歧。

关于实证分析和规范分析哪个更有用，至今在经济学家中存在重大分歧。有的经济学家认为规范分析无法得到检验，分析结论掺杂着严重的个人喜恶，因此，这样的分析不是科学的分析，这样的理论不是科学的理论。只有实证经济学才符合科学分析的逻辑和程序，才能得出令人信服而又有价值的理论。而另外一些经济学家则认为，实证经济分析只能解决一些小问题，经济学中的重大问题无一不是最后落脚到规范分析上。而且，由于人们总是有一些基本的大家都认同的价值判断标准，因此，只要经济学家们保持客观的研究态度，就可以得出科学的经济理论。

其实，规范分析和实证分析都是十分有用的分析方法，而且能够互相补充，更加深刻地揭示经济现象的本质。例如，在上面例子中，对提高知识分子待遇的实证分析不可能离开规范分析，因为经济学家们必须首先研究此一举措值不值得，必须首先回答“应该”还是“不应该”的问题才能进一步解决其他问题。而且，此一举措一旦付诸实施，则必须研究“什么样的资金来源是更好的”这一问题，这同样是规范分析的内容。与此同时，规范分析也离不开实证分析。要对这样的举措做出“好”与“坏”、“应该”与“不应该”的评价，首先必须弄清政府为什么要这么做以及这样做的后果是什么等问题，这正是实证分析的内容。

进一步说，规范分析和实证分析有着密切的联系。首先，规范分析的观点对实证分析的主题产生重要影响。例如，实证分析之所以更多地去研究劳动力市场而不是养殖场，重要的原因乃是实证经济学家们有一个基本的伦理判断：人比家禽更重要。其次，实证分析的结论指示人们如何才能达到最好的经济目标。例如，规范分析可能认为，社会应该改善穷人的境况，则实证分析会指示政府怎么去做。减税、补贴、高工资率，还是使他们首先接受职业培训，这些做法的后果分别是什么等。

由于规范分析和实证分析在经济学分析方法中的独特性，经济学家通常也把经济学划分为规范经济学（Normative Economics）和实证经济学（Positive Economics）。

1. 实证经济学

（1）实证经济学的含义。实证经济学的目的在于了解经济是如何运行的。它企图超脱或排斥一切价值判断，只研究经济本身的内在规律，并根据这些规律，分析和预测人们经济行为的效果。

（2）实证经济学的特点：

1）它要回答“是什么”的问题。

2）研究的内容具有客观性，即结论是否正确可以通过事实来检验。

2. 规范经济学

（1）规范经济学的含义。规范经济学是对于政策行动的福利后果的分析。它以一定的价值判断为基础，提出某些标准作为分析处理经济问题的标准，树立经济理论的前提，作为制定经济政策的依据，并研究如何才能符合这些标准。

（2）规范经济学的特点：

1）它要回答“应该是什么的问题”。

2）研究的内容缺乏客观性，即结论是否正确无法通过事实来检验。

3. 实证经济学和规范经济学的区别与联系

实证经济学和规范经济学，既有区别又有联系。二者的区别主要体现在以下三个方面。

（1）是否以一定的价值判断为依据，是实证经济学与规范经济学的主要区别之一。所谓价值判断是指对经济事物是好还是坏的判断问题。实证经济学为了使经济学具有客观科学性，就要避开价值判断问题；而规范经济学要判断某一具体经济事物的好坏，则从一定的价值判断出发来研究问题。

（2）实证经济学与规范经济学要解决的问题不同。实证经济学要解决“是什么”的问题，即要确认事实本身，研究经济本身的客观规律与内在逻辑，分析经济变量之间的关系，并用于经济分析与预测。规范经济学要解决“应该是什么”的问题，即要说明事务本身是好还是坏，是否符合某种价值判断，或者对社会有什么意义。这一点也就决定了实证经济学可以避开价值判断，而规范经济学必须以价值判断为基础。

（3）实证经济学的内容具有客观性，它所得出的结论可以用事实来进行检验，不以人的意志为转移。规范经济学本身则没有客观性，它所得出的结论要受到不同价值观的影响。具有不同价值判断标准的人，对同一事物的好坏会作出截然相反的评价，谁是谁非并没有什么绝对标准，从而也就无法进行检验。

实证经济学与规范经济学尽管有上述三点差异，但它们也并不是绝对互相排斥的。规范经济学要以实证经济学为基础，而实证经济学也离不开规范经济学的指导。一般来说，越是具体的问题，实证的成分越多；而越是高层次、带有决策性的问题，越具有规范性。

实证经济学与规范经济学强调的是用不同的方法来研究经济问题。这种划分与强调研究对象的微观经济学与宏观经济学的划分不同。如前所述，微观经济学与宏观经济学都是用实证的方法进行研究，因此都属于实证经济学。

三、经济学分析的前提

经济学分析的前提是经济人假定，这是经济学研究的基础。这一假定认为，社会生活中的经济主体（厂商、居民、政府、社团等）无一例外，都具备经济人的特征或者说都是经济人。这一假定包含着十分丰富的内容。

经济人（Economic Person）假定的内容是：①经济人是追求自身利益最大化的自利者，换句话说，给定约束，经济人必然最大限度地趋利避害；②社会经济生活中的个人及其他经济主体都是经济人，都具备自利特征；③由于每一经济主体的自利性，经济主体首先会做出最大努力改善自身的处境，客观上促进社会福利的提高，即自利行为推动经济主体努力工作和合理生存，从而促进整个社会的繁荣。

经济人假定在经济学中占有极其重要的地位。要理解这一定义，必须把握下述几个要点。

首先，经济主体都具备自利特征。厂商追求产出最大，成本最小；工人追求工资最高而实际付出劳动最小；居民追求支出最小，消费效用最大；资本家追求投入资本最小而利润最大等。这种以正当自利为特征的个人主义也正是现代市场经济运行的哲学基础。试想，如果经济主体都是利他的，都在首先为对方经济利益着想，那么，经济本身就不能达到相对的均衡状态，因为社会中只要有一个主体具备自利行为，社会财富就会在其余利他者的驱动下向利己者积聚，这是显而易见的。

其次，经济学上所说的利己并不是建立在“损人”的基础之上，与我们批评的“损人利己”和自私自利是两回事。经济主体的行为后果有几种组合：①利己，但不损人；②利己，同时损人；③既不利己，也不损人；④损人，但不利己。最后一种情况即“损人不利己”，应该受到社会的坚决谴责，因为这意味着社会总体福利的减少。②的行为也不值得提倡，除非自己得利大于别人受到的损害，又有制度保证受损者得到补偿。③的行为不可能持久，因为任何主体不可能以“不损人”，或者“不利己”作为动力进行自己的社会活动。可见，第一种情况，即利己但不损人（也可能利人）意味着既能使社会总体福利提高，又使经济主体有充分的动力去努力工作和合理生存。那么，靠什么来保证“利己不损人”呢？通常有三个层次的约束：法律、制度和经济伦理。因此，通常所说的“市场经济就是法制经济”、“市场经济最讲究伦理道德”和“市场经济建立在完善的制度的基础上”就说明了这样的道理。

最后，在市场经济条件下，自利者不仅不应该受到批评还应受到鼓励。因为只有允许每一主体追求自身利益最大化，经济主体才有积极性和创造性去从事经济活动，整个社会也会因此充满活力。同时，自利者也是社会一员，在不损害别人的前提下，自身状况能够得到改善，本身就意味着社会总体福利的增进。自己能够解放（改善）自己，就不必要等待着别人来解放（改善）自己。如果人人能做到这点，整个社会就会越来越富足。何况，大量的经济主体所从事的经济活动往往是既利己，又利人。

读者也许会提出这样的问题：经济学是否研究利他行为？换句话说，利他主义者是不是经济人假定的例外？经济学家认为，利他主义者仍然符合经济人的行为特征，利他行为依然可以被纳入经济学研究的范畴。这是因为利他主义者之所以乐于助人，是由于其偏好有别于利己主义者。利己者往往有这样的偏好：助人无益于自身利益，不助人无损于自身利益。但利他者的偏好则是：助人会大大增进自身利益，会使自己心情愉悦；不助人则会大大减少自身利益，会使自己寝食不安甚至久积成病，终疾而亡。可见，从经济学的角度来看，利他主义者同样也属于利己主义者的范畴，只是偏好不同罢了。我们通常所说的“利他主义者是高尚的”在经济学家看来，不如说成是利他主义者的偏好是高尚的。

四、经济学分析工具

经济学分析有许多工具，如定性和定量分析、均衡与非均衡分析、静态与动态分析、边际分析、弹性分析、短期与长期分析、局部与一般分析等。在学习各种理论之前，需要对分析工具有一个基本了解。

1. 定性与定量分析

定性分析泛指一切不包括数字的分析方法，它主要用于说明经济现象的性质及其运动的规律性。例如，需求增加会使价格上升，便属于定性分析。其主要优点是简单明了，主要缺点是不够准确。

定量分析研究的是经济现象之间的量的关系。例如，需求增加1%，会使价格上升2%，就是一种定量分析。它更具有应用价值，但是其结论可能只适用于特定环境而缺乏普遍意义。

2. 均衡与非均衡分析

均衡是指变动着的各种力量正好平衡，从而经济系统变动趋势为零的状态。例如，若供给量和需求量相等使得价格不变，我们就称该价格处于均衡状态。均衡在现实世界中并不存在，世间万物都处于不断的运动进程中。正因为如此，均衡分析才凸显其理论价值。它使分析得以简化，使我们可以了解经济运动的方向及其最终结果。在均衡分析中，制度、社会和文化等因素通常作为外生变量，即模型中不予考虑的变量。

非均衡分析研究各种力量不平衡所引起的经济系统的变动。例如，经济史研究就是非均衡分析。在非均衡分析中，制度、社会和文化等因素都是重要的研究对象。

西方经济学主要运用均衡分析来研究经济运行。其优点在于它相对简单，并可获得定量的结论。但是，正因为它把现实简化了，得出的结论可能脱离现实。

3. 静态与动态分析

静态分析是抽掉时间因素和运动过程的分析。动态分析则是引入时间因素和运动过程的分析。

鉴于西方经济学主要围绕均衡分析研究经济运行，我们可以得到静态均衡分析、比较静态均衡分析和动态均衡分析三种基本分析工具。

静态均衡分析完全抽掉时间因素，考察各经济变量之间的关系，实现均衡所需要的条件以及变量均衡值的大小。

比较静态均衡分析研究原有的假设条件发生变化之后，新的均衡状态与原有均衡状态会有何种区别。它并不考虑从一种均衡状态过渡到另一种均衡状态需要多少时间，也不考察变量的运动过程。

动态均衡分析则把时间因素和运动过程纳入均衡分析。它把一段时间划分为一系列时期，说明每个时期变量是如何运动的，直至经济系统达到均衡状态。

其他分析工具将在后面的项目中进行介绍。

本章小结

经济学作为一门社会科学，主要研究稀缺资源的配置和利用。根据经济学研究对象的不同，可以将经济学分为微观经济学和宏观经济学。微观经济学的中心是价格理论，主要研究资源如何得到最优配置；宏观经济学以国民收入决定为中心理论，主要研究资源如何得到充分利用。亚当·斯密创立了真正意义上的经济学学科。当今经济学是一门由微观和宏观两部分共同构成的庞大理论体系，在自由放任和国家干预两种思想的斗争和妥协中不断向前发展。

补充阅读

一、看不见的手

“每个人都在力图应用它的资本，来使其产品能得到最大的价值。一般来说，他并不企图增进公共福利，也不知道他所增进的公共福利为多少。他所追求的仅仅是他个人的安乐，仅仅是他个人的利益。在这样做时，有一只看不见的手引导他去促进一种目标，而这种目标绝不是他所追求的东西。由于追逐自己的利益，他经常促进了社会利益，其效果要比他真正想促进社会利益时所得到的效果更大。”

《国富论》——亚当·斯密

二、经济学家应当是社会的医生

当我们拿起这本书的时候，对于这门课程会产生某种期待。如果你想知道如何赚钱，那么，学完这门课，你会有某种失望甚至受骗的感觉。经济学并不是教人如何赚钱。我国著名经济学家朱绍文曾说过：“经济学家应当是社会的医生。”就像人会生病一样，社会也会“生病”。例如，在我国经济高速增长的时候，仍然存在一系列问题。

（1）贫富两极分化程度居世界前列。

（2）银行的呆账达到20%左右。

（3）一些领域腐败现象易发、多发。

（4）农村存在巨大的人口压力。

（5）农村教育水平低下，限制剩余劳动力向非农产业转移。

（6）环境恶化在一些地方达到了威胁生存的程度。

（7）法规不健全，且有法不依、执法不严现象突出。

（8）假冒伪劣产品横行。

（9）黄赌毒屡禁不止。

（10）治安状况不佳。

类似的问题还可以列举出许多。当社会“生病”的时候，人们就会呐喊。但是，如果呐喊不是建立在理性思考之上，它就缺乏力量。当我们拿起这本书的时候，就走入了业余经济学家的行列。知识会增强我们的力量。如果社会上每一个人都具有这样的知识，社会就会变得健康，我们也都会从中受益。

思考与练习

一、名词解释

稀缺性　经济学　生产可能性曲线　机会成本　经济物品　微观经济学　宏观经济学　实证分析　规范分析

二、单项选择题

1. “资源是稀缺的”指（　　）。
   A. 世界上大多数人生活在贫困中
   B. 相对于资源的需求而言，资源总是不足的
   C. 资源必须保留给下一代
   D. 世界上的资源最终将由于生产更多的物品和劳务耗尽
2. 微观经济学的中心理论是（　　）。
   A. 消费者行为理论　　B. 生产者行为理论
   C. 分配理论　　D. 价格理论
3. 宏观经济学的中心理论是（　　）。
   A. 国民收入决定理论　　B. 通货膨胀理论
   C. 经济增长理论　　D. 货币理论
4. 经济物品是指（　　）。
   A. 有用的物品　　B. 数量有限，要花费代价才能得到的物品
   C. 稀缺的物品　　D. 数量无限，不用付出代价就能得到的物品

三、判断题

1. 因为资源是稀缺的，所以产量是既定的，永远无法增加。（　　）
2. “每个大学生都应该了解经济学的一些内容”是规范表述。（　　）
3. “效率比平等更重要”是规范表述。（　　）
4. “最低工资法增加了青年工人与非熟练工人的失业率”是实证表述。（　　）
5. 稀缺性仅仅是市场经济中存在的问题。（　　）
6. 在一个由行政指令来协调经济活动的社会经济中，生产什么、如何生产和为谁生产的决策是价格调节的结果。（　　）
7. “中国应该限制私人小轿车的发展”，这是一个实证表述的例子。（　　）
8. 实证表述的是关于“是什么”的问题，规范表述的是关于“应该是什么”的问题。（　　）
9. 如果社会不存在资源的稀缺性，也就不会产生经济学。（　　）
10. 资源的稀缺性决定了资源可以得到充分利用，不会出现资源浪费现象。（　　）
11. 微观经济学要解决的问题是资源利用，宏观经济学要解决的问题是资源配置。（　　）
12. 微观经济学的基本假设是市场失灵。（　　）

四、问答题

1. 经济学为什么会产生?

2. 怎样理解西方经济学是考察资本主义市场体系中稀缺的生产资源配置的规律性的一门社会科学?

3. 稀缺性的相对性和绝对性是什么?

4. 什么是宏观经济学?什么是微观经济学?两者有哪些共同点和不同点?

5. 什么是实证经济学?什么是规范经济学?两者有什么样的区别和联系?

6. 简述微观经济学、宏观经济学包括的主要内容。

技能训练

1. 分析学习西方经济学理论对我国经济与社会发展的现实意义。

2. 为什么我国要进行市场经济体制改革?

项目实训

【实训主题】通过对人类欲望的无限性和资源的有限性的学习,谈谈“经济学是不是一门使人幸福的学问?”

【实训目标】

1. 通过以小组的形式建立一种“团队学习”的教学模式,增强学生学习的积极性和主动性,锻炼学生自我管理、自我控制的能力,培养学生团队合作的精神。

2. 培养学生分析、归纳、演讲与解决问题的能力。

【实训内容与要求】

1. 以自愿原则建立小组,推举组长。

2. 各小组进行组内任务安排。

3. 完成本项目活动的过程记录(包括时间、地点、内容、成员及分工情况)。

4. 每组选派 1-2 名代表展示和讲解本组成果。

【实训时间】

1. 任务布置:10 分钟。

2. 各组任务安排:10 分钟。

3. 市场调研过程:一周。

4. 市场调研内容整理:两天。

5. 各组成果展示:每组 10 分钟以内。

【实训考核】

1. 过程考核:教师和学生根据小组递交的活动记录来考核每一小组及成员。

2. 成果考核:由教师对各组分析、演讲的情况进行评估打分。

模块二　微观经济分析

项目二

认知万千世界的供与求——需求、供给与均衡价格

知识目标

1. 重点掌握需求理论、供给理论与均衡价格的决定。
2. 了解价格政策。
3. 明确供给定理如何调节经济。
4. 需求价格弹性理论及其运用、计算。
5. 供给价格弹性的种类。

能力目标

1. 以对某商品的需求为例，分析影响商品需求的因素。
2. 联系当前现实画图分析支持价格的原理、作用。
3. 联系实际，画图分析限制价格的原理、运用、利弊。
4. 运用弹性理论解释谷贱伤农现象。
5. 运用弹性理论解释薄利多销现象。
6. 进行均衡价格、弹性的计算。

项目导入

两兄弟在街道的南北两端经营着两家不同的商场，哥哥这家出售电视、空调、冰箱等家用电器商品，弟弟这家则主要销售大米、油、盐等日常生活用品。在“五一”黄金周期间，哥哥由于对自己的家电商品进行不同程度的降价销售，结果大赚一笔；弟弟见状，也想仿效哥哥的做法，于是在当年的“十一”黄金周期间，他也对自己的商品进行了折价销售，结果不但利润没有增加，反而还减了一成。弟弟思前想后，百思不得其解。

项目思考

1. 你能解释弟弟利润减少的原因吗？
2. 商品的价格主要受哪些因素的影响？
3. 什么样的商品适合折价销售？

现代微观经济学是以均衡价格理论为核心展开其理论体系的，旨在说明稀缺资源的最优配置是如何通过价格机制实现的。由于均衡价格是由需求和供给共同作用决定的，因此微观经济学从需求和供给的分析入手，阐述均衡价格的形成和决定，并以此展开其全部理论。

任务一　认知需求理论

一、需求、需求表与需求曲线

（一）需求

需求是指在某一特定时间内，对于每一种可能的价格，消费者愿意并且能够购买的某种商品量。

西方经济学中的这一需求概念，与人们在日常生活中所说的需求是有区别的。日常生活中所说的需求仅仅表示人们对某种物品的欲望，而西方经济学中所说的需求则是指人们对某种商品的有购买力的需要。明确地说，需求的概念有两个构成要素：一是有购买欲望；二是有支付能力。二者缺一不可。一个穷人向往拥有一辆轿车，但是没有支付能力，因而产生不了需求；同样，一个富人有能力购买劣质的家具，但他不愿意购买，也不可能产生需求。

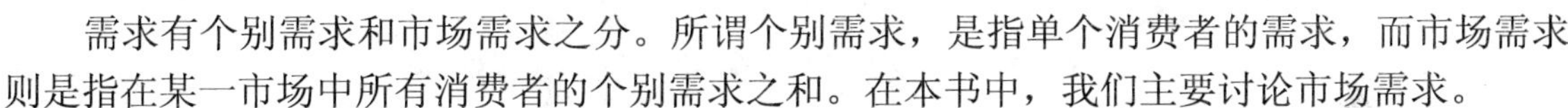

需求有个别需求和市场需求之分。所谓个别需求，是指单个消费者的需求，而市场需求则是指在某一市场中所有消费者的个别需求之和。在本书中，我们主要讨论市场需求。

思考

假如给你一笔数量足够大的资金让你在某大学校园附近开一家店铺，你会经营何种商品？为什么？

解析

需求是欲望与支付能力的统一，有购买欲望，但商品价位过高，消费者可能支付不起，所以，需求难以实现，只能称其为需要；另外，消费者可能有支付能力，但如果他对某商品或服务不感兴趣，没有购买欲望，需求同样也难以实现。因此，在开店时，要考虑到大学生较低的消费水平和支付能力，同时又要考虑所销售的商品或服务符合青年人的口味和需要，能激发他们强烈的购买欲望。例如，可以开一个快餐店、生日礼品店、运动服装店等。

（二）需求表

需求是与一定的价格水平相联系的，人们愿意并且能够购买的商品量，是随价格的变化而变化的。消费者在不同价格水平下对某商品的需求量可以用表 2-1 表示。这种表示商品的价格与需求量之间对应关系的表，称为需求表。

表 2-1　某商品的需求表

需求量 / 价格/元	个别需求量/千克			市场需求量/千克
	A 消费者	B 消费者	其他消费者	
4	4	28	668	700
8	8	15	477	500
12	12	5	333	350
16	16	1	183	200
20	20	0	80	100

从表 2-1 某商品的需求表中，既可以看到不同价格下 A、B 消费者对该产品的需求量，

也可以看到不同价格下整个市场对该产品的需求量。

（三）需求曲线

需求曲线是表示商品价格与需求量之间关系的一条曲线。当我们把需求表中的数据在坐标系中描绘出来，就得到该商品的需求曲线。图 2-1 是根据表 2-1 中某商品的价格与市场需求量的数据绘制的一条市场需求曲线。纵轴表示某商品的价格（P），横轴表示某商品的需求量（Q）。

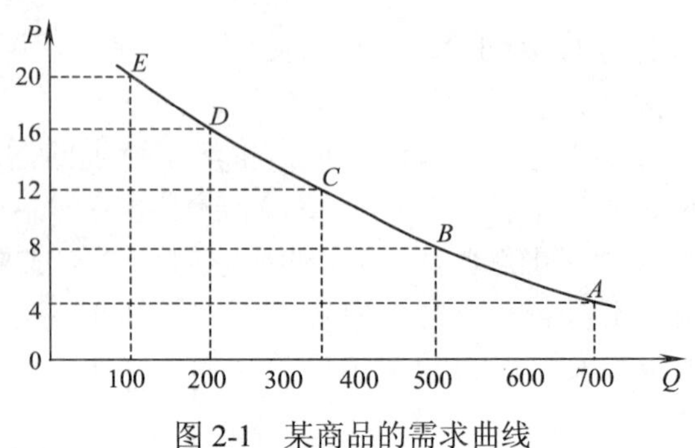

图 2-1　某商品的需求曲线

从图 2-1 可以看出，需求曲线是向右下方倾斜的，其斜率为负值，这说明价格与需求量之间存在着反方向变化的关系。

二、影响需求的因素和需求函数

（一）影响需求的因素

在一种商品市场上，引起市场需求量变动的因素是多种多样的，其中商品价格是最重要的因素。除此之外，影响需求的因素还有以下几种。

1. 消费者的收入水平和社会收入分配的平等程度

消费者收入对商品需求的影响一般是同方向的。当消费者收入增加时，对商品的需求一般也增加；反之，当消费者收入减少时，对商品的需求也减少。当然，并不是任何商品的需求都与消费者收入呈同方向变动，对劣质商品和低档商品的需求就与消费者收入呈反方向变动。收入增加时，对劣质品和低档品的需求反而减少。另外，社会收入分配的平等程度，对需求也有一定的影响。

2. 相关商品的价格。相关商品分为替代品和互补品两种。

替代品指两种商品都能用来满足同一种欲望，它们之间是可以互相替代的。

例如，羊肉与猪肉、大米与面粉等。当两种相关商品之间为替代关系时，一种商品的价格与另一种商品的需求量呈同方向变化。如其中一种商品价格上升，则另一种商品需求量增加；相反，如一种商品价格下降，则另一种商品需求量减少。

互补品是指两种商品共同用来满足某一种欲望，两者之间是互相补充的。例如，汽车与汽油、钢笔与墨水等。当两种商品之间为互补关系时，一种商品的需求量与另一种商品的价格成反方向变化。如其中一种商品价格上升，则另一种商品的需求量减少；如一种商品价格下降，则另一种商品需求量增加。

超市为什么需要了解替代品和互补品？

超市里出售货物的品种多得让人觉得摸不着头脑。表 2-2 第二行显示了在芝加哥某五家超市里销售的 8 类产品的品种数。

表 2-2 超市的货物品种

品　　种	咖啡	冷冻披萨	热狗	冰激凌	薯条	普通谷类食物	意式面酱	酸奶
五家芝加哥超市的品种	391	337	128	421	285	242	194	288
两年时间里引进的品种	113	109	47	129	93	114	70	107
两年时间里撤下的品种	135	86	32	118	77	75	36	51

超市还不断地往货架上加入新的货物品种并撤下旧的品种。表 2-2 中的第二行显示，这五家芝加哥超市在两年时间里商家新增 113 种新的咖啡品种，而第三行显示它们撤下 135 种原有品种。超市是如何决定要上架哪些品种，并撤下哪些品种？

一位加州大学研究生院的教授在接受采访时指出，超市不一定要从它们的货架上撤下销售最缓慢的货物，而是要考虑货物之间的关系。特别是，它们要考虑撤下的货物是其余待售货物的替代品还是互补品。如果超市把某种销售缓慢的、可作为另一种商品替代品的商品撤下货架，情况会得到更好的改善。

（资料来源：R. 格伦. 哈伯德，安东尼. P. 奥布莱恩. 经济学（微观）. 张军等译. 北京：机械工业出版社，2007）

3．消费者的偏好

消费者的偏好是指一个消费者对商品的喜好程度，而这一程度取决于消费者对商品的主观心理评价。消费者越喜好一种商品，他们对该商品的需求量就会越大。消费者的偏好有时会受广告、时尚、对其他消费者的观察、对健康的顾及和以前购买这种商品的经历等诸多外界因素的影响。

4．消费者对该商品未来价格的预期

一般来说，消费者预期某种商品的未来价格会上升，他们可能会在价格上升前购买更多的这种商品，这种商品的需求量就会增加；相反，消费者预期某种商品的未来价格会下降，他们可能会在价格下降前减少购买这种商品，这种商品的需求量就会减少。

5．人口数量与结构的变动

人口数量的增加会使需求量增加，人口数量减少会使需求量减少。人口结构的变动主要影响需求的构成，从而影响某些商品的需求。例如，人口的老龄化会减少对时髦服装、儿童用品等的需求，但会增加对保健用品等的需求。

6．政府的宏观经济政策

如果政府采取某些扩张性的经济政策，如增加财政支出、减免购物税和降低利息率等政策，市场上对商品的需求量就会增加。相反，如果政府采取某些紧缩的经济政策，如削减财政支出、增加购物税和提高利息率等政策，市场上对商品的需求量就会减少。

总之，影响需求的因素是多种多样的，有些主要影响需求欲望（如消费者喜好与消费者对未来的预期），有些主要影响需求能力（如消费者收入水平）。这些因素的共同作用决定了需求。

（二）需求函数

需求函数就是用函数关系来表示影响需求的因素与需求量之间的关系。以 D 代表消费者在一定时期内对某种商品的需求量，以 a，b，c，d，…，n 代表影响需求的因素，那么需求函数可以表示为

$$D=f(a，b，c，d，\cdots，n)$$

其中，价格对需求的影响最为直接，我们会着重加以描述。用 P 代表商品价格，D 代表商品需求量，于是该商品的需求函数可以表示为

$$D=f(P)$$

这就是说，某种商品的需求量是其价格的函数。

三、需求定理

1．需求定理的内容

通过上述分析，我们可以把商品的需求量与价格之间的关系加以概括，得出一般的规律，即在其他条件不变的情况下，某商品的需求量与价格之间呈反方向变化，商品价格上涨，需求量减少；商品价格降低，需求量增加。需求定理描述了在假定价格以外的因素不变的前提下，商品本身价格与需求量之间的关系。经济学家经过研究发现，香烟价格上升 10%会引起需求量减少 4%，尤其青少年对香烟价格更为敏感，需求量减少得更多。

2．收入效应与替代效应

商品需求量与其价格呈反方向变动的原因，经济学家用收入效应和替代效应予以解释。收入效应是指当商品价格上升时，消费者既定收入对商品的购买力下降，需求量减少；反之商品价格下降，既定收入的购买力上升，需求量增加。替代效应是指某种商品价格上升而其他商品价格不变时，消费者会转而购买其他的替代商品；某种商品价格下降时，消费者会减少购买其他替代品转而购买该商品。在现实生活中，收入效应和替代效应往往同时对商品需求量发生影响，使商品需求量与商品价格之间呈反方向变动。

3．需求定理的例外

需求定理所指的商品是一般的正常的商品，而不是所有的普遍的商品。因为对于某些商品而言，需求定理并不适用。这些商品主要有以下四类：

（1）炫耀性商品。这些商品主要用来提高所有者的高贵身份和社会地位，如名人的豪宅、名车、名表、私人游艇、昂贵的首饰等，价格越高，越能显现拥有者的身价和地位，从而需求量不降反增。反过来，当这些商品价格下降后，由于其起不到身份与地位的象征作用，故需求量会减少。

（2）吉芬商品（Giffen Goods）。这些商品主要是指一些低档生活必需品，如粮、油、盐等日常生活用品。它们的价格往往在特定的社会条件下（如战争、灾荒、地震）升高，而人们又往往受到此种状况会持续的心理预期的影响而竞相抢购此类商品，以备日后生活需要。

（3）投机性商品。这些商品主要是指一些证券类商品，如股票、债券等。对于这些商品，人

们通常会受到心理预期和投机心理的影响对其“追涨杀跌”，即价格越高，越认为具有更高的投资价值而越愿意出高价增购，价格越低，越认为不具有投资价值而越不愿意增加购买甚至撤出。

（4）数量有限且不可再生的特殊商品。如古董、古画、珍邮等商品。由于这些商品数量极少且不可复制，故而显得珍贵、稀缺。而“物以稀为贵”的心理将增加人们对商品的升值预期，最终导致价格越高，对它们的需求量就会越大。

四、需求量的变动与需求的变动

需求量的变动是指在其他条件不变的情况下，商品价格变动所引起的该商品需求量的变动。需求量的变动表现为需求量在同一条需求曲线上点的移动，如图 2-2 所示。需求量变动和需求变动的比较见表 2-3。

在图 2-2 中，当价格由 P_0 上升为 P_1 时，需求量从 Q_0 减少到 Q_1，在需求曲线 D 上则是从 b 点向左上方移动到 a 点。当价格由 P_0 下降到 P_2 时，需求量从 Q_0 增加到 Q_2，在需求曲线 D 上则是从 b 点向右下方移动到 c 点。可见，在同一条需求曲线上，向左上方移动是需求量减少，向右下方移动是需求量增加。

需求的变动是指在商品价格不变的情况下，其他因素变动所引起该商品需求的变动。需求的变动表现为需求曲线的移动，如图 2-3 所示。

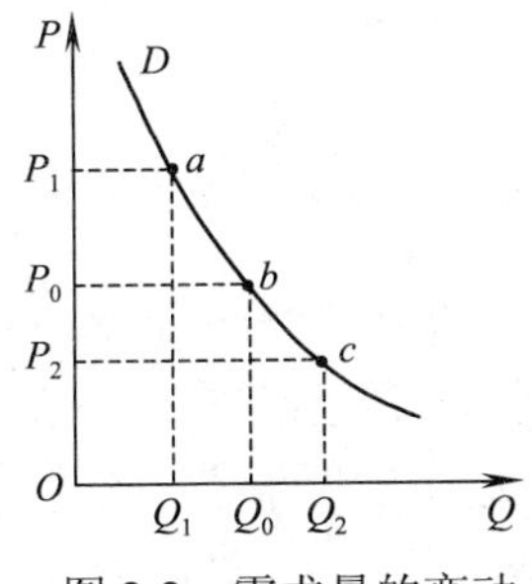

图 2-2　需求量的变动

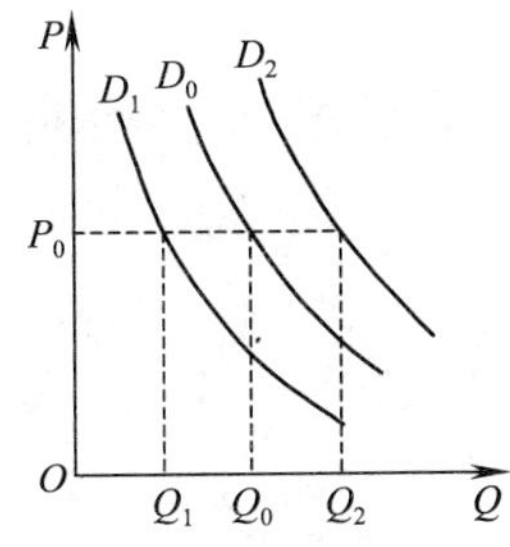

图 2-3　需求的变动

在图 2-3 中，价格是 P_0，由于其他因素变动（如收入变动）而引起的需求曲线的移动是需求的变动。例如，收入减少了，在同样的价格水平下，需求从 Q_0 减少到 Q_1，则需求曲线由 D_0 移动到 D_1。收入增加了，在同样的价格水平下，需求从 Q_0 增加到 Q_2，需求曲线由 D_0 移动到 D_2。可见，需求曲线向左下方移动是需求减少，需求曲线向右上方移动是需求增加。

表 2-3　需求量变动和需求变动的比较

	变动主体	价格 P	其他因素	图形表现
需求量变动	Q	变化	不变	曲线上点的移动
需求变动	D	不变	变化	整条曲线的位移

需求定理在实际生活中的应用

美国面临的许多环境问题之一就是如何处理家庭和企业每天产生的大量垃圾。在 1960 年，美国平均每人每天丢弃的垃圾为 2.6 磅，可是今天这个数目为 3.6 磅。随着垃圾量的增加，现有的垃圾堆积场都已经被填满，要在城区附近寻找新的堆积场已经越来越困难了。

有一个社区利用需求定理，使垃圾的收集问题得到了缓解。1987年，宾夕法尼亚州帕克西的居民，每人每年向市政当局交纳固定的垃圾收集费120美元，当时他们每人每天丢弃的垃圾为2.2磅。由于收集费是固定的，居民如果再增加丢弃量，增加的部分就不再收费，因此对居民来说，减少垃圾丢弃量就没有利益驱动。

1988年，帕克西改变收费办法。市政当局要求所有的垃圾都装在由市政当局出售的专用垃圾袋里。例如，一只容积为40磅的大垃圾袋收费1.50美元。因此，居民丢弃垃圾的边际成本就从零增加到每磅约4美分。未经批准的垃圾袋不得使用。另外，市政当局还实施了一项废物再利用计划。它发给每个家庭主妇一个桶。用来装废弃的罐头和瓶子，每周收集一次。此外还每月收集一次旧报纸。

结果和预料的一样，人们开始减少丢弃垃圾，第一年就见效，每人每天丢弃的垃圾减少到1磅以下。帕克西居民开始受益，因为他们比以前可以少付30美元的费用，市政当局收集垃圾的成本也减少了40%。

任务二　认知供给理论

一、供给、供给表与供给曲线

（一）供给

供给是指厂商（生产者）在某一特定时期内，在所有价格水平上愿意而且能够出卖的商品量。显然，供给的概念也有两个构成要素：一是有出售的欲望；二是有供应能力。二者缺一不可。如果由于价格太低，厂商不愿意出售产品，那么即使有产品也不能在市场上形成有效的供给；反之，如果市场上某种商品供不应求而价格较高时，尽管厂商很想有更多的这种商品供出售，但由于供给能力的限制也不可能在市场上形成有效的供给。

与需求一样，供给也有个别供给和市场供给之分。所谓个别供给，是指单个厂商的供给，而市场供给则是指在某一商品市场中所有厂商的个别供给之和。在本书中主要讨论市场供给。

（二）供给表

供给也是与一定的价格水平相联系的。厂商愿意并且能够出售的商品量，是随价格的变化而变化的。厂商在不同价格水平下对某商品的供给量可以用表2-4表示，这种表示商品的价格与供给量之间对应关系的表，称为供给表。

表2-4　某商品的供给表

供给量 / 价格/元	个别供给量/克			市场供给量/克
	A供给者	B供给者	其他供给者	
1.8	5	10	35	50
1.9	10	20	50	80
2.0	15	25	60	100
2.1	20	30	100	150
2.2	25	40	135	200

从表2-4商品的供给表中，既可以看到不同价格下A、B供给者对该产品的供给量，也

可以看到不同价格下整个市场对该产品的供给量。

（三）供给曲线

供给曲线是表明商品价格与供给量之间关系的一条曲线。当我们把供给表中的数据在坐标系中描绘出来，就得到该商品的供给曲线。图 2-4 是根据表 2-4 中某商品的价格与市场供给量的数据绘制的一条市场供给曲线。纵轴表示某商品的价格（P），横轴表示某商品的供给量（Q），S 即为供给曲线。供给曲线是一条向右上方倾斜的线，它的斜率是正值，价格与供给量之间存在着同方向变化的关系。

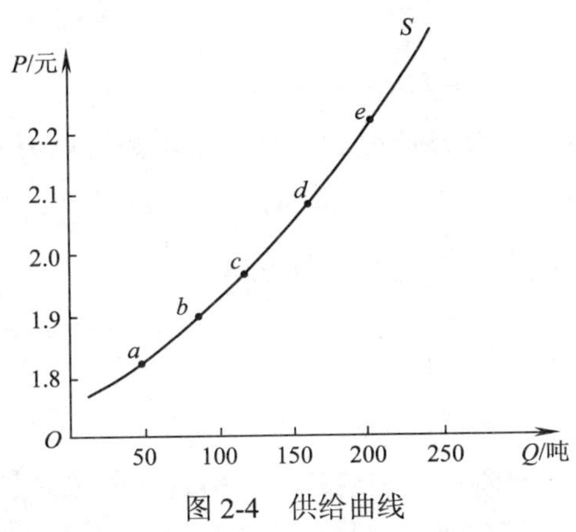

图 2-4　供给曲线

二、影响供给的因素及供给函数

（一）影响供给的因素

影响供给的因素除商品本身的价格外，还有其他经济和非经济因素，概括起来主要有以下几种：

（1）厂商的经营战略。在微观经济学中，一般假设厂商的目标是利润最大化，即厂商供给多少取决于这些供给能否给厂商带来最大的利润。如果厂商的经营战略是产量最大化或销售收入最大化，或有其他政治或社会道义等目标，那么供给就会受到这些因素的影响。

（2）其他商品的价格。在互补品中，一种商品的需求会随另一种商品价格的上升而减少，这种商品需求的减少会引起价格下降，从而使供给减少。反之，一种商品的需求会随另一种商品价格的下降而增加，这种商品需求的增加会引起价格上升，从而使供给增加。在替代商品之间，一种商品的需求随另一种商品价格的上升而增加，这种商品需求的增加会引起价格上升，从而使供给增加；反之，一种商品的需求随另一种商品价格的下降而减少，这种商品需求的下降会引起价格下降，从而使供给减少。

（3）生产技术的变动。在资源既定的条件下，生产技术的提高会使资源得到更充分的利用，从而供给增加。

（4）生产要素的价格。生产要素的价格下降，会使产品的成本减少，从而在生产价格不变的情况下，利润增加，供给量增加。反之，生产要素的价格上升，成本增加，从而在产品价格不变的情况下，利润减少，供给量减少。

（5）政府的政策。政府采用鼓励投资与生产的政策（如减税）可以刺激生产，增加供给量；反之，政府采用限制投资与生产的政策（如增税）则会抑制生产，减少供给量。

（6）厂商对未来的预期。如果厂商对未来的经济持乐观态度，则会增加供给量；如果厂商对未来的经济持悲观态度，则会减少供给量。

（二）供给函数

供给函数就是用函数关系来表示影响供给的因素与供给量之间的关系。以 S 代表消费者在一定时期内对某种商品的供给量，以 a，b，c，d，…，n 代表影响供给的因素，那么供给函数可以表示为

$$S=f(a,\ b,\ c,\ d,\ \cdots,\ n)$$

如果用 P 代表商品的价格，则该商品的供给价格函数可以表示为

$$S=f(P)$$

这就是说，某种商品的供给量是其价格的函数。

三、供给定理

1．供给定理的内容

通过上述分析，我们可以把商品的供给量与价格之间的关系加以概括，得出一般的规律，即在其他因素不变的条件下，供给量随价格的上涨而增加，随价格的下降而减少，供给量与价格存在同方向变化的关系。供给定理描述了假定价格以外的因素不变的前提下，商品本身价格与供给量之间的关系。

商品的供给量与价格同方向变动的主要原因，一是某种商品价格上升后，现有的厂商愿意生产和出售更多的这种商品；二是这种商品价格上升后，会吸引新的厂商进入该商品的生产行列，这样就必然使商品的供给量增加。

2．供给定理的例外

供给定理适用于大多数商品的供给。不过，也有一些商品的供给不符合供给定理：

（1）劳动。劳动也是一种商品，但这种商品并不始终遵循供给规律。例如，在劳动价格即工资开始上升时，劳动的供给会增加，但当工资增加到一定水平后，劳动者对闲暇的需要极为强烈，这样，工资水平的进一步上升不会产生更多的劳动供给，劳动的供给不仅不会增加，反而会减少。因为工作较少的时间就能取得足够的收入，劳动者会选择较短的工作时间，相应增加更多的娱乐时间。因此，劳动供给曲线可能先是正态递增，继而垂直，最后向后弯曲的曲线。

（2）某时期内可以规模生产的商品。某些商品由于受落后的生产条件限制，只能单件手工生产，但当采用先进的生产技术后，实现了批量生产，从而使该商品生产成本锐减。此时即使该商品价格下降，生产者也会由于薄利多销，利润可观而继续增加商品的生产，供给量不降反增。

（3）无能力增加生产的商品，如土地、古董等。由于这些商品受人们认识能力、开发和制造能力的限制，在一个相当长的时间内无法提供更多的商品。由于土地是自然界直接提供的生产要素，虽然人们可以通过围湖造田或填海等方式增加土地的供给，但相对于土地总量来说，无论地租（土地的价格）如何变化，土地的供给不变。古董是一种无法复制的物品，

具有唯一性，因此无论其价格如何变化，其供给不变。

（4）证券类投资产品。这些产品往往受社会、政治、军事、人们的心理预期等方面的影响较大，价格越高，越不愿卖出，即供给反而越少。

四、供给量的变动与供给的变动

供给量的变动是指在其他条件不变的情况下，商品本身价格变动所引起的供给量的变动。供给量的变动表现为供给量在同一条供给曲线上的移动，如图 2-5 所示。

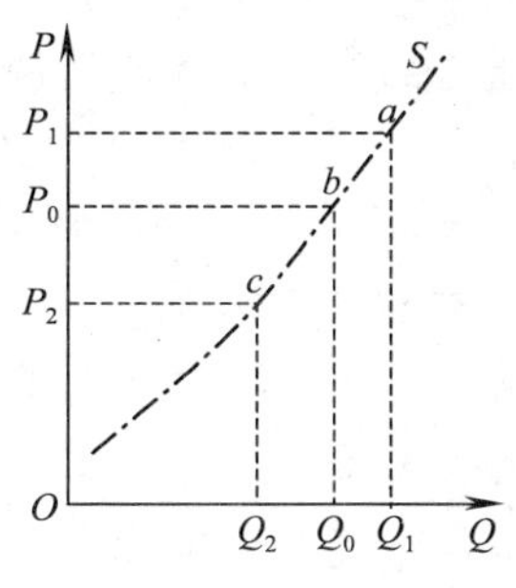

图 2-5 供给量的变动

在图 2-5 中，当价格由 P_0 上升为 P_1 时，供给量从 Q_0 增加到 Q_1，在供给曲线 S 上则是从 b 点向右上方移动到 a 点。当价格由 P_0 下降为 P_2 时，供给量从 Q_0 减少到 Q_2，在供给曲线 S 上则是从 b 点向左下方移动到 c 点。可见，在同一条供给曲线上，向左下方移动是供给量减少，向右上方移动是供给量增加。

供给的变动是指在商品本身价格不变的情况下，其他因素变动所引起的供给量的变动，供给的变动表现为供给曲线的移动，如图 2-6 所示。在图 2-6 中，价格是 P_0，由于其他因素变动（如生产要素价格的变动）而引起的供给曲线的移动是供给的变动。例如，生产要素价格下降，厂商所得到的利润增加，从而产量增加，供给量从 Q_0 增加到 Q_1，则供给曲线由 S_0 移动到 S_1；生产要素价格上升，厂商所得到的利润减少，从而产量减少，供给量从 Q_0 减少到 Q_2，则供给曲线 S_0 移动到 S_2。可见，供给曲线向左上方移动是供给减少，供给曲线向右下方移动是供给增加。

我们可以看到，“供给量的变动”与“供给的变动”仅一字之差，但含义明显不同。归纳起来，两者的根本区别在于：①前提条件不同；②变化的形态不同。

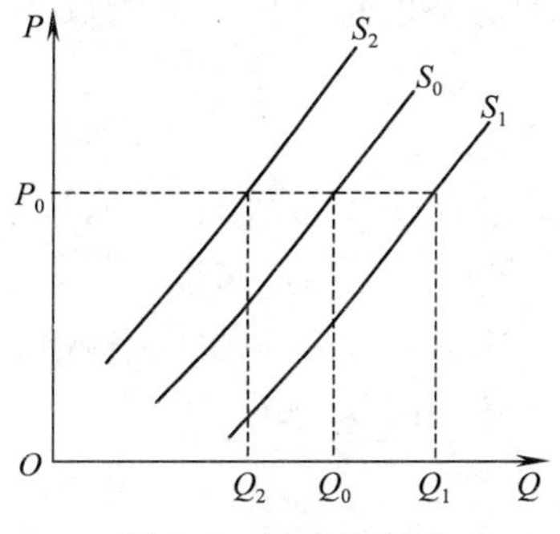

图 2-6 供给的变动

技术进步与计算机供给

在供给理论中，我们的分析以供给量和价格的关系为中心。但应该看到，在今天决定供给的关键因素是技术。计算机的供给说明了这一点。20世纪80年代，个人计算机的价格按运算次数、速度和存储能力折算，每台为100万美元。价格如此高昂，供给量极少，只有少数工程师和科学家使用。如今同样能力的个人计算机已降至每台1 000美元左右。价格只是当初价格的1‰，但供给量增加不止1万倍。现在个人计算机的普及程度是许多未来科学家所未预见到的。计算机供给的这种增加不是由于价格的变动引起的，而是由于技术进步变动引起的。从20世纪80年代末开始，计算机行业的生产技术发生了根本性变化。集成电路技术的发展、硬件与软件技术标准的统一、规模经济的实现与高度专业化分工使计算机的生产成本迅速下降，质量日益提高。这种技术变化引起计算机供给曲线向右下方移动，而且移动幅度相当大。这样，尽管价格下降，供给还是大大增加。

技术是决定某种商品供给的决定性因素。正因为如此，经济学家越来越关注技术进步。

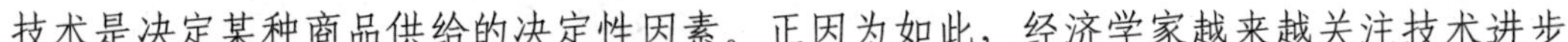

任务三　均衡价格的决定

在市场经济中，价格是由供给和需求两种因素共同作用决定的，这种价格又称均衡价格。这一节我们来分析研究均衡价格的形成和决定，以及变动的实质。

一、均衡价格的概念

均衡价格就是在市场中形成需求和供给相对平衡状态时的市场价格，这时商品的供给量和需求量相等。

在市场中，需求和供给是两种相反的力量。市场上某种商品的价格越低，人们对它的需求量就越多，而企业的供给量却越少；反之，商品价格越高，人们的需求量就越少，而企业的供给量却越多。市场上的需求方和供给方对市场价格变化的反应是相反的，生产者和消费者分别从各自的利益出发，对市场价格信息作出不同的反应。双方的反应达到力量均衡时，所形成的价格就是均衡价格。

对于均衡价格的理解，应注意以下三点：

（1）均衡价格的含义。均衡是指经济中各种对立的、变动的力量处于一种力量相当、相对静止、不再变动的状态。均衡一旦形成之后，如果有另外的力量使它离开原来均衡的位置，则会有其他力量使之恢复到均衡。由此可见，均衡价格就是由于需求与供给这两种力量的作用使价格处于一种相对静止、不再变动的状态。

（2）决定均衡价格的因素是需求和供给。在完全自由竞争市场，需求和供给两方面共同决定着商品的价格，不存在主次之分。因此，需求和供给的变动都会影响均衡价格的变动。

（3）市场上各种商品的均衡价格是最后的结果，其形成过程是在市场的背后进行的。

二、均衡价格的形成

表 2-5 是某商品均衡价格形成表。通过该表可以看出，2 元/500 克为均衡价格，100 吨为均衡数量。

根据表 2-5 可以得到均衡价格与供给曲线和需求曲线的关系，如图 2-7 所示。在图 2-7 中，曲线 D 是某种商品的需求曲线，S 是该商品的供给曲线，它们相交于 E 点，E 点对应的价格 P_0 就是均衡价格。与该价格对应的交易量 Q_0 既是供给量，又是需求量，即均衡数量。E 点表示该商品在市场上达到均衡状态的均衡点。

表 2-5　均衡价格的形成

供给量/吨	价格/（元/500 克）	需求量/吨
50	1.8	200
80	1.9	150
100	2.0	100
150	2.1	80
200	2.2	50

下面进一步说明均衡价格的形成。

均衡价格是通过市场供求关系的自发调节形成的。一旦市场价格背离均衡价格，供求的相互作用会自动使价格趋向于均衡价格，这就是所谓的“看不见的手”的作用。在纯粹的市场经济中，这只“看不见的手”指导着人们的经济活动，使市场价格永远向着均衡价格移动，均衡是必然要出现的一种趋势。可以用表 2-5 和根据该表所做的图 2-7 来说明均衡价格的形成过程。

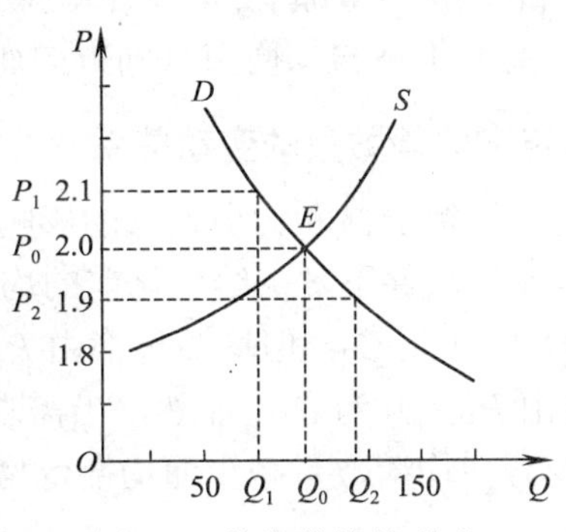

图 2-7　均衡价格的形成

在表 2-5 和图 2-7 中，某种商品的均衡价格为 P_0（2 元），均衡数量为 Q_0（100 吨）。如果该商品在开始时的价格为 P_1（2.1 元），高于均衡价格 P_0，那么，与 P_1 相对应的需求量为 Q_1（80 吨），与 P_1 相对应的供给量是 Q_2（150 吨），显然供大于求，市场过剩 70 吨。这种情况必然导致卖方的竞争，竞争的结果是价格的逐渐下降，随着价格的下降，需求量逐渐增多，供给量逐渐减少，直到价格降到 P_0，需求量与供给量一致，市场达到均衡。相反，如果市场价格为 P_2（1.9 元），低于均衡价格 P_0，那么与 P_2 相对应的需求量是 Q_2（150 吨），与 P_2 相对应的供给量是 Q_1（80 吨），显然，需求量大于供给量，市场短缺 70 吨。这时竞争在买方展开，竞争的结果是价格逐渐上升。随着价格的上升，需求量逐渐减少，供给量逐渐增多，直到价格上升到 P_0 为止，这时的需求量与供给量一致，市场达到均衡状态。

思考

均衡价格是所有商品的消费者和生产者都满意的价格，这一观点对吗？

解析

在均衡价格下，供求相等并不意味着所有商品都找到了买主或者所有需要这种商品的人都得到了满足。有不少需求者与供给者会对这个价格表示失望。一部分消费者可能认为这个均衡价格太高而放弃或减少购买；一部分生产者可能觉得这个均衡价格太低而减少生产或增加库存。

三、需求、供给的变动与均衡价格和均衡数量的变动

在供给和需求一定的情况下，市场的均衡价格是唯一的。但在实际经济生活中，无论需求曲线还是供给曲线都会由于种种原因而发生变化，从而引起均衡价格和均衡数量的变动，现在我们来具体分析需求变动和供给变动对均衡价格的影响。

（一）需求的变动与均衡价格和均衡数量的变动关系

可用图2-8来说明需求变动对均衡价格和均衡数量的影响。

在图2-8中，既定的供给曲线S与最初的需求曲线D_1相交于E_1，均衡价格为P_1，均衡数量为Q_1。需求增加后，需求曲线由D_1平移到D_2，均衡价格和均衡数量分别提高到P_2和Q_2；需求下降后，需求曲线由D_1平移到D_3，均衡价格和均衡数量分别降低到P_3和Q_3。由此可见，在供给不变的条件下，需求增加会使均衡价格和均衡数量都增加，需求减少会使均衡价格和均衡数量都减少。

所以说，需求的变动会引起均衡价格与均衡数量同方向变动。

（二）供给的变动与均衡价格和均衡数量的变动关系

可用图2-9来说明供给变动对均衡价格和均衡数量的影响。

在图2-9中，在既定需求不变的条件下，供给变化前的均衡价格和均衡数量分别为P_1和Q_1。供给增加后，均衡数量由Q_1增加到Q_2，但均衡价格由P_1下降为P_2；供给减少后，均衡数量由Q_1减少为Q_3，均衡价格由P_1上升为P_3。显然，当需求既定时，供给增加使均衡数量增加而均衡价格下降，供给减少会使均衡数量减少而均衡价格上升。

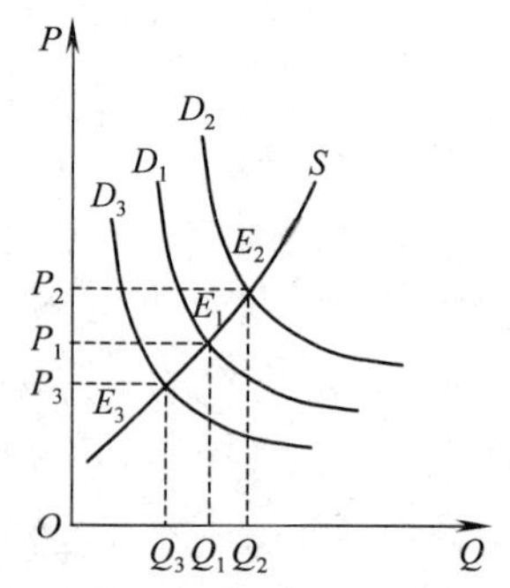

图2-8 需求变动对均衡价格和均衡数量的影响

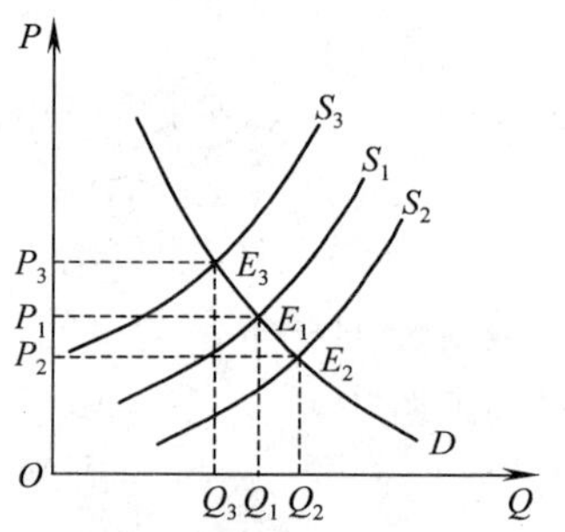

图2-9 供给变动对均衡价格和均衡数量的影响

所以说，供给的变动既会引起均衡价格反方向变动，又会引起均衡数量同方向变动。

（三）供求定理

从以上关于需求与供给变动对均衡影响的分析可以得出以下结论。

①需求的增加引起均衡价格上升，需求的减少引起均衡价格下降。②需求的增加引起均衡数量增加，需求的减少引起均衡数量减少。③供给的增加引起均衡价格下降，供给的减少引起均衡价格上升。④供给的增加引起均衡数量增加，供给的减少引起均衡数量减少。这就是微观经济学中的供求定理。

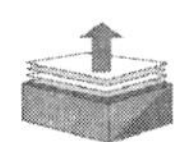

案例

不同歌手门票价格差别之谜

门票价格也就是歌手劳务的价格。在经济学中，劳务是一种无形的物品，其定价规律与有形的物品是一样的。我们一定会注意到，在现实生活中，美声唱法歌手演唱的门票价格便宜—— 即使是大腕，如迪里拜尔，也不过 180 元。但通俗唱法歌手演唱的门票价格昂贵——像周杰伦、刘德华，已达千元以上。

用演唱这种劳务中所包含的劳动量恐怕无法解释这种差别。提供某种劳务的劳动量包括为此而用的培训时间与提供劳务所耗的活劳动。美声唱法是一种复杂劳动，需要长期专业培训，演唱也颇费力。与此相比，通俗歌手的劳动要简单。这就是说，同样一场演唱会，美声唱法包含的劳动量要多于通俗唱法。看来劳动量的差别并不能解释票价如此巨大的差别。

➘ 解析

学过价格理论你就会知道，决定不同歌手门票价格差别的关键在于需求与供给，引起这种门票价格差别的也在于供求。美声唱法是阳春白雪的高雅艺术，然而曲高和寡，能欣赏它的是少数音乐修养较高的观众。通俗唱法是大众的艺术，能欣赏它的人很多，尤其是人数众多的青少年。

这就是说，当美声唱法歌手与通俗唱法歌手相当时（供给相同），由于通俗唱法的需求远远大于美声唱法，门票价格就自然高多了。我们还会注意到，由于通俗歌手收入丰厚，许多人都担当这类歌手，随着出名通俗歌手的增加，其门票价格也在下降。但由于能成为“大腕”的人仍然不多，供给增加有限，而歌迷对这些大腕的需求不减，大腕的门票价格仍然相当高，他们的收入依然丰厚。

说起来供求关系并不复杂，但利用它可以解释我们在现实中观察到的许多现象。

（资料来源：梁小民．西方经济学[M]．北京：中央广播电视大学出版社，2003）

四、均衡价格理论的应用

（一）价格对经济的调节作用

在市场经济中，经济的运行、资源的配置都是由价格这只“看不见的手”来调节的，美国经济学家 M • 弗里德曼把价格在经济中的作用归纳为三种：①传递情报；②提供一种刺激，促使人们采用最节省成本的生产方法把可得到的资源用于最有价值的目的；③决定谁可以得到多少产品，即决定收入的分配。这三种作用实际上解决了资源配置所包括的三个问题：生产什么、如何生产和为谁生产。

从价格调节经济即决定“生产什么”的角度来看，价格的作用可以具体化为以下几种：

（1）价格作为指示器反映市场的供求状况。人们可以通过价格的变动来及时地了解市场中供求的变化：某商品价格上升，表示此商品供不应求；价格下降，表示供过于求。价格作为供求状况指示器的作用是任何其他指标都不能代替的。

（2）价格变动可以调节需求。在市场经济中，消费者享有完全的消费自由，购买消费决策只受价格的影响。当商品价格下降时，消费者会增加购买；而商品价格上升时，消费者则减少购买。价格对需求的调节作用也是任何其他指标都不能代替的。

（3）价格变动可以调节供给。在市场经济中，生产者也是享有完全的生产自由，生产、销售行为只受价格影响。当商品的价格上升时，生产者会增加产量；而商品的价格下降时，生产者则会减少产量。价格对供给的调节作用也是任何其他指标都不能代替的。

（4）价格的调节可以使资源配置达到最优。通过价格对需求和供给的调节，最终会使需求等于供给。此时，消费者的欲望得到满足，生产者的资源得到充分利用。社会资源通过价格分配于各种用途上，这种分配使消费者的效用最大化和生产者的利润最大化得以实现，从而实现资源配置的最优化状态。

（二）市场调节的不完善性

根据价格理论，市场价格应该是供求平衡时的均衡价格，它是完全由市场上的供求关系自发地调节的。供求平衡的市场状态可以使市场稳定，可以使资源得到最佳配置。但是价格调节是在市场上自发进行的，有其盲目性，所以在现实中，有时由供求关系决定的价格对经济并不是最有利的。这就是说，由价格机制进行调节所得出的结果并不一定符合整个社会的长远利益。

一种情况是，从短期来看，这种供求决定的均衡价格也许是合适的，但从长期看，对生产有不利影响。例如，当农产品过剩时，农产品的价格会大幅度下降，这种下降会抑制农业生产，从短期看，这种抑制作用有利于供求平衡。但农业生产周期较长，农产品的低价格对农业产生抑制作用后，将会对农业生产的长期发展产生不利影响。当农产品的需求增加后，农产品并不能随之迅速增加，这样就会影响经济的稳定。因此，供求关系引起的农产品价格波动，从长远来看不利于农业的稳定，农业的发展需要一种稳定的价格。

另一种情况是，由供给和需求所决定的价格会产生不利的社会影响。例如，某些生活必需品严重短缺时，价格会很高。在这种价格之下，收入水平低的人无法维持最低水平的生活，必然会产生社会动乱。因此，市场均衡价格不一定符合整个社会的利益。

基于上述的认识，国家制定一些价格政策来适当地控制市场价格就成为必要。价格政策的形式有很多，我们这里主要介绍两种，即支持价格与限制价格。

（三）支持价格

1. 支持价格的概念

支持价格是政府为了扶持某一行业而规定的该行业产品的最低价格，如图 2-10 所示。

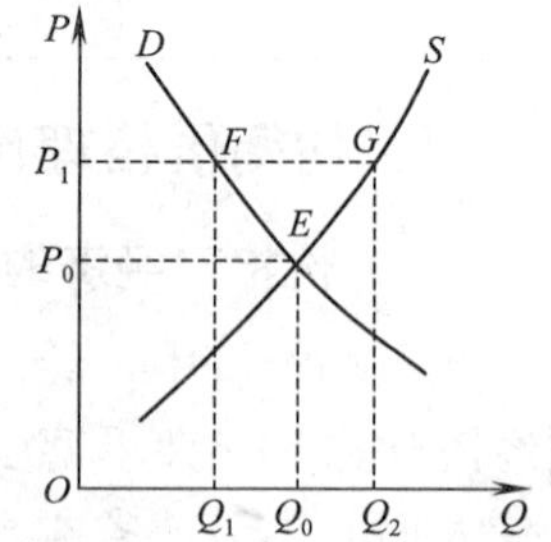

图 2-10 支持价格的影响

从图 2-10 中可以看出，该行业产品由供求关系所决定的均衡价格为 OP_0，均衡数量为 OQ_0。政府为支持该行业生产而规定的支持价格为 OP_1，$OP_1>OP_0$，即支持价格一定高于均衡价格，这时需

求量为 OQ_1，相对应的供给量为 OQ_2，由于 $OQ_2>OQ_1$，即供给量大于需求量，两者差额为供给过剩部分。

2．农产品支持价格的运用

许多国家都通过不同的形式对农产品实行支持价格政策，以稳定农业。在具体运用中，农产品支持价格一般采用两种形式。（1）缓冲库存法，即政府或其代理人按照年份收购全部农产品。在供大于求时，增加库存或出口；在供小于求时，减少库存，以平价进行买卖，从而使农产品的价格由于政府的支持而维持在某一水平上。（2）稳定基金法，也就是由政府或其代理人按照某种平价收购全部农产品，但并不是建立库存进行存货调节，以平价买卖，而是供大于求时努力维持一定的价格水平，供给小于需求时，使价格不致过高。在这种情况下，收购农产品的价格也是稳定的，同样可以起到支持农业生产的作用。

3．支持价格的作用

支持价格运用对经济发展和稳定有积极的意义。以对农产品实行的支持价格为例，从长期来看，支持价格确实有利于农业的发展，这是因为：（1）稳定了农业生产，减缓了经济危机对农业的冲击；（2）通过对不同农产品的不同支持价格，可以调整农业结构，使之适应市场需求的变动；（3）扩大农业投资，促进了农业现代化的发展和劳动生产率的提高。正因为如此，实行农产品支持价格的国家，农业生产发展都较好。

但支持价格也有副作用，这主要是会使财政支出增加，使政府背上沉重的包袱。

（四）限制价格

1．限制价格的概念

限制价格是政府为了限制某些生活必需品的物价上涨而规定的这些产品的最高价格，如图 2-11 所示。

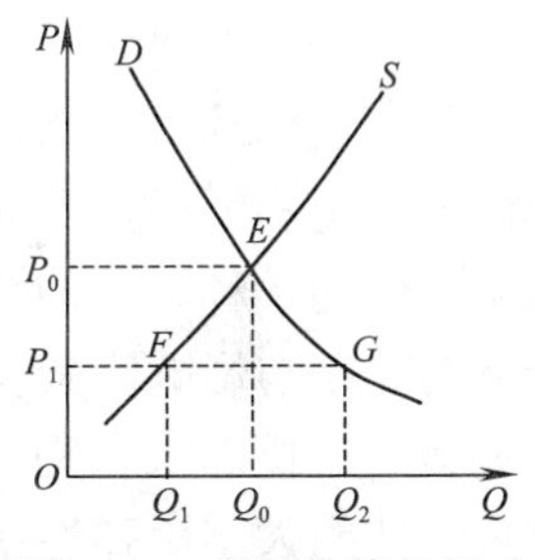

图 2-11　限制价格的影响

在图 2-11 中可以看出，这些产品由供求关系所决定的均衡价格为 OP_0，均衡数量为 OQ_0。但在这种价格时，穷人可能无法得到必需的生活品。政府为了制止过高的价格，规定的限制价格为 OP_1，$OP_1<OP_0$，即限制价格一定低于均衡价格。这时需求量为 OQ_2，$OQ_2>OQ_1$，产品供给不足，两者差额为供给不足部分。为了维持限制价格，政府就要实行配给制。

2．限制价格的运用

限制价格政策一般是在战争或自然灾害等特殊时期使用的。但也有许多国家对某些生活必需品或劳务长期实行限制价格政策。例如，法国在第二次世界大战后对关系国计民生的煤炭、电力、煤气、交通与邮电服务等，都实行了限制价格政策。在英国、瑞典、澳大利亚等国，则对房租实行了限制价格政策。还有一些国家，对粮食等生活必需品实行了限制价格政策。

3．限制价格的利弊

限制价格有利于社会平等的实现，有利于社会的稳定。但这种政策会引起严重的不利后果。这主要是因为：（1）价格水平低不利于刺激生产，从而使产品长期存在短缺现象；（2）价格水平低不利于抑制需求，从而会在资源缺乏的同时又造成严重的浪费；（3）限制价格之下所实行的配给制会引起社会风气败坏。正因为如此，一般经济学家都反对长期采用限制价格政策。

5元电影票价的冲击

在四川成都，有关部门曾经规定电影票的价格最低不得少于10元。这就是我们说的价格下限。四川峨嵋电影发行放映公司在2000年11月初首先突破这种价格下限，把进口大片《完美风暴》的票价降为5元。此事在四川以至全国引起了激烈的争论，成为媒体炒作的热点。长期以来，电影的价格完全由有关部门决定，发行公司和电影院不得自己调整价格。当把价格下限调整为10元时，电影院冷落，观众人数直线下降。观众人数由数年前的每年十几亿人次减少为近年来的不足5亿人次。这就形成电影院供给过剩，30%以上的电影院赔钱。价格下限并没有减少供给（电影院的容纳观众能力），却减少了需求，供给过剩将是必然的。没人去看电影，影院当然要赔了。四川峨嵋电影发行放映公司大胆把票价降至5元，观众人数大大增加，场场爆满，影院也盈利。可见在这种情况下取消价格下限是有利的。

打破价格下限，由供求决定票价本来是市场经济中正常的做法，但却引起一些部门的反对，以至于引发争论。这说明尽管我国实行市场经济已经多年了，但一些人的思维方式仍然是计划经济的，总习惯于由政府定价。看来要真正走向市场经济首先还要解放思想。

任务四　弹性理论及其应用

前面我们通过对需求、供给与价格之间关系的分析，揭示了需求规律、供给规律及均衡价格的决定和形成，从而使我们从定性角度初步明白了商品的需求量和供给量的变动会随着影响它们的各种因素的变动而变动。本节的弹性理论将进一步从量的角度来说明需求量和供给量的变动与影响因素变动之间的关系。

弹性的概念来自物理学。在经济学中借用弹性概念来表示自变量对因变量影响的程度。通常弹性的大小用弹性系数来表示，其公式为

$$弹性系数=\frac{因变量的变化率}{自变量的变化率}$$

一、需求弹性

需求弹性是指在一定时期内，商品的需求量对影响需求量因素的变动的反应程度。需求弹性可以分为需求的价格弹性、需求的收入弹性和需求的交叉弹性，分别说明需求量变动与商品本身的价格、收入和其他商品的价格变动之间的关系。

其中最重要的是需求的价格弹性，所以，一般说需求弹性就是指需求的价格弹性。

（一）需求的价格弹性

1. 需求价格弹性的含义

需求价格弹性通常被简称为需求弹性，是指一种商品的需求量对其价格变动的反应程度，或者说是价格变动的比率引起的需求量变动的比率。它的大小可用弹性系数来表示，弹性系

数等于需求量变动的百分比与价格变动的百分比的比值，即

$$需求的弹性系数=\frac{需求量的变化率}{价格的变化率}$$

如果用 E_d 表示需求的弹性系数，用 Q 和 ΔQ 分别表示需求量和需求量的变动量，用 P 和 ΔP 分别表示价格和价格的变动量，则需求弹性系数的公式为

$$E_d=\frac{\Delta Q / Q}{\Delta P / P}=\frac{\Delta Q}{\Delta P}\cdot\frac{P}{Q}$$

例如，某商品的单位价格由 5 元下降为 4 元（P=5，ΔP=−1），需求量由 10 单位增加到 30 单位（Q=10，ΔQ=20），则该商品的需求弹性系数为−10。

在理解需求弹性的含义时要注意以下几点：

（1）需求量和价格这两个经济变量中，价格是自变量，需求量是因变量，所以需求弹性就是指价格变动所引起的需求量变动的程度。

（2）需求弹性系数是价格变动的比率与需求量变动的比率的比率，而不是价格变动的绝对量与需求量变动的绝对量的比率。

（3）弹性系数的数值可以为正，也可以为负。如果两个变量为同方向变化，则为正值；反之，若两个变量为反方向变化，则为负值。但在实际运用时，为方便起见，一般都取其绝对值。

（4）同一条需求曲线上不同点的弹性系数大小并不相同。

2．需求价格弹性的计算

根据价格和需求量变动幅度的大小，需求的价格弹性计算可分为点弹性计算法和弧弹性计算法。它们在表示需求量变化的百分比和价格变化的百分比之间的比率上是一样的，但它们所涉及的范围有所不同。

点弹性是指需求曲线上某一点的弹性。它等于需求量微小的变化比率与价格微小的变化比率之比。设商品原价格为 P_1，变化后的价格为 P_2，需求量原为 Q_1，变化后为 Q_2，则点弹性的公式为

$$E_d=\frac{Q_2-Q_1}{Q_1}\Bigg/\frac{P_2-P_1}{P_1}$$

点弹性的计算方法适用于价格和需求量变化极为微小的情况，如果商品价格与需求量的变化都相当大，就要计算需求曲线上两点之间一段弧的弹性，即弧弹性。

在计算一条曲线与一段弧的弹性系数时，在价格上涨和价格下降的不同情况下，由于需求量 Q 和价格 P 的基数不同，因此价格上升时的弹性系数和价格下降时的弹性系数不同。为了消除价格上升与下降时计算的弹性系数的差别，价格和需求量的变动都取变动前后的平均值，即采用中点法计算弧弹性。如图 2-12 所示，在需求曲线上，有 A 点（Q_1，P_1）、B 点（Q_2，P_2），$P_1>P_2$，$Q_1<Q_2$，计算 A 点到 B 点的需求弹性时，中点法计算公式为

$$E_d=\frac{Q_2-Q_1}{(Q_2+Q_1)/2}\Bigg/\frac{P_2-P_1}{(P_2+P_1)/2}$$

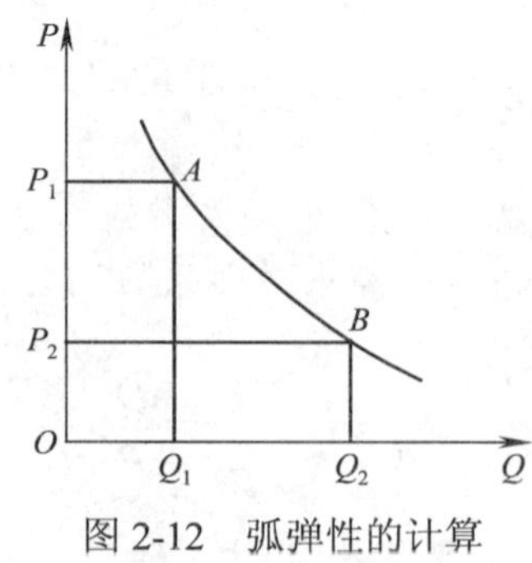

图 2-12 弧弹性的计算

3. 需求价格弹性的分类

不同的商品，其需求弹性各不相同。根据需求弹性系数的大小，把需求的价格弹性分为以下五种类型：

（1）完全无弹性：当 E_d=0 时，表示不管商品价格如何变动，其需求量固定不变，即需求量与价格无关，称为完全无弹性。这在现实生活中是一种罕见的情况。在这种情况下，需求曲线是一条垂直于横轴的直线，见表 2-6。

（2）需求无限弹性：当 $E_d \to \infty$ 时，称为需求对价格有完全弹性。这时，在某一既定价格水平上，商品需求量无限大，即买方将不受限制地尽量收购。这在现实生活中也是一种罕见的极端情况。在这一情况下，需求曲线是一条平行于横轴的直线，见表 2-6。

（3）单位需求弹性：当 $|E_d|$=1 时，表示需求量变动的程度与价格变动的程度相等，称为需求对价格有单位弹性。在这种情况下，需求曲线是等轴双曲线，见表 2-6。

严格地说，以上三种类型都是理论上的假设，在现实生活中是非常罕见的。现实生活中，绝大多数商品的需求弹性多属于以下两种。

（4）需求缺乏弹性：当 $0<|E_d|<1$ 时，表示需求量变动的程度小于价格变动的程度，称为需求对价格缺乏弹性。在实际生活中，一般生活必需品的需求都缺乏弹性，如粮食、食盐等，价格变动对这些生活必需品的购买量影响不大，因而这类商品的消费总量大体上是稳定的，见表 2-6。

（5）需求富有弹性：当 $1<|E_d|<\infty$ 时，表示需求量变动的程度大于价格变动的程度，称为需求对价格富有弹性。在实际生活中，奢侈品的需求受价格影响较大，价高时可以少购甚至不购，价低时则可以多购，所以这类商品的需求对价格是富有弹性的，见表 2-6。

表 2-6 需求弹性分类简表

需求弹性类型	弹性系数	含义	图形	举例
完全无弹性	E_d=0	无论价格如何变动，需求量不变	P D O Q	胰岛素

（续）

需求弹性类型	弹性系数	含　义	图　形	举　例
需求无限弹性	$E_d \to \infty$	价格既定，需求量无限		黄金
单位需求弹性	$\lvert E_d \rvert=1$	价格变动百分比等于需求量变动百分比		衣服
需求缺乏弹性	$0<\lvert E_d \rvert<1$	价格变动百分比大于需求量变动百分比		粮食
需求富有弹性	$1<\lvert E_d \rvert<\infty$	价格变动百分比小于需求量变动百分比		保健品

4．影响需求弹性的因素

不同的商品，其需求的价格弹性不同。需求的价格弹性的高低主要取决于下列因素：

（1）消费者对某种商品的需求程度。一般来说，消费者对生活必需品的需求强度大而稳定，所以生活必需品的需求弹性就小，如粮食、油、盐、蔬菜这类生活必需品的需求弹性都较小。而奢侈品、高档消费品的需求弹性就较大。

（2）商品的可替代程度。一种商品的可替代品越多，它的需求就越富有弹性；一种商品的可替代品越少，它的需求就越缺乏弹性。

（3）用于购买该商品的支出在总支出中所占的比重。一种商品的花费占收入的比例越大，当该商品涨价时，我们会越多地被迫减少对它的消费，即收入效应越大，需求弹性就越大。

（4）商品本身用途的广泛性。一般来说，商品的用途广泛，需求弹性就大；用途小，则需求弹性小。因为一种商品的用途越多，则消费者的需求量在这些用途之间调整的余地就越大，需求量做出的反应程度就越大。

（5）商品的耐用程度。一般来说，使用时间长的耐用消费品需求弹性大，而使用时间短的非耐用消费品需求弹性小。

在以上影响需求弹性的因素中，最重要的是商品的需求程度、替代程度和在支出中所占的比例。商品的需求弹性到底有多大，是由上述这些因素综合决定的，不能只考虑其中的一种因素。而且，某种商品的需求弹性也因时期、消费收入水平和地区的不同而不同，见表 2-7。

表 2-7　部分商品及服务的需求价格弹性

产　　品	价 格 弹 性
西红柿	4.6
青豆	2.8
出租车服务	1.2
家具	1.0
电影	0.87
鞋子	0.7
香烟	0.51
医疗保险	0.31
客车旅行	0.20
局面用电	0.13

（二）需求的收入弹性

需求的收入弹性是指某种商品的需求量对消费者收入变动的反应程度，即收入的变动比率引起的需求量变动比率。需求量变动比率与收入变动比率的比值就是需求的收入弹性系数，即

$$\text{需求的收入弹性系数}=\frac{\text{需求量变动的百分比}}{\text{收入变动的百分比}}$$

如果用 E_m 表示需求的收入弹性系数，用 Y 和 ΔY 表示收入和收入的变动量，用 Q 和 ΔQ 表示需求量和需求的变动量，则

$$E_m=\frac{\Delta Q/Q}{\Delta Y/Y}=\frac{\Delta Q}{\Delta Y}\cdot\frac{Y}{Q}$$

一般来说，在影响需求的其他因素不变的条件下，需求量同消费者的收入呈同方向变化，所以需求的收入弹性系数为正值，即 $E_m>0$。但也有些商品，消费者收入增加反而导致这些商品需求量的减少，所以它的收入弹性为负值，即 $E_m<0$。需求量同消费者收入呈同方向变化的商品在经济学上称为正常商品，而需求量同消费者收入呈反方向变动的商品为劣质商品。

补充材料　需求收入弹性与企业经营

一般来说，当经济繁荣、社会收入增加时，企业就应努力增加需求收入弹性大的商品（高档商品、汽车、旅游服务等）的生产，减少“低劣品”的生产以取得更大的销售收入；对于需求收入弹性较小的生活必需品，可大体上维持产量，因为即使社会收入有较大增长，生活必需品销量也不会增加很多；对于低档需求品需求量会下降，企业则应及时减少产量。对个人而言，如果预期经济快速发展，可以考虑购买产品需求收入弹性大的企业的股票。当经济萧条、社会收入减少时，高档品需求量会迅速下降，企业应及时减产；生活必需品（食品、日用百货、教育医药）则不太受经济景气的影响，经营比较平稳；低档品需求量会迅速上升，企业则应及时增产。对个人而言，如果感觉经济萧条，可以考虑资金从收入弹性大的企业股票中抽出，转投到产品需求收入弹性小的企业，如日用百货的生产和销售。

基于现代企业自身的特性，在运用需求收入弹性时，应切记以下三个原则：①需求收入弹性大的商品，利润大、风险也大；②需求收入弹性小的商品，利润小、风险也小；③不同收入弹性的组合，可降低风险，保证一定的利润。

（三）需求的交叉弹性

需求的交叉弹性是需求的交叉价格弹性的简称，它表示的是其他商品价格的变化对这种商品需求量变动的影响程度。需求的交叉弹性是指一种商品的需求量对另一种商品的价格的反应程度，即是由其他商品价格变动的比率引起的，即

$$\text{需求的交叉弹性系数}=\frac{\text{甲商品需求量变动的百分比}}{\text{乙商品价格变动的百分比}}$$

需求的交叉弹性系数可以是正值，也可以是负值，它取决于商品之间的关系。一般来说，互补商品的交叉弹性系数是负值，因为某商品的互补商品的价格与该商品的需求量成反方向变化；替代商品的交叉弹性为正值，因为某商品的替代商品的价格与该商品的需求量呈同方向变化。

补充材料　需求的交叉价格弹性在实践中的应用

我们掌握了需求交叉弹性的理论和方法，有利于企业制定自身产品的价格策略。特别是对于某些大型企业，往往拥有多条生产线，同时生产相互替代或相互补充的产品，用需求的交叉弹性分析各种产品之间的风险问题，从整体目标出发，统筹规划，协调好交叉产品的营销策略是十分必要的。例如，“柯达”及时放弃了“傻瓜”相机的专利和技术的损失，总收益却从“柯达”胶卷的空前旺销、稳销中得到补偿，为公司求得了长期稳定的盈利。

其次，企业可以利用需求的交叉弹性测定各部门之间的产品交叉关系，制定正确的产品竞争策略。例如，20世纪70年代末，汽车业竞争加剧，美国的“通用”和日本的“丰田”在生产“经济车”方面竞争十分激烈。以生产小型、廉价、高技术的“绅宝”——“经济车”公司也面临抉择，要么改为生产汽车配件，要么继续生产“经济车”，要么争取生产“昂贵车”。“绅宝”公司通过对“昂贵车”的市场调查，分析预测出“昂贵车”的需求价格弹性以及相对于各种“经济车”的需求交叉弹性，于1979年推出全新的SAAB9000型涡轮增压“昂贵车”，在与美国“通用”和日本“丰田”等“经济车”激烈的市场竞争中取得胜利，1983年的销售增长率达到42%，成为所有汽车行业中销售增长率最高的一家。小公司以少量的财力、生产能力却在激烈的市场竞争中脱颖而出，其原因之一就是受益于需求的交叉弹性理论和方法。

此外，在激烈的市场竞争中，需求的交叉弹性信息可以为企业的价格竞争策略提供依据，比如“长虹”厂商在考虑降价策略时，一定需要估测到它的替代产品诸如“TCL”、“海信”、“康佳”等厂商可能产生的反响，并进一步分析预测对手的反应以及对自己销售所产生的影响，从而判断自己降价策略是否可行。“饮水机”制造业很想知道“纯净水”的降价对“饮水机”的需求量有多大的促进作用，从而考虑对“纯净水”生产厂家是否应给予一定的支持。

综上所述，可以看出需求的交叉弹性在经济工作中应用广泛，并具有重要意义。掌握好需求交叉弹性的理论和方法，并把它运用于我们的市场经济之中，能够减少盲目性和随意性，达到发展经济提高经济效益的目的。

资料来源：李秀兰．关于需求交叉弹性的思考．管理理论与实践 2000（2）

二、供给弹性

（一）供给弹性的含义

供给价格弹性简称供给弹性，是指供给量变动对价格变动的反应程度，即供给量变动比率与价格变动的比率之比，供给弹性的大小可以用供给弹性系数来表示，即

$$供给弹性系数=\frac{供给量变动百分比}{价格变动的百分比}$$

例如，某种商品价格变动为10%，供给量变动为20%，则这种商品的供给弹性系数为2。由于供给量的变动与价格的变化方向上是一致的，因此供给弹性系数均为正数。

如果以E_s代表供给弹性系数，用P和ΔP分别代表价格和价格的变动量，用Q和ΔQ分别代表供给量和供给量的变动量，则

$$E_s=\frac{\Delta Q/Q}{\Delta P/P}=\frac{\Delta Q}{\Delta P}\cdot\frac{P}{Q}$$

（二）供给弹性的分类

根据弹性系数的大小，供给弹性可分为五种类别：

（1）供给完全无弹性，即E_s=0，表示无论价格如何变动，供给量始终不变。这时的供给曲线是一条与横轴垂直的直线，如图2-13中的A。

（2）供给有无限弹性，即E_s=∞。在这种情况下，价格既定而供给量无限。如在劳动力严重过剩的情况下，劳动力的价格（工资）即使不发生变化，劳动力的供给也会源源不断地增加。这时的供给曲线是一条与横轴平行的直线，如图2-13中的E。

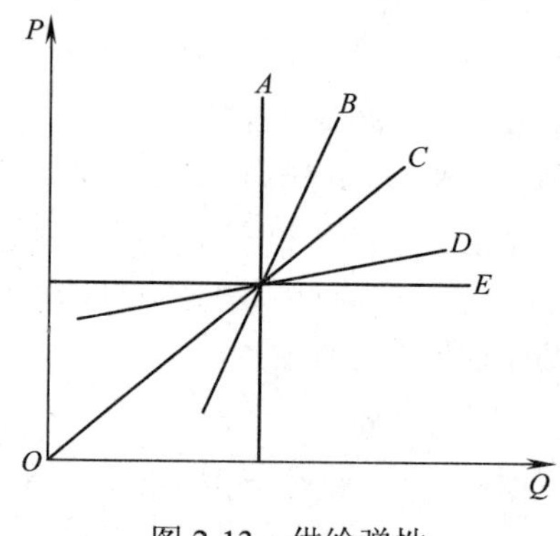

图2-13 供给弹性

（3）单位供给弹性，即E_s=1。在这种情况下，价格变动的百分比与供给量变动的百分比相同。例如，某些机械产品的供给量变动幅度接近于它们的价格变动幅度。这时的供给曲线是一条过原点并向右上方倾斜的直线，如图2-13中的C。

（4）供给富有弹性，即E_s>1。在这种情况下，供给量变动的百分比大于价格变动的百分比。一般来说，劳动密集型产品的供给多属于这种情况，因为这种产品的生产增加或减少相对容易些，所以价格变动后，供给量能较大幅度地改变。这时的供给曲线是一条向右上方倾

斜且较为平坦的直线，如图 2-13 中的 D。

（5）供给缺乏弹性，即 $E_s<1$。在这种情况下，供给量变动的百分比小于价格变动的百分比。一般来说，资本密集型产品的供给多属于此类情况，因为这类生产不容易很快增加或减少，所以价格变动后，供给量的增减不会太大。这时的供给曲线是一条向右上方倾斜且较为陡峭的直线，如图 2-13 中的 B。

（三）影响供给弹性的因素

供给弹性的大小主要受下列因素影响：

（1）生产时期的长短。市场上价格发生变化若影响供给量的增减，都必须经过一段时间来调整生产要素，改变生产规模。从价格的变化到供给量的变化有一个过程，存在一个时滞：时间越短，供给弹性越小；时间越长，供给弹性越大。

（2）生产的难易程度。一般而言，容易生产而且生产周期短的产品对价格的反应快，其供给弹性大。反之，不易生产且生产周期长的产品对价格变动的反应慢，其供给弹性也就小。

（3）生产要素的供给弹性。从一般理论上讲，供给取决于生产要素的供给。因此，生产要素的供给弹性大，产品供给弹性也大。反之，生产要素的供给弹性小，产品的供给弹性也小。

（4）生产所采用的技术类型。一般来说，技术水平高、生产过程复杂的产品，其供给弹性小，而技术水平低、生产过程简单的产品，其供给弹性大。

三、需求价格弹性的运用

需求价格弹性的大小，同消费者购买该商品货币支出的变动和生产者的总收益都密切相关。因为价格变动引起需求量的变动，从而引起了消费者货币支出的变动。同时，消费者的支出和生产者的收益在量上是相同的，即为价格和销售量（需求量）的乘积。所以，分析需求弹性对总收益的影响实际上也就是分析需求弹性对居民户总支出的影响。

总收益也可以称为总收入，指厂商出售一定量商品所得到的全部收入，即价格与销售量的乘积。如果以 TR 代表总收益，P 为价格，Q 为销售量，则

$$\mathrm{TR}=P\cdot Q$$

按照这一公式，好像只要提高价格，总收益就会增加，降低价格，总收益就一定会减少，实际并不是这样。由于各种商品的需求价格弹性不同，因此价格变化对总收益的影响也不一样。下面，我们分析需求富有弹性的商品与需求缺乏弹性的商品的需求价格弹性与总收益之间的关系。

（一）需求富有弹性的商品需求弹性与总收益的关系

如果某种商品的需求富有弹性，当该商品的价格下降时，需求量（即销售量）增加的幅度大于价格下降的幅度，从而总收益（总支出）会增加；当该商品的价格上升时，需求量（销售量）减少的幅度大于价格上升的幅度，所以总收益（总支出）会减少，如图 2-14 所示。在图 2-14 中，D 是某种需求富有弹性商品的需求曲线，当价格为 P_1 时，需求量为 Q_1，总收益为矩形 OQ_1AP_1 的面积；当价格为 P_2 时，需求量为 Q_2，总收益为矩形 OQ_2BP_2 的面积。而 $OQ_2BP_2>OQ_1AP_1$。当价格由 P_1 降为 P_2 时，总收益由 OQ_1AP_1 增加到 OQ_2BP_2；相反，当价格由 P_2 上升到 P_1 时，总收益由 OQ_2BP_2 减少到 OQ_1AP_1。

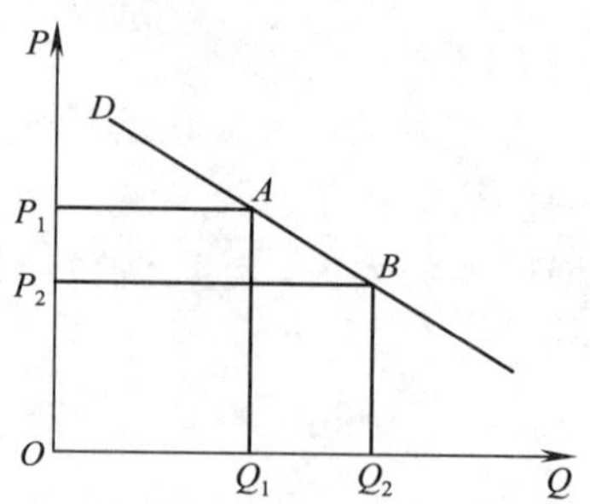

图 2-14　需求富有弹性的商品与总收益的关系

根据这种富有弹性的商品价格上升与下降引起的总收益的变化可以得出以下结论：如果某种商品的需求是富有弹性的，则价格与总收益呈反方向变动，即价格上升，总收益减少；价格下降，总收益增加。需求富有弹性的商品价格下降而总收益增加，就是我们一般所说的“薄利多销”的原因所在。由此可以看出，能够做到薄利多销的商品是需求富有弹性的商品。

（二）需求缺乏弹性的商品需求弹性与总收益的关系

如果某种商品的需求是缺乏弹性的，当该商品的价格下降时，需求量（销售量）增加幅度小于价格下降的幅度，从而总收益（总支出）会减少；相反，当该商品的价格上升时，需求量（销售量）的减少幅度小于价格上升的幅度，从而总收益（总支出）会增加，如图 2-15 所示。

在图 2-15 中，D 是某种需求缺乏弹性商品的需求曲线。当价格为 P_1 时，需求量为 Q_1，总收益为矩形 OQ_1AP_1 的面积；当价格为 P_2 时，需求量为 Q_2，总收益为矩形 OQ_2BP_2 的面积，而 $OQ_1AP_1>OQ_2BP_2$。当价格由 P_1 下降到 P_2 时，总收益由 OQ_1AP_1 减少到 OQ_2BP_2；相反，当价格由 P_2 上升到 P_1 时，总收益由 OQ_2BP_2 增到 OQ_1AP_1。

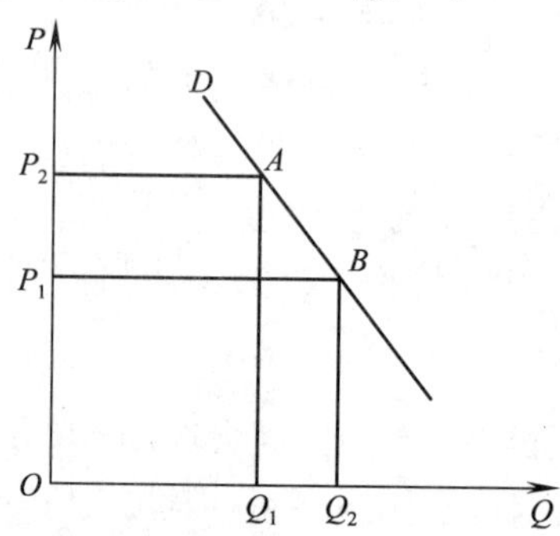

图 2-15　需求缺乏弹性的商品与总收益的关系

根据这种缺乏弹性的商品价格上升或下降引起的总收益的变化可以得出以下结论：如果某种商品是缺乏弹性的，则价格与总收益同方向变动，即价格上升，总收益增加；价格下降，总收益减少。“谷贱伤农”就是这个道理。在丰收的情况下，由于粮价下跌，农民的收入减少了。因为农产品的需求缺乏弹性，丰收造成粮价下跌，并不会使需求同比例增加，从而总收益减少，农民受损失。

由此看来，厂商定价应注意需求弹性不同的商品的价格变动对总收益的影响。如果商品的需求是富有弹性的，则价格与总收益成反方向变化，即价格上升，总收益减少；价格下降，总收益增多。如果商品的需求是缺乏弹性的，则价格与总收益成同方向变化，即价格上升，总收益增加；价格下降，总收益减少。

本章小结

商品的需求是购买欲望和购买能力的统一，商品的需求与价格呈反方向的变动。商品价格变动引起的购买量变动称为需求量变动，表现为在同一条需求曲线上的移动。收入、其他商品价格、消费者喜好、预期等因素变动将影响需求的变动。

供给是指厂商愿意并且能够卖出的商品数量。商品的供给与其价格同方向变动。商品本身价格变动引起供给量变动，表现为在同一条供给曲线上的移动。影响供给变动的因素除商品本身价格外，还包括其他经济因素和非经济因素。

需求和供给的变动会引起均衡价格和均衡数量的变动。供给的变动引起均衡价格反方向变动，引起均衡数量同方向变动。均衡价格是实际市场价格上下波动的中心。支持价格和限制价格是均衡价格在现实经济生活中的典型运用。

需求的价格弹性是商品的需求量对影响需求量因素变动的反应程度。需求的价格弹性通常被简称为需求弹性，是指一种商品的需求量对其价格变动的反应程度，或者说，价格变动的比率引起的需求量变动的比率。它的大小可用弹性系数来表示。不同的商品，其需求弹性也各不相同。商品的价格变动时，它的需求弹性的大小与出售该商品所能得到的总收益是密切相关的。如果商品的需求是富有弹性的，则价格与总收益呈反方向变化，即价格上升，总收益减少；价格下降，总收益增多。如果商品的需求是缺乏弹性的，则价格与总收益呈同方向变化，即价格上升，总收益增加；价格下降，总收益减少。

补充阅读

天下有没有“吉芬商品”？

——评张五常、汪丁丁需求定律之争

需求规律是指在影响需求的其他因素不变的条件下，商品的需求量与其价格呈反方向变动，即商品价格上升，需求量减少；商品价格下降，需求量增加。显然，需求规律和我们在日常生活中得到的经验是相吻合的。但是需求规律是对一般情况和一般商品而言的，而且有一定的前提条件，即在其他因素既定的条件下，需求曲线是向右下方倾斜的。但是生活中存在例外，如以英国人吉芬而得名的“吉芬商品”。英国人吉芬发现，在 1845 年爱尔兰发生灾荒时，土豆的价格虽然急剧上涨，但它的需求反而增加，原因是灾荒造成爱尔兰人民实际收入急剧下降，不得不增加土豆这类生活必需的低档食品的消费，后来人们就把在特定条件下，需求与价格呈同方向变动（即价格上升，需求增加；价格下降，需求减少）的低档商品称为“吉芬商品”。再如投机性商品如有价证券、黄金等，投资者预期价格将上涨时，需求量会增加，而当投资者预期价格将下降时，需求量会下降，出现“买涨不买跌”的情况。例外之三，某些炫耀性商品，如昂贵的珠宝、钻石、文物、名家的字画等，这类商品的价格已成为消费者地位和身份的象征，也会出现“买涨不买跌”的情形。

多年以来，我国经济学界就需求定律问题展开了一场争论，参战高手之多，讨论时间之长，影响范围之广，极为罕见。而今，尘埃似将落定。但这场争端并无结果，对于广大读者或经济学界人士而言，还是一头雾水。需求曲线是否必定向右下方倾斜？世界上到底有没有“吉芬商品”？

张五常和薛兆丰等坚持认为，需求曲线必定向下。例如，在某大学的演讲中，张五常表示：“我知道汪丁丁对这个需求曲线的说法，我知道黄有光对它的说法。可是，你们听我说，第一，需求曲线和需求定律是不一样的，曲线走哪个方向都可以。需求定律呢，也就是说需求曲线一定是向下倾斜，这是第一点。第二，这条需求曲线可不可以向右上升？逻辑上，可以，绝对可以。但是呢，那就不是需求定律了。”

黄有光、汪丁丁等则认为存在向上倾斜的需求曲线。例如，汪丁丁认为，在特定的成本分摊方式和激励机制下，确实可以出现“越贵越买”的现象，如对“文凭”的需求，在特定社会条件下，可以出现“向上倾斜”的情况。

到底谁对谁错，似乎很难判断。其实，“吉芬商品”是否存在，一直是经济学上没有解决的难题。即使在美国学术界，也一直存在争论。如2001年华夏出版社出版的中译本《经济学的困惑与悖论》，就有专文讨论这个问题，但依然没有定论。在当前国内外的经济学教科书上，“吉芬商品”都是作为需求定律的例外存在的。

上述双方在处理逻辑与现实的关系问题上陷入了泥潭。从标准教科书看，需求定律指的是，在其他条件不变时，需求价格与需求量成反比。用坐标图表示，若用横坐标表示需求量，纵坐标表示价格，那么需求定律就可以描绘成一条从左上角到右下角的曲线，就是“向右下方倾斜”。这个定律应该是很好理解的，但出问题的往往是我们最容易忽视的那个前提，即“其他条件不变”，这很关键。之所以说“需求定律”，而不说是“需求公理”，就在于“定律”是有条件的，“公理”是无条件的。比如，几何上有个公理，说的是“两点之间直线的距离最短”，这个描述之所以是“公理”，就是因为无论我们在北京还是纽约，在地球还是月球，这个规律都是成立的，不必去证明了。但定律就不一样，必须依托一定的前提条件，没有前提条件，得出的结论必然是错的，比如牛顿定律，如果在极微观和极宏观的条件下，都不成立。所以，瓦尔特·尼科尔森在《微观经济学原理与应用》一书的第一章，反复强调注重前提条件的必要性和重要性。

回过头来分析“需求定律之争”。如果其他条件都不变，则该定律百分之百成立（鉴于各种教科书论证得很详尽了，在此不赘述）。但是，应用在实践中，则需要考虑“其他条件”了。比如，用张五常在其连载的《经济解释》中的一个例子：如果大雨连天，雨伞的价格上升，而其需求量也增加了。从现象看，这显然与需求定律不符，这是否意味着需求定律是错的？不是，因为我们还没有考虑“其他条件”。张的解释是：“雨伞的需求量上升，不是因为其价格上升，而是因为连天大雨”。汪丁丁的观点，其实也没有推翻需求定律，他说的是考虑了“质量”这个“其他条件”后的情形。所以，我们可以得出结论：①其他条件不变，则需求曲线必定向右下方倾斜；②如果考虑其他条件，则需求曲线不一定向右下方倾斜。雨伞的例子就是铁证。依此类推，股票价格上涨，买的人反而多了，是因为存在“其他条件”，如投资者预期该股票的价格还会上涨，有钱可赚。同理，土豆价格上涨，需求量反而上升，是因为消费者收入较低，买不起其他食品，或者说，消费的主食因收入的限制而只好采用土豆，当土豆价格上涨时，他们预期价格还会涨，于是就去抢购了。其实，在我国商品短缺的经济时代，就存在商品价格上涨，百姓抢购的事实。在抢购这些事例中，也是因为存在“其他条件”在变化的事实。从以上事例看，如果剔除“其他条件”，则这些产品的需求曲线必定向右下方倾斜；但考虑“其他条件”后，需求曲线就向右上方倾斜了。而考虑了“其他条件”，并不等于推翻了需求定律。

分析到这里，那些学者们所争论的问题的答案再清楚不过了。黄有光、汪丁丁等所说的情况，是考虑了“其他条件”的，但错将这些情况当“定律”或者说是把“事实”当“理论”了。张五常等坚持认为不存在的“吉芬商品”之所以存在，是因为张五常等人将“其他条件”忘记了，将“定律”当成了“公理”。但既然张五常教授承认“雨伞问题”的存在，为什么就不承认“吉芬商品”？

案例分析

水的需求

我们每一个城市居民交纳的水费，由供水费和排水费两部分组成。排水费也叫污水处理费，是居民为治理生活污水交纳的费用。上海是我国第一个开征居民排水费的城市，上海物价部门于2004年5月召开了排水费调整听证会，准备将居民排水费由每吨0.7元提高到每吨1元，上调40%。

在上海准备调整水价的同时，北京也在酝酿提高水价。为加强水资源管理，北京新成立了统一管理水务的水务局。北京市水务局局长表示：我们要进一步提高水价，到2005年北京要实行阶梯式水价，确保百姓需求，考虑经济上困难人群，把水价确定在基本适宜的标准，在这个基础上实行多用水多加价，如果使用超过一定数量，水的价格可能将成倍提高。

水是生命之源，离开水，人类将无法生存。那么对水的需求是否会完全无弹性呢？也就是说，水价上涨是否会减少人们的用水量呢？

案例评析：需求弹性表示在一定时期内，一种商品的需求量的相对变动对于该商品价格的相对变动的反应程度。影响需求弹性的主要因素可以概括为以下方面：

（1）该种商品的可替代性。一般来说，一种商品的可替代品越多，与替代品的性质越接近，该商品的需求弹性越大。因为，替代品越多，并且与替代品的相近程度越高，那么，如果该商品价格上涨，消费者就容易减少对该商品的购买，而以其他商品来替代。相反，替代品越少，与替代品的相近程度越低，该商品的需求弹性越小。

（2）该商品对消费者生活的重要程度。一般来说，生活必需品的需求弹性较小，而非必需品的需求弹性较大。例如，水与钻石饰品相比，前者的需求弹性显然小于后者。

（3）该种商品的购买支出在消费者收入中所占比例的大小。在其他条件不变的情况下，该比例越高，则其需求弹性越大；反之，则需求弹性越小。

（4）一种商品用途的广泛性。一般来说，一种商品的用途越广泛，需求弹性越大；相反，用途越狭窄，需求弹性越小。

（5）所考察的时间周期的长短。应该指出，需求量概念是包含了时间因素的，即所谓需求量是指某一时间内的需求量。一般而言，所考察的需求量变动的时间越长，需求弹性越大；时间越短，需求弹性越小。因为在短期内，消费者可能难以改变消费习惯或者找到合适的替代品。

那么，水作为一种生活必需品，其需求弹性如何呢？事实上，提高水价能够通过某些途径或方法有效地降低水的消耗量。例如，自来水公司通过对输水管道进行投资，提高它的输送效率，鼓励旅馆使用节水淋浴喷头等。工厂可以采用新的技术装备，特别是用水量大的重工业企业。在居民区，高昂的水价可能会使花园和草坪的面积变小，石头园、漫砖的园区和砖砌的小院可能会变得越来越流行。据某地区的统计资料显示，在一年内，翻番的水价能够将当地家庭生活用水量减少30%～50%。上述事实表明，水这一生命基本组成要素的普通需求具有较大的弹性。

试分析：水价上涨能否行之有效地减少人们的用水量？试说明水的需求弹性是怎样的。

思考与练习

一、名词解释

供给　需求　均衡价格　需求弹性　供求定理

二、单项选择题

1. 需求曲线是一条向（　　）倾斜的曲线。

A. 右下方　B. 右上方　C. 左下方　D. 左上方

2. 供给曲线是一条向（　　）倾斜的曲线。

A. 右下方　B. 右上方　C. 左下方　D. 左上方

3. 已知某商品的需求函数和供给函数分别为：$Q_D=14-3P$，$Q_S=2+6P$，该商品的均衡价格是（　　）。

A. 4/3　B. 4/5　C. 2/5　D. 5/2

4. 消费者的收入增加80%时，某商品的需求量减少40%，则该商品可能是（　　）。

A. 奢侈品　B. 必需品

C. 低档商品　D. 吉芬商品

5. 当咖啡的价格急剧上升时，对茶叶的需求将（　　）。

A. 减少　B. 增加　C. 保持不变　D. 无法判断

6. 在下列需求价格弹性的表达中，正确的是（　　）。

A. 需求量变动对价格变动的反应程度

B. 价格变动的绝对值对需求量变动的绝对值的影响

C. 价格的变动量除以需求的变动量

D. 需求的变动量除以价格的变动量

7. 民航机票经常性价格打折说明飞机旅行需求（　　）。

A. 富有价格弹性　B. 单位弹性

C. 价格弹性不足　D. 缺乏收入弹性

8. 中国政府为了扶持农业，对农产品规定了最低限价。政府为维持最低限价，应该采取的相应措施是（　　）。

A. 增加农民的税收　B. 实行农产品配给制

C. 收购过剩的农产品　D. 对农产品实行补贴

9. 假定玉米市场的需求是缺乏弹性的，玉米的产量等于销售量且等于需求量，恶劣的气候条件使玉米产量下降20%，在这种情况下，（　　）。

A. 玉米生产者的收入减少，因为玉米产量下降

B. 玉米生产者的收入增加，因为玉米价格上升低于20%

C. 玉米生产者的收入增加，因为玉米价格上升超过 20%

D. 玉米生产者的收入减少，因为玉米价格上升低于 20%

10. 两种商品中一种商品的价格发生变化时，这两种商品的需求量都同时增加或减少，则这两种商品需求的交叉弹性系数为（ ）。

A. 正　　B. 负　　C. 0　　D. 1

三、判断题

1. 均衡价格就是供给量等于需求量时的价格。（ ）

2. 对任何商品而言，价格下降，需求量都会增加。（ ）

3. 如果一般性商品的价格高于均衡价格，那么该价格一定会下跌并向均衡价格靠拢。（ ）

4. 已知某商品的收入弹性大于 0 小于 1，则这种商品是低档商品。（ ）

四、问答题

1. 什么是需求？影响需求的因素有哪些？

2. 什么是供给？影响供给的因素有哪些？

3. 需求量的变动与需求的变动有何不同？

4. 供给量的变动与供给的变动有何不同？

5. 什么是均衡价格？它是如何形成的？

6. 什么是供求定理？

7. 什么是需求弹性？需求弹性有几种类型？

五、计算题

1. 设某产品的需求函数为 $Q=100-10P$，求 $P=5$ 时的需求量 Q。

2. 设某商品的需求函数为 $Q_d=2\,000-100P$，供给函数为 $Q_s=1\,100-80P$，求该商品的市场均衡价格和均衡产量。

3. 设某厂商生产商品的需求函数为 $Q=500-2P$，问：①该厂商如果每天要销售 200 个商品，价格应定为多少？②若把价格定为 180 元，每天能销售多少商品？③如果价格为 130 元，这时点价格弹性是多少？

4. 某商品的价格为 5 元时，需求量为 40，价格为 4 元时，需求量为 50，请计算当价格由 5 元降为 4 元时，以及由 4 元提高到 5 元时的需求弹性。

5. 某商品的需求价格为 $P_d=100-4Q$，供给价格为 $P_s=40+2Q$，求均衡价格与均衡产量。

技能训练

1．运用供求理论论述为减少毒品犯罪的最佳措施是选择查毒方式好还是禁毒教育方式好？

2．运用供求理论说明改革开放前广东的鱼价格很低但广东人为什么吃不上鱼？

3．案例分析

人们说 2007 年是个“火爆”的年份，从年初的楼市上涨到股市的全线飘红，这一火爆的“金猪年”给人们的神经带来了足够的刺激。进入 5 月以来，猪肉似乎又成了“金猪肉”，全国多数省区市猪肉价格同比大幅上涨，有些城市的猪肉价格已经达到历史最高。根据商务部市场运行司的统计，2007年5月上中旬，全国36个中心城市猪肉平均批发价格比上年同期上涨4.4元，涨幅43.1%。在北京市，5月市场的猪肉价格已经密集地出现了14次上涨。这次猪肉价格的大涨，可以说是近10年来罕见的。猪肉是关系到国计民生的问题，它既影响人们的一日三餐，又导致CPI的上涨，甚至会导致严重的通货膨胀；它关系到农民收入的提高，又关系到与其相关的上下游企业的发展。

对于猪肉价格上涨，我们的问题是：

1. 从需求的角度看，你认为刺激猪肉价格上涨的因素有哪些？
2. 从供给的角度看，你认为导致猪肉价格上涨的因素有哪些？
3. 从价格弹性的角度看，猪肉的价格弹性如何？

实训项目

【实训主题】通过对某超市某种商品的价格变化和销售量（需求量）的变化进行调查和统计，计算出该商品的弹性系数，根据弹性系数的大小确定该商品的营销策略。

【实训目标】

1. 通过以小组的形式进行市场调查，建立一种“团队学习”的教学模式，增强学生学习的积极性和主动性，锻炼学生自我管理、自我控制的能力，培养学生团队合作的精神。
2. 通过以小组的形式进行市场调查和统计，使学生切身体会商品的价格变化和销售量（需求量）的变化的关系。
3. 培养学生分析、归纳、演讲与解决问题的能力。

【实训内容与要求】

1. 市场调研前的任务布置（调研内容包括商品的价格变化、销售量（需求量）的变化情况、弹性系数的计算、缺乏弹性和富有弹性商品的营销策略等）。
2. 各小组进行组内任务安排。
3. 针对超市某种商品进行市场调研。
4. 市场调研内容整理，完成对超市某种商品需求和价格变化的综合分析。
5. 完成本项目活动的过程记录（包括时间、地点、内容、成员及分工情况）。
6. 每组选派一至两名代表展示和讲解本组成果。

【实训时间】

1. 任务布置：10分钟。
2. 各组任务安排：10分钟。
3. 市场调研过程：一周。
4. 市场调研内容整理：两天。
5. 各组成果展示：每组10分钟之内。

【实训考核】

1. 过程考核：教师和学生根据小组递交的活动记录来考核每一小组及成员。
2. 成果考核：由教师对各组市场分析的情况进行评估打分。

项目三

认知消费者行为理论——学会理性消费

知识目标

1. 掌握基数效用论和序数效用论的有关概念及边际效用分析法和无差异曲线分析法对消费者均衡的分析，掌握消费者均衡的条件。
2. 了解预算线、收入效应与替代效应、消费者剩余及消费者行为理论的运用。
3. 明确消费者行为对企业决策的启示。

能力目标

1. 运用消费者行为理论从经济学的角度分析如何生活得更幸福。
2. 举例说明现实生活中的边际效用递减现象。
3. 分析消费者行为理论对企业决策和个人消费的启示。
4. 会进行总效用最大、消费者均衡的计算。

项目导入

消费者行为理论，隐藏在你我所熟悉的消费行为中。作为消费者，你和家人、朋友在超市里碰到的不相识的顾客都只能把有限的收入花费在需要的或想要得到的商品与服务上。消费者将如何选择商品的种类和数量？哪些因素左右着消费者的消费行为？

一个人的消费行为在很大程度上受其消费偏好的影响，有人对中餐情有独钟，有人对西餐赞叹不已，有人对古典名著爱不释手，有人对武侠小说百看不厌……即"萝卜白菜、各有所爱"，这种种不同的偏好，必然导致消费者产生不同的选择行为。

总之，偏好无处不在，效用时刻体现。

项目思考

日常生活中，你如何选择商品的种类和数量？哪些因素左右着我们的消费行为？

消费者是能够作出消费决策的经济单位，它可以是一个人，也可以是由若干人组成的家庭或其他组织。消费者行为是指消费者通过消费支出，在一定选择原则下购买消费品以获得最大满足的方式。消费者行为理论所要说明的是消费者如何用自己的既定收入实现效用最大化。对于如何衡量消费者的满足程度，一些经济学家认为效用可以用具体的数字来表示；另一些经济学家则认为效用作为一种心理现象，是不能用具体数字来表示的。由此就产生了两种不同的消费者行为理论：基数效用论和序数效用论。

任务一 认知基数效用论

基数效用论的基本观点是：效用的大小可以用基数（1，2，3，……）来表示，效用是可以计量并加总求和的。正如重量单位可以用千克来表示一样。例如，某消费者消费一个鸡蛋的效用是5个效用单位，一个面包的效用是10个效用单位，消费者消费这两种物品所得到的总满足程度就是15个效用单位。根据这种理论，可以用具体的数字来研究消费者效用最大化的问题。基数效用论采用的是边际效用分析法。

一、偏好、效用、总效用与边际效用

（一）偏好的含义、种类和影响因素

1. 偏好的含义

所谓偏好（taste），就是指人们通常在产生某种欲望的紧迫后，通过购买某一种或多种商品或服务而表现出来的一种内在的心理倾向，具有一定的趋向性和规律性。偏好存在于个体自身内部，是难以直接观察到的。购买食品能满足充饥的欲望、多穿衣服能满足御寒的欲望、看电影能够满足精神享受的欲望。到底最后是购买红薯还是汉堡、棉衣还是羊绒衫，这就要取决于不同消费者的偏好。偏好是主观的，也是相对的概念，有明显的个体差异，也呈现出群体特征。

消费偏好是指消费者对于所购买或消费的商品和劳务的爱好胜过其他商品或劳务，又称“消费者嗜好”。它是对商品或劳务优劣性所产生的主观的感觉或评价。消费者偏好会受到文化因素、经济因素、社会因素等多种因素的影响。

2. 偏好的种类

常见的偏好主要有以下几种：

（1）习惯。由于消费者行为方式的定型化，经常消费某种商品或经常采取某种消费方式，就会使消费者心理产生一种定向的结果，这就是习惯。这种动机几乎每个消费者都有，只是习惯的方面及稳定程度不同。

（2）方便。方便是消费者把方便与否作为选择消费品和劳务以及消费方式的第一标准，以求在消费活动中尽可能地节约时间。

（3）求名。求名是消费者把消费品的名气作为选择消费品和劳务与否的前提条件。购买活动中，首先要求商品是名牌。只要是名牌，投入再多货币也情愿。求名偏好多是基于消费者对名牌商品质量的信任，有时也受消费者情感动机的影响。但是，偏好受收入和产品价格的约束。

3. 影响偏好的因素

（1）生活方式。生活方式不同，偏好也不同，并且生活方式随着时间的推移而变化。

（2）生产者的劝说。也许消费者原本没有把某种商品放在眼里，或者对某种新产品一无所知，但制造商和经销商不厌其烦地大做广告，不知不觉最终打动了消费者的心，使消费者产生了某种偏好。

（3）消费风气。有些人的消费行为不是根据本身需要，而是看别人购买什么，就购买什么，即“示范效应”。

（二）效用的含义和特征

1．效用的含义

效用是指消费者从消费某种物品中所得到的满足程度。消费者在消费活动中获得的满足程度越高，效用越大；反之，效用越低。

2．效用的特征

（1）主观性。效用和欲望一样，是一种个人主观上的感觉。徐悲鸿的“八骏图”可以给艺术鉴赏家提供很大的主观效用，但在不懂画的人看来，除了可以用来遮挡墙上的裂纹外没有什么用处，而且一种特定产品的效用在不同的人之间可能变化很大。一辆越野卡车可能对于崎岖路上驾驶的人来说有很大的效用，但对于一个老得连车都爬不上去的人来说则没有什么效用。一支香烟对吸烟者来说，有很大的效用，而对不吸烟者来说则毫无效用，尽管同一支烟的使用价值是客观存在的。那么对吸烟者来说，抽一支烟有多大效用呢？几乎没有人能够回答。由此看来，效用的大小取决于每个人的主观评价，而且效用很难量化。

（2）相对性。效用的相对性指满足感的产生是因人、因时、因地而异的。1900 年，八国联军打到北京，慈禧携光绪逃往西安。慈禧在京用膳，有 105 道菜肴，逃难途中别说菜肴，连饭都吃不饱。快到西安，慈禧饿得不行，命李莲英寻找食物，好不容易找来一个玉米面窝窝头，吃一口，觉得从未吃到过这么好吃的东西。第二年，《辛丑条约》签订。慈禧回京城后，又是 105 道菜，却没有一道菜有玉米面窝窝头那么好吃。慈禧命李莲英再去弄。李莲英用栗子粉做了几个小窝窝头呈上，慈禧曰：“还是西安的玉米面窝窝头好吃。”栗子粉小窝窝头至今仍是北京北海仿膳的一道点心。

（三）总效用与边际效用

总效用是指消费者消费一定数量商品时所获得的总的满足程度。总效用函数为

$$TU=f(Q)$$

其中，TU 表示总效用，Q 表示商品消费量。

边际效用是指消费量每增加一单位时，总效用的增加量，用 MU 表示。边际的含义是增量，是指自变量增加所引起的因变量的增加量。边际效用是商品消费量的增加所引起的总效用的增量。边际效用函数为

$$MU=\Delta TU/\Delta Q$$

可以用表 3-1 来说明总效用、边际效用及其相互关系。

从表 3-1 中可知，消费者在没有消费苹果时，当然也就没有获得效用。在他享用苹果的时候，第一个苹果给他带来的满足程度较高。随着苹果数量的增加，虽然总效用在增加，但每增加一个苹果所增加的边际效用却在递减。当他对苹果的欲望从生理上和心理上都得到完全的满足以后，苹果数量的继续增加将使他感觉不适，边际效用成为负数。

表 3-1 总效用与边际效用

苹果消费量	总 效 用	边 际 效 用
0	0	—
1	20	20
2	35	15
3	45	10
4	50	5
5	50	0
6	45	−5
7	35	−10

根据表 3-1 中数据，可作出总效用曲线（*TU*）和边际效用曲线（*MU*），如图 3-1 所示。

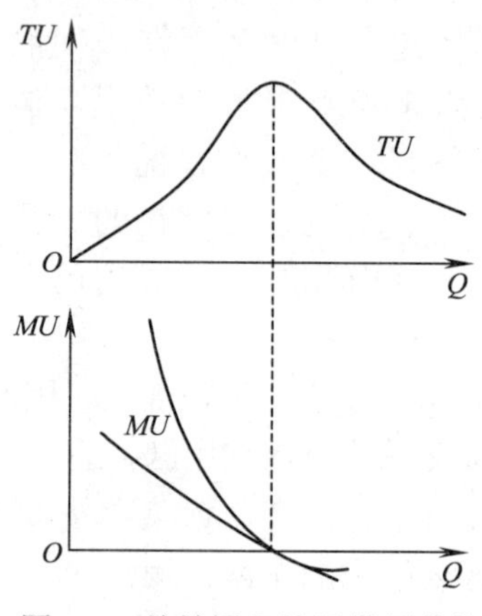

图 3-1 总效用和边际效用曲线

在图 3-1 中，横轴表示苹果的消费量（*Q*），纵轴分别表示总效用（*TU*）和边际效用（*MU*）。

从上述分析可以看出，总效用和边际效用的关系是：总效用增加，边际效用是正值；总效用达到最大，边际效用为零；总效用下降，边际效用为负值。

二、边际效用递减规律

从表 3-1 和图 3-1 中我们看到，随着苹果消费量的增加，消费者总效用虽相应增加，但边际效用却一直在减少。这种情况普遍存在于一般物品的消费中，被称为边际效用递减规律。边际效用递减规律是指在其他条件不变的情况下，随着消费者对商品消费量的增加，消费者从该商品连续增加的消费单位中所得到的边际效用是递减的。

对于边际效用递减的原因，西方经济学家认为可以从以下两个方面加以说明：

（1）人类欲望本身。一种商品的消费使消费者某种欲望获得部分满足后，其欲望要求得到满足的程度就会减弱。如果该商品的消费继续增加，消费者所感受到的满足程度就会减少，即边际效用减少。

（2）商品本身用途的多样性。假设一种商品具有多种用途，这些用途的重要性不同，消费者总是先用于最重要的用途，而后用于次要的用途。这样，前者的边际效用就大于后者。例如，对于在沙漠中的人来说，在仅有少量水的情况下，人们必然会十分珍惜地饮用，以维持生命，这时水的边际效用极大。如果水量较多，除满足饮用外，多余的水可用于刷牙、洗脸，这时水的重要性相对降低。人们由水所获得的总效用虽然增加，但边际效用则在减少。如果水量更多，人们不但可以刷牙、洗脸，而且可以洗衣、洗澡，这时水的总效用更大，但边际效用更小。可见，商品具有多种用途，其重要性有大有小是造成边际效用递减的另一原因。

三、消费者均衡

消费者均衡，所研究的是消费者在既定收入的情况下，如何实现效用最大化的问题。也可以说，它是研究消费者在既定收入下实现效用最大化的均衡条件。这里的均衡是指消费者实现最大效用时的商品购买组合是一种最佳的、不应再做调整的、相对稳定的商品组合。

（一）消费者均衡的假设条件

1. 消费者的行为是理性的

这就是说，消费者在限购商品的购买行为上，总是倾向于选择可使其总效用达到最大化的商品组合。

2. 消费者的嗜好是既定的

这就是说，消费者对各种商品效用与边际效用的评价是既定的，不会受他人影响。

3. 消费者的收入是既定的

一般而言，消费者的不同收入导致所能购买的商品数量是不同的，不同的商品购买量会获得不同的效用。只有在相同收入条件下的不同消费决策中，选择效用最大化的消费决策才是有意义的。

4. 商品的价格是既定的

消费者均衡正是要说明在这些假设条件之下，消费者如何把有限的收入分配给各种商品的购买与消费，以获得最大效用。

（二）消费者均衡的条件

在上述假定条件下，消费者应该怎样在消费品市场上购买商品，才能获得效用最大化呢？我们假定市场上仅有 X 与 Y 两种商品，并假设对某消费者而言，购买 X 商品的效用大于购买 Y 商品。根据假定，消费者将优先购买 X 商品，但在购买一定量 X 商品后，就会出现两种情况：其一，由于消费者的收入是固定的，因此购买 X 商品的数量越多，相对购买 Y 商品的数量就会越少；其二，由于边际效用递减规律的存在，随着购买 X 商品的数量增多，X 商品对消费者的边际效用将下降，相反，购买 Y 商品可以获得的边际效用将相对上升。

鉴于以上情况，消费者就需要调整购买商品的结构，为了使收入支出达到效用最大化，消费者将相应减少 X 商品的购买量而增加 Y 商品的购买量。这种调整最终达到某一点。这时，消费者单位货币购买 X 商品获得的边际效用与购买 Y 商品获得的边际效用相等。可以把消费者均衡的条件写为

$$P_X Q_X + P_Y Q_Y = M \text{（限制条件）}$$

$$\frac{\mathrm{MU}_X}{P_X} = \frac{\mathrm{MU}_Y}{P_Y} = \mathrm{MU}_m \text{（实现条件）}$$

消费者均衡的条件是消费者所购买的 X 与 Y 商品带来的边际效用与其价格之比相等。也

就是说，每单位货币不论用于购买 X 商品，还是购买 Y 商品，所得到的边际效用都相等。

同样，如果所消费的不是两种商品，而是多种商品，则消费者均衡条件为

$$P_1Q_1+P_2Q_2+P_3Q_3+\cdots+P_nQ_n=M$$

$$\frac{MU_1}{P_1}=\frac{MU_2}{P_2}=\frac{MU_3}{P_3}=\frac{MU_n}{P_n}=MU_m$$

公式中，P 表示商品的价格；Q 表示商品的购买量；M 表示消费者的收入；MU 表示商品所带来的边际效用；MU_m 表示每单位货币的边际效用。

因此，在运用边际效用分析法来说明消费者均衡时，消费者均衡的条件是：消费者用全部收入所购买的各种商品所带来的边际效用，与为购买这些商品所支付的价格的比例相等，或者说每单位货币所得到的边际效用都相等。

例如，你有 600 元钱，可以买三件相同的衣服，也可以买三件款式、色彩不同的衣服。买三件同样的衣服所带给你的满足程度（即效用）肯定不如买三件不同的衣服大。一般人都会作出买三件不同衣服的选择。其实决定这种选择的就是消费者均衡的条件。这就是边际效用递减规律作用的结果。边际效用递减的趋向，反映了人们多样化消费的倾向，也促使人们为获得最大程度的满足而追求多样化的消费。

案例分析

消费者均衡的举例证明

我们举一个例子来说明消费者均衡的条件。假设 M=100 元，P_X=10 元，P_Y=20 元。X 与 Y 的边际效用见表 3-2，总效用见表 3-3。

表 3-2 边际效用

Q_X	MU_X	Q_Y	MU_Y
1	5	1	6
2	4	2	5
3	3	3	4
4	2	4	3
5	1	5	2
6	0		
7	−1		
8	−2		
9	−3		
10	−4		

表 3-3 总效用

组合方式	MU_X/P_X 与 MU_Y/P_Y	总效用
Q_X=10，Q_Y=0	$-4/10\neq0/20$	5
Q_X=8，Q_Y=1	$-2/10\neq6/20$	18
Q_X=6，Q_Y=2	$0/10\neq5/20$	26
Q_X=4，Q_Y=3	$2/10=4/20$	29
Q_X=2，Q_Y=4	$4/10\neq3/20$	27
Q_X=0，Q_Y=5	$0/10\neq2/20$	20

我们根据表 3-2 和表 3-3 来说明为什么只有符合以上两个条件时，才能使效用达到最大化。

从表 3-3 中可以看出各种组合都符合 $P_XQ_X+P_YQ_Y=M$，即各种组合都正好用完 100 元，但只有在 $Q_X=4$，$Q_Y=3$ 时，才能满足 $MU_X/P_X=MU_Y/P_Y$ 的条件。因此，也只有这种组合才实现了 X 与 Y 所带来的总效用最大，即 29 效用单位，其他组合的 X 与 Y 所带来的总效用都不是最大。以 $Q_X=6$，$Q_Y=2$ 的组合为例，第 6 单位 X 商品带来的边际效用为 0，价格为 10 元，$MU_X/P_X=0/10$，X 商品所带来的总效用为 15（即第 1 单位到第 6 单位的边际效用之和为 15），第 2 单位 Y 商品带来的边际效用为 5，价格为 20 元，$MU_Y/P_Y=5/20$，Y 商品所带来的总效用为 11（即第 1 单位到第 2 单位的边际效用之和为 11）。X 与 Y 带来的总效用为 26（15+11），因为 $MU_X/P_X \neq MU_Y/P_Y$（即 $0/10 \neq 5/20$），所以这种组合并不能带来最大效用。

而在 $Q_X=4$，$Q_Y=3$ 的组合时，X 商品所带来的总效用为 14，Y 商品所带来的总效用为 15。X 与 Y 带来的总效用为 29（14+15）。因为 $MU_X/P_X=MU_Y/P_Y$（即 $2/10=4/20$），所以只有这种组合才能带来最大效用。

任务二 序数效用论与无差异曲线分析

基数效用论者认为物品的效用取决于消费者个人的主观感受。效用的大小是可以用一定单位来衡量的。序数效用论者不同意这种看法。序数效用论认为，效用不是基数概念，而是一个次序概念。效用是消费者个人的“偏好”，物品的效用可根据消费者对其偏好程度来排列，即可用序数词（第一，第二，第三，……）来说明效用。比如，一个人在选择食品时，喜欢按照蔬菜、牛奶、肉等顺序来排列，因为他感到蔬菜给他带来的满足要大于其他商品。他按照自己感受到的效用大小，对食品进行依次排列。虽然他并不知道蔬菜的效用究竟比牛奶或肉高出多少，但他清楚地知道自己的偏好并选择次序，从而实现效用最大化。序数效用论采用的是无差异曲线分析法。

一、无差异曲线的含义

无差异曲线是用来表示两种商品的不同数量的组合给消费者所带来的效用完全相同的一条曲线。

例如，现有鸡蛋与猪肉两种商品，它们有 A、B、C、D 四种组合方式，这四种组合方式能给消费者带来同样的效用。例如，一个消费者在一个月中从 1 千克猪肉和 6 千克鸡蛋所得到的满足，同他从 2 千克猪肉和 3 千克鸡蛋，或者 3 千克猪肉和 2 千克鸡蛋，或者 4 千克猪肉和 1.5 千克鸡蛋中所得到的满足相同。这样，就可以认为消费者对上述两种商品不同组合间具有无差异性。在既定偏好下，使消费者获得相同效用的两种商品的不同数量组合的列表叫做“无差异表”，见表 3-4。根据表 3-4 中的数据可以得出图 3-2 所示的无差异曲线（I）。

表 3-4 无差异表

组合方式	猪肉 X/千克	鸡蛋 Y/千克
A	1	6
B	2	3
C	3	2
D	4	1.5

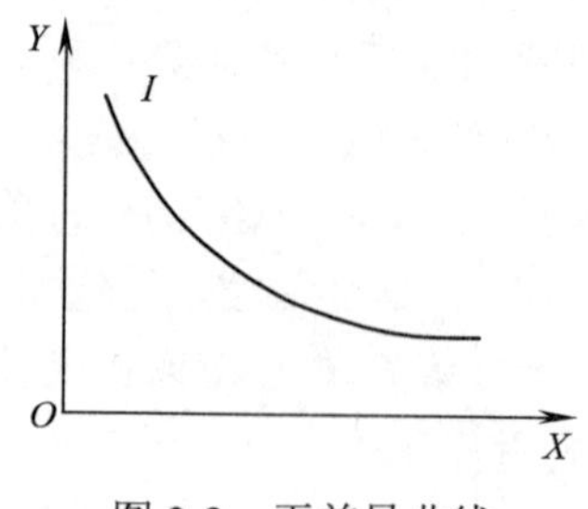

图 3-2 无差异曲线

无差异曲线上的任何一个点所表示的商品组合虽然都各不相同，但它们在消费者偏好既定条件下给消费者所带来的效用相同，即满足程度都是相同的。

二、无差异曲线的特征

无差异曲线是在一定收入和价格水平下得出的，它代表某一特定的消费水平或满足水平。由于人们的收入水平不同，消费水平或满足水平也不同，就可能产生若干条无差异曲线，即构成无差异曲线图，如图 3-3 所示。

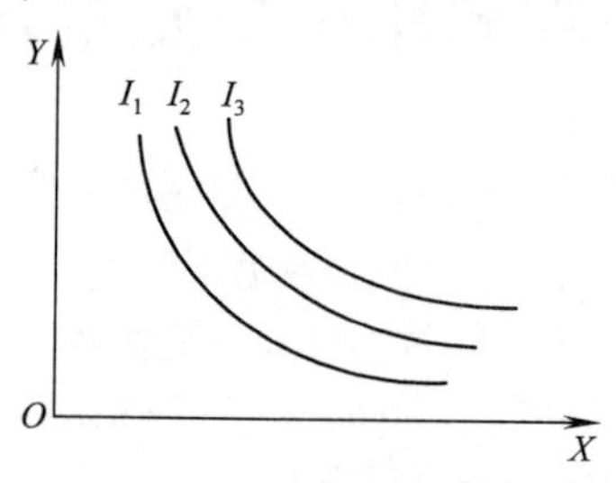

图 3-3 无差异曲线图

无差异曲线具有以下三个主要特征：

（1）无差异曲线上各点所代表的效用组合对消费者来说都是相同的、无差异的。在两种商品都有正值的边际效用情况下，X 商品的增加必然要求 Y 商品的减少。因而，无差异曲线是一条向右下方倾斜的曲线，并向原点凸出，其斜率为负值。

（2）在同一平面图上，可以有无数条无差异曲线。同一条无差异曲线代表相同的效用，不同的无差异曲线代表不同的效用。离原点越远的无差异曲线，所代表的效用越大；离原点越近的无差异曲线，所代表的效用越小。

在图 3-3 中，I_1、I_2、I_3 是三条不同的无差异曲线，它们分别代表不同的效用，其顺序为 $I_1<I_2<I_3$。

（3）同一平面上的不同无差异曲线不能相交或相切。否则，将会出现与上述无差异曲线特征相矛盾的结果。

从前面无差异曲线的举例中可以看到，消费者为保持消费满足水平不变，在减少一定数量鸡蛋消费时，就需要增加一定数量的猪肉来补偿。无差异曲线上这种商品间的替代关系，叫做边际替代率（MRS）。所谓边际替代率是指，消费者在保持相同的效用时减少的一种商品的消费量与增加的另一种商品的消费量之比。

以 ΔX 表示 X 商品的增加量，ΔY 表示 Y 商品的减少量，MRS_{XY} 表示以 X 商品代替 Y 商品的边际替代率，则公式为

$$MRS_{XY}=\Delta Y/\Delta X$$

由于X商品的增加（ΔX为正值）必然伴随着Y商品的减少（ΔY为负值），因此，边际替代率应该是负值。无差异曲线的斜率就是边际替代率，通常边际替代率取绝对值，见表3-5。

表3-5　边际替代率

消费变动过程	猪肉增加量/千克	鸡蛋减少量/千克	边际替代率
A→B	1	3	3
B→C	1	1	1
C→D	1	0.5	0.5

从表3-5中可以看出，边际替代率的绝对值是递减的。这种情况存在于任何两种商品的替代中，我们称之为边际替代率递减规律。边际替代率递减规律是指消费者为保持满足程度不变，在连续增加某种商品消费时，所愿意牺牲的另一种商品消费的数量是递减的。边际替代率递减的原因在于：消费数量相对越来越多的商品，它的边际效用是逐步下降的，而另一种商品随着消费量下降，其边际效用则在上升。因而，一种商品替代另一种商品的量越来越少，边际替代率是递减的。

三、消费可能线（预算线）

前面分析消费者无差异曲线的形态时，是把消费者的收入和商品价格暂时撇开的。然而在现实中，任何消费者在购买商品时总要受到一定收入水平和一定价格水平的限制。预算线又称为消费可能线，或等支出线，它是一条表明在消费者收入与商品价格既定的条件下，消费者所能购买到的两种商品数量最大组合的线。

预算线表明了消费者消费行为的限制条件，这种限制就是购买商品所花的钱不能大于收入，也不能小于收入。大于收入是在收入既定条件下无法实现的，小于收入则无法实现效用最大化。这种限制条件可以写为

$$M=P_XQ_X+P_YQ_Y$$

或

$$Q_Y=\frac{M}{P_Y}-\frac{P_X}{P_Y}Q_X$$

预算线是一条直线，其斜率为$-P_X/P_Y$。由此可见，预算线的斜率等于两种商品价格之比。

假设某消费者收入为M=60元，他面临着两种商品X与Y，价格分别为P_X=20元，P_Y=10元。则有Q_X=0，Q_Y=6；Q_Y=0，Q_X=3。这样就可以作出图3-4。

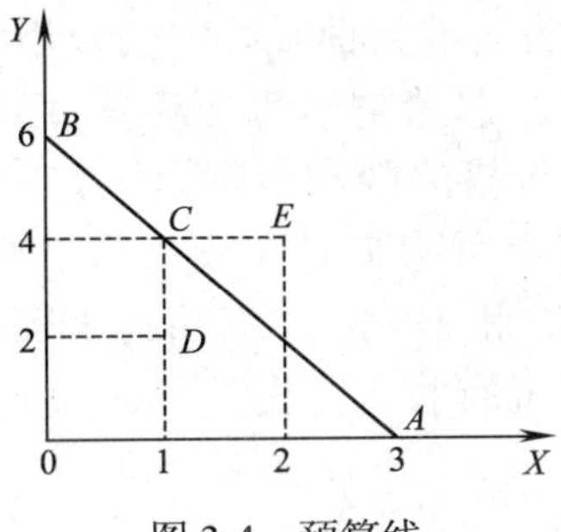

图3-4　预算线

在图 3-4 中，连接 A 和 B 两点的直线就是预算线。该线上的任何一点都是在收入与价格既定的条件下，能购买到的 X 商品与 Y 商品的最大数量的组合。

例如，在 C 点，购买 4 单位 Y 商品，1 单位 X 商品，正好用完 60 元（10×4+20×1=60）。在预算线内任一点都是可以实现的。例如，在 D 点，购买 2 单位 Y 商品，1 单位 X 商品，只用了 40 元（10×2+20×1=40），但并不是最大数量组合；而在预算线外任一点都是无法实现的。例如，在 E 点，购买 4 单位 Y 商品，2 单位 X 商品，这时要支出 80 元（10×4+20×2=80），超过了既定的收入 60 元，无法实现。

图 3-4 中的预算线是消费者收入和商品价格既定条件下的消费支出组合线，如果消费者的收入和商品的价格改变了，则预算线就会变动。

如果商品价格不变，消费者收入增加，则在其他假设保持不变时，预算线向外平行移动，反之，向内平行移动，如图 3-5 所示。

如果消费者收入不变，一种商品的价格不变，而另一种商品的价格发生变化时，也会引起预算线发生移动。如图 3-6 所示，Y 商品的价格不变，X 商品的价格变化，这时，预算线在 X 轴上的交点将会右移或左移；如图 3-7 所示，X 商品的价格不变，Y 商品的价格变化，这时，预算线在 Y 轴上的交点将会上移或下移。

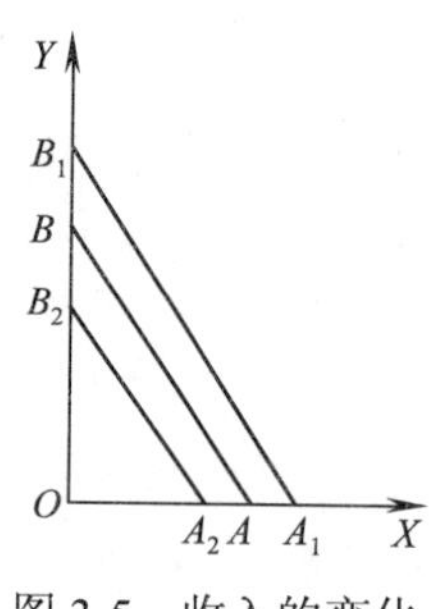

图 3-5 收入的变化

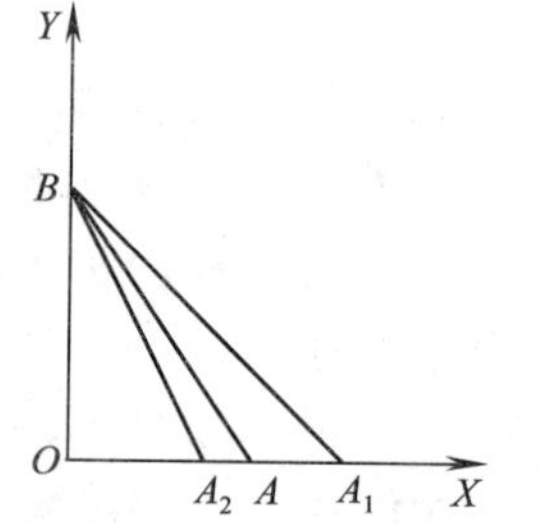

图 3-6 商品 X 价格的变化

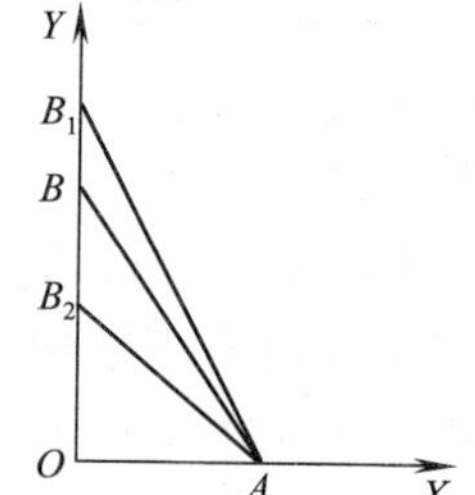

图 3-7 商品 Y 价格的变化

四、消费者均衡

通过前面的分析我们知道，无差异曲线是消费者主观上对商品组合的偏好。而预算线则是指在客观上消费者收入、商品价格既定的条件下可能购买商品量的最大组合。那么，我们把两者结合在一起来说明消费者如何在一定收入和商品价格条件下，所购买商品的数量组合能获得的最大满足状态，即消费者均衡。如果把无差异曲线与预算线合在一个图上，那么，预算线必定与无数条无差异曲线中的一条相切于一点。在这个点上，就实现了消费者均衡，可用图 3-8 来说明。

在图 3-8 中，I_1、I_2、I_3 是三条无差异曲线，它们效用大小的顺序为 $I_1<I_2<I_3$。AB 为预算线。消费者要想获得较大满足，总希望尽可能将预算线与无差异曲线的切点向右上移动。但由于受消费者收入和商品价格的限制，图中预算线只能与 I_2 相切。尽管 AB 线与 I_1 相交于 C 和 D 点，在 C 和 D 点上所购买的 X 商品与 Y 商品的数量也是收入与价格既定条件下最大的组合，但 $I_1<I_2$，在 C 和 D 时，X 商品与 Y 商品的组合并不能达到最大效用。在 I_3 上满足水平较高，但消费者现有收入无法达到。由此看来，只有在 E 点处才能实现消费者均衡。

应该指出的是，运用无差异曲线分析法与边际效用分析法所得出的消费者均衡条件一致。

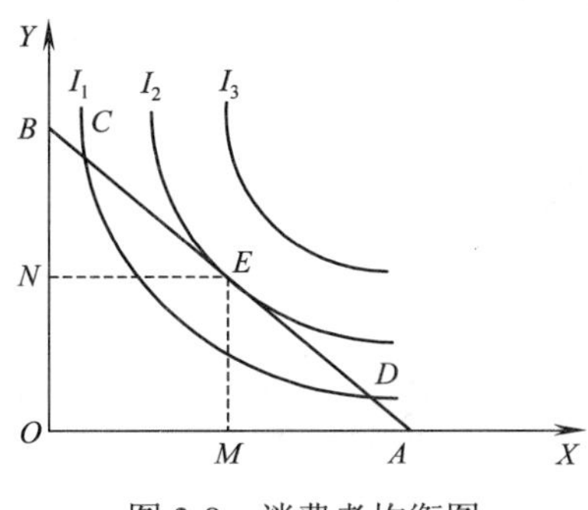

图 3-8 消费者均衡图

五、收入效应与替代效应

当一种商品的价格发生变动时，会对消费者产生两种影响：①使消费者实际收入水平发生变化；②使商品的相对价格发生变化。这两种变化都会改变消费者对该种商品的需求量。

例如，消费者在购买商品 X 和商品 Y 时，当商品 X 的价格下降时，一方面，对消费者来说，虽然货币收入没有变化，但是现有货币收入购买力增加了，也就是说，他的实际收入水平提高了。实际收入水平的提高，会使消费者改变对这两种商品的购买量，从而达到更高的效用水平，这就是收入效应。另一方面，商品 X 的价格下降会使 X 商品相对于价格不变的 Y 商品来说，比以前便宜了。商品相对价格的这种变化，会使消费者增加对 X 商品的购买而减少对 Y 商品的购买，这就是替代效应。

由此可见，一种商品价格变动所引起的该商品需求量变动的总效应，可以被分解为替代效应和收入效应两部分，即总效应=收入效应+替代效应。收入效应是指由商品价格变动所引起的实际收入水平变动，进而引起的商品需求量的变动。替代效应是指由商品价格变动所引起的商品相对价格的变动，进而所引起的两种商品购买比例的变动。

收入效应能够改变消费者的效用水平，而替代效应则不能改变消费者的效用水平。

直接住房补贴和间接住房补贴的不同效果

假如政府准备实行住房补贴，是将补贴直接发给消费者自由支配，还是将补贴发给房主，以间接降低房租？补贴的做法不同，其效果是不同的。

如图 3-9 所示，横轴表示居民的住房消费水平，纵轴表示居民除住房以外的其他消费。在未实行住房补贴前，消费者的预算线为 A_0B_0，消费者所得到的效用水平为 I_0，消费者均衡点为 E_0，住房水平为 OX_0。

如果政府实行直接补贴，等于消费者增加了收入，预算线会平行移动到 A_1B_1 的位置，消费者的效用水平将达到 I_1 水平，住房水平将提高到 OX_1。如果政府实行间接补贴，则居民的住房水平将提高很多，而其他消费不会增加。预算线将移动到 $A_1'B_0$ 的位置，消费者的效用水平将提高到I_1'的水平，住房消费将增加到OX_1'水平。

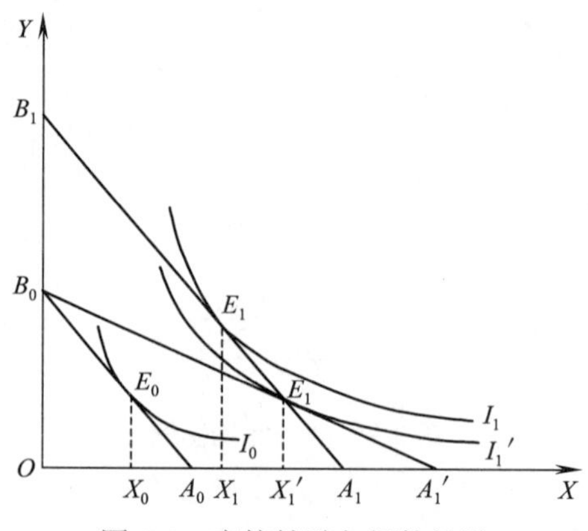

图 3-9 直接补贴与间接补贴

比较两种不同的补贴方式，我们会发现：直接补贴的效用水平大于间接补贴，而间接补贴的住房改善大于直接补贴。如果政府更注重提高居民的整体消费水平和购买能力，应实行直接补贴；如果政府首先要解决居民的住房问题，并有充足的房源为保障，则以间接补贴为宜。

任务三 消费者行为理论的运用

一、消费者剩余

在现实中，消费者会对某种中意的商品的价格作出自己的评价，有时这个评价会高出市场标价，而有时会低于市场标价。消费者是按照他对商品的效用来决定他愿意支付的价格，但市场上的实际价格并不一定等于消费者愿意支付的价格。消费者愿意对某商品所支付的价格与他实际支付的价格的差额就是消费者剩余，即：消费者剩余=需求价格−实际价格。可以用表 3-6 来说明消费者剩余。

表 3-6 消费者剩余

消费者愿付的价格/元	购 买 数 量	市场价格/元	消费者剩余/元
5	1	1	4
4	2	1	3
3	3	1	2
2	4	1	1
1	5	1	0

对消费者来说，由于他愿意支付的价格取决于他对该商品的效用评价，该单位商品给消费者带来的边际效用越大，需求价格越高，反之则需求价格越低。由于边际效用是递减的，因而需求价格会随着消费者对该商品消费数量的不断增加而不断降低。

从表 3-6 中可以看到，随着该消费者购买某商品数量的增加，他愿意支付的价格在下降，而市场价格始终不变。这样，随着某消费者购买商品数量的增加，他从每单位商品购买中所获得的消费者剩余在减少。

在理解和运用消费者剩余概念时应注意以下几个问题：

（1）消费者剩余并不是实际收入的增加，只是一种心理感觉，这一概念是分析某些问题时的重要工具。例如，消费者剩余还可以说明垄断所带来的社会福利的损失，及公平分配所带来的社会福利的增加。

（2）在公共物品，如道路、桥梁、生态林投资的成本—收益分析中，消费者剩余的概念是非常有用的分析工具。

（3）生活必需品的消费者剩余大。因为消费者对这类物品的效用评价高，愿意支付的价格也高，但这类物品的市场价格一般并不高。

二、消费者行为与需求定理（需求曲线）

当代西方经济学家认为，消费行为分析是需求函数分析的基础，它说明了为什么一种商品的需求量会随着价格的上升而减少，或随着价格的下降而增加。

由边际效用递减规律推导需求曲线

在研究消费者行为时，需要提出两项假设：①假设商品的价格已知且不受消费者购买量的影响；②假设消费者货币收入固定，即每单位货币的边际效用不变。

按照基数效用论的解释，消费者为购买一定量某商品所愿意支付的货币价格取决于他从这一定量商品中所获得的效用。效用大，愿意支付的价格高；效用小，愿意支付的价格低。随着消费者购买的某商品数量的增加，该商品给消费者所带来的边际效用是递减的，而货币的边际效用是不变的。这样，随着商品的增加，消费者所愿意支付的价格也在下降。因此，需求量与价格必然呈反方向变动，见表 3-7。

由表 3-7 作图，以横轴表示某商品数 Q、纵轴表示边际效用 MU 的坐标系中，它是一条向右下方倾斜的曲线，如图 3-10 所示。

表 3-7 需求量与价格成反比

边 际 效 用	某种商品数量	价格/元
20	1	10
10	2	5
5	3	2.5
2	4	1
1	5	0.5

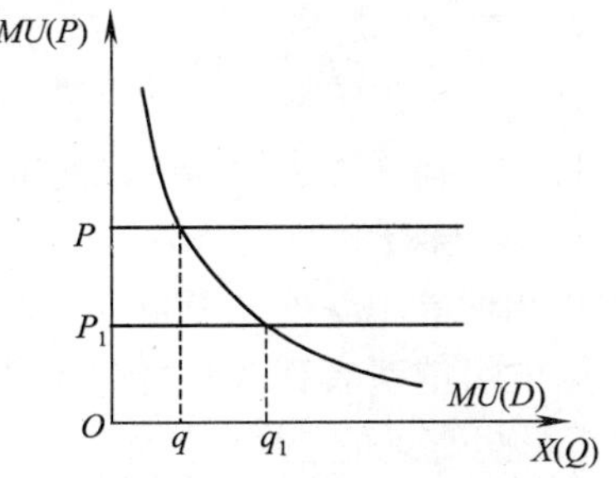

图 3-10 消费者的需求曲线

如果商品的价格一定，在货币收入的边际效用保持稳定的条件下，消费者为了能够得到最大的效用，必然把购买量调整到 $MU=MU_m$ 的水平。如果把图中的纵轴改变为表示价格（P），边际效用曲线实际上是消费者的需求曲线。把各个消费者的需求加总起来，便可以得到市场上这种商品的需求曲线。

基数效用论的分析表明，需求曲线向右下方倾斜是由边际效用递减规律和购买商品的效用最大化原则造成的。

三、消费者行为对决策的启示

（一）消费者行为与企业决策

在市场经济中，企业要根据消费者的需求进行生产。消费者行为理论告诉我们，消费者购买物品是为了效用最大化，而且，物品的效用越大，消费者愿意支付的价格越高。根据消费者行为理论，企业在决定生产什么时，首先要考虑商品能给消费者带来多大效用。效用是一种心理感觉，取决于消费者的偏好。因此，企业要想把商品卖出去，而且能卖高价，就要分析消费者的心理，能满足消费者的偏好。消费者偏好需要企业能够合理运用传播策略、运用广告等手段引导消费时尚，培养并形成消费者的偏好。

利用消费者行为决策理论可以分析消费者的选择，从而为企业的产品设计提供依据。

例如，某汽车制造商准备推出新型号汽车，但如何确定汽车款式和性能，是制造商较难解决的问题。诚然，一辆汽车的款式和性能越好，消费者越喜欢。但是，一辆汽车的款式和性能越好，价格就越高。因此，在汽车售价大致确定的情况下，该汽车制造商可以通过两种方式进行市场调查：一种是直接向消费者调查他们对款式和性能的偏好，以及他们对两者之间替代关系的看法；另一种是根据以往消费者购买不同款式和性能的汽车的统计资料分析款式和性能的关系。

假设经过调查，该汽车制造商发现消费者的偏好可以分为两种类型：它们的无差异曲线分别如图 3-11a 和图 3-11b 所示。图 3-11a 表明，这部分消费者偏好性能，他们为了增进一点性能而放弃较多的款式；图 3-11b 表明，这部分消费者偏好款式，而放弃较多的性能。调查结果显示，后一部分消费者多于前一部分消费者。

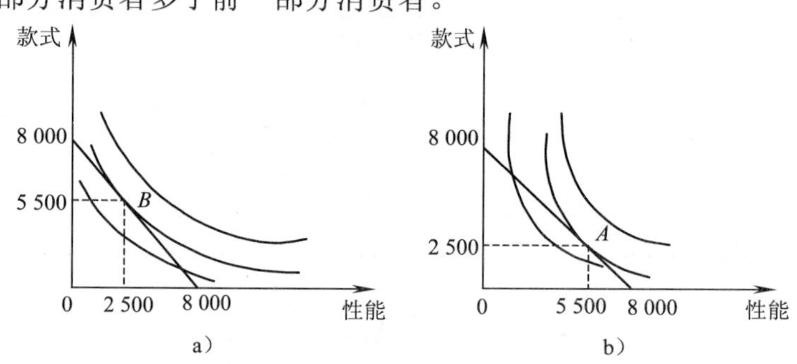

图 3-11 消费者对汽车特性的选择

a）偏好性能 b）偏好款式

假设该汽车制造商准备在款式和性能上花费 8 000 美元，那么便可得到预算线。预算线与两组无差异曲线的切点表明：第一组消费者认为性能值 5 500 美元而款式只值 2 500 美元；第二组消费者认为款式 5 500 美元而性能只值 2 500 美元。

根据对消费者选择的分析，该汽车制造商可以作出如下决策：①把款式和性能定位于图

3-11 预算线上 *A*、*B* 两点之间接近 *B* 点的地方，以兼顾两组消费者的选择；②生产较多的注重款式的汽车，生产较少的注重性能的汽车，以适应两组消费者不同的选择。

（二）消费者的其他决策

1．消费与储蓄决策

家庭在获得收入之后，要把收入分为消费和储蓄两部分。把多少收入用于消费及多少用于储蓄，取决于目标效用最大化。如果家庭把收入用于现在购买物品以获得效用，则是现期消费。如果家庭把收入用于储蓄，以便将来再消费，这就是未来消费，这种未来消费就是储蓄。未来消费是为了将来获得效用，所以消费与储蓄决策取决于消费者一生的效用最大化。决定消费者储蓄决策的是利率。消费者面对消费 1 元钱还是储蓄 1 元钱的决策时，他要考虑的一个问题是，现在消费 1 元钱带来的效用与现在储蓄 1 元钱加上利息在未来所带来的效用孰大？若后者大，即会放弃消费，进行储蓄，因此，其最终取决于利率的大小。

2．投资决策

如果消费者把收入中用于消费之后剩下的钱存入银行，称为储蓄，如果用于购买股票或债券则称为投资。家庭的投资可以采取多种形式，包括购买股票与债券的金融资产投资，购买房地产、艺术品等的实物资产投资，以及用于教育等支出的人力资本投资。消费者决定以什么形式进行投资也是消费者的重要决策之一。

决定人们采取什么投资形式的是每种投资形式的未来收益率。在现实中，由于风险的不确定性，人们不会只投资于某一种形式，即不把所有的鸡蛋放在一个篮子里。这就是说要对风险与收益不同的资产进行组合，以使投资的预期未来收益率最大。

3．劳动供给决策

劳动供给决策就是把其中的多少时间用于劳动。一个人把多少时间用于工作，多少时间用于闲暇取决于工资，工资的变动通过替代效应和收入效应来影响劳动供给。替代效应指工资增加引起的工作对闲暇的替代。因此，随着工资的增加，替代效应使劳动供给增加。另一方面，随着工资增加，人们的收入增加，收入增加引起人们对闲暇的需求增加。增加闲暇必定减少劳动时间，这就是工资增加引起的收入效应，收入效应使劳动供给随工资增加而减少。

工资增加引起的替代效应和收入效应对劳动供给起着相反的作用。如果替代效应大于收入效应，则随着工资增加，劳动供给增加；如果收入效应大于替代效应，则随着工资增加，劳动供给减少。工资作为劳动的价格决定了劳动供给决策。

4．闲暇与实践的最优配置

我们必须合理做好自己的时间预算，正如对货币要进行预算一样。假定在完成所有的学业和工作之后，你一天有 3 个小时的自由时间，那么，你分配时间的最佳方法应该是什么呢？消费者选择的一般法则是：如果你花费在每一种活动上的最后一分钟的边际效用相等，你就能最佳地利用你的时间。

再举个例子，假设你想要在有限的时间内最大限度地提高你各门功课的成绩。你应该在每一门功课上花费相同的学习时间吗？当然不是。如果花费在英语上的最后一分钟产生的边际知识量要大于经济学，那么，把学习时间从经济学转移到英语上面，直到花费在每门功课上的最后一分钟所产生的知识增量相等为止，那么，你就会提高你的知识总量。

5. 价值悖论

什么决定一种商品的市场价值？我们已经知道了这个答案，那就是供给和需求。马克思和李嘉图主要关注供给方面。在他们看来，价值取决于商品包含的必要劳动时间。“劳动价值论”本质上是“成本决定论”，即以供给为中心。而二百多年前，亚当·斯密《国富论》中提出了钻石与水的悖论：人生存需要水，没有什么比水更有价值了，但是我们很难用水购买或交换什么东西；反之，钻石虽无使用价值可言，可是它的市场价值为什么这么高呢？

直到19世纪70年代发生了边际效用革命我们才明白，商品的价值或价格是由边际效用而不是总效用决定的。水，非常必要，具有很高的总效用，即“使用价值”很大。但在世界上大部分地方，水都是容易得到的，巨额数量的水使其边际效用大大减少，因而可以在很低的价格上大量供给，因而降低了水——生命之源的价格。相反，钻石虽然具有很低的总效用，但具有很高的边际效用。如果我们发明某种技术可以大量生产钻石，那么钻石的市场价值会很快下降。因为人们可以拥有很多钻石，其边际效用会很快递减。

垃圾中的边际效用

美国是世界上经济最为强大的国家，人均消费商品数量居世界第一，人均垃圾量也没有一个国家能与之相比。美国的垃圾不但包括各种旧家具、地毯、鞋子、炊具，也包括电视机和冰箱。美国是一个提倡消费的社会，它的生产力巨大，产品积压成为主要的经济问题。如果每个人将自己生产出来的产品（更精确地讲，是生产出来的价值）全部消费掉，经济则正常运转。如果生产旺盛，消费不足，或者说，居民由于富裕而增加了储蓄，产品就会积压。所以对于美国来说，医治经济萧条的主要措施是鼓励消费。

在美国，旧东西有几条出路：或举办“后院拍卖”，或捐赠给教堂，或捐赠给旧货商店，或当垃圾扔掉。旧东西在美国很不值钱，你可以在后院的拍卖中买到1美元一个的电熨斗，在教堂拍卖中买到10美元一套的百科全书（20本）和5美元一套的西装。相反，旧东西在中国就值钱多了。在大城市，经常看到有人在收购各种旧的生活用品，然后运到贫穷、偏僻的农村地区以几倍的价格卖出。表面上看，这是一个矛盾的现象：相对穷的中国人，却愿意花几倍于相对富的美国人愿意出的价钱买这些旧的东西。但这个现象可以用经济学中的效应理论来解释，即商品价格的高低与商品所提供的边际效用的大小成正比。

富人用1美元要比穷人用1美元轻率，或者说，富人的钱的边际效用低。人们越富裕，就越有钱来购买奢侈品。举例说，在美国，最便宜的剃须刀是10美分一把，最豪华的剃须刀大约要100美元，二者相差达千倍。豪华剃须刀虽然更美观、更安全、更耐用，但它提供的附加效用非常有限。手表的价钱也可相差千倍。过去中国比较穷，奢侈品没有市场，现在的人们钱多了起来，情况正在变化。

由于中、美两国富裕程度的差别而形成的效用评价的差别，提供了巨大的贸易机会。即中国可以用极低的价格进口某些旧用品，其代价主要是收集、分类及运输的成本。例如，在美国由于人力昂贵，汽车修理费用高，所以报废的标准比较高。因而，旧汽车是值得进口的。

本章小结

效用是指消费者从消费某种物品中所得到的满足程度。总效用是指从消费者消费一定量商品时所获得的总满足程度；边际效用是指消费量每增加一单位时总效用的增加量。

边际效用递减规律是指在其他条件不变的情况下，随着消费者对商品消费量的增加，消费者从该商品连续增加的消费单位中所得到的边际效用是递减的。

消费者均衡研究的是消费者在既定收入的情况下，如何实现效用最大化的问题。也就是说，它是研究消费者在既定收入下实现效用最大化的均衡条件。消费者均衡的假设条件是：消费者的行为是理性的；消费者的嗜好是既定的；消费者的收入是既定的；商品的价格是既定的。消费者均衡的条件是消费者所购买的 X 与 Y 商品带来的边际效用与其价格之比相等。

消费者剩余是指消费者愿意对某商品支付的价格与他实际支付的价格的差额，即：消费者剩余=需求价格–实际价格。

补充阅读

幸福的经济学分析

——幸福=效用/欲望

经济学所研究的实际是在限制条件下的最大化问题。这就是说，社会和每个人都面临稀缺性（这就是限制条件），所作出选择的目标是实现利益最大化，这适用于各种决策，也同样适用于家庭。

家庭或者个人所追求的是自己的最大幸福。这就是说，人要使自己这一生过得尽可能幸福。对于幸福，不同人有不同的理解。哲学家把实现个人自由作为幸福；文学家把浪漫情调作为幸福；政治家把实现自己的理想抱负作为幸福；企业家把商业成功作为幸福；而也有人往往觉得“平平淡淡就是幸福”。不同的人对幸福有不同的理解。那么，经济学家怎样理解幸福呢？

经济学家无法用一个客观标准来衡量幸福。为了把幸福作为一个经济问题来研究，美国经济学家萨谬尔森提出了一个幸福方程式：幸福 = 效用/欲望。这就是说，幸福等于效用与欲望之比。从这个公式来看，幸福取决于两个因素；效用与欲望。当欲望既定时，效用越大越幸福；当效用既定时，欲望越小越幸福。效用与幸福同比例变动，欲望与幸福反比例变动。但是，如果我们把欲望作为无限的变量，这个公式就没有意义了。因为无论效用有多大，只要它是一个既定的量，与无限相比，幸福都是零。因此，在从经济学的角度研究幸福时，我们假定欲望是既定的，这种假定与现实也并不矛盾。因为尽管从发展的角度看，欲望是无限的，但在某一个阶段内欲望可以看作既定的。欲望的无限性表现为一个欲望满足之后又会产生新的欲望，在一个欲望未满足前，我们可以把这个欲望作为既定的。当欲望为既定时，人的幸福就取决于效用，因此，我们简单地把追求幸福最大化等同于效用最大化。

一个农民的五袋谷物

所谓边际效用，是指该物品在合理使用时可能产生的最小效用。在实际生活中，人们正是按照这一规律活动的。对于这一点，19 世纪著名的奥地利经济学家庞巴维克在其 1888 年出版的《资本实证论》中以一个十分通俗的例子作了论证：

一个农民在原始森林中建了一座小木屋，独自在那里劳动和生活。他收获了5袋谷物，这些谷物要用到来年秋天，但不必留有剩余。他是一个善于精打细算的人，因而安排了一个在一年内使用这些谷物的计划。

第一袋谷物是他维持生存所必需的。第二袋是在维持生存之外来增强体力和精力的。此外，他希望有些肉可吃，所以留第三袋谷物来饲养鸡、鸭等家禽。他爱喝酒，于是他将第四袋谷物用于酿酒。对于第五袋谷物，他觉得最好用它来养几只他喜欢的鹦鹉，这样可以解闷儿。显然，这五袋谷物的不同用途，其重要性是不同的。

假如以数字来表示的话，将维持生存的那袋谷物的重要性可以确定为12，其余的依次确定为10、8、6、4。现在要问的问题是，如果一袋谷物遭受了损失，比如被小偷偷走了。那么他将失去多少效用？

假如损失了一袋谷物，这位农民只有一条唯一合理的道路，即用剩下的四袋谷物供应最迫切的四种需要，而放弃最不需要的需要，或者说是放弃边际效用。边际效用由谁来决定呢？庞巴维克发现，边际效用量取决于需要和供应之间的关系。要求满足的需要越多越强烈，可以满足这些需要的物品量越少，那么得不到满足的需要就越重要，因而物品的边际效用就越高。反之，边际效用和价值就越低。

思考与练习

一、名词解释

边际效用递减规律　消费者均衡　无差异曲线　消费可能线　消费者剩余

二、单项选择题

1. 消费者从物品与劳务的消费中得到的满足程度称为（　　）。

   A. 欲望　　B. 效用　　C. 边际效用　　D. 偏好

2. 基数效用是指（　　）。

   A. 效用是可以计量并加总求和的　　B. 效用不可计量，也不能加总求和
   C. 效用是可以比较的　　D. 效用只能用序数来表示

3. 总效用达到最大时（　　）。

   A. 边际效用为正　B. 边际效用为零　C. 边际效用为负　D. 边际效用达到最大

4. 消费者均衡是研究消费者在既定收入条件下，如何实现（　　）。

   A. 欲望最大化　　B. 偏好最大化　　C. 利润最大化　　D. 效用最大化

5. 在消费者收入与商品价格既定条件下，消费者所能购买到的两种商品数量的最大组合的线叫做（　　）。

   A. 无差异曲线　　B. 消费可能线　　C. 等产量线　　D. 企业预算线

6. 根据无差异曲线分析，消费者在（　　）实现了均衡。

   A. 无差异曲线与消费可能线的相切之点
   B. 无差异曲线与消费可能线的相交之点
   C. 离原点最远的无差异曲线上的任何一点

D. 离原点最近的消费可能线上的任何一点

7. 在全社会的货币总量不变的条件下，将高收入者的一部分收入转移给低收入者，会使全社会的货币总效用（　　）。

A. 减少　　B. 增加　　C. 不变　　D. 无法判断

8. 随着收入和价格的变化，消费者的均衡也发生了变化。在新的均衡状态下，两种商品的边际效用均低于原来的均衡状态，这时消费者的生活状况是（　　）。

A. 变好了　　B. 变坏了　　C. 不变　　D. 无法判断

9. 消费者将收入全部购买商品 X、Y，已知 X、Y 的价格比为 2，某消费者对 X、Y 的边际效用比为 1.5，消费者将采取的行为是（　　）。

A. 增购 X，减购 Y　　B. 减购 X，增购 Y

C. 同时增购 X、Y　　D. 同时减购 X、Y

10. 消费者剩余是消费者的（　　）。

A. 实际所得　　B. 主观感受

C. 没有购买的部分　　D. 消费剩余部分

三、判断题

1. 序数效用论认为，商品效用的大小取决于它的使用价值。（　　）
2. 消费者消费的一种物品越多，其满足程度越大。（　　）
3. 在同一条无差异曲线上，不同的消费者所得到的总效用是无差别的。（　　）
4. 在同一条消费可能线上，消费者的支出是不同的。（　　）
5. 消费者剩余就是消费者实际收入的增加。（　　）
6. 工资的增加通过替代效应和收入效应来影响劳动供给。（　　）

四、问答题

1. 简要说明基数效用论和序数效用论的基本观点。
2. 用基数效用论说明消费者均衡的条件。
3. 无差异曲线中，无差异的含义是什么？无差异曲线的特征是什么？
4. 序数效用论是如何说明消费者均衡的实现的？
5. 消费者行为理论对企业决策有什么启示？

技能训练

1. 请分析：如果你有一辆需要四个轮子才能开动的车子，但却只有三个轮子，那么当你有第四个轮子时，这第四个轮子的边际效用似乎超过第三个轮子的边际效用，这不是违反了边际效用递减规律吗？

2. 案例分析

为什么水要比钻石便宜？

水对生命来说是重要的，所以它应该具有很高的价值。另外，钻石对生命来说是不重要的，所以人们应该认为它的价值比水低。但是，即使水能够提供更多的效用，它还是比钻石便宜得多。

消费者剩余是指消费者从消费某种商品中得到的净收益。或者说，是消费者为消费某种商品而愿意支付的总价值与他购买该商品时实际支出的差额。因为存在着边际效用递减规律，所以每增加一个单位商品的消费，所带来的效用的增加是递减的。

由以上分析可知，消费者并不是按照他消费商品时所获得的总效用来支付，而是所有的商品都按照最后消费的那个单位的商品的价格来支付。也就是说，商品的价格取决于最后一个单位消费所带来的效用。再回到我们的案例中。因为钻石可以给人们带来炫耀等效用，而且数量很少，所以钻石最后一个单位的消费给消费者带来的效用很大，消费者愿意以较多的支出来购买。而水虽然是人的生命不可或缺的，给人带来了极高的效用（最高可与生命相等），但由于水的数量很多，最后一个单位的水可能被用作洗衣、洗车和擦地等，人们从中获得的效用就很低了，所以水的价格自然也就很低了。

试分析： 1．什么是消费者剩余？

2．为什么水比钻石便宜？

项 目 实 训

实训主题：通过模拟商品的买卖，理解消费者剩余概念

【实训目标】

1．通过以小组的形式模拟商品的买卖交易过程，建立一种“团队学习”的教学模式，增强学生学习的积极性和主动性，锻炼学生营销能力，培养学生团队合作的精神。

2．通过模拟商品的买卖，理解消费者剩余概念。

【实训内容与要求】

1．任务布置

2．完成本项目活动的过程记录（包括商品的买价、卖价、实际成交价、消费者剩余及分工情况）。

3．每组选派1～2名代表展示和讲解本组成果。

【实训时间】

1．任务布置：10分钟。

2．各组任务安排：10分钟。

3．各组成果展示：每组10分钟之内。

【实训考核】

1．过程考核：教师和学生根据小组递交的活动记录来考核每一小组及成员。

2．成果考核：由教师对各组市场分析的情况进行评估打分。

项目四

认知生产理论——确定企业的适度规模

知识目标

1. 明确生产理论的重要概念及有关原理。
2. 掌握边际产量递减规律、等产量线、总产量、平均产量、边际产量。
3. 掌握一种生产要素投入三个阶段和合理生产区域。
4. 掌握两种生产要素的最优组合。
5. 了解规模经济。
6. 明确生产理论对生产者生产要素投入以及实现利润最大化的指导意义。

能力目标

1. 用模型分析投入一种生产要素的合理生产区域。
2. 联系现实分析掌握行业的适度规模的重要性。
3. 进行总产量最大、平均产量最大、生产者均衡的计算。
4. 运用边际产量递减规律解释为什么三个和尚没水吃。

项目导入

早在 1771 年，英国农学家杨格就用在若干相同的地块上施以不同量肥料的实验证明了肥料施用量与产量增加之间存在着边际产量递减的关系。这不是偶然现象，而是经验性规律。假如农民在一亩土地上撒一把化肥能增加产量 1 公斤，撒两把化肥增产 3 公斤，但随着一把一把化肥的增加，增产效果会越来越差，过量地施肥甚至会导致土壤板结、粮食减产。边际产量递减规律是从社会生产实践和科学实验中总结出来的，在现实生活以及绝大多数生产过程中都是适用的。如果是边际产量递增，那么全世界有一亩土地就能养活全界所有的人，这才是不可思议的。

项目思考

1. 在土地上施肥量越多越好吗？
2. 为什么存在边际产量递减规律？

物品与劳务是由生产者提供的。生产者是企业，企业是指在市场经济中为赚取利润而能作出统一生产决策的单位。它可以是一个个体生产者，也可以是一家规模巨大的公司。

在生产者行为分析中，我们假定生产者都是具有完全理性的经济人，目标是实现利润最大化。利润最大化的实现涉及三个问题：①投入的生产要素与产量的关系，也就是如何使用各种生产要素，使成本最小、产量最大；②成本与收益的关系，要使利润最大化，就要使扣除成本后的收益达到最大化，并确定一个利润最大化的原则；③市场问题，即厂商处于不同的市场结构时，应如何确定产品的产量与价格，以便实现利润最大化。生产者行为理论就是围绕这三个问题展开分析的。

任务一 生产要素的最适投入分析

生产理论研究投入一定量生产要素生产出一定量产品的经济活动过程中，生产要素与产品产量之间的相互关系。

生产是指对各种生产要素进行组合以制成产品的行为。在生产中要投入各种生产要素并生产出产品，所以，生产也就是把投入变为产出的过程。生产要素是指生产中所使用的各种资源。这些资源一般可分为劳动、资本、土地与企业家才能。劳动是劳动力在生产中所提供的服务；土地是一个广义的概念，不仅包括土地，还包括河山、森林、能源、矿藏、原料等一切自然资源；资本是生产过程中使用的各种设备，如厂房、设备、机器和原料等，并不是专指货币；企业家才能是指企业家对整个生产过程的组织与管理工作。

可见，生产是这四种生产要素结合在一起共同发挥作用的过程，产品则是这四种生产要素共同作用的结果。

一、生产函数

生产函数是描述在技术水平不变的情况下，生产要素的数量与某种组合和它所能生产出来的最大产量之间依存关系的函数。其一般形式为

$$Q=f(L,K,N,E)$$

其中，Q 代表总产量，L、K、N、E 分别代表劳动、资本、土地、企业家才能这四种生产要素。在分析生产要素与产量的关系时，由于土地是固定的，企业家才能难以估算，为了论述简便，通常只考察劳动和资本两种要素投入。因此，生产函数又可写为

$$Q=f(L,K)$$

这一函数式表明，在一定技术水平时，生产 Q 的产量，需要一定数量劳动与资本的组合。同样，在劳动与资本的数量与组合为已知时，可以推算出最大的产量。

20世纪30年代初，美国经济学家道格拉斯与柯布根据美国1899年～1922年的资本和劳动对生产量的影响，得出了这一时期美国的生产函数为

$$Q=AL^aK^{1-a}$$

这就是著名的“柯布—道格拉斯生产函数”。在这一生产函数中，A 与 a 为常数，其中 $0<a<1$，当劳动量与资本量增加 λ 倍时，产量也增加 λ 倍，则

$$A(\lambda L)^a(\lambda K)^{1-a}=\lambda AL^aK^{1-a}=\lambda Q$$

同时，根据这一期间的统计资料，还得出几个常数的具体数字，即 A 为 1.01，a 为 0.75，所以，柯布—道格拉斯生产函数可写为

$$Q=1.01L^{0.75}K^{0.25}$$

这个函数表明，在生产中，劳动所作出的贡献为全部产量的 3/4，资本为 1/4，即劳动因素对产量的影响是资本因素对产量影响的三倍。

二、短期中的技术效率：一种生产要素的最适投入

生产者在进行生产要素决策时涉及技术效率和经济效率。技术效率是投入的生产要素与产量的关系，即如何在生产要素既定时使产量最大，换句话说，在产量既定时使投入的生产要素最少。这就是如何使用各种生产要素的问题。经济效率是成本与收益的关系，即要使扣除成本后的收益尽可能大，以实现利润最大化。

在分析生产要素与产量之间的关系时，我们先从最简单的一种生产要素的投入开始，即在其他生产要素不变的情况下，一种生产要素的增加对产量的影响，以及这种可变的生产要素的投入量达到多少为最合理。具体来讲，假定劳动与资本这两种生产要素中资本量不变，来研究劳动量的增加对产量的影响，以及劳动量投入多少最合理。这种在一定时期不能改变所有要素，只能改变部分要素的分析就是短期分析。

短期中，当固定的投入不能改变，只有可变投入能改变时，产量的变动服从边际产量递减规律。

（一）边际产量递减规律

边际产量递减规律又称边际收益递减规律，是指在技术水平不变的情况下，当把一种可变的生产要素投入到一种或几种不变的生产要素中时，最初这种生产要素的增加会使产量大幅度增加，但当它的增加超过一定限度时，增加的产量将要递减，最终还会使总产量绝对减少。例如，在一块田里耕种，起初增加一个劳动力，产量可能增加许多，如果再增加一个劳动力，产量虽能继续增加，但增加的幅度却下降了，随着劳动力的不断增加，产量的增加量也越来越小，最后增量甚至为零或负。

理解边际产量递减规律时需要注意以下几点：

（1）这一规律发生作用的前提是技术水平不变。技术水平不变是指生产中所使用的技术没有重大变革。无论是在农业还是工业中，一种技术水平一旦形成，总有一个相对稳定时期，即使在科学技术飞速发展的当代，也并不是每时每刻都有重大的技术突破，技术进步总是间歇式进行的，这一时期就称为技术水平不变。所以，在一定时期内技术水平不变这一前提是存在的，离开了技术水平不变这一条件，此规律不能成立。

（2）这一规律所指的是生产中所使用的生产要素分为可变的与不变的两大类。边际产量递减规律研究的是把不断增加的一种可变生产要素，追加到其他不变的生产要素中时对产量或收益产生的影响。这种情况普遍存在。例如，在农业中，当土地等生产要素不变时，增加施肥量，在工业中，当厂房、机器、设备等生产要素不变时，增加劳动力，这些都属于这种情况。

（3）在其他生产要素不变时，一种生产要素增加所引起的产量或收益的变动可以分为三个阶段。第一阶段是产量递增，即这种可变生产要素的增加使产量或收益增加。这是因为，在开始时不变的生产要素没有得到充分利用，这时增加可变的生产要素能使不变的生产要素得到充分利用，从而产量递增。第二阶段是边际产量递减，即这种可变生产要素的增加仍可使总产量增加，但增加的比率，即增加每一单位生产要素的边际产量是递减的。

这是因为，这一阶段不变生产要素已接近充分利用，可变生产要素的增加已不像第一阶段那样使产量迅速增加。第三阶段是产量绝对减少，即这种可变生产要素的增加使总产量减少。这是因为，这时不变生产要素已经得到充分利用，再增加可变生产要素只会降低生产效率，减少总产量。

边际产量递减规律之所以存在，是因为在生产过程中，可变生产要素和不变生产要素之间存在着一个最佳的配合比例，并且它们在生产中通过相互结合、相互协作而发挥效能。

边际产量递减规律是从科学实验和生产实践中得出来的，在农业中的作用最明显。如有些地方在有限的土地上盲目密植，造成减产的事实就证明了这一规律。行政部门中机构过多，人员过多也会降低行政办事效率，造成官僚主义。我国俗话所说的“一个和尚担水吃，两个和尚抬水吃，三个和尚没水吃”，正是对边际产量递减规律的形象表述。

边际产量递减规律是我们研究一种生产要素合理投入的出发点。为了说明一种生产要素如何投入，我们要根据边际产量递减规律分析一种生产要素投入时对总产量、平均产量和边际产量的影响。

（二）总产量、平均产量与边际产量的关系

边际产量递减规律表明，在一定的不变生产要素基础上，并不是某一种可变生产要素的投放量越多越好。为了说明一种生产要素的合理投放，须先分析总产量、平均产量与边际产量这三个变量及其变动的关系。

总产量是指投入一定量的某生产要素所生产出来的全部产量，用TP表示。

平均产量是指平均每单位某种生产要素所生产出来的产量，用AP表示。

边际产量是指增加一个单位生产要素的投入所引起的产量的增加，用MP表示。

如果以Q代表某种生产要素的量，ΔQ代表某种生产要素的增加，这三种产量可以分别表示为

$$\text{总产量}=\text{平均产量}\times\text{生产要素投入量}$$

即

$$\mathrm{TP}=\mathrm{AP}\cdot Q$$

$$\text{平均产量}=\text{总产量}/\text{生产要素的投入量}$$

即

$$\mathrm{AP}=\mathrm{TP}/Q$$

$$\text{边际产量}=\text{总产量的增量}/\text{生产要素投入量的增量}$$

即

$$\mathrm{MP}=\Delta\mathrm{TP}/\Delta Q$$

假定生产某种产品时所用的生产要素是资本与劳动。其中资本是不变的，劳动是可变的。随着劳动这一可变投入要素的变化，而对总产量、平均产量和边际产量产生的影响，可以用表4-1和根据此表作出的图4-1来说明。

表 4-1 劳动对总产量、平均产量和边际产量的影响

资本量（K）	劳动量（L）	劳动增量（ΔL）	总产量（TP）	平均产量（AP）	边际产量（MP）
10	0	0	0	0	0
10	1	1	6	6	6
10	2	1	13.5	6.75	7.5
10	3	1	21	7	7.5
10	4	1	28	7	7
10	5	1	34	6.8	6
10	6	1	38	6.8	4
10	7	1	38	5.4	0
10	8	1	37	4.6	–1

在图 4-1 中，横轴 OL 代表劳动量，TP、AP、MP 代表总产量、平均产量与边际产量。曲线 TP 为总产量曲线，曲线 AP 为平均产量曲线，曲线 MP 为边际产量曲线，它们分别表示随着劳动量的变动，总产量、平均产量与边际产量变动的趋势。

根据图 4-1，可以看出总产量、平均产量与边际产量之间的关系有以下几点：

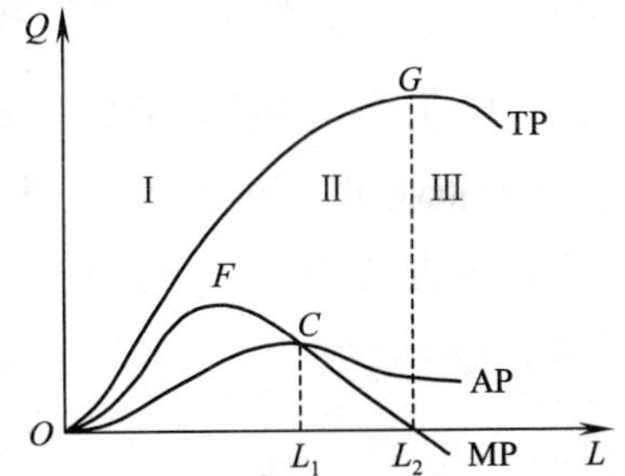

图 4-1 总产量、平均产量和边际产量曲线

（1）总产量、平均产量和边际产量在资本量不变的情况下，随着劳动量的增加，最初都是递增的。但是，当劳动量增加到一定程度后，就分别递减。所以，总产量曲线、平均产量曲线、边际产量曲线都是先上升而后下降。这反映了边际产量递减规律。

（2）当边际产量为正值时，总产量就增加；当边际产量为负值时，总产量就减少；当边际产量为零时，总产量达到最大（G 点）。相应的，当边际产量为正值时，TP 曲线是上升的；当边际产量为负值时，TP 曲线是下降的。

（3）AP 曲线与 MP 曲线相交于 AP 曲线的最高点 C。在 C 点以前，平均产量是递增的，边际产量高于平均产量（MP>AP）；在 C 点以后，平均产量是递减的，边际产量低于平均产量（MP<AP）；在 C 点，平均产量达到最大，边际产量等于平均产量（MP=AP）。

（4）当总产量曲线以递增的增长率上升时，边际产量曲线和平均产量曲线都上升；当总产量曲线开始以递减的增长率上升时，边际产量曲线达到最高点并转而下降，平均产量曲线继续上升；当总产量曲线继续以递减的增长率上升时，平均产量曲线开始下降；当总产量曲线上升到顶点时，边际产量降为零；当总产量下降时，边际产量为负。

（三）一种生产要素的合理投入

根据总产量、平均产量、边际产量的一般变化趋势和它们之间的相互关系，可以将生产划为三个阶段，如图 4-1 所示。第一阶段从 O 点到 L_1 点，是边际产量大于平均产量的阶段。第二阶段从 L_1 点到 L_2 点，是边际产量小于平均产量且大于零的阶段。第三阶段是 L_2 点以后，即边际产量小于零的阶段。

所谓生产要素的合理投入区域，就是指在这三个阶段中对厂商来说最有利的生产要素投入区域。根据各阶段的特点，就可确定合理的投入区域。

在第一阶段，劳动量从零增加到 L_1，平均产量一直增加，边际产量大于平均产量。说明相对于不变的资本量而言，劳动量不足，所以劳动量的增加可以使资本得到充分利用，从而产量递增。可见，劳动量最少要增加到 L_1 点为止，否则资本无法得到充分利用。

在第二阶段，劳动量从 L_1 增加到 L_2，平均产量开始下降，边际产量递减，即增加劳动量仍可使产量增加，但增加的幅度是递减的。由于边际产量仍然大于零，总产量仍在增加。当劳动量增加到 L_2 时，总产量可以达到最大。

在第三阶段，当劳动量增加到 L_2 点以后，边际产量就为负数，总产量绝对减少。劳动要素是免费的，厂商也不愿意把劳动投入量增加到这一阶段。可见，劳动量的增加经过 L_2 点之后是不利的。

综上所述，厂商在第一阶段进行生产是极其有利的。但如果厂商在第一阶段就停止增加劳动量，那就不能得到继续增加劳动投入量的全部好处，任何厂商都会将生产进行到第二阶段。所以，生产要素的合理投入区域是第二阶段（L_1～L_2）。至于生产要素投入量究竟在第二阶段内的哪一点上为最佳，这就要考虑其他因素。如果厂商的目标是使平均产量达到最大，那么，劳动量增加到 L_1 点就可以了；如果厂商的目标是使总产量达到最大，那么，劳动量就可以增加到 L_2 点；如果厂商以利润最大化为目标，那就要考虑成本、产品价格等因素后再做定夺。

三、长期中的技术效率：规模经济

长期中企业可以调整所有的生产要素，投入的所有要素变动，也就是企业生产规模的变动。因此，我们必须了解企业规模变动对产量的影响，即规模经济问题。

（一）规模经济

我们分析两种（或多种）生产要素均按原来的技术系数增加时，即技术系数不变时，产出量的变化以及生产规模的扩大情况。规模经济是指产量变动的比率与企业规模扩大的比率之间的关系，而不是产量变动的绝对量与企业规模扩大的绝对量之间的关系。

当企业生产规模扩大时，这种生产规模扩大会使产量的增加大于、小于或等于生产规模的扩大。如果产量增加的比率大于规模扩大的比率，这就是规模收益递增。例如，劳动和资本的投入数量增加一倍，即生产规模扩大了一倍，而产量的增加大于一倍。如果产量增加的比率小于规模扩大的比率，这就是规模收益递减。例如，劳动和资本都增加一倍，即生产规模扩大一倍，而产量的增加不到一倍。如果产量增加的比率等于规模扩大的比率，这就是规模收益不变。例如，劳动和资本都增加一倍，即生产规模扩大一倍，产量也增加一倍，如图4-2所示。

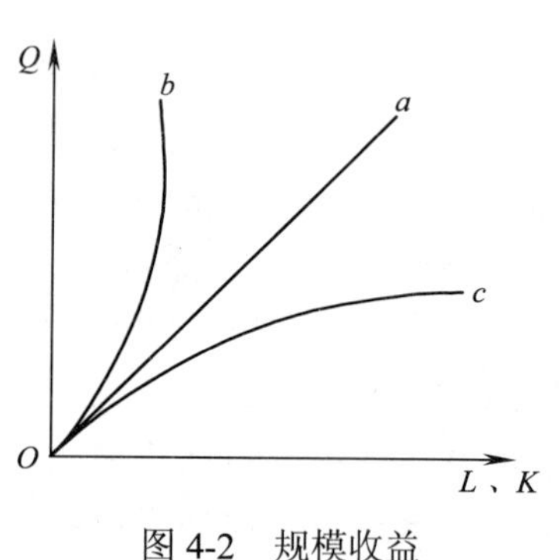

图4-2 规模收益

下面我们用生产函数的概念来说明这一点。设生产函数为

$$Q=AL^{\alpha}K^{\beta}$$

当 L 和 K 增加 λ 倍时，生产函数为

$$A(\lambda L)^{\alpha}(\lambda K)^{\beta}=\lambda^{\alpha+\beta}AL^{\alpha}K^{\beta}$$

当 $\alpha+\beta=1$ 时，规模收益不变。

当 $\alpha+\beta>1$ 时，规模收益递增。

当$\alpha+\beta<1$时，规模收益递减。

当$\alpha+\beta=1$时，该生产函数就是柯布—道格拉斯生产函数，这一生产函数具有规模收益不变的性质。

还可用图4-2来表示规模收益的不同情况。

在图4-2中，a代表规模收益不变，b代表规模收益递增，c代表规模收益递减。

生产规模的扩大之所以会引起产量的不同变动，可用内在经济与内在不经济和外在经济与外在不经济来说明。

1．内在经济及其原因

内在经济是指一个厂商在生产规模扩大时，由自身内部原因所引起的产量或收益增加。对于引起内在经济的因素或原因，经济学家琼·罗宾逊在1931年出版的《竞争产业的结构》中考虑了五种原因：

（1）技术经济。大厂商可以利用生产能力较高的机器。生产规模扩大，可以购置和使用更加先进的机器设备；可以提高专业化程度，提高生产效率；还有利于实行资源的综合开发和利用，使生产要素效率得到充分发挥。例如，双层公共汽车可以载两倍于单层公共汽车的乘客，但是其购买费用和运营费用却没有加倍。同样的还有轮船等交通工具，运载工具越大，节约的越多。但是这种节约只有在厂商的消费者足够多的时候才能够实现，也就是说厂商的规模越大，对其生产效率的提高作用越大。

（2）管理经济。随着企业规模的扩大，它使用的劳动力和机器设备的数量必然增加，这可以促进企业范围内劳动的进一步分工和各种投入品用途的专门化，从而使规模收益上升。对于一个小厂商来说，管理者可能要充当销售人员、人事主管等其他角色。但是随着厂商规模的扩大，它可以享受到劳动分工带来的好处。每一个工作岗位都可以分配给专人去做。而且，较大的厂商还可以从事范围广泛的业务，提高薪水待遇，从而可以吸引最好的工作人员。

（3）商业经济。大厂商可以以优惠的价格大宗购买原材料。同样，由于技术经济的原因，厂商的产品也可以以较低的价格出售，这样会在各个方面增强厂商的竞争能力。同时，大的厂商可以在报刊和电视上做广告，这样会提高自身品牌的知名度，吸引更多的顾客并建立起对厂商品牌的忠诚。这反过来又会增加厂商其他产品的销售。

（4）财务经济。厂商越大，财务利益就越大。较大的厂商可以轻易地从银行和有关机构以优惠的利率获得贷款。股票也可以在新的发行市场上销售。因此，在为企业扩展筹措资金时，大厂商具备一切有利条件。它能容易获得银行贷款，因为它可以提供更大的财产担保；它能使厂商以更低的费用发行股票和债券来筹集资金，因为它更能取得投资者的信任。

（5）风险分担经济。所有厂商都可能在某一时候遭遇风险。但是，较大的厂商在该领域有明显的优越性。首先，供给或需求的变化经常会毁坏规模较小的厂商。而大厂商则可以通过为多样化的市场生产多样化的产品来保护自己。并且，如果市场需求改变，大的厂商也有能力支付研究和发展费用，通过新的产品研发和生产来占领新的市场。

2．内在不经济及其原因

内在不经济是指由于生产规模过大而引起产量或收益减少。其原因主要有以下几点：

（1）管理效率的降低。生产规模过大，使管理层次过多，信息不灵，指挥不便，管理上漏洞百出，致使产量和收益减少。

（2）生产要素价格与销售费用增加。生产规模过大，必然造成对生产要素的需求增加，使生产要素的价格上升。例如，过大的原料需求会使原料供应紧张并且价格上升；过大的劳动需求会提高工资水平等。同时，生产规模过大，必然造成产品供给增加，销售困难，使销售机构和人员增多，费用加大，成本提高，致使产量或收益减少。

因此，生产规模并不是越大越好。规模过大会使一些优势转化为劣势，不但不能使规模收益递增，反而使规模收益递减。

对一个厂商产量与收益产生影响的，不仅在其本身的生产规模，而且还有一个行业的生产规模。外在经济和外在不经济就是考察由于企业外部条件的变化，如整个行业生产规模的变化，对个别企业经济利益的影响。

3．外在经济及其原因

外在经济是指整个行业生产规模的扩大，给个别厂商所带来的产量与收益的增加。由于个别厂商可以从整个行业的扩大中得到更加方便的交通辅助设施、更多的信息与更好的人才，所以产量与收益增加。

4．外在不经济及其原因

外在不经济是指一个行业的生产规模过大，使个别厂商的产量与收益减少的情况。这是因为一个行业过大，各厂商之间的竞争更加激烈。为了争夺生产要素与产品销售市场，取得竞争优势，各个厂商必须付出更高的代价。同时，整个行业的扩大，也会使环境污染严重，交通紧张，个别厂商也要为此付出代价。所以，最终产量与收益减少。

由此可见，不论从规模收益还是从规模经济来讲，任何一个厂商和一个行业的生产规模都不能过小，也不能过大，都应该实现生产的适度规模，否则都是不利的。

（二）适度规模

适度规模就是使两种生产要素的增加即生产规模的扩大正好使收益递增达到最大。当收益递增达到最大时就不再增加生产要素，使这一生产规模维持下去。对于不同行业的厂商来讲，实现适度规模是非常重要的。

不同行业的厂商，适度规模的大小是不同的，其影响因素有以下几点：

（1）本行业的技术特点。对那些需要投资量大，所用的设备复杂、先进的行业来讲，适度规模相应较大。如汽车制造、造船等重工业厂商，生产规模越大经济效益就越高。相反，对那些需要投资少，所用的设备比较简单的行业来讲，适度规模也就相应较小。如服装、服务这类行业，生产规模小能更灵活地适应市场需求的变动，对生产有利。

（2）市场条件。生产市场需求量大、标准化程度高的产品的厂商，适度规模相应较大；生产市场需求小、标准化程度低的产品的厂商，适度规模相应较小。

（3）自然资源状况、交通条件、能源供给、政府政策等都是影响适度规模大小的因素。自然资源丰裕的产品厂商，政府支持的行业，其适度规模相对较大。相反，自然资源缺乏的产品的厂商，政府限制发展的行业，其适度规模相对较小。

补充阅读

浙江到了出大企业的时候

浙江企业特别是温州企业以“小型”“民营”“低成本”和“劳动密集”著称。在过去是优点，今后还是优点。“小”不一定弱（正像“大”不一定强一样）。而且，从企业竞争的逻辑来说，能够长成大企业的小企业终究是少数。浙江企业已经度过初创期。企业从小到大的成长过程，就是通过竞争不断培育自身竞争力的过程。最大的挑战在于，企业从无到有不易，从小到大更难。如果说第一阶段的成功概率是百分之五十，第二阶段的成功概率可能不到百分之一。

中国经济已经进入一个以住宅、汽车、电子通信、城市基础设施建设等行业为龙头，带动钢铁、机械、建材、石化、能源等行业快速增长的阶段。这些行业多具有规模经济要求，投资就要上大项目。

大的是美好的还是小的是美好的

德国经济学家舒马赫曾写过《小的是美好的》一书，主张企业不要过大。同时，实践中许多大企业成绩显赫，成为世界500强。企业到底是做大好，还是做小好呢？

企业大有大的好处，小也有小的好处，要具体问题具体分析。从外在条件来说，要分析本行业的技术特点和市场需求特点，一些行业企业规模大些好，但有些行业企业规模小可以适应需求复杂的条件，经营会更有利。从内在条件来说，要分析自己的资金和人员实力。有些企业资金雄厚、高素质人员充足，企业规模可以做大，但如果企业筹资能力有限，或者管理能力不够，做得越大反而越困难。

我国经济中一些企业该大的没有做大，该小的没有做小，致使这些企业效益不理想。在条块分割的体制下，各地区强调自己的发展和利益，许多地方不顾实际情况上钢铁厂、化工厂、汽车厂等五小企业，结果规模都不大，效益差。一些该分散、灵活的企业，如零售、服务业反而做得很大。在市场经济的今天，仍然有一些人不顾条件想把企业做大，包括人为强迫合并，或不顾条件限制进行多元化经营。其实企业大小也是市场竞争的结果，人为干预只会违背经济规律。

任务二　生产要素的最适组合分析

生产要素的最适组合，是研究生产者如何把既定的成本（即生产资源）分配于两种生产要素的购买与使用上，以达到产量最大化及利润最大化。

一、生产要素最适组合的边际分析

厂商为了实现既定成本下的产量最大化，就应该选择最佳的要素投入量，考虑购买各种生产要素所能获得的边际产量与所付出的价格。生产要素最适组合的原则是：在成本与生产要素价格既定的条件下，厂商应该选择最佳的要素投入量，使所购买的各种生产要素的边际产量与价格的比例相等，即使每一单位货币成本所带来的生产要素的边际产量相等，实现既定成本下的产量最大化。

假定我们所购买的生产要素是资本与劳动。用 K 表示资本，MP_k 代表资本的边际产量，P_k 代表资本的价格，Q_k 代表购买的资本量；用 L 表示劳动，MP_L 代表劳动的边际产量，P_L 代表劳动的价格，Q_L代表购买的劳动量；M表示货币成本，MP_m表示货币的边际产量，则生产要素最适组合条件可表示为

$$P_kQ_k+P_LQ_L=M \quad (1)$$

$$MP_k/P_k=MP_L/P_L=MP_m \quad (2)$$

公式（1）表明厂商拥有的货币量是既定的，用来购买资本与劳动的支出不能超过这一货币量，否则无法实现购买；但也不能小于这一货币量，否则不能实现利润最大化。公式（2）表明了生产要素最适组合的条件，即每一单位货币不论用于购买资本，还是购买劳动，所得到的边际产量都相等。只有这样，才能实现既定成本下的产量最大化，进而实现利润最大化。

二、生产要素最适组合的等产量线分析

我们也可以采用等产量分析法说明生产要素的最适组合。

（一）等产量曲线的含义

等产量曲线是表示两种生产要素的不同数量的组合，可以带来相等产量的一条曲线，或者说是在一定技术水平下某一固定数量的产品，可以用所需要的两种生产要素的不同数量的组合生产出来的一条曲线。以两种要素生产一种产品为例，与等产量曲线相对应的生产函数形式为

$$Q=f(L、K)$$

其中，Q为不变的产量水平，L、K分别为劳动和资本两要素的投入数量。

假定某厂商用劳动和资本两种要素生产一种产品，劳动和资本有a、b、c、d四种组合方式，这四种组合都可以生产出相同的产量，见表4-2。

表4-2 同一产量下不同要素的组合

组 合 方 式	资本（K）	劳动（L）
a	6	1
b	3	2
c	2	3
d	1	6

在图4-3中，横轴OL和纵轴OK分别代表劳动和资本的投入数量，Q曲线为等产量曲线。等产量曲线上任何一点所表示的资本与劳动不同数量的组合，都能生产出相等的产量。等产量曲线与无差异曲线相似，所不同的是它所代表的是产量，而不是效用。

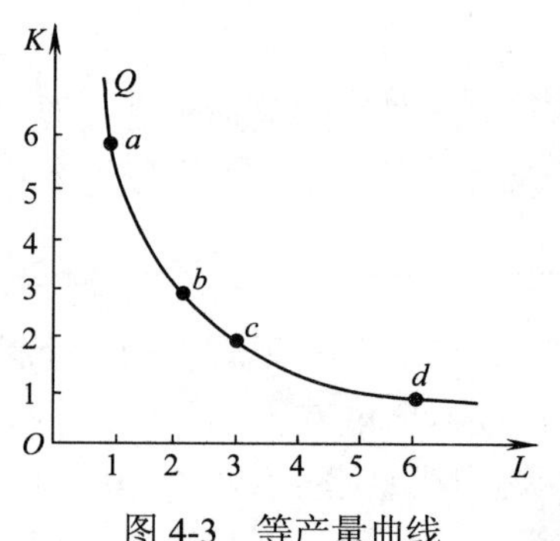

图4-3 等产量曲线

（二）等产量曲线的特征

等产量曲线的特征主要有以下几点：

（1）等产量曲线是一条向右下方倾斜的线，其斜率为负值。这表明，在生产者的资源与生产要素的价格既定的条件下，为了达到相同的产量，在增加一种生产要素时，必须减少另一种生产要素。两种生产要素之间存在替代关系。两种生产要素的同时增加，是资源既定时无法实现的；两种要素的同时减少，不能保持相等的产量水平。

（2）在同一坐标平面内，可以有无数条等产量曲线，以致覆盖整个平面。每一条等产量曲线代表的产量相等，不同的等产量曲线代表的产量不等。离原点越近的等产量曲线，代表的产量水平越低；离原点越远的，代表的产量水平越高。如图4-4所示，三条等产量曲线所代表的产量水平为$Q_1<Q_2<Q_3$。

（3）在同一坐标平面图上，任意两条等产量曲线不能相交。因为相交就会出现两条等产量曲线代表了相同的产量水平或同一条等产量线代表了不同的产量水平，与第二个特征相矛盾。

（4）等产量曲线是一条凸向原点的线。这是由边际技术替代率递减决定的。

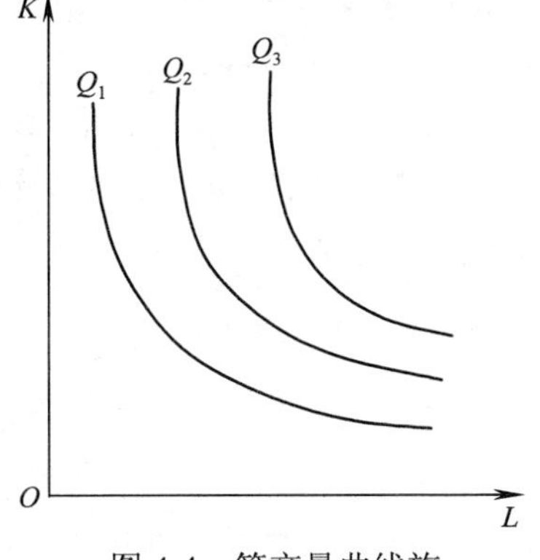

图4-4 等产量曲线族

（三）边际技术替代率

在等产量曲线上，为维持既定的产量，增加一种生产要素的投入量，必须同时减少另外一种生产要素的投入量。边际技术替代率就是指在维持相同的产量水平时，减少一种生产要素的数量，与增加的另一种生产要素的数量之比。以ΔL代表劳动的增加量，ΔK代表资本的减少量，MRTS代表以劳动代替资本的边际技术替代率，则有

$$\text{MRTS}=\Delta K/\Delta L$$

在正常情况下，边际技术替代率呈递减的趋势。这是因为，根据边际收益递减规律，随着劳动量的增加，它的边际产量在递减。这样，每增加一定数量的劳动所能代替的资本量越来越少，即ΔL不变时，ΔK越来越小。边际技术替代率也就是等产量曲线的斜率。等产量曲线的斜率递减决定了它是一条凸向原点的曲线。

（四）等产量曲线的“脊线”和生产区域

一般来说，维持既定的产量可以通过增加一种要素投入并相应减少另一种要素投入来实现。但要素之间的这种替代关系可能仅在一定的限度内是有效的，如果超出这个限度，这种替代关系就不可能存在。我们用图4-5来说明这一点。

在图4-5中，三条等产量线Q_1、Q_2、Q_3上，在aa'、bb'、cc'三条线段内，劳动和资本存在替代关系，在这个范围内等产量线的斜率是负值。而当要素投入超出上述线段时，等产量线的斜率变为正值。把图中由负斜率向正斜率变化的点连接起来的线就称为脊线。此线表明了生产要素替代的有效范围。厂商可以在两条“脊线”所形成的区域以内从事生产，任意变动其投入要素的组合。所以，西方经济学将这一区域称为“生产区域”。可见，在脊线以内，两种生产要素的替代是有效的，在脊线之外，替代是无效率的。

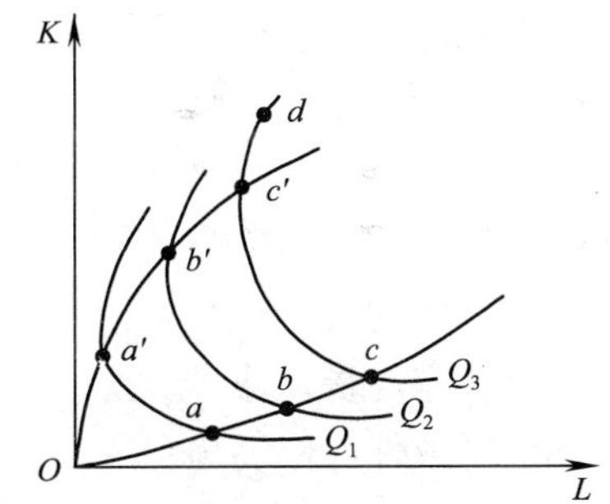

图4-5 等产量曲线的“脊线”

（五）等成本线

为了说明生产要素的最适组合，还必须进行等成本线分析。厂商在购买生产要素时，不能随心所欲地选择产量最高的投入或要素的组合。生产要素或投入的价格是厂商生产产品的成本，所以，厂商在选择要素组合或投入组合时，必须考虑成本。等成本线就是一条表示在

既定的总成本和要素价格的条件下，生产者所能购买到的两种生产要素数量的最大组合的线，也称为企业预算线。

假设某厂商有货币成本 800 元，劳动的价格为 2 元，资本的价格为 1 元。如果全购买劳动，可购买 400 单位，如果全购买资本，可购买 800 单位，如图 4-6 所示。

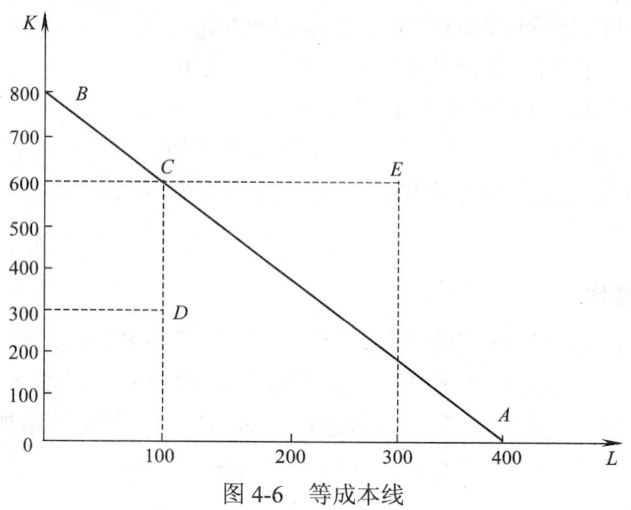

图 4-6　等成本线

在图 4-6 中，如用全部货币购买劳动，可以购买 400 单位（*A* 点），如用全部货币购买资本，可购买 800 单位（*B* 点），连接 *A*、*B* 两点则为等成本线，它是一条线段。线段内的任何一点，如 *D* 点，表示全部成本用来购买该点所代表的劳动和资本的组合以后还有剩余，即没有用完货币。在 *D* 点，购买 100 单位劳动，300 单位资本，只用了 500 元（2×100+1×300=500），还有 300 元未用。线段外的任何一点，如 *E* 点表示用全部成本购买该点所代表的劳动和资本的组合是不够的，即所需要的货币超过了既定的成本。在 *E* 点，购买 300 单位劳动，600 单位资本，需要支出 1 200 元（2×300+1×600=1 200），这无法实现。唯有线段上的任何一点，才表示在货币与生产要素价格既定条件下，能购买到的劳动与资本的最大数量的组合。如在 *C* 点，购买 100 单位劳动，600 单位资本，正好用完 800 元（2×100+1×600=800）。

等成本线表明了厂商进行生产的限制条件，即它所购买的生产要素所花的钱不能大于或小于所拥有的货币成本。大于货币成本是无法实现的，小于货币成本又不能实现产量最大化，这种限制条件可以写为

$$M=P_{L}Q_{L}+P_{k}Q_{k}$$

其中，M 为货币成本，P_{L}、P_{k}、Q_{L}、Q_{k} 分别为劳动与资本的价格和购买量。

上式也可写为

$$Q_{k}=M/P_{k}-P_{L}Q_{L}/P_{k}$$

可见，该方程式的斜率为 $-P_{L}/P_{k}$。

如果生产者的货币成本变动（或者生产要素价格同比例变动），则等成本线会平行移动。货币成本增加，等成本线向右上方平行移动；货币成本减少，等成本线向左下方平行移动，如图 4-7 所示。

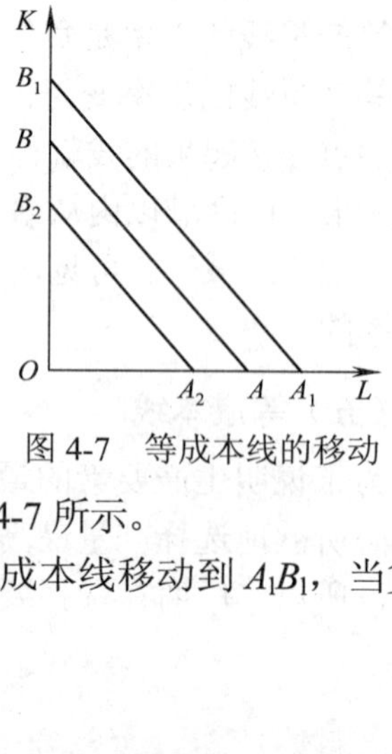

图 4-7　等成本线的移动

在图 4-7 中，AB 是原来的等成本线。当货币成本增加时，等成本线移动到 A_1B_1，当货币

成本减少时，等成本线移动到 A_2B_2。

现在我们进一步把等产量曲线与等成本线结合起来分析生产要素的最适组合。生产要素最适组合是指能以最小的成本支出获得最大产量的要素组合，也就是能使厂商获得最大利润的要素组合。它表现为成本一定时产量最大，或产量一定时成本最小两种情况。

第一种情况，成本既定时产量最大，可用图 4-8 来说明。

在图 4-8 中，因为成本已定，平面上只有一条等成本线 AB，Q_1、Q_2、Q_3 为三条等产量线，分别表示与 AB 相交、相切、不交亦不切的情况，它们的顺序是 $Q_1<Q_2<Q_3$。C、E、D 三点均代表相同的成本，但 C、D 点代表的产量要低于 E 点，这是不经济的；Q_3 上代表的产量高，但又是既定成本下不可能实现的；只有 AB 与 Q_2 相切的 E 点才是既可能又经济的，因而是可行的。所以，AB 与 Q_2 相切的 E 点才是生产者均衡点，在这个切点上实现了成本既定时的产量最大，即实现了生产要素的最适组合。

第二种情况，产量既定时成本最小，可用图 4-9 来说明。

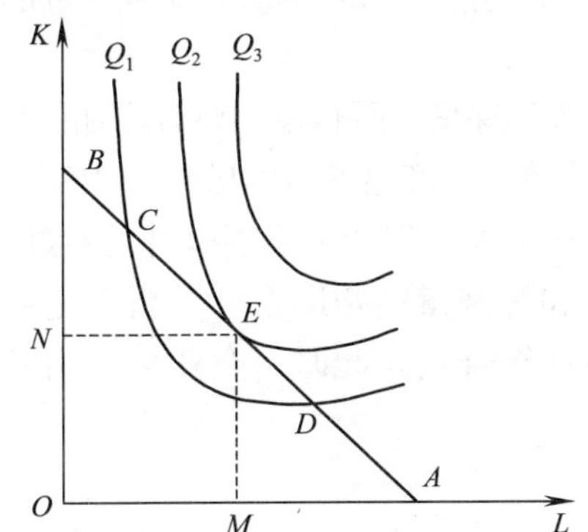

图 4-8　成本既定，产量最大的生产要素组合

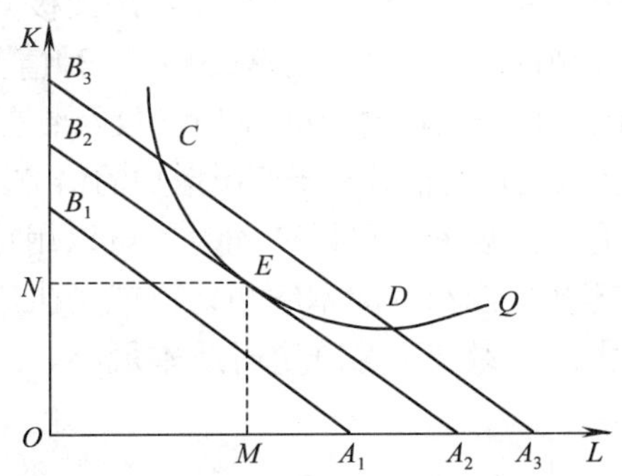

图 4-9　产量既定，成本最小的生产要素组合

在图 4-9 中，因为产量既定，平面上只有一条等产量曲线 Q，且不变化，A_1B_1、A_2B_2、A_3B_3 为三条不同的等成本线，分别代表与等产量线相交、相切、不交亦不切的情况，它们的顺序是 $A_1B_1<A_2B_2<A_3B_3$。C、E、D 三点均代表了相同的产量，但 C、D 点的成本要高于 E 点，这是不经济的；A_1B_1 上的各点虽然成本低，但又实现不了既定产量；只有与等产量线相切的 E 点才是既可能又经济的，因而是可行的。所以，A_2B_2 与等产量线 Q 的切点 E 是生产者均衡点，在这个切点上实现了生产要素即劳动和资本的最适组合，即产量既定时成本最小的组合。

由此可见，无论是成本最小的组合，还是产量最大的组合，都是等产量线与等成本线切点的组合。在这个切点上，实现了利润最大化，即实现了生产要素的最适组合。如果生产者的货币成本增加，则等成本线向右上方平行移动，不同的等成本线与不同的等产量线相切，形成不同的生产要素最适组合点，将这些点连接在一起，就得出扩张线。可以用图 4-10 来说明扩张线。

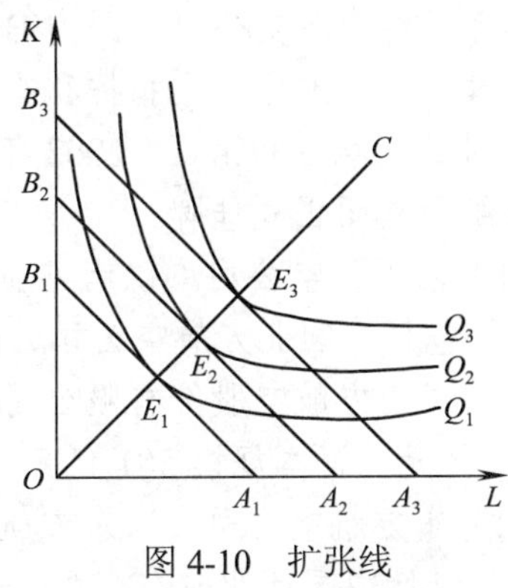

图 4-10　扩张线

在图 4-10 中，A_1B_1、A_2B_2、A_3B_3 是三条不同的等成本线，从 A_1B_1 到 A_3B_3 等成本线向右上方

移动，说明生产者的货币成本在增加。A_1B_1、A_2B_2、A_3B_3分别与等产量线Q_1、Q_2、Q_3相切于E_1、E_2、E_3。把E_1、E_2、E_3与原点连接起来的OC线就是扩张线。

扩张线的经济含义是：当厂商沿着这条线扩大生产时，可以始终实现生产要素的最适组合，从而使生产规模沿着最有利的方向扩大。

本章小结

生产函数是指在一定时期内，在技术水平不变的条件下，生产中所使用的各种生产要素的数量与所能生产的最大产量之间的关系。

边际产量递减规律是指在其他条件不变时，连续将某一生产要素的投入量增加到一定数量之后，总产量的增量，即边际产量将会出现递减现象。在这个变化过程中，总产量、平均产量和边际产量之间会形成密切的相互关联和影响。总产量、平均产量和边际产量的运动规律及其相互关系对生产者的要素投入决策极其重要。

当企业规模扩大时，其规模报酬有三种情况：规模报酬递增，所有投入要素增加的倍数小于产出增加的倍数；规模报酬递减，所有投入要素增加的倍数大于产出增加的倍数；规模报酬不变，所有投入要素增加的倍数等于产出增加的倍数。这对于企业如何选择适度规模有重要意义。

当所有生产要素都可以变动时，可以用边际分析和等产量线帮助企业分析确定生产要素的投入。等产量线和等成本线相切点就是生产要素最佳组合点。此时，企业可以用既定的成本获得最大的产量或产量既定时成本最小。

案例分析

实现规模效应，中国民航重组

中国民航自1980年2月，按邓小平提出的“民航一定要企业化”要求，开始进行改革。1993年，国航、东航和南航组建企业集团。1997年东航和南航先后在香港及纽约证券交易所挂牌上市，分别筹资2.82亿美元。

同年，海南航空公司在国内B股上市。1998年经中央批准《全国军民航空管制区域调整方案》和《全国航路管制指挥移交和航线管制指挥方案》，加快了民航管理体制改革的步伐。

经过长期准备和论证，2002年5月民航总局正式宣布民航重组方案。2002年8月，中国民航重组六集团正式挂牌。

（1）南方航空公司。以南方航空集团公司为主体，联合中国北方航空公司和新疆航空公司组建，包括中国北方航空公司、新疆航空公司、中国南方航空进出口贸易公司等10家全资企业和中国南方航空股份有限公司、澳门全怡海外旅游有限公司等4家控股企业。共有注册资本52亿元，资本规模501亿元。

（2）东方航空公司。以东方航空公司为主体，兼并中国西北航空公司，联合云南航空公司组建。包括中国西北航空公司、云南航空公司等10家全资企业和中国东方航空股份有限公司、上海东方旅游投资开发公司等20家控股企业。注册资本49.2亿元，资产规模473亿元。

（3）中国航空集团公司。由中国国际航空公司、中国航空总公司和中国西南航空公司组建，包括中国航空结算中心等3家全资企业和民航贸易发展有限责任公司等2家控股企业。注册资本55亿元，资产规模573亿元。

（4）民航信息集团。以民航计算机信息中心为主体，将中国航空结算中心整体并入，包括中国航空结算中心等3家全资企业和民航贸易发展有限责任公司等2家控股企业，注册资本15亿元。

（5）航空油料集团。由中国航空油料总公司及其所属部分事业单位组建而成，包括中国民航油料总公司等5个全资企业和1个控股企业——中国航油（新加坡）股份有限公司，注册资本36亿元。

（6）航空器材进出口集团。在中国航空器材进出口总公司及其所属部分企业基础上组建，包括北京航工经济发展公司、北京华材航空客货服务公司等6个全资企业和北京三元飞机刹车技术联合开发公司、中国航空能源（新加坡）有限公司等8家控股企业，注册资本10亿元。

资料来源：根据《中国民航报》有关资料整理

试分析：1. 中国民航为何要施行重组？

2. 企业的适度规模是如何确定的？

3. 运用分工和专业化的观点，谈谈中国民航在未来经营中如何实现规模经济？

思考与练习

一、名词解释

生产函数　适度规模　等产量线　等成本线

二、单项选择题

1. 边际技术替代率（　　）。

A. 是正的，并且呈递减趋势　　B. 是正的，并且呈递增趋势

C. 是负的，并且呈递增趋势　　D. 是负的，并且呈递减趋势

2. 无数条等产量曲线与等成本曲线的切点连接起来的曲线是（　　）。

A. 无差异曲线　B. 消费可能线　C. 收入消费曲线　D. 生产扩展路线

3. 边际技术替代率是指（　　）。

A. 两种要素投入的比率

B. 一种要素投入替代另一种要素投入的比率

C. 一种要素投入的边际产品替代另一种要素投入的边际产品的比率

D. 在保持原有产出不变的条件下用一种要素投入替代另一种要素投入的比率

4. 等产量线与等成本线相切的经济含义是（　　）。

A. 为生产一定量产出而需要的成本开支

B. 为生产一定量产出而需要的最低成本开支

C. 为生产各种产出而需要的各种投入组合

D. 为生产各种产出而需要的多种成本结构

三、判断题

1. 边际产量总是小于平均产量。（　　）

2. 只要边际产量减少，总产量也一定减少。（　　）

3. 利用等产量线上任意一点所标示的产量组合，可以生产出同一数量的产品。（　　）

4. 等产量线与等成本线相交，说明要保持原有的产出水平不变，应当减少成本开支。（　）

5. 只要总产量是下降的，边际产量一定是负数。（　）

四、问答题

1. 简述边际产量递减规律及其存在的条件。
2. 谈谈你对适度规模的认识。
3. 如何实现生产要素的最佳组合?

技能训练

“大跃进”中提倡密植，结果粮食减产，为什么？

项目实训

学校超市（洗化部）的市场调查与分析

【实训目标】

1. 通过以小组的形式进行市场调查，建立一种“团队学习”的教学模式，增强学生学习的积极性和主动性，锻炼学生自我管理，自我控制能力，培养学生团队合作的精神。

2. 通过以小组的形式进行市场分析，使学生切身体会利润形成的过程和商品边际成本和边际收入的变化情况。

3. 培养学生分析、归纳与演讲的能力。

【实训内容与要求】

1. 市场调研前的任务布置（调研内容包括店铺的固定成本、可变成本、收入）。
2. 各小组进行组内任务安排。
3. 针对学校超市（洗化部）进行市场调研。
4. 市场调研内容整理，分析学校超市（洗化部）商品的利润；分析学校超市（洗化部）商品的边际成本和边际收入。
5. 完成本次活动的过程记录（包括时间、地点、内容、成员及分工情况）。
6. 每组选派1～2名同学展示本组成果。

【实训时间】

1. 任务布置：5分钟。
2. 各组任务安排：5分钟。
3. 市场调研过程：45分钟（建议不安排学时）。
4. 市场调研内容整理：45分钟。
5. 各组成果展示：每组45分钟之内。

【实训考核】

1. 过程考核：教师和学生根据小组递交的活动记录来考核每一小组及成员。
2. 成果考核：由教师对各组市场分析的情况进行评估打分。

项目五

认知成本与收益分析——探知企业经营目的

知识目标

1. 理解生产函数的含义。
2. 掌握边际收益递减规律。
3. 掌握一种生产要素的合理投入。
4. 理解规模经济的含义；掌握生产要素的最佳组合。

能力目标

1. 运用生产理论，分析生产要素的合理投入。
2. 能用生产理论分析、解释厂商行为。

项目导入

对于一个企业而言，有的生产要素可以随着市场需求的变化进行调整，而有的生产要素的调整则要经历很长的时间。某服装厂订单突然激增，需要在下个月将产量增加一倍，此时厂商多半只能通过充分利用原有设备，开足马力，采用多雇佣工人、加班加点的方法。因为在一个月内增建厂房，并增加一倍的机器是不大现实的，而且厂商也不知道这种订单增加是长期现象还是暂时现象。这就是短期调整产量水平的问题。相反，如果市场对服装的需求是由于人们对产品偏好普遍变大而长期地增加，则厂商要增加设备、扩大生产规模来满足增长了的市场需求。这就是长期调整生产的问题。

项目思考

企业是进行短期调整还是进行长期调整？

企业在生产中不仅要考虑物质技术关系，而且还要考虑成本与收益之间的经济关系。本章将在上一章的基础上分析厂商的成本与收益问题，考察利润最大化的原则。

任务一　成 本 分 析

成本，也叫生产费用，是指企业在生产与经营中所使用的各种生产要素的价格，或生产要素的所有者必须得到的报酬或补偿。

一、会计成本与机会成本

经济学中的成本概念与会计中的成本概念是有区别的。企业生产与经营中的各种实际支出称为会计成本。这些支出一般可以通过会计账目反映出来。它通常是会计根据各种生产要素的市场价格和生产经营中所付的费用，连同厂房设备的折旧费等一起系统记录在账面上。经济学中的成本比会计成本的内涵丰富，它是企业为从事生产所投入的全部要素的机会成本。

机会成本是指生产者利用一定资源获得某种收入时所放弃的该资源在其他可能的用途上所获得的最大收入。机会成本的存在是与资源的稀缺性紧密相连的。在资源稀缺性前提下，当企业用一定的经济资源生产一定数量的一种或几种产品时，这些经济资源就不能同时被使用在其他的生产用途方面。

某厂商有30万元，将这笔钱投资于某生产厂家，每年可获利6万元，将这笔钱投资商业每年可获利10万元。这笔钱只能投资于一处，投资于生产厂家获利6万元就要放弃投资于商业的获利10万元，经济学中就把所放弃的10万元称作获得6万元的机会成本；经过比较投资于生产和商业的机会成本就可以看出，投资于生产付出的机会成本大，投资于商业的机会成本小，还是投资于商业有利。这说明了厂商在作出投资决策时，必须进行比较，选择机会成本小、投资收益大的项目进行投资。

利用机会成本的概念可以解释，为什么学生在考试后的每周比考试前的每周看电视的时间要多。在考试前，看电视具有很高的机会成本，因为时间的另一种用途（学习）在提高成绩上具有很高的价值。在考试以后，时间具有较低的机会成本。

运用机会成本这一概念的条件是一种资源有多种投资可能性，而且投资到任何方面都不受限制，资源在市场中自由配置。

理解机会成本应注意以下几个问题：

（1）机会成本是指选择的成本。“鱼与熊掌不可兼得”，你选择了一个，就必须放弃另一个，因为资源是有限的。

（2）机会成本是作出一种选择时所放弃的其他若干种可能的选择中最好的一种。

（3）机会成本并不都是由个人选择所引起的。其他人的选择会给你带来机会成本，你的选择也会给其他人带来机会成本。例如，当你在夜晚享受“卡拉 OK”时，你所放弃的宁静就是这种享受的机会成本；这时，你还会使别人得不到宁静，别人放弃的宁静就是你这种选择给别人带去的机会成本。当然，我们一般听说的机会成本都是从个人作出某项投资或其他决策的角度出发的。

二、显性成本和隐性成本

显性成本是企业生产与经营中的各种实际支出，显性成本就是通常所说的会计成本，它是厂商在会计账目上作为成本项目记入账上的各项支出费用，包括厂商支付给所雇佣的管理人员和工人的工资，所借贷的资金的利息，土地、厂房的租金，以及用于购买原材料或机器设备、工具和支付交通、能源费用等的总额。

隐性成本是企业在生产过程中或经营活动中所使用的自己所拥有的投入的生产要素价格。西方经济学认为，既然借用了他人的资本需付利息，租用了他人的土地需付地租，聘用他人来管理企业需付薪金，那么同样的道理，厂商自身管理企业应该得到工资，自有资金也应该有利息，自有厂房也应该有地租。由于这些费用通常不能通过会计成本反映出来，因此被称为隐性成本。隐性成本必须从机会成本的角度按照企业自有生产要素在其他用途中所能得到的最高收入来支付，否则厂商会把自有生产要素转移出本企业，以获取更高的报酬。

经济学上的成本概念与会计学上的成本概念之间的关系，可以用下列公式来表示。

会计成本=显性成本

机会成本（经济总成本）=显性成本+隐性成本

经济学家眼中的利润　　　　会计师眼中的利润

总收益 = 经济利润 + 内隐成本 + 外显成本（内隐成本 + 外显成本 = 总成本）

总收益 = 会计利润 + 外显成本

显性成本加隐性成本为经济总成本，销售总收益减总成本等于经济利润。对于企业来说，所谓的利润最大化，是指经济利润的最大化。因此，企业必须从机会成本的角度考虑问题。企业从事一项经济活动不仅要能够弥补显性成本，还要能够弥补隐性成本。否则，企业可以从事另一项更能盈利的经济活动。不同的行业，隐性成本包括的范围不一样。有风险的行业通常把风险费也列入隐性成本中，风险越大，所要考虑的隐性成本越大。如果企业使用自己所拥有的专利进行生产，那么该项专利也应该列入隐性成本之列。这是因为如果企业不是用自己所拥有的专利进行生产，而是购买别人的专利进行生产，那么它所支出的是一笔实实在在的成本。

假定某一店主每年花费 40 000 元的资金租赁商店设备。年终该店主从销售中所获毛利为 50 000 元。该店主赚了多少钱？从显性成本的角度看，该店主赚了 10 000 元，因为厂商的显性成本是 40 000 元。但从隐成本的角度看，该店主可能一点也没赚。企业的隐成本计算比较复杂。假定市场利率为 10%，该店主从事其他职业所能获得的收入是 20 000 元，则该店主的隐性成本是 24 000（20 000+40 000×10%）。店主的总成本是 64 000 元。从机会成本的角度看，该店主不仅没有赚钱，反倒赔了钱。我们可以说该店主获得的会计利润是 10 000 元，但获得的经济利润是负的 14 000 元（50 000−64 000）。可见，会计利润以会计成本为基础进行计算。经济利润以机会成本的计算为基础。

三、短期成本与长期成本

短期与长期的区分不是一个绝对的时间概念，而是一个相对的时间概念，是以生产要素能否根据产量目标全部调整为依据划分的。在短期中，企业不能根据自己所要达到的产量来调整其全部生产要素，这就是说它只能调整可变生产要素（劳动力、原材料等），而不能调整固定生产要素（厂房、设备等）。短期成本分为用于这些可变生产要素的支出和用于固定生产要素的支出两大类。

在长期中，企业可以根据自己要达到的产量来调整全部生产要素。长期中企业没有可变投入与固定投入之分，一切投入的生产要素都是可变的，所以，长期成本就是企业用于投入生产要素支出的所有费用。

短期成本与长期成本有不同的变动规律，在企业决策中有不同意义。所以，我们有必要分别分析短期成本与长期成本。

思考

所有行业的长期和短期是一样的。这种说法对吗？为什么？

解析

不对。长期与短期的区分不是实际时间的长短，而是厂商能否调整全部生产要素。实际上，在不同的行业，厂商调整全部生产要素的时间是不同的，因而其长期与短期的区别也是不同的。比如说，在汽车制造行业中，调整全部生产要素的时间很长，而在服装生产业中，调整全部生产要素的时间就比较短。

任务二 短期成本分析

一、短期成本的分类

（一）短期总成本

短期总成本是指短期内生产一定量产品所需要的成本总和。由于在短期内，有些生产要素可以调整，而有些生产要素不可以调整，因此，短期总成本又分为固定成本和可变成本两类。

固定成本指短期内在一定产量范围内不随产量变动而变动的成本。也就是厂商即使暂时关闭其工厂，什么也不生产也会承担的费用，包括厂房设备投资的利息、折旧费、维修费、各种保险费、部分税金，以及即使在暂时停产期间也要继续雇用的人员的工资和薪金。即使产量为零，这部分成本仍存在。

可变成本指短期内随着产量变动而变动的成本。这类成本包括工人的工资，厂商为购进原料以及其他物品而发生的支出，以及电力费、营业税和短期借款的利息等。它随产量的增加而增加，当产量为零时，可变成本为零。

如果用STC代表短期总成本，FC代表固定成本，VC代表可变成本，则有

$$\mathrm{STC}=\mathrm{FC}+\mathrm{VC}$$

（二）短期平均成本

短期平均成本指短期内平均每一单位产品所消耗的全部成本。它是由平均固定成本和平均可变成本构成的。

平均固定成本（AFC）指短期内平均每一单位产品所消耗的固定成本。随着产量的增加，平均固定成本是逐渐减少的。用公式表示为

$$\mathrm{AFC}=\mathrm{FC}/Q$$

平均可变成本（AVC）指短期内平均每一单位产品所消耗的可变成本。随着产量的增加，平均可变成本是先递减，到达最低点以后再递增的。用公式表示为

$$\mathrm{AVC}=\mathrm{VC}/Q$$

如果用SAC代表短期平均成本，则有

$$\mathrm{SAC}=\mathrm{STC}/Q$$

$$\mathrm{SAC}=\mathrm{FC}/Q+\mathrm{VC}/Q=\mathrm{AFC}+\mathrm{AVC}$$

（三）短期边际成本

短期边际成本指短期内厂商增加一单位产量所增加的总成本量。

如果用SMC代表短期边际成本，以ΔQ代表增加的产量，则有

$$SMC=\Delta STC/\Delta Q$$

值得注意的是，当产品成本由固定成本与可变成本之和构成时，该产品的边际成本与固定成本无关，而只与可变成本有联系。这是由于固定成本是始终固定不变的，而总成本等于固定成本加可变成本，所以边际成本，即多生产一个单位的产量时，总成本的增加量实际上等于增加该单位产品所增加的可变成本，故

$$SMC=\Delta STC/\Delta Q=\Delta VC/\Delta Q$$

二、各类短期成本的变动规律及其关系

表 5-1 说明了厂商在短期内的各种成本项目之间的关系。

表 5-1　短期成本表

产量（Q）	总成本			平均成本			边际成本
	固定成本（FC）	可变成本（VC）	短期总成本（STC）	平均固定成本（AFC）	平均可变成本（AVC）	平均总成本（SAC）	短期边际成本（SMC）
0	1 200	0	1 200				
1	1 200	600	1 800	1 200.0	600.0	1 800.0	600
2	1 200	800	2 000	600.0	400.0	1 000.0	200
3	1 200	900	2 100	400.0	300.0	700.0	100
4	1 200	1 050	2 250	300.0	262.5	562.5	150
5	1 200	1 400	2 600	240.0	280.0	520.0	350
6	1 200	2 100	3 300	200.0	350.0	550.0	700

从表中可以看出，固定成本在产量为零时仍有成本，并且不因产量的变化而变化，始终固定在 1 200，其曲线也应是平行于横轴的一条曲线，这条曲线与横轴的距离为固定成本的金额。

可变成本随产量逐渐增加而递增。其曲线应是从原点出发，随产量递增而递增。

短期总成本是固定成本与可变成本之和，由于 FC 之值固定不变，所以短期总成本曲线与 VC 曲线的任一点垂直距离等于成本 FC。

从表中还可以看出，平均固定成本随产量的逐渐增加而减少。平均总成本、平均可变成本和短期边际成本都是随着产量的增加先减少而后增加的。其曲线为“U”形，先下降而后上升。

从表中不仅能反映出各成本之间的量化关系，而且也能看出它们各自的变动规律和相互关系，具体表现如下。

（一）短期总成本、固定成本、可变成本的变动规律及关系

用图 5-1 来说明这三种成本的变动规律与关系。

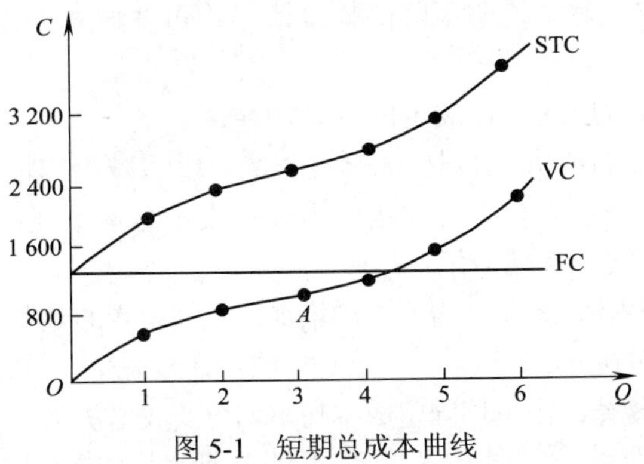

图 5-1　短期总成本曲线

在图 5-1 中，横轴 OQ 代表产量，纵轴 OC 代表成本，FC 为固定成本曲线，与横轴平行，它表示在一定的产量范围内，固定成本是不变的。VC 为可变成本曲线，它是一条由原点出发向右上方倾斜的曲线，其斜率为正，而且是逐步地由递减变化为递增的，表示可变成本随着产量的变动而同方向变动。特别应该注意的是，它最初比较陡峭，表示这时可变成本的增加率大于产量的增加率。然后较为平坦，表示可变成本的增加率小于产量的增加率，最后又比较陡峭，表示可变成本的增加率又大于产量增加率。STC 为短期总成本曲线，它不从原点出发，而从固定成本出发，表示没有产量也不为零，其最小值等于固定成本。该曲线向右上方倾斜也表明了总成本随产量的增加而增加，其形状与 VC 曲线相同，也说明短期总成本的变动规律与可变成本的变动规律相同。

由图 5-1 可以得出可变成本的变动规律是：首先，在产量开始增加时，由于固定生产要素与可变生产要素的效率未得到充分发挥，因而可变成本的增加率要大于产量的增长率。其次，随着产量的增加，固定生产要素与可变生产要素的效率得到充分发挥，可变成本的增加率小于产量的增加率。最后，由于边际收益递减规律，可变成本的增加率又大于产量增加率。

（二）短期平均成本、平均固定成本、平均可变成本的变动规律及关系

用图 5-2 来说明这三种成本的变动规律及相互关系。

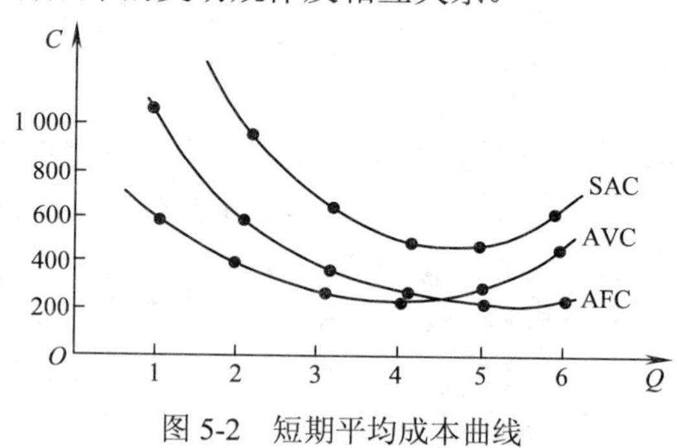

图 5-2　短期平均成本曲线

在图 5-2 中，AFC 为平均固定成本曲线。它最初比较陡峭，说明在产量开始增加时，它下降的幅度很大；以后越来越平坦，说明随着产量的增加，它下降的幅度越来越小。

AVC 为平均可变成本曲线，它是先下降而后上升，呈“U”形，表明其随着产量的增加先下降而后上升的变动规律。

SAC 为短期平均成本曲线，表明随产量的增加先下降而后上升的“U”形曲线。但它开始时比平均可变成本曲线陡峭，说明下降的幅度比平均可变成本大，以后的形状与平均可变成本曲线基本相同。

根据以上分析，可以得出这三种成本的变动规律：

平均固定成本的变动规律：最初减少的幅度很大，以后减少的幅度越来越小。也就是说，平均固定成本随着产量的增加而减少，这是因为固定成本总量不变，随着产量的增加，分摊到每一单位产品上的固定成本就减少了。

平均可变成本的变动规律：最初随着产量的增加，生产要素的效率逐渐得到发挥，因此平均可变成本减少。但产量增加到一定程度后，由于边际收益递减规律，平均可变成本又开始增加。

短期平均成本的变动规律：由平均固定成本与平均可变成本决定。当产量开始增加时，平均固定成本迅速下降，加之平均可变成本也在下降，因此短期平均成本迅速下降。以后，随着平均固定成本越来越小，它在平均成本中所占的比例越来越小，这时短期平均成本主要随平均可变成本的变动而变动，即随产量的增加而下降，产量增加到一定程度之后，又随产量的增加而增加。

（三）短期边际成本、短期平均成本、短期平均可变成本的变动规律与关系

用图 5-3 来说明短期边际成本的变动规律和这三个成本的相互关系。

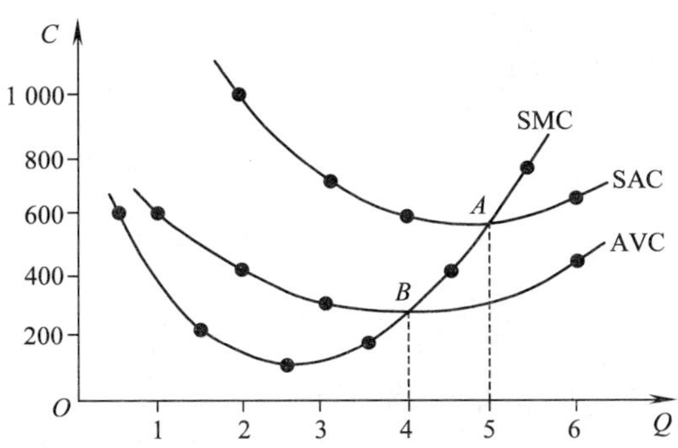

图 5-3 短期边际成本、短期平均成本、短期平均可变成本的关系

在图 5-3 中，SMC 为短期边际成本曲线，它是一条先下降而后上升的“U”形曲线。它的变动取决于可变成本，因为在短期中所增加的成本只是可变成本。所以短期边际成本的变动规律是：开始时，边际成本随产量的增加而减少，当产量增加到一定程度时，就随产量的增加而增加。

从图 5-3 中不仅可以看出短期边际成本与平均成本的关系，而且可以看出短期边际成本与平均可变成本的关系。

在图 5-3 中，短期边际成本曲线 SMC 与短期平均成本曲线 SAC 相交于 SAC 的最低点 *A*。在 *A* 点，SMC=SAC，即短期边际成本等于短期平均成本。在 *A* 点左侧，短期平均成本在短期边际成本之上，并且一直在递减，这时 SAC>SMC，即短期边际成本小于短期平均成本。在 *A* 点右侧，短期平均成本在短期边际成本之下，并且一直在递增，这时，SAC<SMC，即短期边际成本大于短期平均成本。*A* 点称为收支相抵点，这时的价格为平均成本，平均成本等于边际成本，生产者的成本与收益相等，即：P=SMC=SAC。

短期边际成本与平均可变成本的关系和上述平均成本的关系相同。短期边际成本与平均可变成本相交于平均可变成本的最低点 *B*，在 *B* 点上 SMC=AVC，即短期边际成本等于平均可变成本。在 *B* 点左侧，平均可变成本在短期边际成本之上，短期边际成本小于平均可变成本，平均可变成本一直递减。在 *B* 点右侧，平均可变成本在短期边际成本之下，即短期边际成本大于平均可变成本，平均可变成本一直在递增。*B* 点称为停止营业点，即在这一点上，价格只能弥补平均可变成本，这时所损失的是不生产也要支付的固定成本。如低于这一点，不能弥补可变成本，则生产者就应停止生产。

通过短期成本的分析，企业的决策可以表述如下：

SAC 的最小值对应的产量是收支相抵点，也称盈亏平衡点的产量，P（定价）小于 SAC

时则亏损；当 SVC 的最小值对应的产量是停止营业点，即 P<AC 时，企业应停止营业。但现实是当 P<AC、P>AVC 时，企业还继续营业，为什么呢？当你走进一家餐馆时，发现你是唯一的顾客，餐馆还继续营业，因为老板在作出是否经营的决策时，要注意固定成本和可变成本的区别。餐馆的许多成本——房屋租金、厨房设备、餐具都是固定成本且已经支出，停业也不能减少这些固定成本，相反，唯有继续经营（P<AC、P>AVC）才能减少一点亏损。当老板决定是否营业时，只有你的菜价（P）小于而无法弥补 AVC 时，才会停止营业。

门庭冷落的保龄球场为什么不停业

在现实中，我们经常会看到一些保龄球场门庭冷落，但仍然在营业。这时打保龄球的价格相当低，甚至低于成本，他们为什么这样做呢？通过对企业短期成本的分析有助于解释这一现象，同时也可以说明短期成本分析对企业短期经营决策的意义。

在短期中，保龄球场经营的成本包括固定成本与可变成本。保龄球场的场地、设备、管理人员是短期中无法改变的固定投入，用于场地租金、设备折旧和管理人员工资的支出是固定成本。固定成本已经支出无法收回，也称为沉没成本。保龄球场营业所支出的各种费用是可变成本，如电费、服务员的工资等。如果不营业，这种成本就不存在，营业量增加，这种成本增加。由于固定成本已经支出，无法收回，所以，保龄球场在决定短期是否营业时，考虑的是可变成本。假设每场保龄球的平均成本为 20 元，其中固定成本为 15 元，可变成本为 5 元。当每场保龄球价格为 20 元以上时，收益大于平均成本，经营当然有利。当价格为 20 元时，收益等于成本，这时收支相抵，仍然可以经营。当价格低于 20 元时，收益低于成本。乍一看，保龄球场应该停止营业。但我们知道短期中的成本有不可收回的固定成本和可变成本之分时，决策就不同了。

假设现在每场保龄球价格为 10 元，是否应该经营呢？可变成本为 5 元，当价格为 10 元时，在弥补可变成本 5 元之后，仍可剩下 5 元，这 5 元可用于弥补固定成本。固定成本 15 元是无论经营与否都要支出的，能弥补 5 元，当然比一点也弥补不了好。因此，这时仍然要坚持营业。这时考虑的不是利润最大化，而是损失最小化——能弥补多少固定成本算多少。

当价格下降到与可变成本相等的 5 元时，保龄球场经营不经营是一样的。经营正好弥补可变成本，不经营这笔可变成本不用支出。因此，价格等于平均可变成本之点被称为停止营业点，意思是在这一点时，经营与不经营是一样的。在这一点之上，只要价格高于平均可变成本就要经营，在这一点之下，价格低于平均可变成本，无论如何不能经营。

门庭冷落的保龄球场仍在营业，说明这是价格仍然高于平均可变成本。这就是这种保龄球场不停业的原因。

有许多行业是固定成本高而可变成本低，如旅游、饭店、游乐场所等。所以在现实中，这些行业的价格可以降得相当低。但这种低价格实际上仍然高于平均可变成本，因此，经营仍然比不经营有利——至少可以弥补部分固定成本，实现损失最小化。

任务三　长期成本分析

长期中企业可以调整全部生产要素的数量。长期成本是指一切生产要素均可调整的时期内所发生的成本。它没有固定成本和可变成本之分。它的种类有三种：长期总成本、长期平均成本和长期边际成本，可分别简写为：LTC、LAC 和 LMC。

一、长期总成本

长期总成本是长期中生产一定量产品所需要的成本总和，它随着产量的变动而变动。如果各种产量都在最优生产规模上生产，也就是说，以最优的生产要素的组合来进行生产，则由此而支付的总成本便是长期总成本。

长期总成本的变动规律可用图 5-4 来说明。

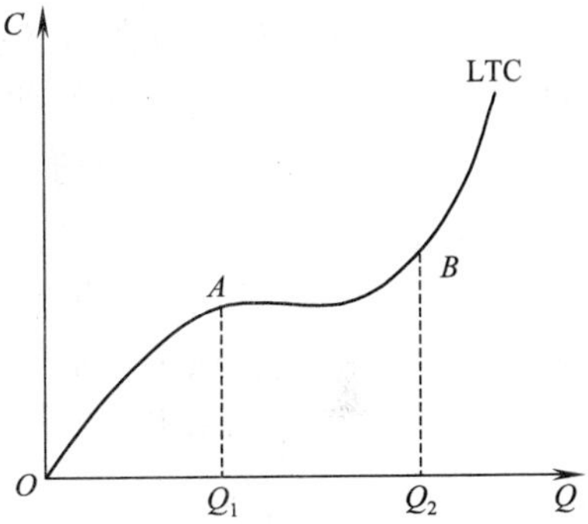

在图 5-4 中，LTC 为长期总成本曲线。该曲线从原点出发，向右上方倾斜，C 表示长期总成本随产量的增加而增加。在 OA 段，长期总成本曲线比较陡峭，表明成本的增加比率大于产量的增加比率；在 AB 段，长期总成本曲线比较平坦，表明成本的增加比率小于产量的增加比率；在 B 点后，长期总成本曲线比较陡峭，表明成本的增加比率又大于产量的增加比率。

图 5-4　长期总成本的变化

从图中可以看出长期总成本的变动规律是：在开始生产时，需要投入大量生产要素，但当产量较低时，这些生产要素无法得到充分利用，因此，成本增加的比率大于产量增加的比率。当产量增加到一定程度后，生产要素开始得到充分利用，这时成本增加的比率小于产量增加的比率，这就是规模经济的效益。最后，由于规模收益递减，成本的增加比率又开始大于产量增加的比率。所以长期总成本是随产量的增加而增加的。

二、长期平均成本

（一）长期平均成本及其曲线

长期平均成本是长期中平均每单位产品的成本，用公式表示为

$$\text{LAC}=\text{LTC}/Q$$

可用图 5-5 来说明长期平均成本曲线的构成及变动规律。

由于在长期中所有生产要素都是可变的，企业因此能够建立它所需要的任何规模或类型的工厂，能够在各个时期内改变土地、建筑物、机器设备和其他要素的数量。所以理解长期的有效方法是从计划的角度来考虑它。

假设某厂商在短期内有三种不同的生产规模可供选择，这三种规模的短期平均成本曲线是图 5-5 中的 SAC_1、SAC_2、SAC_3。

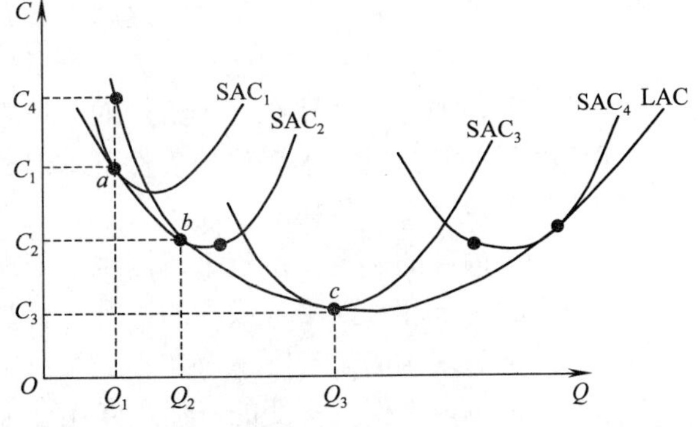

图 5-5　长期平均成本曲线与短期平均成本曲线

LAC与SAC_1、SAC_2在左侧相切，与SAC_3在最低点相切，与SAC_4在右侧相切。

厂商要根据产量的大小决定生产规模，其目标是使平均成本达到最低。如果预期的产量是OQ_1，厂商应该选择最小的企业规模，因为最小的企业规模生产OQ_1单位的产量，单位产品的平均成本是OC_1，这一平均成本比中等规模的企业（其单位产品的成本为OC_4）和最大规模的企业的产品平均成本低，但是，如果预期的产量是OQ_3，厂商就应该选择规模最大的企业，即SAC_3这一规模，这时的平均成本最低。在长期中，厂商要根据它所要达到的产量来调整生产规模，以使平均成本达到最低。如果我们放弃厂商只有三种规模选择的简化假设，可以有许多规模选择，这样，厂商就会有许多短期平均成本曲线。如果对应于每一产量，都能找到一个平均成本最低的生产规模，那么，这个规模就是最优的生产状态，这个点就是最优的生产决策点。长期中把这些最优点连接起来，就形成了长期平均成本。因此，长期平均成本是把许多的短期平均成本曲线SAC_1，SAC_2，SAC_3，SAC_4……的最优点连接起来所构成的曲线，是许多短期平均成本曲线的包络线，即长期平均成本曲线和许多短期平均成本相切，把许多短期平均成本曲线包在其中。各条短期平均成本与长期平均成本曲线都各有一个切点。在长期平均成本曲线的最低点时，短期平均成本曲线的最低点与这一点相切；在长期平均成本曲线最低点的左侧，短期平均成本曲线最低点的左侧与其相切；在长期平均成本曲线最低点的右侧，双方相切于最低点的右侧。在长期中，厂商按照这条曲线作出生产计划，确定生产规模。因此，这条长期平均成本曲线又称为计划曲线。

从图5-5中可以看出，长期平均成本曲线LAC也是一条先下降而后上升的“U”形曲线。其变动规律也是随着产量的增加，先减少而后增加，这也是由于随着产量的增加，规模收益递增，平均成本减少；在此之后，随着产量的增加，出现规模收益递减，平均成本增加。这与短期平均成本相同。但是这两条曲线是有区别的，即在二者背后，起作用的因素是不同的。

在短期平均成本曲线的背后，边际收益递减规律在起作用，短期平均成本曲线的上升，是由于平均固定成本的下降最终被平均可变成本的上升所抵消，而平均可变成本的上升又是由于可变要素平均产量的下降造成的。但是，边际收益递减规律并不决定长期平均成本曲线的形状，因为在长期，没有一种要素是固定的。

长期平均成本曲线形状的决定因素是规模经济和规模不经济。这是由于：①较大的企业规模使采用不同类型的技术成为可能；②较大的生产单位更有效率；③较大的企业更有利于实行劳动力的分工和专业化生产。这些都导致随着产量的增加，在达到某一点以前，长期平均成本曲线下降。当然，到底在多大的产量范围内平均成本曲线下降，这在不同的产业中是不同的，不仅如此，即使在一个给定的产业中，平均成本曲线下降的产量范围在不同时期也是不同的，尤其是在技术变化的条件下。但长期平均成本曲线下降到一定程度又会上升。这是因为随着单个企业规模的不断扩大，企业最高管理层必须把越来越多的权利和责任交给其下级，企业内部的协调变得越来越困难，处理问题的程序更繁琐，灵活性在减少，从而导致管理效率的降低和长期平均成本的上升。要具体确定究竟在哪一点上会出现规模不经济而抵消规模经济是困难的。实际上，在不少产业中，长期平均成本在最初阶段下降之后，在相当大的产量范围内是保持不变的，但最终还会上升。

（二）不同行业的长期平均成本

如果将生产要素的价格变动考虑进去，则各行业长期平均成本变动的特点并不相同。一般可根据长期平均成本变动的情况把不同的行业分为三种情况。

1. 成本不变的行业

这种行业中各厂商的长期平均成本不受整个行业产量变化的影响，无论产量如何变化，长期平均成本是基本不变的。其原因有两个：①这一行业在经济中所占的比重很小，即与其他行业相比，它是非常微小的。这样，它所需要的生产要素在全部生产要素中所占比例也很小，从而它的产量变化不会对生产要素的价格发生影响。因此，这一行业中各厂商的长期平均成本不会随产量的变动而变动。②这一行业所使用的生产要素的种类和数量与其他行业呈反方向变动。一般来说，这种行业并不多见，只是一些小商品生产或特殊行业。

2. 成本递增的行业

这种行业中各个厂商的长期平均成本要随整个行业产量的增加而增加，这种行业属于普遍情况。这种行业的形成原因是，由于生产要素是有限的，所以整个行业产量的增加就会使生产要素价格上升，从而引起各厂商的长期平均成本增加。这种情况在以自然资源为主要生产要素的行业，如农业、渔业、矿业中更为突出。

3. 成本递减的行业

这种行业中各个厂商的长期平均成本要随整个行业产量的增加而减少，即前面讲过的规模经济中的外在经济。形成这种行业的原因是，外在经济对这种行业特别重要。例如，当一个国家或地区的海洋捕渔业发展时，就有可能设立专门培养训练捕鱼工人的学校，更可能设计出使效率大大提高的捕鱼设施。这些显然会使每个厂商的捕鱼成本大大降低。再如，在同一地区建立若干汽车制造厂，各厂商就会由于在交通、辅助服务等方面的节约而使成本递减。但是，这种现象只能在一定时期内存在，在长期中，外在经济必然会变成外在不经济。

三、长期边际成本

长期边际成本是长期中增加一单位产量所增加的成本。用公式表示为

$$LMC=\Delta LTC/\Delta Q$$

可用图 5-6 来说明长期边际成本的变动规律。

在图 5-6 中，LMC 为长期边际成本曲线，与长期平均成本曲线 LAC 相交于 LAC 的最低点，相交之前，LAC 在 LMC 之上，说明长期边际成本小于长期平均成本；在相交之后，LAC 在 LMC 之下，说明长期边际成本大于长期平均成本。

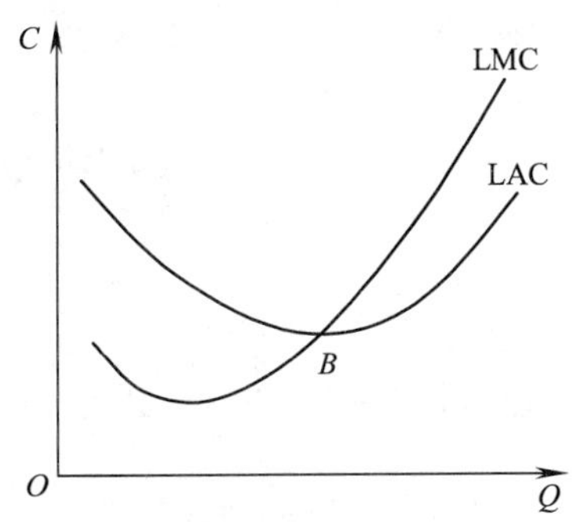

图 5-6　长期边际成本、长期平均成本

从图 5-6 中可以看出，长期边际成本与长期平均成本的关系和短期边际成本与短期平均成本的关系一样，即在长期平均成本下降时，长期边际成本小于长期平均成本，在长期平均成本上升时，长期边际成本大于长期平均成本，在长期平均成本的最低点，长期边际成本等于长期平均成本。可见，如果长期边际成本小于长期平

均成本，那么每增加一单位产量，单位平均成本就比以前小些，所以长期平均成本是下降的；反之，如果长期边际成本大于长期平均成本，那么，每增加一单位产量，单位平均成本比以前大一些，所以，长期平均成本是上升的。这样，就不可能发生长期边际成本大于长期平均成本时，长期平均成本反而下降；或者长期边际成本小于长期平均成本时，长期平均成本反而上升的情况。所以，长期边际成本曲线只能通过长期平均成本曲线的最低点 B 点。

由此可见，长期边际成本也是随着产量的增加先减少而后增加的，其曲线也是一条先下降而后上升的“U”形曲线，但它要比短期边际成本曲线平坦。

王永庆与台塑的成功

长期平均成本曲线表明了长期中平均成本随产量变动的规律。从其“U”形曲线我们可以看出，只有产量增加到一定量才能实现平均成本最低，平均成本最低才能使企业实现经济效率。因此，企业平均成本最低时的产量就是企业的适度规模。企业只有根据这一原则确定产量才能成功。中国台湾企业家王永庆经营台塑成功的经验证明了这一点。

台塑是王永庆成功经营的第一个大企业，这个企业生产聚氯乙烯（PVC）塑胶粉。开始时，该企业规模仅为月产量100吨，尽管产量低，仍供大于求，台湾的需求量仅为每月20吨。产量低，平均成本无法实现最低，价格降不下来，中国台湾仅有的20吨的市场需求也被日本产品占领。扩大产量，产品销路又成问题。王永庆处于两难处境。这时台塑的股东纷纷要求退股，王永庆毅然卖掉自己的大部分企业，买断了台塑的产权，独资经营。

王永庆知道，企业困难的关键在于产量上不去，平均成本降不下来。如果只考虑需求，减少产量，平均成本更高，更缺乏市场竞争力。因此，扩大产量使平均成本降到最低是转败为胜的关键。于是，他决定把产量扩大到平均成本最低的月产 1 200 吨。这时平均成本达到最低，而且，由于当时台湾是当时世界烧碱的主要生产基地之一，生产烧碱中被弃置不用的氯气可用于生产 PVC。这样，在实现了最低成本时，其货币成本还低于世界其他厂家。有了这种优势就可以打入世界市场。最终，王永庆成功了。

王永庆的成功说明，在确定企业规模时一定要达到平均成本最低的产量，即实现规模经济。

任务四 收益与利润最大化分析

厂商进行生产的目的是实现利润最大化，那么，在什么情况下才能实现利润最大化呢？这就需要对收益与利润进行分析。

一、收益分析

收益是指厂商出售产品时所得到的收入。它一般可分为总收益、平均收益和边际收益，可分别用 TR、AR 和 MR 表示。

总收益（TR）是指厂商出售一定量产品所获得的全部收益。平均收益（AR）是指厂商在平均每一单位产品销售上所获得的收益，即 $AR=TR/Q$，其中 Q 为销售量。边际收益（MR）指厂商每增加一单位产品的销售时所获得的收益增量，即 $MR=\Delta TR/\Delta Q$，ΔTR 为总收益的增量，ΔQ 为增加的销售量。

可见，三种收益的关系为

$$TR=AR \cdot Q$$

$$AR=TR/Q$$

$$MR=\Delta TR/\Delta Q$$

从上述总收益、平均收益和边际收益的定义出发，如果厂商能够顺利地出售自己的全部产品，这时的产量就是成交额，就是销售量。当然，收益就是产量和售价的乘积。从上一章已知，总产量（TP）、平均产量（AP）和边际产量（MP）是以实物计量的产量形式，如果产品的售价为 P，那么，以价值形式对应的总收益、平均收益和边际收益就可以表示为

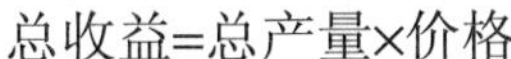

总收益=总产量×价格

即 $$TR=TP \cdot P$$

平均收益=平均产量×价格

即 $$AR=AP \cdot P$$

边际收益=边际产量×价格

即 $$MR=MP \cdot P$$

这表明，TR、AR 和 MR 是作为 TP、AP 和 MP 三个实物量的货币表现形式。在实际经济活动中，厂商更关心的不是实物形式的产量，而是以货币形式实现的收益。

二、利润分析

（一）利润

这里所分析的利润是指超额利润或经济利润，是指总收益与总成本之间的差额。如果以 π 代表利润，TR 代表总收益，TC 代表总成本，则公式为

利润=总收益−总成本

即 $$\pi=TR-TC$$

如果 $TR>TC$，则 $\pi>0$，厂商获得超额利润；如果 $TR=TC$，则 $\pi=0$。厂商获得正常利润，各项生产要素都获得了各自应得的报酬；如果 $TR<TC$，则 $\pi<0$，厂商发生亏损。由于总收益（TR）和总成本（TC）都是产销量的函数，利润（π）自然也是产销量的函数，则上式可写成

$$\pi=\pi(Q)=R(Q)-C(Q)$$

要想实现利润最大，就必须使 $R(Q)$ 与 $C(Q)$ 之差最大，也就是要求出利润函数的极大值。

（二）利润最大化原则

利润最大化的原则是：在其他条件不变的情况下，厂商应该选择最佳的产量，使得最后一单位产量所带来的边际收益等于所付出的边际成本。也可以简单地说是边际收益等于边际成本，即 MR=MC。

为什么只有当 MR=MC 时，厂商才能实现最大的利润呢？

如果 MR>MC，表明厂商每多生产一单位产品所增加的收益大于生产这一单位产品所增加的成本。这时，厂商还没有得到其所能得到的全部利润，还没有达到利润最大化。

如果 MR<MC，表明厂商每多生产一单位产品所增加的收益小于生产这一单位产品所增加的成本。这对厂商来说造成了收益或利润的流失，也没有达到利润最大化。

所以，无论厂商增加产量，还是减少产量，厂商必须要寻找一个最佳产量。在这个产量点上，他既能得到由产量变动可能带来的总利润增加的全部好处，又能避免由产量变动可能带来的总利润减少的全部损失。这个最佳的产量点，必然只能是 MR=MC 的均衡点。所以，MR=MC 是厂商实现利润最大化的均衡条件。厂商根据这一条件来确定自己的产量。

也可用表 5-2，说明利润最大化的原则是边际收益等于边际成本。

表 5-2 边际收益与边际成本实例表

产量	总收益	总成本	边际收益	边际成本	超额利润
0	0	50	0	0	−50
1	300	400	300	350	−100
2	575	575	275	175	0
3	825	700	250	125	125
4	1 050	835	225	135	215
5	1 250	985	200	150	265
6	1 425	1 160	175	175	265
7	1 575	1 370	150	210	205
8	1700	1 700	125	330	0
9	1 800	2 180	100	480	−380

从表 5-2 中可以看到，在第 5、第 6 单位产量之间利润最大（265），这时，边际成本恰好等于边际收益。可见，边际成本等于边际收益时的产量，也是实现最大利润时的产量。低于第 5、第 6 单位的产量时，边际收益大于边际成本。这说明增加一个产品所获得的收益比为此消耗的成本要大，还有潜在的利润没有得到，因此厂商将会继续扩大生产。但如果产量高于第 5、第 6 单位时，边际收益小于边际成本，即最后增加的一个产品所获得的收益不如为生产这一产品消耗的成本大，说明厂商得不偿失，于是厂商便会缩减生产，直到生产第 5、第 6 单位的产量时为止，这时边际收益和边际成本相等，利润最大。

然而，现实中的市场结构是不同的。在不同的市场条件下，收益变动的规律不同，厂商对最大利润的追求就会受到不同市场条件的限制。

本章小结

经济学中的成本是企业进行生产活动所使用的生产要素的价格，或生产要素的所有者必须得到的报酬或补偿。经济分析中的成本和财务会计分析中的成本含义并不完全相同。会计成本是指企业生产过程中按市场价格直接支付的一切费用，这些费用一般都可以通过会计账目反映出来；而经济分析中所使用的成本，是指企业为从事生产所投入的全部要素的成本。

成本函数反映了企业的成本与其所生产的产品产量之间的相互关系，厂商的成本函数分为短期成本函数和长期成本函数。短期成本包括短期总成本、短期平均成本、短期边际成本、平均固定成本和平均可变成本。长期成本包括长期总成本、长期平均成本和长期边际成本。

收益函数反映了各种价格条件下企业的收益与其所生产的产品产量之间的关系。收益也分为总收益、平均收益和边际收益。

企业生产所追求的利润即经济利润（也叫超额利润）是指成本和收益之间的差额。利润最大化的基本条件是边际收益等于边际成本。

案例分析

“无花边费用”业务模式

廉价航空公司 1978 年诞生于美国，美国西南航空公司首创了廉价航空公司的“无花边费用”业务模式。所谓“无花边费用”就是指在航空服务中剔除了免费提供餐点等服务，从而节省了餐点成本和航空乘务员的人力成本。而在航线安排上，廉价航空公司则主要从事航程在 3 个小时以内的国内航线上的旅客运输服务，而且仅使用同种机型，如澳大利亚廉价航空公司 Virgin Blue 使用的飞机就全部是波音 737 系列机型，这样航空公司用于航行的投资和飞行员培训的费用就随之大大降低。

电话和网上订票也是廉价航空公司降低成本的法宝。Virgin Blue 约 85%的售票是通过呼叫中心或互联网完成的。有数字显示，分销或票务成本通常占航空公司预算的 15%～17%，如果乘客都采取在网上订票，则每名乘客的购票成本将仅是原来的 1/10。

通过在每个甚至很细微的环节上节约成本，廉价航空公司的票价往往只有同航线一般票价的一半；在某个特别优惠日，其最低票价甚至仅为主流航空公司票价的五分之一。在这个价格主导大众消费的市场环境里，这种低票价无疑对大多数消费者有着巨大的吸引力。

而今天，廉价航空公司也似乎成了航空业“低成本、高利润”的代名词。就在航空业最黑暗的 2002 年，Jet Blue 和西南航空等美国廉价航空公司以及瑞安和易捷等欧洲廉价航空公司的规模却迅速扩大，Jet Blue 在当年大举订购了 100 架空中客车飞机，而瑞安和易捷则订购了 120 架。

案例评析：我们知道，企业的经营是以利润最大化为目标的，利润等于收入减去成本，企业要想扩大利润，除了尽可能扩大销售增加收入之外，还可以想办法降低成本，在短期内成本又可以分为固定成本和变动成本。对于航空公司而言，航线一旦确定，短期内其固定成本是不变的，可变的是那些变动成本，如餐点成本、票务成本等。而廉价航空公司正是通过努力降低这些花边费用（变动成本），来降低其总成本，提高利润的。

试分析：廉价航空公司是如何降低成本的？

思考与练习

一、名词解释

会计成本　机会成本　社会成本　长期成本

二、单项选择题

1. 边际成本与平均成本的关系是（　　）。
   A. 边际成本大于平均成本，边际成本下降
   B. 边际成本小于平均成本，边际成本下降
   C. 边际成本大于平均成本，平均成本上升
   D. 边际成本小于平均成本，平均成本上升
2. 随着产量的增加，固定成本（　　）。
   A. 增加　B. 不变　C. 减少　D. 先增后减
3. 边际成本曲线与平均成本曲线的相交点是（　　）。
   A. 边际成本曲线的最低点　B. 平均成本曲线的最低点
   C. 平均成本曲线下降阶段的任何一点　D. 边际成本曲线的最高点
4. 固定成本是指（　　）。
   A. 厂商在短期内必须支付的不能调整的生产要素的费用
   B. 厂商要增加产量所要增加的费用
   C. 厂商购进生产要素时所要支付的费用
   D. 厂商在短期内必须支付的可能调整的生产要素的费用
5. 收益是指（　　）。
   A. 成本加利润　B. 成本　C. 利润　D. 利润减成本

三、判断题

1. 长期平均成本曲线一定是短期平均成本曲线最低点的连接。（　　）
2. 厂商增加一单位产量时所增加的变动成本就是平均成本。（　　）
3. 短期总成本曲线与长期总成本曲线都是从原点出发向右上方倾斜的一条曲线。（　　）
4. 经济学中的长期和短期的划分是依据具体时间的长短划分的。（　　）
5. 利润最大化的原则是边际收益等于边际成本。（　　）

四、问答题

1. 经济学分析中的短期与长期的含义是什么？
2. 短期成本的种类有哪些？

3. 短期边际成本的变动规律是什么？它与短期平均成本的关系如何？
4. 长期平均成本曲线是如何构成的？其特征是什么？
5. 利润最大化的原则是什么？为什么？

技能训练

1. 联系现实分析门庭冷落的保龄球场为什么不停止营业？
2. 算算你上大学的求学成本。

实训项目

以前你一直为一家软件开发企业工作，年薪 35 000 元。现在你决定自己开一家公司，于是你辞去了工作，并动用自己的银行存款 10 000 元（利息为 5%），购买了最新的计算机硬件用于业务发展。同时，你租了一个地下室改为新软件公司的办公场所，该地下室每个月的租金是 250 元。

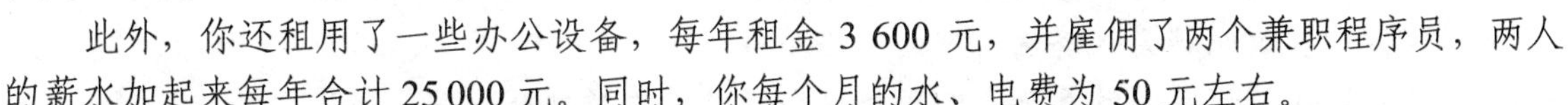

此外，你还租用了一些办公设备，每年租金 3 600 元，并雇佣了两个兼职程序员，两人的薪水加起来每年合计 25 000 元。同时，你每个月的水、电费为 50 元左右。

（1）新生意每年的总显性成本是多少？

（2）每年的总隐性成本是多少？

（3）第一年年底时，你的会计人员告诉你总销售额为 55 000 元，并向你恭喜获得了赢利。请问，他的恭喜是否有保证？为什么？

项目六

认知市场结构理论——确定企业决策

知识目标

1. 掌握不同市场类型的含义、特征、短期均衡与长期均衡的条件。
2. 了解各市场的利弊，各市场达到均衡的利润状况。
3. 明确市场结构与企业行为的关系。

能力目标

1. 学会在不同的市场上如何进行产量与价格决策。
2. 以“囚徒困境”为例分析寡头垄断市场的价格与产量决策的特点。
3. 联系现实说明社会经济生活中的价格歧视。
4. 联系现实谈谈我国的寡头垄断市场、垄断竞争市场现状。

项目导入

保暖内衣的冷与热

1996 年，酷爱发明的俞兆林先生发明了导湿保暖复合线，并将这一发明利用在内衣上，从此服饰领域多了“保暖内衣”这一新概念。“保暖内衣”这个服装领域的新宠物，一时间成为了人们谈论冬季保暖话题的流行词。1999 年更是成为市场追捧的对象，各种保暖内衣市场可谓是炙手可热、尽占春色。于是乎，这一新生行业由 1999 年只有几十家的基础上，在 2000 年猛增至 500 家，总销量由 1999 年的不足 700 万套，于 2000 年度上升至 3 000 多万套！甚至是鱼龙混杂、泥沙俱下。同时，伴随激烈竞争而推出的各种行销手段更是层出不穷。有报道说：“南极人”送袜，“南极棉”送被，“白熊”保暖内衣卖最低价，“俞兆林”买两套送一套、买一套送单件、买单件送手套等等；各种广告宣传更是充斥大街小巷、报端电视。而当行业内厂商激战正酣，市场上消费者、行业管理人士的反映又怎样呢?根据市场调查发现,尽管价格较 1999 年已有明显下降,但 2000 年度市场反映仍十分冷淡，1999 年度那种排长队提货的情景没有了，而产品专卖区更是十分萧条，有营业员说，与 1999 年的火爆场面相比，这里常常是数十分钟无人光顾。

项目思考

保暖内衣何以出现如此“冰火两重天”的局面?

一个小农场和一个大汽车制造厂所面临的市场是不同的。在农产品市场上，一个小农场

面临着和其他无数小农场的激烈竞争；而一个大汽车制造厂则面临着和它相似的几个汽车制造厂的竞争。每个企业都面临着不同的市场。在分析市场结构时，市场就是行业，一个行业就是一个市场。按照行业的市场集中程度、行业的进入限制和产品的差别大小可以划分出不同竞争程度和垄断程度的市场结构。现实中的市场结构分为完全竞争市场、垄断竞争市场、寡头垄断市场和完全垄断市场四种类型。

任务一　认知市场结构类型

在分析市场结构时，市场就是行业，一个行业就是一个市场。例如，汽车行业就是汽车市场，服装行业就是服装市场。市场结构是指市场的垄断与竞争程度。不同企业处于不同的市场，其竞争目标与手段都不同。所以，市场结构对企业竞争战略影响重大。要了解市场结构，首先应了解划分市场结构的标准。

一、划分市场结构的标准

各个市场的竞争与垄断程度的不同形成了不同的市场结构。可以根据三个标准来划分市场结构。

1. 市场集中程度

市场集中程度是指大企业在市场上的控制程度，用市场占有份额来表示。一个行业，企业越大，企业的数量越少，大企业的市场占有份额越大，大企业对市场控制程度越高，即市场集中度越高，这个市场的垄断程度就越高。反之，一个行业，企业规模越小，企业的数量越多，即使找出几个较大的企业，市场占有份额也不大，这些企业对市场控制程度低，即市场集中程度越低，这个市场的竞争程度就越高。

2. 进入限制

一个行业的进入门槛越低，即进入限制越低，企业越容易进入，从而竞争程度越高。反之，一个行业进入门槛越高，即进入限制越高，企业进入越困难，从而垄断程度越高。进入限制来自自然原因和立法原因。自然原因是指资源控制与规模经济。如果某个企业控制了某个行业的关键资源，其他企业得不到这种资源，就无法进入该行业。在一些行业中，规模经济特别重要，只要有几个这样的企业就可以满足整个市场的需求。其他企业进入这个行业很不容易，从而进入的限制很高。立法原因是法律限制进入某些行业。这种立法限制主要采取三种形式。①特许经营。政府通过立法把某个行业的经营权交给某个企业，其他企业不得从事这个行业。例如，许多国家的邮政由国家邮政局独家特许经营。②许可证制度。有一些行业由政府发放许可证，企业没有许可证不得进入该行业，这就增加了进入的难度。例如，许多国家中医生要有行医执照，从而使这一行业不易进入。③专利制。专利是给予某种产品在一定时期内的排他性垄断权，其他企业不得从事这种产品的生产，也就无法进入该行业。

3. 产品差别

产品差别是同一种产品在质量、牌号、形式、包装等方面的差别。一种产品不仅要满足人们的实际需要，还要满足人们的心理需要。每一个人由于收入水平、社会地位、文化教育、宗教信仰、历史传统不同，偏好也不同。他们对同一种产品的细微差别都有一定要求。例如，同样的西装有不同的档次和品牌。有人要求穿名牌的西装，以显示自己的社会地位，他们也愿意为此而付出较高的价格。

产品差别是为了满足消费者的不同偏好。每种有差别的产品都以自己的某些特色吸引消费者。这样，有特色的产品就在喜爱这一特色的消费者中形成了自己的垄断地位。正是在这种意义上，经济学家认为，产品差别引起垄断。产品差别越大，垄断程度越高；产品差别越小，竞争程度越高。

综合这三个标准来判断一个市场的垄断与竞争程度，从而确定其市场结构。

二、市场结构的类型

市场可按不同方法分类，西方的经济学家通常按照竞争程度这一标准，从厂商数目、产品差别程度、厂商进入市场的难易程度等这些方面将市场分为完全竞争市场、垄断竞争市场、寡头垄断市场和完全垄断市场。完全垄断市场和完全竞争市场是两个极端。而垄断竞争市场和寡头垄断市场是介于这两种极端之间的状态，是竞争和垄断不同程度的结合。这四种类型主要说明不同类型市场结构条件下商品价格、产量的决定和收益规律，以及不同市场上的资源配置效率。这四种类型的市场和厂商的特点可列表如下（见表6-1）。

表6-1 市场类型及分类

市场结构类型	厂商数目	产品差别程度	个别厂商控制价格程度	厂商进入产业难易	现实生活中接近的行业
完全竞争	很多	无差别	没有	完全自由	农业
垄断竞争	较多	有些差别	较低	比较自由	零售业
寡头垄断	几个	有或没有差别	较高	困难	汽车制造业
完全垄断	一个	唯一产品无替代品	很大，但常受政府管制	不能	公用事业

三、市场结构与企业行为的关系

企业以利润最大化为目标来确定自己的价格与产量。不同市场结构的企业在确定自己的价格与产量以及竞争目标时，要实现的具体目标和所用的手段是不同的。

不同的市场结构类型决定着企业的不同竞争目标。企业的目标是利润最大化。但在不同的市场上，利润最大化的形式并不相同。在完全竞争的市场上，竞争的最终结果是价格等于平均成本。由于每家企业规模太小，不能通过改变自己的产量来影响市场价格，而且，由于企业数量太多也不可能形成勾结，所以，只能在市场价格为既定时决定产量以及进入或退出。从全行业来看，利润最大化时经济利润为零。但价格与平均成本相等时，平均成本是整个行业的平均成本。如果一家企业效率高，成本低于行业平均成本，则市场价格等于行业平均成本时，成本低于行业成本的企业可以获得利润。因此，实现利润最大化就在于提高企业内部的效率，降低成本。

在垄断竞争市场上，企业可以以自己的产品差别形成垄断地位，从而确定高价格，实现利润最大化。在寡头市场上，如果产品无差别，寡头之间激烈竞争的结果是整个行业的价格下降，这使得这些行业成为微利行业，只能通过大量生产来实现利润最大化。而在垄断市场上，企业可以根据市场需求，高价少销实现利润最大化，也可以低价多销实现利润最大化。

垄断企业是市场价格的决定者，可以在这两种目标中任选其一。

不同的市场结构，企业所用的竞争手段是不同的。在垄断竞争市场上，竞争的重要手段是创造产品差别，使自己的产品不同于其他同类产品。在寡头市场上价格竞争十分重要，在垄断市场上关键在于如何定价，因此在不同的市场结构中运用不同的手段才能成功。

市场理论就是要分析不同的市场结构，是企业进行成功的营销策划和确定竞争战略的理论基础。在经济学中，厂商均衡理论是相当复杂的，包括分析整个行业产量与价格决定的集体均衡以及分析个别企业产量与价格决定的单个均衡。本章主要介绍单个均衡。

案例研究

德比尔斯公司为什么做广告

一般根据三条标准把市场结构分为四种类型，但这仅仅是基本的市场结构类型。在现实中，有的市场介于两种市场结构之间，有的市场即使属于某种市场结构，也有相当大的差异。企业根据市场结构决定自己的竞争战略时，要特别注意这种特殊性。我们用德比尔斯公司的例子来说明这一点。

德比尔斯公司控制了全世界钻石矿的80%以上（其他不足20%的部分，分散在斯里兰卡和俄罗斯，形不成规模），凭借这种资源优势，该公司成为世界钻石市场的垄断者。我们知道，垄断者成功的关键在于寻找一种正确的定价原则。由于该市场上只有德比尔斯这家企业，因此不用做广告，即不用通过广告来介绍和创造自己的产品特色。但德比尔斯公司每年都要花费巨资在各国做广告。它的广告词“钻石恒久远，一颗永流传”已经家喻户晓。作为垄断者的德比尔斯公司为什么还要做广告呢？

形成垄断的条件一是进入限制，即其他企业无法进入该行业；二是没有相近替代品。如果没有第一个条件就不能形为垄断，但没有第二个条件，垄断只是一种无保障的垄断——垄断地位随时可以被替代品打破。钻石的替代品是宝石，作为装饰品，钻石与宝石有相当大的替代性。如果宝石可以替代钻石。德比尔斯的垄断地位就被打破了。那么，宝石能否代替钻石呢？这就取决于消费者的偏好。

如果消费者认为，钻石和宝石作为装饰品是相同的，钻石和宝石就可以互相代替，这时，德比尔斯公司的垄断地位就不存在了。在装饰品市场上，德比尔斯公司只是一个寡头，要与其他经营宝石的公司进行竞争。如果消费者认为，钻石和宝石不能互相替代，德比尔斯公司就可以保持其垄断地位，无保障的垄断就能成为有保障的垄断。

广告是影响消费者偏好的重要因素。消费者容易受广告的影响而形成自己的偏好。无论广告说的是对还是不对，“狂轰滥炸”、持之以恒的广告还是能左右消费者的偏好的。德比尔斯公司做广告的目的正是让消费者认识到：宝石不能代替钻石——因为只有钻石才有“永恒”的含义，人们都追求婚姻的完满，始终只有送钻戒才最吉祥。如果消费者接受了这种宣传，德比尔斯公司的垄断就有保障了。

从实际情况来看，德比尔斯公司的这个广告是成功的。因为它在展销会上对自己的钻石实行一口价，不许讨价还价。这显然是垄断者的做派。

任务二 认知完全竞争市场

一、完全竞争市场的含义和特征

完全竞争市场也称为纯粹竞争市场，指的是一种不存在丝毫垄断因素，竞争可以充分展开，市场机制在资源配置方面的作用不受到任何阻碍和干扰的市场结构。

完全竞争市场的特征是：

1．在同一个市场中有无数的生产者和消费者

这些生产者和消费者的规模都很小，他们中任何一员的销售量或购买量在整个市场上都只占很小的比例，从而也就无法通过自己的买卖行为来影响市场价格。市场价格是由整个市场的供求关系决定的，每个生产者和消费者都只能是市场既定价格的接受者，而不是这一价格的决定者。他们可以按照既定的价格卖出或者买进任何数量的商品，而不会对市场价格产生任何的影响。

2．市场上的产品都是无差别的、同质的产品

这里所说的“同质”，不仅指商品的质量完全一致，还包括在销售条件、商标、装潢、服务等方面是完全相同的。因此，对消费者来说，购买哪一个厂商的产品都没有区别，而如果某一厂商提高产品价格，所有的顾客都会转而购买其他厂商的产品。当然，单个厂商也没必要降价。因为，在一般情况下，单个厂商总是可以按照既定的市场价格实现属于自己的那一份相对来说很小的销售份额。

3．买卖双方具有完全信息

这是指市场中的每一个生产者或消费者都掌握着与自己的经济决策有关的商品和市场的全部信息。这样，市场上每一个消费者或生产者都可以根据自己所掌握的完全信息，确定最优购买数量或最优生产数量，从而获得最大的经济利益。而且这样也排除了由于市场信息不通畅而可能产生的一个市场同时存在几种价格的情况。消费者不会以高于市场价格的价格购买，生产者也不会以低于市场价格的价格销售。

4．厂商可以自由地进入或退出该行业或市场

这意味着所有的资源都可以在各行业之间自由流动。厂商总是可以及时地向获利行业转移，并及时退出亏损的行业，不存在法律、政策或资金的障碍。在这样的过程中，缺乏效率的企业会被市场淘汰，取而代之的是具有效率的企业。

显然，由于这些假设条件十分严格，经济学家认为，同时具备这四个条件的完全竞争市场在现实世界中并不存在，完全竞争市场只是一种理论上的理想市场。有些农产品市场或证券市场被认为比较接近典型的完全竞争市场。经济学家们认为，完全竞争市场作为一种比较纯粹意义上的市场，把对它的分析作为市场理论的主要内容，以提出一种比较理想的市场模式来与现实相比较、对照，会有助于发现现实中的问题，也有助于构建促进市场向更为完善的方向发展的理论和政策。

现实中，接近这些条件的市场是农产品市场。因为农产品是由众多农户提供的，消费者也很多，农产品基本属于无差别产品，厂商可以自由进入或退出该行业。当然，随着农业科技的不断提升，产品间的差异化程度不断增加，加上不同人群的消费偏好不同，农产品的市场结构也会发生变化。

二、完全竞争市场的需求曲线和收益曲线

（一）厂商的需求曲线

当市场价格确定之后，厂商面对的价格是既定的，其产量变动不会影响市场价格，而市场对个别厂商产品的需求是无限的。因此，市场对个别厂商产品的需求曲线是一条由既定市场价格出发的平行线。在图 6-1a 中，曲线 D 是一条完全竞争市场上的需求曲线，向右下方倾斜，表示市场上的商品需求量与价格呈反方向变动。曲线 S 是一条完全竞争市场上的供给曲线，向右上方倾斜，表示市场上的商品需求量与价格呈同方向变动。图中的 P_0 是市场需求曲线 D 与市场供给曲线 S 相交所决定的均衡价格，也就是能使供给量与需求量恰好相等的成交价格。

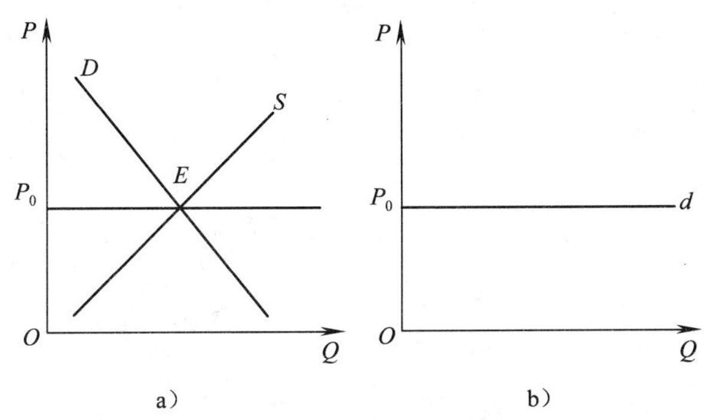

图 6-1　行业需求曲线与单个厂商需求曲线

a）行业需求曲线　b）单个厂商需求曲线

图 6-1b 中的曲线 d 是厂商的需求曲线，它是相对于市场需求曲线 D 和市场供给曲线 S 的相交点 E 所决定的均衡价格 P_0 而言的。如果图 6-1a 中供给曲线 S 的位置发生平移，就会与原有的需求曲线 D 形成新的市场均衡价格，相应地在图 6-1b 中就会有另一条从新的均衡价格水平出发的水平的厂商需求曲线。这条曲线表示在完全竞争市场上单个厂商只能被动地接受市场价格，而且，在每一个既定的价格水平，相对于市场上大量的消费者来说，单个厂商总是可以把它的任何数量的商品卖出去，即在既定的价格之下，市场对个别厂商产品的需求是无限的。

（二）厂商的收益曲线

在完全竞争市场中，因为产品同质，单个厂商是市场价格的接受者，他只能在既定的市场价格下改变产品的供给量。无论决定生产多少，产品的价格是相同的，既没必要降价，也不能提价。因此单个厂商面对的总收益曲线为一条从原点出发向右上方倾斜的直线，可通过表 6-2 和图 6-2 来说明。

表 6-2　完全竞争市场中某厂商的收益

价格 P	销售量 Q	总收益 $TR=P\cdot Q$	平均收益 $AR=TR/Q$	边际收益 $MR=\frac{\Delta TR}{\Delta Q}$
2	100	200	2	2
2	200	400	2	2
2	300	600	2	2
2	400	800	2	2
2	500	1 000	2	2

总收益是厂商出售一定数量产品获得的全部收入。如果用 TR 代表总收益，P 代表产品价格，Q 代表个别厂商的产品销售量，则 TR=$P \cdot Q$。

在完全竞争条件下，厂商每增加一个单位的销售量引起的总收益（TR）的增加量（ΔTR）总是等于固定不变的单位产品的卖价 P，即ΔTR=P，所以总收益曲线是从原点出发的一条直线，其斜率为固定不变的销售价格，如图 6-2a 所示的 TR 曲线。P 为 TR 曲线的固定斜率。平均收益是指总收益除以销售数量所得的收益，即销售一定量产品时，平均每一单位产品所得到的收益，它实际上也就是销售任一数量产品时每单位产品的出售价格，平均收益 AR=TR/Q=$P \cdot Q/Q$=P。所以厂商的平均收益曲线在任何市场条件下可以由它的产品需求曲线来表示。由于在完全竞争市场上，厂商的产品需求曲线是一条水平直线，所以厂商的平均收益曲线也是一条水平直线，如图 6-2b 所示。

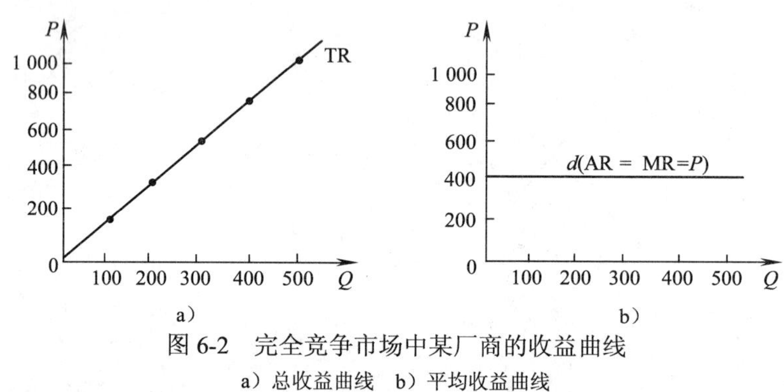

图 6-2 完全竞争市场中某厂商的收益曲线

a）总收益曲线 b）平均收益曲线

边际收益是指增加一个单位的销售量所引起的总收益的增加，边际收益 MR=ΔTR/ΔQ。在完全竞争条件下，由于不管销售量怎样增加，单位产品的出售价格始终不变（需求曲线是水平直线），因而每一单位产品的边际收益始终等于固定不变的销售价格，并等于平均收益，即 MR=P=AR。可以看出，在完全竞争市场条件下，厂商的出售价格、平均收益和边际收益都是相等的，所以平均收益曲线、边际收益曲线与需求曲线都是同一条线。这条需求曲线的需求价格弹性系数为无限大，即在市场价格既定时，对个别厂商产品的需求是无限的。

三、完全竞争市场上厂商的短期均衡

在短期内，在其他条件不变的前提下，厂商应该选择最优的产量，使得边际收益等于边际成本，即 MR=MC。在完全竞争市场上，厂商面对的产品价格和生产规模都是给定的，厂商只有通过对产量的调整来实现利润最大化的均衡条件（MR=MC）。

完全竞争市场中厂商的短期均衡可分为五种情况：

1. 厂商有超额利润，可用图 6-3 来说明

在图 6-3 中，市场价格为 OP_1，对个别厂商来说，需求曲线 d_1 是从 P_1 引出的一条平行直线。这条需求曲线同时也是平均收益曲线与边际收益曲线。厂商为了实现利润最大化就要使边际收益等于边际成本。

因此，边际收益在短期边际成本高于短期平均成本之处与边际成本相等，即边际收益曲线（MR）在短期边际成本曲线（SMC）高于短期平均成本曲线（SAC）最低点的地方与短期边际成本曲线（SMC）相交。

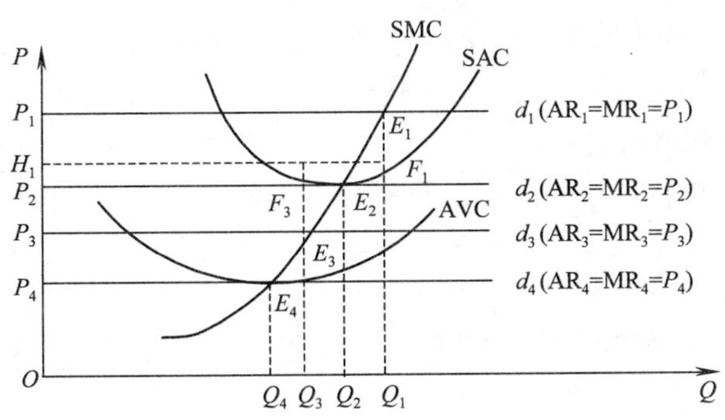

图 6-3 完全竞争市场中厂商的短期均衡

MR_1 与 SMC 相交于 E_1 点，E_1 点确定的均衡产量为 OQ_1，此时平均成本为 F_1Q_1，平均收益为 E_1Q_1，因而总成本（平均成本乘以产量）为 $H_1OQ_1F_1$ 的面积，总收益（平均收益乘以产量）为 $P_1OQ_1E_1$ 的面积，显然总收益大于总成本，$P_1H_1F_1E_1$ 的面积为超额利润部分，这说明厂商不仅保障了正常利润，而且还获得了超额利润（经济利润）。这时势必会吸引新厂商加入或者原有厂商扩大自己的生产规模。

2．厂商的超额利润为零，但获得全部的正常利润

图 6-3 中，市场价格为 OP_2，厂商的需求曲线同时也是平均收益或边际收益曲线，都是从 P_2 引出的一条平行线，并且与短期平均成本曲线相切于短期边际成本曲线和短期平均成本的交点 E_2（E_2 是短期平均成本的最低点），所以边际收益在短期边际成本和短期平均成本相等时与边际成本相等。即边际收益曲线相切于短期平均成本曲线和短期边际成本曲线的交点（平均成本曲线的最低点）。

MR_2 与 MC 相交于 E_2 点，E_2 点确定的均衡产量为 OQ_2，此时平均成本为 E_2Q_2，平均收益也为 E_2Q_2，因此，总成本和总收益都是 $P_2OQ_2E_2$ 的面积，厂商既没有亏损又没有超额利润，不亏不赚，收支相抵，只能获得全部正常利润（因为正常利润包含在成本之中）。

3．厂商亏损，但继续生产

图 6-3 中，市场价格为 OP_3，这时厂商仍然按照利润最大化原则来确定产量，即这时的产量仍由边际收益曲线与边际成本曲线的交点决定。所以在这种情况下，边际收益在短期边际成本低于短期平均成本之处与边际成本相等。即边际收益曲线（MR_3）在短期边际成本曲线（SMC）低于短期平均成本曲线（SAC）的地方与边际成本曲线相交，其交点为 E_3，E_3 点决定的均衡产量为 OQ_3。此时的平均成本为 F_3Q_3，平均收益为 E_3Q_3，平均成本大于平均收益，总成本也大于总收益，多出的部分是收益无法弥补的成本部分，这说明厂商的全部收益在弥补了全部可变成本后，只能弥补一部分固定成本。

4．厂商亏损，处于生产与不生产的临界点，即停止营业点

在图 6-3 中，市场价格为 OP_4，厂商存在亏损。这时，厂商是否继续生产取决于平均可变成本（AVC）的状况。价格 OP_4 所决定的需求曲线 d_4 与 AVC 相交于 E_4 点，该点就是停止营业点。也就是说，在价格降为 OP_4 时，所得到的收益（MR_4）正好抵偿平均可变成本。因为短期中固定成本是不变的，无论是否生产都要支出，所以，只要收益可以弥补可变成本，厂商就要生产。但如果价格低于 OP_4，厂商不但弥补不了固定成本，就连可变成本也无法弥补，此时厂商也就无法再生产。所以，平均可变成本的最低点 E_4 被称为停止营业点。在这一点上，平均可变成本等于价格水平，也等于边际成本。因此，当 AR=AVC 时，厂商处于生产与不生产的临界点。

5．AR＜AVC，厂商亏损，停业

在图 6-3 中，市场价格低于 OP_4 时，厂商绝对亏损。因为，在价格为 OP_4 时，厂商所得到的收益正好抵偿平均可变成本，厂商还可以再生产；而当价格低于 OP_4 时，厂商的需求线就会低于平均可变成本线而与短期边际成本线相交。这时，厂商的收益不能抵偿平均可变成本。此时，厂商的全部收益连可变成本都无法全部弥补，就更谈不上对固定成本的弥补了，所以厂商必须停止生产。

总之，在短期内，由于其他厂商来不及进入该行业，现有厂商也来不及调整生产规模或退出该行业，因此，完全竞争市场上的厂商将在短期高于停止生产点的任何价格水平上达到其产量均衡，它可能是盈利条件下的均衡，也可能是亏损条件下的均衡。

在短期内，厂商均衡的条件是边际收益等于边际成本，即 MR=MC（SMC）。这就是说，个别厂商是从自己利润最大化的角度来决定产量的，而在 MR=MC（SMC）时就实现了这一原则。

四、完全竞争市场上厂商的长期均衡

厂商的长期均衡就是指在长期中各个厂商都可以根据市场价格来调整全部生产要素和生产，也可以自由进入或退出该行业，最终使整个行业的供求均衡，各个厂商的产量也不再调整，达到各个厂商既无超额利润又无亏损的状态。现以图 6-4 为例来说明厂商的长期均衡。

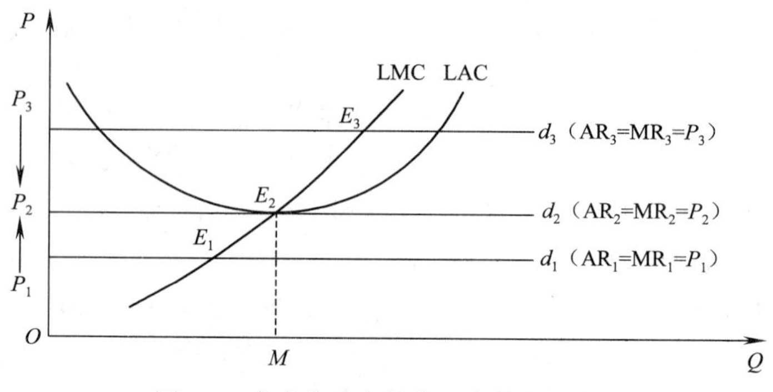

图 6-4 完全竞争市场中厂商的长期均衡

在图 6-4 中，LMC 曲线是长期边际成本曲线，LAC 曲线是长期平均成本曲线。d_3 为短期有超额利润时个别厂商的需求曲线，d_1 为短期有亏损时个别厂商的需求曲线。当有超额利润时会引起整个行业供给增加，从而价格下降，个别厂商的需求曲线 d_3 向下移动。当有亏损时会有厂商减产或退出，会引起整个行业供给减少，从而价格上升，个别厂商的需求曲线 d_1 向上移动。这种调整的结果使需求曲线最终移动到 d_2。这时，边际成本曲线（LMC）与边际收益曲线（MR），即 d_2 相交于 E_2 点，决定了产量为 OM。这样，总收益等于总成本，厂商既无超额利润也无亏损，因此，也就不再调整产量。

由此可见，当长期边际成本曲线（LMC），长期平均成本曲线（LAC）相交于 E_2 点时，实现了长期均衡，所以，厂商的长期均衡实现条件为

$$MR=AR=LMC=LAC$$

五、完全竞争市场的优点和缺点

通过以上的分析可以看出，完全竞争市场既有优点也有缺点。

其优点是在完全竞争条件下经济资源得到了最合理的配置和最有效的利用。具体有以下三点：

（1）通过这种调节实现了社会供给与需求的平衡，从而资源得到了最优配置，生产者的生产不会有不足或过剩，消费者的需求也得到了满足；

（2）通过完全竞争与资源的自由流动，使生产要素的使用效率最高；

（3）通过这种调节实现了平均成本最低，决定了产品的价格也是最低的，对消费者有利。

其缺点在于：

（1）厂商缺乏创新的积极性；

（2）在完全竞争市场上，产品是完全同质无差别的，单调无变化的产品是不能满足消费者的各种不同的需要的；

（3）各厂商的平均成本最低并不一定是社会成本最低；

（4）在现实中完全竞争的情况是很少的，实际上，竞争也必然引起垄断。

政府办鸡场为何以失败而告终？

20 世纪 80 年代，一些城市为了保证居民的菜篮子，由政府出资办了大型养鸡场，但成功者甚少。许多养鸡场最后以破产告终，这其中的原因是多方面的，其中最重要的原因是鸡蛋市场是一个完全竞争市场。完全竞争市场最大的特点是生产者和消费者都是市场价格的被动接受者，生产者除了依靠降低成本获得更多利润外，别无他法。在完全竞争的市场上，政府建立的大型养鸡场并无优势。一般来讲，即使是政府办的养鸡场，其规模也不足以达到能控制市场，只能以平等的身份与那些分散的养鸡专业户或把养鸡作为副业的农民竞争。农户养鸡的固定成本很小，也不向自己支付工资，仅仅只有种鸡和饲料的支出。大型养鸡场由政府出资办，自然是国有企业，固定成本较高，同时具有产权不明晰、缺乏激励机制、效率低的共性。结果，谁能在完全竞争的市场上生存下来是显而易见的。

任务三　认知完全垄断市场

一、完全垄断市场的条件与形成途径

如果一个厂商是某一产品唯一的生产者，而且如果该产品并没有替代品，这个厂商就是垄断者。完全垄断市场是指单个生产者面对众多消费者的市场。

（一）完全垄断市场的含义和条件

完全垄断又称纯粹垄断，它是由一个独家场商控制整个市场的一种极端的市场结构。其形成条件：

（1）存在唯一的厂商。厂商的供给就是市场总供给，厂商面临的需求就是市场总需求。一家厂商构成了一个行业，个别厂商的均衡也就是全行业的均衡。

（2）产品独特且没有十分相近替代品的竞争。

（3）厂商加入或退出该行业都很困难。

（二）垄断市场的形成途径

垄断的基本原因是进入障碍，垄断者能在其市场上保持唯一生产者的地位，是因为其他厂商不能进入该市场并与之竞争。完全垄断市场的形成途径主要有以下四个：

1. 生产要素垄断

某些产品的生产必然使用特定的生产要素，如某些特殊的自然资源或矿藏等。若某一厂商对该生产要素拥有绝对的控制权，就会形成垄断。例如，美国铝业公司长期保持制铝业的完全垄断地位，就是因为它控制了铝土矿。虽然关键资源的排他性所有权是垄断的潜在原因，但实际上垄断很少产生于这种原因。因为现实经济如此巨大，资源往往由许多人拥有，而且，由于许多物品可以在国际上交易，它们的自然市场范围往往会更广泛。因此，拥有没有相近替代品资源的厂商的例子很少。

2. 许可证垄断

政府为了保护公众利益，对某些厂商发放生产经营许可证，使其获得合法的垄断地位。例如，中国政府对烟草实行国家专营，中国烟草总公司是唯一一家能够经营烟草专卖、进出口等业务的公司。烟草专卖制度的确立，使烟草行业从分散管理走向集中管理，从自由发展变成国家垄断经营，对扭转当时烟草行业盲目发展的混乱局面、促进产供销协调发展、改善和提高卷烟产品结构和提高卷烟质量、满足群众消费需求等方面都起了积极作用，尤其是为国家财政积累作出了重大贡献。

3. 专利权的垄断

政府为鼓励发明创造，对某些研究成果给予专利保护，使厂商拥有独家生产权，从而形成垄断。专利和版权法是政府如何为公共利益创造垄断的一个例子。当一个制药公司发明了一种新药时，它就可以向政府申请专利。如果政府认为这种药真正是原创性的，就批准该专利，并给予该公司在20年中排他性地生产并销售这种药的权利。同样，当一个小说家写完一本书时，他可以拥有这本书的版权。版权是一种政府的保证，它保证任何人在没有得到作者同意时就不能印刷并出售该著作。版权使这个小说家成为他的小说销售的一个垄断者。

专利与版权法的影响是容易说明的。由于这些法律使一个生产者成为垄断者，所以，就使价格高于竞争时的价格。但是，通过允许这些垄断生产者收取较高价格并赚取较多利润，这些法律也鼓励了一些合理的行为。允许制药公司成为它们所发明的药物的垄断者是为了鼓励医药研究；允许作者成为销售他们著作的垄断者是为了鼓励他们写出更多更好的书。因此，决定专利和版权的法律既有利益也有成本。专利和版权法的利益是增加了对创造性活动的激励。在某种程度上，这些利益被垄断定价的成本所抵消。

4. 自然垄断

这是由于市场力量自然形成的垄断。在某些行业，若一家厂商平均成本最低点的产量可以满足全部市场需求，新厂商的加入必然因生产要素分散而导致产量减少、成本增加，形成不必要的资源浪费，加重消费者的负担。所以，此类行业的私人垄断往往由政府加以认可，或政府借助于政权进行垄断。属于自然垄断的行业主要有铁路、电力、天然气、自来水、市内公共交通、电话等。

比如为了向镇上居民供水，厂商必须铺设遍及全镇的水管网。如果两家或更多厂商在提供这种服务中竞争，每个厂商都必须支付铺设水管网的固定成本。因此，如果一家厂商为整个市场服务，水的平均总成本就是最低的。当一个厂商是自然垄断时，它很少关心有损于其垄断力量的新进入者。正常情况下，一个厂商如果没有关键资源的所有权或政府保护，要维持垄断地位是不容易的。垄断利润吸引了厂商进入市场，而且，这些进入者使市场更有竞争性。与此相比，进入另一个厂商已有自然垄断权力的市场并没有吸引力。想进入者知道，他们达不到垄断者所享有的同样低成本，因为在进入之后，每个厂商的市场份额都小了。

二、完全垄断市场上的需求曲线、平均收益与边际收益

（一）需求曲线

在完全垄断市场上，因为整个行业只有一家厂商，所以，整个行业的需求曲线也就是一家厂商的需求曲线。这时，个别厂商的需求曲线是一条表明需求量与价格呈反方向变动的向右下方倾斜的曲线。

（二）平均收益与边际收益

在完全垄断市场上，每一单位产品的卖价也就是它的平均收益，因此，平均收益仍等于价格，平均收益曲线就是需求曲线。但是，在完全垄断市场上，边际收益并不等于平均收益。当销售量增加时，产品的价格会下降，从而边际收益减少，这样，平均收益大于边际收益。如前所述，收益变动规律与产量变动规律相同。根据平均产量与边际产量的关系，当平均产量或平均收益下降时，边际产量或边际收益小于平均产量或平均收益。在完全垄断市场上，需求曲线和平均收益曲线向右下方倾斜，即平均收益下降，因此，边际收益一定小于平均收益，而且，随着产量的增加，边际收益会越来越小于平均收益。可用表 6-3 来说明价格、平均收益、边际收益之间的关系。

表 6-3 价格、平均收益与边际收益

产 量	价 格	总 收 益	平 均 收 益	边 际 收 益
1	10	10	10	10
2	9	18	9	8
.3	8	24	8	6
4	7	28	7	4
5	6	30	6	2
6	5	30	5	0

从表 6-3 中可以看出，价格随产量的增加而下降，价格与平均收益相等，但平均收益不等于边际收益。平均收益是不断下降的，因此，边际收益小于平均收益。根据表 6-3 可做出需求曲线、平均收益曲线、边际收益曲线的图形。

在图 6-5 中，*D* 是需求曲线与平均收益曲线，MR 为边际收益曲线。从图中可以看出，需求曲线与平均收益曲线是重合的，是一条向右下方倾斜的线，而边际收益曲线则是向右下方倾斜的线。

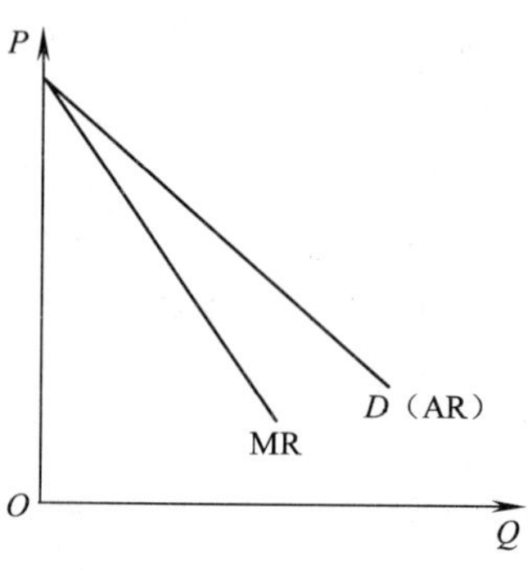

图 6-5 平均收益与边际收益

三、完全垄断市场上厂商的短期均衡

完全垄断市场中，厂商生产的目的是为了追求最大利润，因此，必须遵循利润最大化原则，即在边际收益（MR）和边际成本（MC）相等的条件下确定生产水平，实现生产的均衡。

在完全垄断市场中，短期内的厂商均衡状态可分三种情况，如图 6-6 所示。

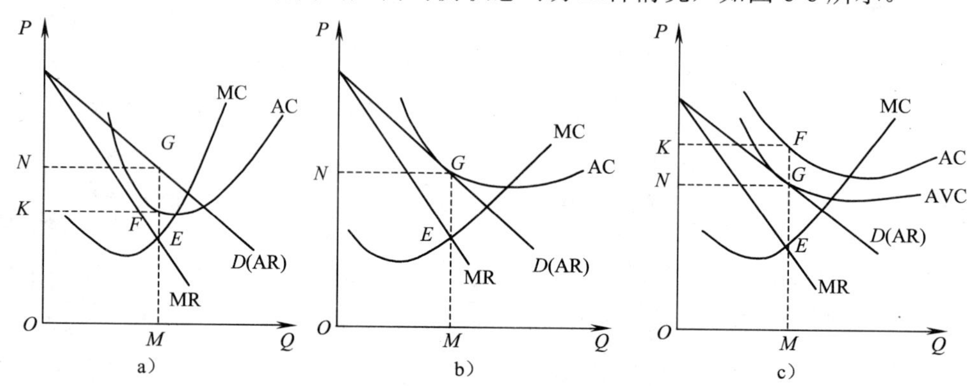

图 6-6 完全垄断市场的短期均衡

a）一般需求 b）需求不足 c）需求很低

第一种情况，在一般需求情况下，厂商在可获得垄断利润下保持生产均衡，可用图 6-6a 来说明。

在图 6-6a 中，产量 *OM* 仍然由边际收益曲线（MR）与边际成本曲线（MC）的交点 *E* 决定，因为垄断厂商为了实现利润最大化，仍然要遵循边际收益等于边际成本的原则。经过 *M* 点垂直于横轴的线就是产量为 *OM* 时的供给曲线，它与需求曲线 *D* 相交于 *G* 点，由此决定了价格水平为 *ON*。与平均成本曲线（AC）相交于 *F* 点，决定了成本水平为 *OK*。这时，总收益为平均收益（或价格）与产量的乘积，即图上的 *NOMG* 的面积，总成本为平均成本与产量的乘积，即图上的 *KOMF* 的面积，显然，总收益大于总成本，*NKFG* 的面积部分为垄断利润。在短期中，由于其他厂商不能进入，垄断厂商将保持其经济利润。

第二种情况，在需求不足的情况下，厂商可能只获得正常利润。可用图 6-6b 来说明。

在图 6-6b 中，边际收益曲线和边际成本曲线相交于 E 点，决定产量为 OM。此时，平均收益曲线和平均成本曲线相切于 G 点，所以这时的平均成本与平均收益相等，从而总收益和总成本都是 $NOMG$ 的面积，不存在垄断利润，但是厂商获得了正常利润。这种情况（AR 曲线和 AC 曲线相切）很偶然，并不是经常的情况。

第三种情况，在需求很低的情况下，厂商有可能得不到正常利润甚至在亏损情况下保持生产均衡。可用图 6-6c 来说明。

在图 6-6c 中，需求曲线（平均收益曲线）在平均成本曲线的下方，表明需求很低。MR 曲线和 MC 曲线的交点 E 决定了均衡产量 OM。这时的平均成本为 MF，平均收益（价格）为 MG，因此总成本为 $KOMF$，总收益为 $NOMG$，显然总收益小于总成本，$KNGF$ 为亏损部分。这种亏损是绝对亏损，厂商连正常利润也无法获得。对垄断厂商来说，短期内可能出现这种情况，但不会长期存在下去，因为厂商经营的目的是要获得最大利润。

由此可见，垄断厂商短期均衡的条件是

$$MR=MC$$

垄断厂商必须按照这一原则进行生产，才能获得最大利润，或使亏损最小。

四、完全垄断市场上厂商的长期均衡

在长期内，垄断厂商可以通过对生产规模的调整来获得比在短期时更好的结果。这时厂商均衡的条件是边际收益与长期边际成本和短期边际成本都相等，即

$$MR=LMC=SMC$$

可用图 6-7 来说明。

在图 6-7 中，当短期平均成本曲线为 SAC_1 时，产量为 SMC_1 与 MR 相交于 E_1 所决定的 OQ_1，价格为 OP_1。在产量为 OQ_1 时，$MR \neq LMC$，即边际收益不等于长期边际成本，所以只是短期均衡，厂商获得的是短期利润。在长期内，厂商通过对生产规模的调整，实现 MR=LMC。假设厂商把生产规模调整为短期平均成本曲线为 SAC_2，这时短期边际成本曲线 SMC_2 与边际收益曲线 MR 相交于 E_2 所决定的产量为 Q_2，价格为 P_2，这时 $MR=LMC=SMC_2$，实现了长期均衡，厂商获得的是长期利润。显然，厂商长期均衡时的利润大于短期均衡时的利润。从图 6-7 中可以看出，在短期中，垄断厂商无法调整全部生产要素，因此不一定能获得经济利润。但在长期中，厂商可以调整全部生产要素，因此可以获得经济利润。这时就存在垄断利润。在长期中，垄断厂商在高价少销与低价多销中进行选择，以便使所达到的产量能实现利润最大化。

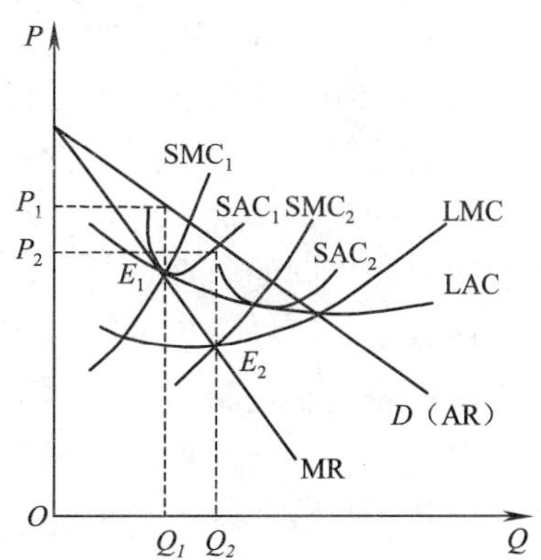

图 6-7　完全垄断市场的长期均衡

由于垄断市场上只有唯一的一个厂商，所以，垄断厂商的短期和长期的均衡产量和均衡价格，就是垄断市场的短期和长期的均衡产量和均衡价格。

五、垄断厂商的价格歧视与垄断利润

在完全垄断市场上，由于一家厂商垄断整个市场，所以它可以实行价格歧视，即在同一时间对同一种产品向不同的购买者索取不同的价格。正由于垄断厂商可以依靠自己的完全垄断地位来实行价格歧视，所以可以获得垄断利润。

（一）实行价格歧视的前提条件

（1）市场必须有某些不完善之处。当市场不存在竞争、信息不畅通或者其他种种原因被分割时，垄断者就可以利用这一点实行价格歧视。

（2）各个市场的需求弹性必须各不相同。这时垄断者就可以对需求弹性小的市场实行高价格，以获得垄断利润。

（3）要实行差别价格，不同市场之间或市场的各部分之间必须能有效地分离开来。例如在电力行业中，只有把工业用电网与民用电网分开才能实行不同的价格。

（二）价格歧视的类型

一般根据价格差别的程度，把价格歧视分为三种类型：

（1）一级价格歧视，又称完全价格歧视。假如垄断者知道每一消费者为了能够买进每一单位产品所愿付出的最高价格，并据此确定每一单位产品的销售价格，就表示垄断者实行着一级价格歧视。这样，所有的消费者剩余都被厂商侵占了。在实践中，完全一级价格歧视几乎是不可能的。因为向每一个消费者都索取一个不同的价格通常是不现实的，并且，厂商通常不知道各个消费者所愿意付出的最高价格。因此，有些垄断者通过索取几个基于对消费者最高价格的估计的不同价格而实行不完全歧视。这常常发生在对顾客相当了解的专业人员身上，如律师、会计师等。

（2）二级价格歧视。即垄断厂商了解消费者的需求曲线，把这种需求曲线分为不同段，根据不同购买量确定不同的价格。

（3）三级价格歧视。即垄断厂商将不同消费者分为有不同需求曲线的两组或更多组，针对不同的消费组实行不同的价格。这是最盛行的价格歧视形式，例子随处可见，如常规的和“特别”的飞机票价、对学生和老年公民的折扣等。在每个例子中，总有某些特征被用来将消费者分成不同的组别。例如，对大多数商品货物，学生和老人通常平均比其他人愿意支付的价格较低。同样，也可以将度假游客同商务旅客区别开来。这样，具有较低需求弹性的商务旅客将被索要较高的价格，而较低的价格用来吸引具有较高需求弹性的度假游客。

以上三种价格歧视，都表现为垄断者把单一价格下的消费者剩余转化为自己的超额利润，因而可看作消费者剩余受到侵占，消费者受到剥削。

（三）时期间差别定价和高峰负荷定价

时期间差别定价也叫时期间价格歧视，是一种与三级价格歧视密切相关的、非常重要的和被广泛运用的定价策略，它通过对不同时间制定不同价格将消费者分成不同组别。例如对首轮放映的影片定一个高价，然后在出品一年后再降低价格。另一个被出版商广泛运用的例子是给一本书的精装本定一个高价，然后在大约一年后再以低得多的价格发行平装本。许多人以为平装本价格较低是因为生产成本要低得多，这是不正确的。一旦一本书已经完成编辑和排版，不管是精装本还是平装本，多印一本的边际成本是相当低的。平装本之所以能卖得便宜许多，不是因为印刷便宜，而是因为需求较高的消费者已经买了精装本，而剩下来的消费者通常具有较大的需求弹性。

高峰负荷定价也叫高峰价格，是另一种形式的时期间价格歧视。对某些商品和服务，在特定时间会出现需求高峰，例如交通高峰时间的道路和隧道，夏天傍晚时分的电力，以及周末的滑雪胜地和游乐场，节假日时期的通信等。由于能力的限制，这些高峰期间的边际成本是较高的，因而价格也应该适当高些。

（四）两步收费制（二重价）

两步收费制与价格歧视相关，并提供了剥夺消费者剩余的另一种方法。它要求消费者为购买一种产品的权利预先缴付一定费用，然后消费者再为他们希望消费的每单位产品付一定额外的费用。

两步收费制被用于多种定价，如网球和高尔夫俱乐部（支付年度会员费，加上各种使用场地或每局高尔夫的费用），租用大型计算机设备（支付固定月费加上每单位处理运算时间的费用），电话服务（支付月租费以及通信单位费用），电视机（支付电视购买费用，然后再缴纳每年收视费）等。

（五）搭售

所谓搭售，是指不同种类的产品以某种组合进行买卖，购买一种产品的消费者也被要求在同一家公司购买另一种产品。附加一种产品的差异化歧视就是搭售策略。有的是相关搭售，如复印机与复印纸搭售；有的是不相关搭售，如购买车票的人必须购买一瓶矿泉水。很多餐馆都使用这种策略，餐馆经营上的成功更重要的是创造性的定价而不是创造性的烹调。成功的餐馆了解顾客的需求特征，并利用这种知识来设计定价策略，以尽可能多地获得收入。

许多餐馆既推出套餐，又可以点菜。为什么？大多数去餐馆吃饭的顾客都知道自己愿意付多少钱，并据此选择餐馆。而且顾客有不同的偏好。例如，有些顾客对饭前啤酒很看重，但不在乎饭后是否喝汤；有些顾客有恰恰相反的偏好——他们不重视啤酒，但汤菜却是必需的；还有些顾客对啤酒和汤菜都有适度的偏好。什么样的定价策略可让餐馆尽可能多地从有差异的消费者那里获得更多的消费者剩余呢？搭售是一个较好的策略。搭售意味着既供应套餐（啤酒、主菜、汤菜），也可以点菜（顾客分别买啤酒、主菜和汤菜），这使得餐馆可以通过菜单上的不同菜点的定价，从那些对不同菜点有不同偏爱的顾客那里获取消费者剩余。

六、完全垄断市场的利弊

完全垄断市场对经济是有害的，具体表现在以下几个方面。

（1）在完全垄断下，垄断厂商可以通过高价少销来获得超额利润，这样就会使资源闲置，引起浪费。

（2）垄断厂商控制了市场，也就控制了价格，它所定的价格往往高于完全竞争时的价格，这就引起消费者剩余的减少和社会经济福利的损失。

（3）垄断利润的存在是垄断厂商对整个社会的剥削，引起收入分配的不平等。

由此可见，完全垄断的经济是最缺乏效率的，资源的配置也是最差的。

但是，对完全垄断市场也要作具体分析。首先，有些完全垄断，尤其是政府对某些公用事业的垄断，并不以追求垄断利润为目的，而会给全社会带来好处。但有时也会因官僚主义而引起效率低下。其次，对于完全垄断下的技术进步问题，学者们有不同看法。一种观点认为，垄断厂商会阻碍技术进步。另一种观点认为，垄断厂商还是具有一定的创新积极性的。因为，一方面，垄断厂商具有雄厚的经济实力，有条件进行重大的技术创新；另一方面，垄断厂商又可以利用自己的垄断地位，长期保持由于技术创新所带来的超额利润。

实际上，在现实经济生活中，完全垄断这一极端的市场类型几乎是不存在的。

没有选择的可能性

2003年6月30日，某有线电视网络股份有限公司宣布从7月1日起有线电视收视费由原来的12元上涨到18元，增幅高达50%。此举引起了媒体和社会公众的普遍关注，大家对其没有经过价格听证会就随意涨价的行为表示强烈不满。该公司拥有用户220万户，每户每月多收6元，一年就多收1.584亿元。这新增的1.584亿元主业收入扣除上缴国家税收外，基本都是公司的利润。每一个用户在装有线时都不会忘记，住楼房的用户要交300元初装费，住平房的用户交320元初装费。如果按最少300元计算，该公司已经从220万用户口袋中最少收走了6.6亿元。每月再交12元的收视费已经不算少了，为什么还要一下涨50%？要涨价老百姓就只能接受这样的价格么？答案是，老百姓没有选择只能接受涨价。因为该公司是该市唯一一家负责建设、管理和经营有线广播电视网络的公司，具有极高的垄断性和经营稳定性。

任务四　垄断竞争市场的厂商行为分析

一、垄断竞争市场及其形成条件

垄断竞争市场是指一种既有垄断又有竞争，既不是完全竞争又不是完全垄断的市场结构。在1933年以前，经济学只研究两种极端的情况，即完全竞争和完全垄断。1933年，英国剑桥大学的琼·罗宾逊和美国哈佛大学的爱德华·张伯伦同时提出了第三种市场类型，罗宾逊称之为不完全竞争，张伯伦称之为垄断竞争，一般采用张伯伦的说法。

垄断竞争市场应具备以下条件：

（1）存在产品差别。这种产品差别是指产品相似而又不相同，有一点差别，但差别又不是大得不能互相替代。根据产品的自然性质和消费者的不同需要，厂商可以从同一种产品中变出许多花样来。例如，由于原料、设计、技术不同而功用不同；由于包装、商标、广告宣传而引起的印象上的不同；地理位置、售后服务不同等。正因为产品有差别，不是完全替代品，每一种有差别的产品就可以以自己的产品特色在一部分消费者中形成垄断地位。因此，有产品差别就会引起垄断，差别越大，垄断程度越高。但是，产品差别是同一种产品的差别，相互之间存在替代性，彼此能够替代，需求的交叉弹性较高，会引起竞争；替代越容易，竞争程度就越高。所以说，产品差别既会产生垄断，又会引起竞争，从而形成垄断竞争的市场状态。在这个市场上，每个厂商既是垄断者，又是竞争者。

（2）市场上有很多厂商。这些厂商对市场可以施加有限的影响，是市场价格的影响者，但不能互相勾结，控制市场价格。由于每一个厂商的产量在产品集团中所占的比重都比较小，个别厂商的决策对其他厂商不会产生大的影响，因此，他可以不考虑其他厂商的对抗行动。也就是说，这些厂商自以为可以彼此独立行动，互不依存。

（3）厂商进出比较容易。厂商规模不是太大，所需资本不用太多，进出行业不会碰到太大限制。

经济中许多产品都是有差别的，尤其是在各种零售业、手工业、印刷业、轻工业中，因此，垄断竞争市场是普遍存在的现象。

二、垄断竞争市场中厂商的需求曲线

在垄断竞争条件下，每一产业中厂商的数目都很多，而且产品各有特点，因而其需求曲线不像完全竞争厂商那样呈水平状，也不像完全垄断厂商的曲线的斜率那么大，而是介于两者之间，略向右下方倾斜。产品差别越大，曲线斜率越大，越接近于完全垄断厂商的需求曲线；产品差别越小，需求曲线斜率越小，越接近完全竞争厂商的需求曲线。

在垄断竞争市场上，每个厂商都面临着两条需求曲线。因为就单个厂商来说，它自以为可以像完全垄断厂商那样，独自决定价格，而其他厂商不会对其决策作出反应。因此，它主观上有一条比较平坦的需求曲线。这意味着，如果该厂商在其他厂商价格不变的情况下降价，就把对其他厂商的需求吸引过来了，因此价格小有变动，需求量则变动较大。但实际上。当一家厂商想通过降低价格扩大产销量时，其他厂商势必也跟着降价，结果就在客观上形成一条斜率略大的需求曲线，这表示价格变动后，该厂商的产销量变化不大。可用图 6-8 来说明这两条需求曲线。

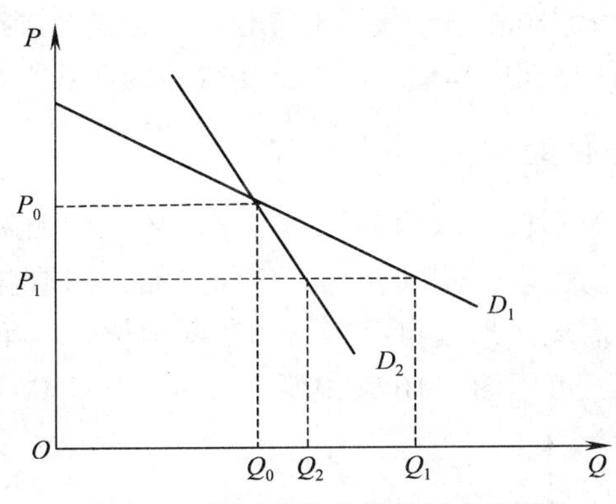

图 6-8　垄断竞争市场的需求曲线

在图 6-8 中，D_1 为其他厂商价格不变而一家厂商价格变动时的需求曲线，D_2 为其他厂商随一家厂商变动价格时的需求曲线，P_0 为原来的价格水平，Q_0 为原来的销售量。现在假定价格由 P_0 下降至 P_1，当需求曲线为 D_1 时，某厂商的销售量由 Q_0 增加至 Q_1；当需求曲线为 D_2 时，某厂商的销售量只增加至 Q_2。价格下降的程度相同，但销售量的增加却不一样，$Q_2 < Q_1$。

三、垄断竞争市场的短期均衡

在短期内，垄断竞争厂商在既定的生产规模下，通过对产量和价格的同时调整来实现 MR=SMC 的利润最大化的均衡条件。

在图 6-9 中有两条需求曲线 D 与 D_1。D_1 是其他厂商价格不变时，一家厂商的需求曲线，

D 是其他厂商价格变动时，一家厂商的需求曲线。各个厂商都认为，自己的需求曲线为 D_1。这是因为厂商数目众多，如果它通过降低价格来增加销售量，其他厂商并不会采取相同的方法。但是，所有厂商都会这么想，这么做，而大家都降低价格的结果必然使 D_1 下降，当下降到 D_2 时，边际收益等于边际成本，这时就实现了短期均衡。即厂商从价格较高的 A 点开始，不断降低价格，增加销售量，当到 B 点时，MR=MC，所决定的产量为 OQ_0，价格为 OP_0，需求曲线 D_1 也移动到了 D_2，实现了短期均衡。

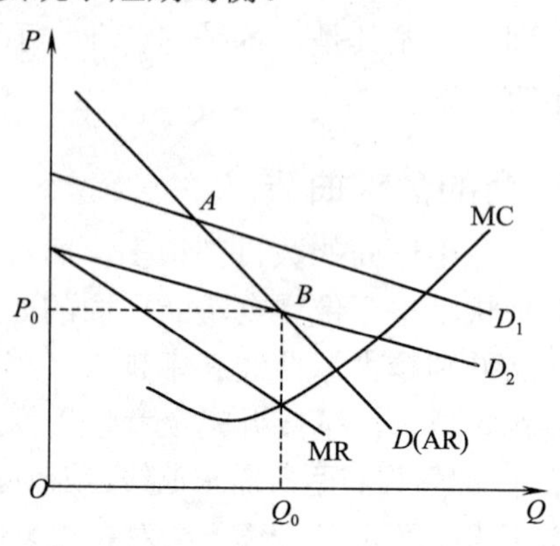

图 6-9 垄断竞争厂商的短期均衡

可见，垄断竞争厂商短期均衡的条件仍然是

$$MR=MC$$

在短期内，由于新厂商无法加入，原有厂商无法退出，所以垄断竞争厂商和完全垄断厂商一样，面临三种可能，即获得超额利润、获得正常利润、蒙受经济损失。但由于垄断竞争厂商生产的是有特色的差别产品，短期内其他厂商无法仿效，因而获得超额利润的可能性最大。

四、垄断竞争市场的长期均衡

在长期内，垄断竞争厂商不仅可以调整生产规模，还可以加入或退出该行业。厂商之间存在着激烈的竞争。各个厂商可以仿制别人有特色的产品，创造自己更有特色的产品，也可以通过广告来创造消费者的需求，形成自己产品的垄断地位。竞争的结果使各种有差别产品的价格下降，超额利润为零。可用图 6-10 来说明。

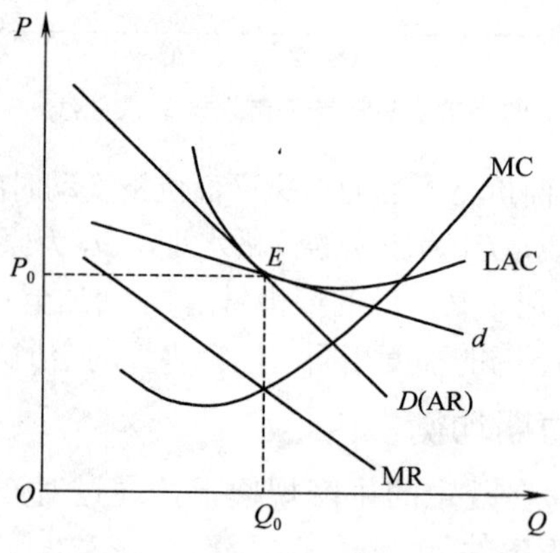

图 6-10 垄断竞争厂商的长期均衡

在图 6-10 中，d 为个别厂商的需求曲线，与行业需求曲线 D 交于 E 点。这时边际收益等于边际成本，决定的均衡产量为 Q_0，均衡价格为 P_0，并且在 E 点长期平均成本曲线 LAC 与需求曲线 d 相切，即平均收益等于平均成本，所以不存在超额利润。此时，各厂商不再调整自己的产量，实现了长期均衡。

由图 6-10 可见，在实现了长期均衡时，边际收益等于边际成本，平均收益等于平均成本，需求曲线与长期平均成本（LAC）曲线相切。所以，垄断竞争市场上长期均衡的条件是

$$MR=LMC，AR=LAC$$

五、垄断竞争厂商和完全竞争厂商长期均衡的比较

从前面的分析中可以看出，垄断竞争厂商的长期均衡同完全竞争厂商的长期均衡的共同点是只能获得正常利润，二者的区别在于它们获得正常利润的条件不同。对比这两个市场上的长期均衡状态，可以看出以下四点差别：

（1）需求曲线、平均收益曲线和边际收益曲线不同。在完全竞争条件下，这三条线重合为一条与横轴平行的线。在垄断竞争条件下，需求曲线与平均收益曲线重合，但向右下方倾斜，边际收益曲线则是平均收益曲线下向右下方倾斜的一条线。这反映了收益变动情况不同。

（2）在完全竞争条件下的成本是最低的，因为由边际收益曲线与边际成本曲线相交的均衡点，恰好是平均成本曲线的最低点。而在垄断条件下的平均成本却不是最低的，因为边际收益曲线与边际成本曲线相交时，长期平均成本曲线与需求曲线（或平均收益曲线）的切点并不是平均成本曲线的最低点。

（3）在完全竞争的长期均衡下，消费者可买到最低价格的商品；而在垄断竞争的长期均衡下，消费者购买商品时需付出较高的价格。可见，垄断竞争不如完全竞争的经济效率高。

（4）在完全竞争的长期均衡下，可使生产者获得最佳产量；而在垄断竞争的长期均衡下，没有使生产达到最佳产量的水平，即资源没有充分利用。

六、垄断竞争市场的利弊

西方经济学家认为，垄断竞争市场从总体上看是利大于弊的。

（1）就经济效率来看，垄断竞争市场的经济效率处于完全竞争市场和完全垄断市场之间。即垄断竞争市场的经济效率不如完全竞争市场，但又比完全垄断市场要高。

（2）就产量来看，垄断竞争时的产量一般要低于完全竞争而高于完全垄断，这说明垄断竞争下资源的利用程度不如完全竞争，而优于完全垄断。

（3）垄断竞争有利于鼓励创新。同种商品之间存在着差异，可以满足消费者的不同需要，垄断竞争会使销售成本，主要是广告成本增加，这对生产和消费有促进作用，但同时也增加了销售成本，增加了总成本和平均成本。

案例

在垄断竞争上，厂商存在价格竞争和非价格竞争，价格竞争会导致厂商的利润下降，因此，非价格竞争成为垄断竞争厂商普遍采取的另一种竞争方式。

产品差异化是垄断竞争市场上常见的一种现象，不同企业生产的产品或多或少存在相互替代的关系，垄断竞争厂商的产品差异化包括产品本身差异和人为差异（服务的差异、包装差异、营销手法的差异等），企业希望通过差异化来刺激需求。如手机市场是一个容量非常庞大，同时也是高度细分的市场，所以需求量非常大，当价格不能竞争垄断时，厂商必须将眼光放入其他位置，形成垄断竞争，从而获得垄断利润。

在国际知名企业手机品牌竞争下，来自深圳的宇龙酷派并不逊色，这出乎很多人的意料，因为这家公司名气并不是那么响亮，进入手机领域的时间也不算太长。宇龙之所以能快速成长，关键是抓住了差异化的产品和营销模式。从进入手机领域之初，宇龙酷派就致力于高端智能手机产品的研发与营销，成为第一个推出CDMA/GSM可同时在线的手机企业。2005年年底，宇龙酷派凭借双待机产品酷派728击败三星、LG等巨头，获得中国联通最大的世界风双模手机采购订单。

消费者需求的多元化，为实施个性化营销奠定了基础。牢牢抓住技术、产品的差异化，实施差异化营销和差异化服务，从而实现像宇龙酷派那样的差异化突围。

任务五　寡头垄断市场的厂商行为分析

一、寡头垄断市场的含义、特征

寡头垄断市场也是西方国家普遍存在的一种市场结构，它在现代经济中居于重要的地位。

1. 寡头垄断市场的含义

寡头垄断就是指少数几家厂商垄断了某一行业的市场，控制了这一行业的供给。在这种市场上，几家厂商的产量在行业的总供给中占了很大的比例，每家厂商的产量都占有相当大的份额，从而每家厂商对整个行业价格与产量的决定都有举足轻重的影响。寡头垄断市场是介于垄断竞争市场和完全垄断市场之间的一种市场结构。

寡头垄断按照产品的相似性可以分为两种：①产品无差别寡头垄断，也称纯粹寡头，如钢铁行业、石油行业的寡头。②产品有差别寡头垄断，如汽车行业、机械制造行业的寡头等。

2. 寡头垄断市场的特征

（1）企业数量少。寡头垄断市场上只有两个或少数几个企业，他们控制了大部分的市场供给，因而，每个厂商在市场上都有举足轻重的地位。

（2）进出不易。新企业的加入与旧企业的退出都是相当困难的。寡头垄断行业一般在大规模生产时易于取得良好的经济效益。因此，进入市场需要巨额资金，这样的条件对于多数企业往往不易达到，只有少数企业能够达到，能够进入该行业。同样，由于巨额的资金占用，已经在该行业的企业要退出也是十分困难的。

（3）相互依存。由于整个市场上只有几家企业，因此，每一家企业的产量或价格发生变化都会影响到其他企业的生产和销售。所以，每个企业在进行决策时，不能我行我素，必须慎重考虑其他企业对此将要作出的反应。这种相互依存性对寡头垄断市场的均衡有至关重要的影响。首先，在寡头垄断市场上，很难对产量与价格问题给出像前三种市场那样确切而肯定的答案。其次，价格和产量一旦确定之后，就有其相对稳定性。最后，各寡头之间的相互依存性，使它们更容易形成某种形式的勾结，但这并不能代替或取消竞争，竞争还会更加激烈。

形成寡头垄断的原因是很多的，最重要的首先是规模经济的原因。由于大规模的生产，每家厂商的产量都很大，所以行业中只需几家厂商，就可以满足整个市场的需求；同时，由于大规模生产需要巨额资金，也使得新的厂商很难加入到这一行业中来。其次，行业中少数几家厂商垄断了生产所必需的某种资源，也是形成寡头垄断的原因。此外，产品的专利权或政府对某些行业寡头厂商的扶植与支持等，都对寡头垄断市场的形成起到了促进作用。

卷烟纸厂之间的竞争

20 世纪 80 年代中期，由于人们收入的提高，对香烟的需求数量和档次也有了显著的提高，这刺激了卷烟生产的扩张，也推动了卷烟纸生产的发展。原来的卷烟纸厂的生产规模无法满足需求，各地纷纷上马卷烟纸厂，造成卷烟纸市场立刻供大于求。卖方市场转变成买方市场，生产厂家之间展开了激烈的竞争。开始是价格竞争，由于规模经济作用，一些处于劣势地位的小纸厂相继转产，剩下的企业又展开了质量竞争，竞争的结果是由剩下的 5 家最大生产厂家划分全国市场，力量势均力敌。

10 年后出现了新变化，卷烟厂进口的卷烟机速度提高，国产纸无法达到技术加工要求，外国卷烟纸打进了国内市场。原有市场均衡被打破了，国内的 5 家卷烟纸厂产品质量一时上不去，为了各自利益，又开始了恶性价格竞争，结果 5 家卷烟厂均走向了亏损。1992 年上半年，在国家轻工总会造纸司的协助下，5 家造纸厂的有关领导坐到一起，达成了协议，对各种档次的卷烟纸制定了最低限价，大家各自寻找自己的优劣势，优势者继续占领卷烟纸市场，劣势者积极寻求转产。

二、传统的寡头理论

对寡头的研究可以追溯到 19 世纪的法国经济学家古诺。在博弈论运用之前，对寡头市场的分析都属于传统寡头理论。传统寡头理论在假设对手的反应为既定的情况下分析企业产量与价格的决定。经济学家根据不同的对手反应假设，得出关于产量与价格决定的不同答案，形成不同的寡头垄断模型。

（一）古诺模型——双头垄断理论

法国经济学家古诺在 1838 年出版的《财富理论的数学原理研究》一书中最先研究了寡头垄断市场的一个特例，即市场上只有两个生产者，也就是双头垄断，提出了解释产量是如何决定的古诺模型。

古诺的双头垄断模型属于生产者之间不存在任何正式的或非正式的勾结的一个模型，这种模型有十分严格的前提条件：①市场上只有两个寡头 A 与 B，生产完全相同的产品；②为了简单起见，假设生产成本为零；③需求函数是线性的，即需求曲线是一条向右下方倾斜的直线，两家寡头分享市场；④各方都根据对方的行动作出反应；⑤每家寡头都通过调整产量来实现利润最大化。具体可用图 6-11 来说明。

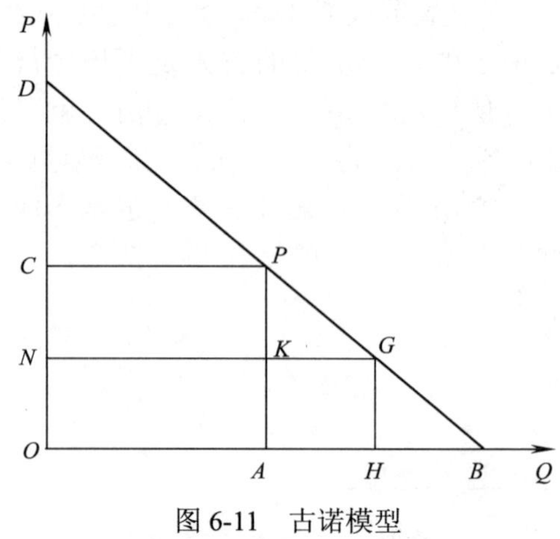

图 6-11 古诺模型

在图 6-11 中，*DB* 是两家生产者所面临的需求曲线。当不考虑成本时，总产量为 *OB*，价格为零。在开始时，市场上只有 A 寡头，在销售量为 *OA*（*OB* 的一半）、价格为 *OC* 时，它可以实现利润最大化，其利润为矩形 *OAPC* 的面积（*OAPC* 为直角三角形内的最大内接矩形）。

当 B 寡头加入后，A 的销售量仍为 *OA*，市场剩余的需求量为 *AB*，这时 B 供给 *AB* 的一半，即 *AH* 就可获得最大利润。当 B 供给 *AH* 时，总供给量增加到 *OH*，因此，价格下降为 *ON*。这时，A 的收益及利润减少为矩形 *OAKN* 的面积。

第二轮竞争开始时，假定 A 认为 B 会保持销售量为 *AH*，A 为了达到利润最大就要按市场剩余需求量（*OB-AH*）的一半供给，A 的销售量减少了（*OB-AH* 的一半小于 *OB* 的一半）。这样，B 供给的数量就增加了，B 根据 A 减少销售量的行动作出的反应是增加自己的销售量，B 供给的数量会大于 *AH*。在双方对对方行动作出反应的过程中，A 的产量逐渐减少，B 的产量逐渐增加，直至两个寡头平分总供给量为止。这时，他们的总销售量将为 *OB* 的 2/3，每人各为 *OB* 的 1/3。

根据双头垄断理论的古诺模型可以推导出，当有 n 个寡头时，总供给量为市场需求量的 n/（n +1），每个寡头的供给量为市场需求量的 1/（n+1）。

（二）斯塔克伯格模型

在双寡头厂商的竞争中，两个厂商并不总是同时作出它们的产量决策的，斯塔克伯格研究了两厂商之一如果先决定自己的产量，然后是另一个厂商看到对方的产量后才作出它的产量决策的情况。他的研究结果表明，首先行动的厂商会获得一种利益。理由就是先宣布就造成了一种既成事实——不管你的竞争者怎么做，你的产量都是大的。为了使利润最大化，你的竞争者就必须将你的高产量水平作为给定的条件，并为它自己定一个低产量水平。如果你的竞争者具有一个大的产量水平，就会将价格压低，你们双方都会亏损。所以除非你的竞争者把“争取平等”看得比赚钱还重要，否则他选择大产量决策是不合乎理性的。

古诺模型和斯塔克伯格模型是寡头垄断行为的不同代表。哪种模型更适合些，取决于不同的产业。对于一个由大致相似的厂商构成，没有哪个厂商具有较强的经营优势或领导地位的行业，古诺模型大概要更适用一些。另外，有些行业是由一个在推出新产品或定价方面领头的大厂商主导的，大型计算机市场就是一个例子，其中 IBM 就是领导者，此时斯塔克伯格模型可能是更符合实际的。

（三）斯威齐模型——拐折的需求曲线

美国经济学家斯威齐于 1939 年对某些行业（如钢铁、煤炭业等）在较长时期内价格比较稳定，即具有粘着性的原因进行了分析，提出了著名的斯威齐模型。斯威齐认为，在寡头垄断市场上，当一家厂商主动提高价格时，其他厂商不会跟随涨价，故其市场销售量会大大减少。相反，当它主动降价时，其他厂商也会随之降价，从而使销售量增加很少。因而，该厂商面临着一条拐折的需求曲线。可用图 6-12 来说明。

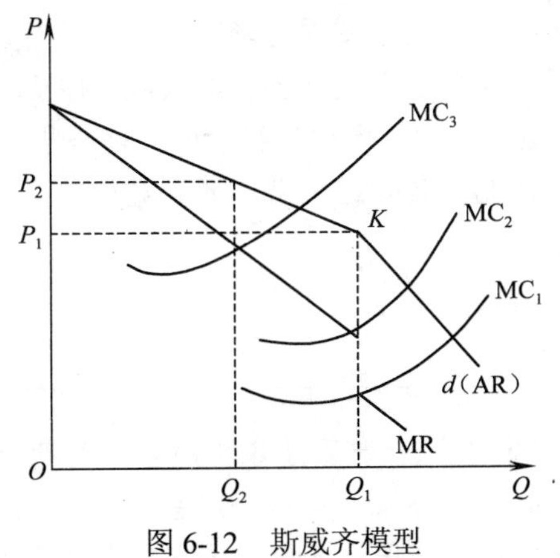

图 6-12　斯威齐模型

在图 6-12 中，d（AR）就是拐折的需求曲线，该曲线在 K 点拐折，将需求曲线分为两段。MR 是边际收益曲线，边际收益曲线在平均收益曲线（即需求曲线）下方，所以也从 K 点分为两段，在需求曲线 d 的拐折处 K 点，边际收益曲线出现间断点。边际成本曲线 MC_1 与 MC_2 和边际收益曲线 MR 相交决定了产量为 OQ_1，价格为 OP_1。边际收益曲线 MR 的那段垂直的虚线表明，寡头厂商的产量和价格具有稳定性。在边际成本 MC_1 与 MC_2 之间，尽管成本变了，但价格并不变。只有在边际成本变动大，如从 MC_2 增加到 MC_3 时，才会引起产量减少为 OQ_2，价格上升为 OP_2。

所以，很多寡头垄断厂商一般不愿带头变动价格。这就是为什么有些行业在一定时期内价格比较稳定的原因。

拐折的需求曲线解释了寡头市场上价格具有刚性的原因，但并没有说明寡头市场上的价格是如何决定的。因此，有必要进一步分析寡头市场上的价格是如何决定的。

传统寡头理论一般认为，价格的决定有三种形式：价格领先制、成本加成法与勾结定价。

（四）价格领导模型

价格领导模型又称价格领先制或价格领袖制，是指一个行业的价格通常由某一个寡头率先制定，其余寡头追随其后确定各自的价格。根据价格领导厂商的具体情况，价格领导可分为以下两种类型：

（1）晴雨表型的价格领导。晴雨表型的价格领导是指晴雨表型厂商依据市场行情首先确定能够合理、准确反映整个行业成本和需求情况变化的价格，其他厂商按这一价格对自己的价格进行调整。晴雨表型厂商未必是行业中规模最大、效率最高的厂商，但它往往熟悉市场行情，能代表其他厂商的意愿，所以能成为其他厂商追随的目标。

（2）支配型的价格领导。支配型的价格领导是指市场销售份额较大、地位稳固、具有支配能力的大厂商，根据自己利润最大化的需要和其他厂商希望销售的全部产量来确定和调整价格，其他中小厂商则以这一价格为准绳，按照边际成本等于价格的原则确定均衡产量。在这种情况下，中小厂商可以出售他们所能提供的全部产量，市场需求量与其他厂商产量的差额完全由支配型厂商提供。

（五）卡特尔勾结定价模型

在寡头垄断市场上，如果一个厂商企图通过降价以争取顾客，很容易遭到竞争对手以较大幅度的降价进行报复，结果反而使自己丧失顾客。如果他再以更大的幅度降价，必定引起竞争者更强烈的报复。这就不可避免地引起一场你死我活的价格战争。当这些厂商意识到长此以往，势必两败俱伤、同归于尽时，他们又会回过头来，放弃竞争，相互勾结起来共同操纵市场。

“OPEC”——石油寡头的合作与竞争

石油输出国组织（OPEC）成立于1960年，该组织旨在通过消除有害的、不必要的价格波动，确保国际石油市场上石油价格的稳定，保证各成员国在任何情况下都能获得稳定的石油收入。OPEC现有12个成员，分别是委内瑞拉、伊朗、科威特、沙特阿拉伯、卡塔尔、伊拉克、利比亚、阿拉伯联合酋长国、厄瓜多尔、安哥拉、阿尔及利亚和尼日利亚，通过提高石油价格来增加收入。OPEC成员国联合起来通过限制产量来控制国际市场原油供应。从1973年到1974年。石油价格（扣除通货膨胀因素）上涨了50%。之后，OPEC成员国采取同样措施，使石油价格在1979年和1980年分别上涨了14%和34%。可是，由于相互的利益难以协调，违背协议的行为经常发生，总会有一个或更多的成员国超出配额进行生产。每隔几年他们之间就会爆发一次价格战争，从1982年到1985年，油价每年稳步下跌10%左右。特别是1986年，沙特阿拉伯将石油价格从每桶28美元降到每桶10美元以下，当年油价下跌45%。1990年，油价重新回到1970年的水平，并几乎在20世纪90年代都维持在该低价位水平上。应该说，OPEC成员国之间达成的限产协议往往会生效，但起决定作用的还是国际石油市场的供求关系，2008年国际市场石油价格曾突破140美元/桶，但也跌破过40美元/桶，2009年4月又回升到50美元/桶以上。

1．公开的勾结——卡特尔

各寡头厂商为避免两败俱伤，往往互相勾结起来通过正式的（见诸文字）协议或非正式的（口头）“君子协定”来共同确定价格、产量和市场，从而形成卡特尔。卡特尔是一种垄断组织形式。卡特尔根据面临的市场需求曲线，运用MR=MC原则确定全体厂商的均衡产量，同时也就确定了均衡价格——统一价格，如图6-13所示。

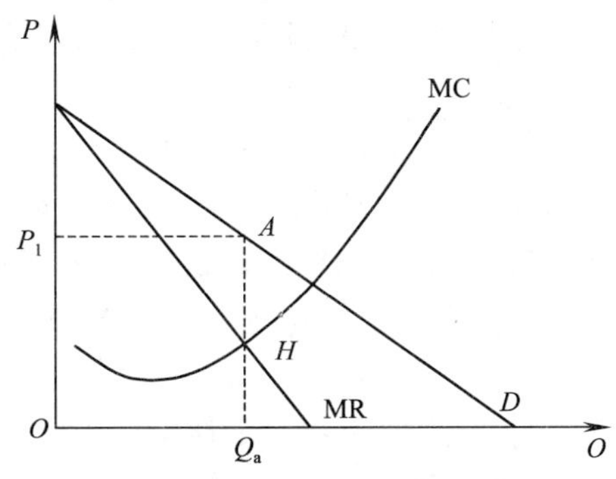

图 6-13 卡特尔均衡价格

在图 6-13 中，D 是产业的需求曲线，也是卡特尔的需求曲线，MR 是参加卡特尔各厂商的边际收入曲线之和，MC 是各厂商的边际成本曲线之和。

MR 与 MC 交于 H 点，就确定了卡特尔在统一价格下，通过非价格竞争、定额配给、均分市场等方式将产量分配给各个厂商。

2．暗中默契——价格领导制

由于卡特尔可以像一个完全垄断厂商那样行事，有些国家制定了反托拉斯法。公开的勾结受到法律限制后，迫使寡头厂商去寻求更隐秘的勾结方式——暗中默契——来实施垄断。暗中默契的主要方式是价格领导制，即由产业中最大的一个厂商制定和调整价格，其他厂商自动跟着定价和变价，之所以会产生这种垄断机制，是因为某些大厂商在行业中占有明显优势，并能较快地掌握市场信息，成为整个市场状况的晴雨表。其他厂商如果不跟着降价，就会失去顾客；如果不跟着涨价，实际上就是降价，这又会引起价格战争。而且，其他厂商由于规模小，对市场的预测能力差，如果跟着定价和变价能够获得合理的利润，就可以避免独自定价和变价的风险。

价格领导厂商根据自己的地位和实力确定价格政策，如果地位非常稳固，它将按照自己的均衡点确定价格。否则，它会与其他厂商协商从而确定一个大家都能接受的价格。

根据价格领导厂商的具体情况，价格领导制又可分为以下两种形式：

（1）低成本厂商的价格领导。假设在寡头市场上有两个厂商 A 和 B，如果厂商 B 的成本比厂商 A 的成本低，厂商 B 就会对厂商 A 实行价格领导。我们用图 6-14 来说明这种情况。

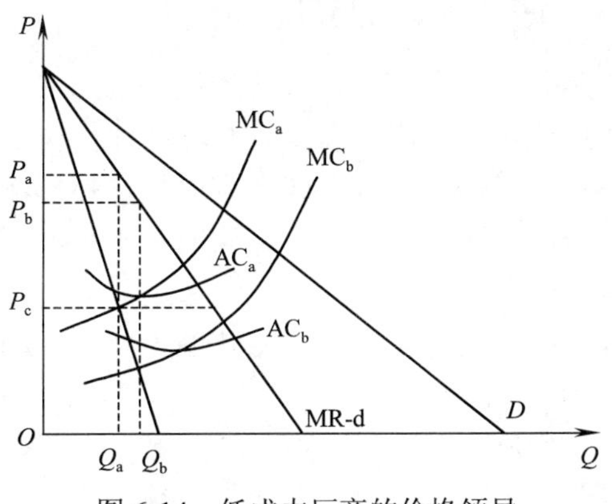

图 6-14 低成本厂商的价格领导

在图 6-14 中，厂商 B 的平均成本 AC_b 和边际成本 MC_b 低于厂商 A 的平均成本 AC_a 和边际成本 MC_a；D 为产业总需求曲线，d 是个别厂商的需求曲线，等于产业需求曲线的一半，且与平均收益曲线 AR 重合；MR 为个别厂商的边际收益曲线。

因为 B 的成本比 A 低，厂商 B 不会与厂商 A 均分市场。如果厂商 B 按照自己的均衡点确定价格 OP_b，则厂商 A 只好放弃自己的均衡点所确定的价格 OP_a，接受厂商 B 的价格领导，把价格也降为 OP_b，这时仍然可以获得一定的超额利润。否则，其销售量将变为零。这样，厂商 B 就成为价格领导厂商。

从厂商 B 来看，它固然可以任意降低价格，如降到 OP_c，这样它可以在自己仍然保有超额利润的情况下，把厂商 A 逐出市场。因为，当价格降为 OP_c 时，厂商 A 已有亏损。但是，这样做的结果，B 就成为完全垄断厂商，这是反垄断法所不允许的。因此，厂商 B 将确定一个不低于厂商 A 的平均成本的价格，使 A 仍然有利可图，从而愿意继续留在该产业中。

（2）有支配力厂商的价格领导。在寡头市场上，比较普遍的情况是在产业中只有一定厂商在产量和市场方面占有较大比重，具有支配地位，其他的中小厂商均不能与之抗衡。由于反垄断法的限制，有支配力的厂商不能凭借自己的优势淘汰所有其他厂商，但可以确定一个价格，既能使自己利润最大，又能使其他厂商售出所希望销售的全部产品。由于价格由支配厂商决定，其他厂商将像完全竞争下的厂商一样，只能接受现行价格，不能施加任何影响，因而有一条水平的需求曲线，并以边际成本等于价格时的产量作为自己的均衡产量。可用图 6-15 来说明这种情况。

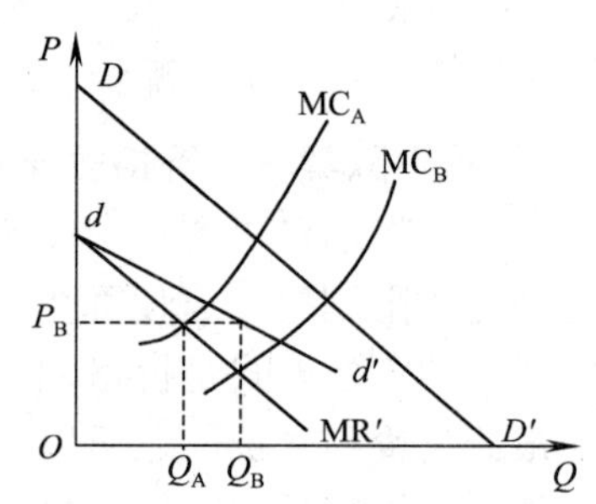

图 6-15 有支配力厂商的价格领导

在图 6-15 中，DD' 为市场需求曲线，MC_b 为支配厂商的边际成本曲线，MC_a 是其他厂商的边际成本曲线之和，也是其他厂商的总供给曲线；将每一价格水平下的市场需求量减去其他厂商在此价格时的供给量，就得到支配厂商的需求曲线 dd'，相应的边际收益曲线为 MR′；MR′与 MC_b 的交点决定了支配厂商的产量为 OQ_b，价格为 OP_b。其他厂商只能按照这一价格来进行生产和销售，其销售量为 OQ_a，因此整个市场的销售量为 $OQ_a+OQ_b=OQ_0$。

三、现代寡头理论——博弈理论的应用

博弈论（Game Theory）是研究人们在各种策略的情况下如何行事的理论。这里的“策略”是指每个人在决定采取什么行动时，必须考虑其他人对这种行动会作出什么反应。

博弈论是一种研究处于竞争格局中的双方或多方如何选择影响每一方的有效战略以使自己的利益最大化的理论，它强调以智慧取胜。博弈论的基本思路是：你的竞争对手始终在分析你的战略与行动方案；而你要在竞争中取胜，就要通过你的对手的战略和行动去思考，并在分析对手的战略与行动方案以及假定对手会按照其最大利益行动的基础上来确定自己的战略与行动方案。

在竞争的世界上，没有哪个领域不存在博弈。它涉及政治、军事、日常生活的各个领域。

由于寡头垄断市场上企业数量很少，每家企业都必须按策略行事。每个企业都知道，它

的利润不仅取决于它生产多少，而且还取决于其他企业生产多少。因此在作出生产决策时，寡头市场上的每个企业都必须考虑到它的决策会如何影响所有其他企业的生产决策。

"囚徒困境"是博弈论中最经典的例子之一。讲的是 A、B 两名嫌疑犯作案后被警察抓住，隔离审讯。警方的政策是"坦白从宽、抗拒从严"，如果两人都坦白则各判 3 年；如果一人坦白另一人不坦白，坦白的被释放，不坦白的判 10 年；如果都不坦白则因证据不足各判 1 年。见表 6-4。由此可以推想，如果甲乙之间互不合作，他们很快就会发现，无论对方选择坦白还是抗拒，自己总是选择坦白最有利；如果对方坦白，则自己坦白要比抗拒少判两年徒刑；如果对方抗拒，则自己坦白便可无罪释放。显然，两个囚徒最终都会"聪明"地选择坦白。囚徒困境反映了个人理性追求利益最大化的自利行为将导致集体非理性的矛盾。

表 6-4 囚徒困境

	囚犯 A	囚犯 B
坦白	−3，−3	0，−10
抵赖	−10，0	−1，−1

寡头们在力图达到垄断结果时的博弈也类似于两个处于困境的囚徒的博弈。垄断结果对寡头是共同理性，但每个寡头都有违背协议的激励。正如利己因素使囚徒困境中的囚犯坦白一样，利己也使寡头难以维持低产量、高价格和垄断利润的合作结果。

四、寡头垄断市场的利弊

寡头垄断在经济中具有重要的作用。首先，可以实现规模经济，从而降低成本，提高经济效益；其次，有利于促进科学技术进步。各寡头为了在竞争中取胜，就要提高劳动生产率，创造新产品，这就成为寡头厂商进行技术创新的动力；最后，寡头厂商实力雄厚可以用巨额资金与人力来进行科学研究。

但是，寡头垄断也有其缺点。寡头之间的勾结往往会抬高价格，损害消费者的利益和社会经济福利。同时，过分制造产品差别和广告的非价格竞争，也会造成资源的浪费。

本 章 小 结

完全竞争市场上企业和消费者都是价格的接受者，企业实现短期均衡时，企业面临的情况可能是获得超额利润、获得正常利润、亏损但正常生产、处于停产的临界点、亏损停产，实现长期均衡时超额利润为零。

不完全竞争市场上，企业对价格和产量能够进行一定的控制，并在不同程度上影响市场价格。垄断竞争、完全垄断和寡头垄断是不同垄断程度的市场结构类型，完全垄断企业是在其市场上为唯一生产者的企业。完全垄断的边际收益总是低于其物品的价格。垄断企业也通过生产使边际收益等于边际成本的产量来实现利润最大化。垄断者通常通过价格歧视侵占消费者剩余，获得更大的利润，政府通过公共管理对垄断进行管理。

垄断竞争市场是介于完全竞争和完全垄断之间的一种市场结构，寡头垄断是指市场上少数几家厂商垄断了某一行业的市场，控制了这一行业的供给。研究产量和价格是如何决定的模型有古诺模型、斯塔克博格模型、斯威齐模型、价格领导模型和卡特尔模型。

案例分析

微软垄断案

2000年6月8日，美国地方法院法官托马斯·杰克逊对微软公司（Microsoft）的垄断案件作出了历史性的宣判——微软一分为二。根据这份裁决书，微软将被分解为两个独立的公司，一个专营电脑操作系统，另一个则经营除去操作系统外微软目前所经营的其他业务，包括Office系列应用软件、IE浏览器等。

该案源于美国微软公司和另外一家软件公司网景公司之间的网络浏览器之争。早在1995年6月，微软公司在自己尚未研制出网络浏览器的情况下，要求网景公司不要发布与其Windows操作系统配套的网络浏览器。在遭到拒绝后，微软采取了一些惩罚性措施，如撤回对网景公司的技术支持，投巨资迅速开发出自己的网络浏览器并免费与其Windows操作系统捆绑销售来打击网景公司，导致网景公司的浏览器市场份额从最初的80%降至62%，并仍呈下降趋势，而微软浏览器的市场份额则从零激增至36%，并且微软的这些举动还最终导致网景公司被美国在线收购。当然，在美国受到微软公司胁迫的公司远不止网景一家，还包括英特尔、苹果、IBM等一些著名的厂商，如苹果曾被迫放弃在自己的苹果电脑中安装网景公司的浏览器而改装微软公司生产的浏览器，英特尔也曾因害怕失去微软的技术支持而被迫放弃投入巨额费用开发出来的一种新型的中央处理器的市场开拓。

这项裁决刚一宣布，微软主席比尔·盖茨就表示他们将提出上诉申请。随后，在微软公司牵头的多方努力下，这个判决并没有真正实施，2001年11月1日美国司法部和微软公司达成了一项临时性协议，宣布就“美国诉微软公司垄断案”双方进行庭外和解。至此，持续四年之久的“微软垄断案”终于暂告一段落。

试分析：微软是如何垄断的？

思考与练习

一、名词解释

完全竞争市场　垄断市场　价格歧视　垄断竞争市场　寡头市场

二、单项选择题

1. 在MR=MC的均衡产量上，企业（　　）。
   A. 必然得到最大利润
   B. 不可能亏损
   C. 必然获得最小的亏损
   D. 若有利润，则利润最大；若有亏损，则亏损最小

2. 如果在厂商的短期均衡产量上，AR 小于 SAC，但大于 AVC，则厂商（　　）。
   A. 亏损，立即停产　　B. 亏损，但继续生产
   C. 亏损，生产或不生产都可以　　D. 获得正常利润，继续生产
3. 在厂商的停止营业点上，应该有（　　）。
   A. AR=AVC　　B. 总亏损等于 TFC
   C. *P*=AVC　　D. 以上说法都对
4. 在完全竞争厂商的长期均衡产量上必然有（　　）。
   A. MR=LMC≠SMC，其中 MR=AR=*P*
   B. MR=LMC=SMC≠LAC，其中 MR=AR=*P*
   C. MR=LMC=SMC=LAC ≠SAC，其中 MR=AR=*P*
   D. MR=LMC=SMC=LAC=SAC，其中 MR=AR=*P*
5. 在完全竞争市场上，厂商短期均衡条件是（　　）。
   A. *P*=AR　　B. *P*=MR　　C. MR=MC　　D. *P*=AC
   E. 行业中没有任何厂商再进出　　F. 以上说法都对
6. 下列接近完全竞争市场的是（　　）。
   A. 糖果　　B. 证券市场　　C. 邮电　　D. 汽车
7. 下列行业中最不接近完全竞争模式的一项是（　　）。
   A. 飞机制造业　　B. 证券市场
   C. 日用小商品制造业　　D. 农产品市场
8. 在垄断竞争市场上，厂商长期均衡的条件是（　　）。
   A. MR=MC　　B. MR=MC，AR=AC
   C. AR=AC　　D. MR=AR
9. 一个垄断竞争企业面对的需求曲线是（　　）。
   A. 水平的　　B. 垂直的　　C. 向上倾斜的　　D. 向下倾斜的
10. 垄断企业面对的需求曲线是（　　）。
   A. 向右上倾斜　　B. 向右下倾斜　　C. 水平的　　D. 垂直的

三、判断题

1. 在一般情况下，厂商得到的价格若低于平均可变成本就应该停止营业。（　　）
2. 汽车行业最接近于完全竞争模式。（　　）
3. 厂房设备投资的利息是可变成本。（　　）
4. 贷款利息的支出是可变成本。（　　）
5. 总成本在长期内可以划分为固定成本和可变成本。（　　）
6. 补偿固定资本无形损耗的折旧费是固定成本。（　　）

四、问答题

1. 为什么说完全竞争市场是一种最有效的市场结构？
2. 完全竞争的市场结构有什么优点？
3. 垄断竞争行业的基本特征是什么？
4. 垄断竞争市场与寡头市场的相同点与不同点分别是什么？

技能训练

1. 为什么完全竞争市场中的厂商不愿为产品进行广告宣传而花费任何金钱？

2. 某一彩电制造商认为他所在的行业是完全竞争行业。他觉得同其他彩电制造商之间存在激烈的竞争，其他彩电制造商一旦进行广告宣传，降价或提高服务质量时，他也及时作出反应。请你根据所学的知识分析该行业是否是完全竞争行业？

3. 根据本章所学内容，调查所在地区的一些产品所属的市场结构类型。

项目实训

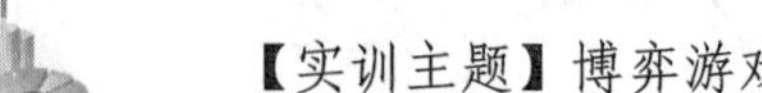

【实训主题】博弈游戏

【实训目标】

1. 通过这一活动使学生比较个人决策和群体决策。
2. 培养学生团队协作能力。

【实训内容与要求】

1. 每个组分将别代表一家航空公司在市场经营。
2. 每个小组派代表到小房间里，初步协商之后小组代表回到小组，并将情况向小组汇报。
3. 小组讨论，上交结果。
4. 教师公布结果。
5. 完成本次活动的记录（包括时间、地点、内容等情况）。
6. 讨论结果。

【实训材料】

游戏用简单的形式再现了商业领域的竞争关系和定价策略，是典型的博弈论思想的体现，反映出在“背靠背”的情况下怎样应付和猜测对手的想法。

游戏规则和程序如下：

1. 将学生分成小组（6组左右），每个小组将分别代表一家航空公司在市场经营。

2. 市场经营的规则就是所有航空公司的利润都维持在12%；如果有两家公司采取降价策略，降价的公司由于薄利多销，利润率可达15%，而没有采取降价策略的公司利润率则为18%；如果有三家和三家以上的公司同时降价，则所有公司的利润都只有8%。

3. 教师先给各小组组长交代上述游戏规则，并告诉小组长，他们之间需要通过协商初步达成一种协议。初步协商之后，小组长回到小组，并向小组全体成员介绍游戏规则。

4. 小组讨论后并作出最终的决策“我们公司是否降价，”并将决定写在任务单上，交给教师。

5. 教师公布小组决策结果。

相关讨论问题如下：

1. 作为小组长，在和其他小组长讨论时，你的主要出发点是什么？

2. 回到自己的小组中，你们的决策是在什么基础上产生的？你是否遵守了几个小组协商时的初步协议？

【实训时间】

1. 小组代表：5分钟。
2. 小组讨论：5分钟。
3. 分析结果：每组2分钟。

【实训考核】

1. 过程考核：教师和学生根据小组递交的活动记录来考核每小组及成员。
2. 成果考核：由教师与学生对各组组建情况进行评估打分。

项目七

认知分配理论

知识目标

1. 重点掌握生产要素的均衡价格决定。
2. 了解工资、地租、利息、利润的决定。
3. 明确收入分配不平等的程度。
4. 掌握衡量和判断收入分配平等化的指标：基尼系数、洛伦斯曲线。

能力目标

1. 用模型分析劳动供给的特殊规律和劳动成本的构成，说明工资是如何决定的。
2. 联系当前实际分析工会影响工资的实际操作方法。
3. 联系现实分析利息的性质、作用。
4. 用地租理论分析房地产的价格为什么一直攀升。
5. 用利润理论分析企业家的年薪为什么远远高于一般员工。
6. 联系实际谈公平与效率。
7. 联系实际分析我国制定收入分配平等化政策的重要性。

项目导入

北京的 CBD（中央商务区）、中关村最普通的房价每平方米都在几万元以上，而同为北京市的密云县县城的房价每平方米也在万元以上。

无论在国外还是国内，影视和体育明星们的收入都是天文数字。在美国，像泰格·伍兹和朱莉娅·罗伯茨这样的大牌明星年收入达几千万美元并不奇怪。在国内，名气冲天的大腕们的年收入也不下几百万元。人们对明星有一种矛盾的心态。一方面，看着他们开着保时捷跑车飞驶而过时，心里颇不平衡；另一方面，又不惜用高价弄到一张票去看他们的演出。

项目思考

1. 为什么同样的住房在不同的位置价格会差别数倍，甚至十几倍、几十倍？
2. 为什么人们的收入会存在明显的差异呢？

任务一　生产要素的需求与供给分析

一、生产要素价格与收入分配

生产要素亦称为生产资源，是指用于生产物品与劳动的投入。19 世纪的西方经济学家习惯上把生产要素分为三类，即土地、劳动、资本。这三类生产要素的价格随之被称为地租、工资和利润。而法国经济学家萨伊曾提出了一个三位一体的公式，即劳动—工资、资本—利息、土地—地租。到19世纪末，由于所有权与经营权的分离，出现了第四种生产要素——企业家才能。于是，利润被看做企业家才能的收益。所以，英国经济学家马歇尔又在原来公式的基础上增加了企业家才能—利润，就此成为生产要素的四位一体公式。

这个公式概括了经济学分配理论的中心。即在生产中，工人提供了劳动，获得了工资；资本家提供了资本，获得了利息；地主提供了土地，获得了地租；企业家提供了企业家才能，获得了利润。简言之，各种生产要素都根据自己在生产中所作出的贡献而获得了相应的报酬。

各种生产要素所获得的报酬其实就是生产要素的价格。因此收入分配其实就是按照各种生产要素的价格而进行的分配。

二、生产要素需求

（一）生产要素需求的特点

生产要素需求是由供求两方面构成的，与产品需求相比，生产要素需求具有派生性和联合性的特点。

在产品市场上，需求来自消费者，消费者为了直接满足自己的某种需求而购买商品，因此，对商品的需求是“直接”需求。而在生产要素市场上，需求来自厂商，厂商购买生产要素不是为了自己的直接需求，而是为了生产和出售产品以获得利益。由此可见，厂商对生产要素的需求是从消费者对产品的直接需求间接派生出来的，所以说生产要素的需求属于派生需求。

生产要素的需求又属于联合需求。所谓联合需求，是指同时对多种生产要素的需求，任何生产行为所需要的都不是一种生产要素，而是多种生产要素，这多种生产要素之间是互补的。因此，对生产要素的需求具有共同的、相互依赖的特点。

生产要素需求的特点要求在对生产要素的供求分析时必须考虑多种生产要素的同时变化。另外，有些生产要素可以互相替代，而有些生产要素则是相互补充，在分析时要注意它们之间的关系。

由以上生产要素需求的特点可以看出，影响生产要素需求的因素主要有以下几点：

1. 市场对产品的需求及产品的价格

市场对产品的需求及产品的价格会影响产品的生产与厂商的利润，从而影响生产要素的需求。一般来说，市场对某种产品的需求越大，该产品的价格越高，则生产这种产品所用的各种生产要素的需求也就越大，反之亦然。

2. 生产技术状况

生产技术状况决定了对某种生产要素需求的大小。如果技术是资本密集型的，则对资本的需求大；如果技术是劳动密集型的，则对劳动的需求大。

3. 生产要素的价格

各种生产要素有一定的替代性，如何进行替代在一定范围内取决于各种生产要素本身的价格。厂商一般会用价格低的生产要素替代价格高的生产要素，因此生产要素的价格本身对需求具有重要影响。

另外，生产要素的市场结构是完全竞争的还是不完全竞争的，会直接影响厂商对生产要素的需求状况，从而又会影响生产要素的价格。

（二）完全竞争市场上的生产要素需求

厂商购买生产要素是为了实现利润最大化。这样，它就必须使购买的最后一单位生产要素所支付的边际成本与其所带来的边际收益相等。在完全竞争市场上，边际收益等于平均收益，即等于价格。因此，厂商对生产要素的需求就是要实现边际收益、边际成本与价格相等，即：MR=MC=P。

在完全竞争市场上，对一家厂商来说，价格是不变的。由此可见，厂商对生产要素的需求取决于生产要素的边际收益。

生产要素的边际收益取决于该要素的边际生产力。在其他条件不变的情况下，增加一单位某种生产要素所增加的产量（或者这种产量所带来的收益）就是该生产要素的边际生产力。如果以实物来表示生产要素的边际生产力，则称为边际物质产品；如果以货币来表示生产要素的边际生产力，则称为边际收益产品。

根据边际收益递减规律，在其他条件不变的情况下，生产要素的边际生产力是递减的。因此，生产要素的边际收益曲线是一条向右下方倾斜的曲线。这条曲线也是生产要素的需求曲线，如图 7-1 所示。

在图 7-1 中，横轴 OQ 为生产要素需求量，纵轴 OP 为生产要素价格，MPP 为边际物质产品曲线，即向右下方倾斜的边际生产力曲线，也就是生产要素的需求曲线。当生产要素的价格为 OP_0 时，生产要素的需求量为 OQ_0。这时使用的生产要素量可以实现 MR=MC。如果生产要素价格高，即 MR<MC，从而减少生产要素需求；如果生产要素价格低，即 MR>MC，从而增加生产要素需求。

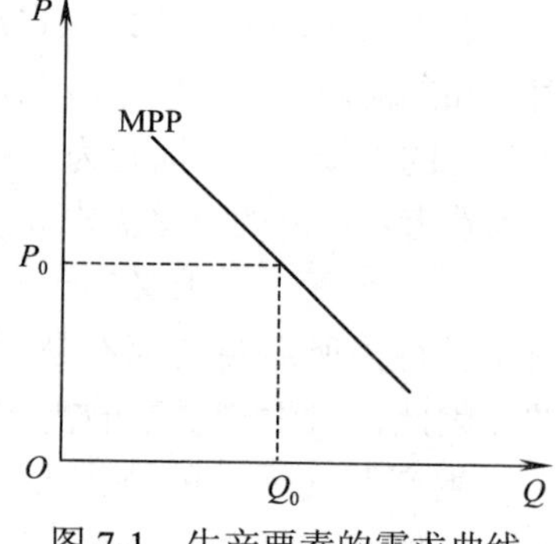

图 7-1　生产要素的需求曲线

整个行业的生产要素需求是各个厂商需求之和，同样也是一条向右下方倾斜的线。

（三）不完全竞争市场上的生产要素需求

在不完全竞争市场上，对一个厂商来说价格并不是不变的。因此，边际收益不等于价格。此时边际收益不仅取决于生产要素的边际生产力，还取决于价格水平。这时的生产要素需求仍要满足 MR=MC，因此，生产要素的需求曲线仍然是一条向右下方倾斜的线。

尽管两条曲线都是向右下方倾斜的，但在完全竞争市场和不完全竞争市场上是有差别的。这两种市场上的差别在于生产要素需求曲线的斜率不同，不完全竞争市场上厂商的边际收益曲线受边际生产能力和价格水平两个因素的影响，要比完全竞争市场上厂商的边际收益曲线更加陡峭一些，从而在生产要素的同一价格上，对生产要素的需求量不同。一般而言，同一价格时，完全竞争市场上的生产要素需求量大于不完全竞争市场。

三、生产要素的供给

生产要素各式各样，不同种类的生产要素各有自己的特点。一般来说，可以把生产要素分为三类来研究：

（1）自然资源。就一个社会来说，经济分析中一般假定这类资源的供给是相对固定不变的。

（2）资本财货。在经济分析中，由于这一种行业的产品往往是另一种行业的生产要素，因此，这类生产要素的供给与一般产品的供给一样，与价格同方向变动，供给曲线向右上方倾斜，即要素的价格越高，该要素的供给量越多。

（3）人的劳动。这种生产要素的供给有其特殊性，在工资理论中再详细介绍。

任务二　认知工资、地租、利息、利润

一、工资理论

工资是劳动者所提供的劳务报酬，也是劳动这种生产要素的价格。要素的价格取决于该种要素的供求关系，因此，在工资理论中应该首先分析劳动的需求与供给。

（一）劳动的需求与供给

劳动需求是指在各种可能的工资条件下，厂商愿意雇佣的劳动数量。厂商对劳动的需求取决于多种因素，如市场对产品的需求、劳动的价格、劳动在生产中的重要性等。但对每一个有理性的厂商而言，总是根据利润最大化的原则来选择使用劳动的数量。而且整个市场的劳动需求曲线是把所有需要劳动的企业的需求曲线沿横向相加而得到的。当工资率提高时，所有的企业使用劳动的数量将减少，从而劳动的市场需求量减少；反之，当工资率降低时，单个企业对劳动需求量的增加将导致劳动的市场需求量增加。因此，劳动的需求曲线是一条向右下方倾斜的曲线，表明劳动的需求量与工资呈反方向变动。可用图 7-2 来说明这一点。

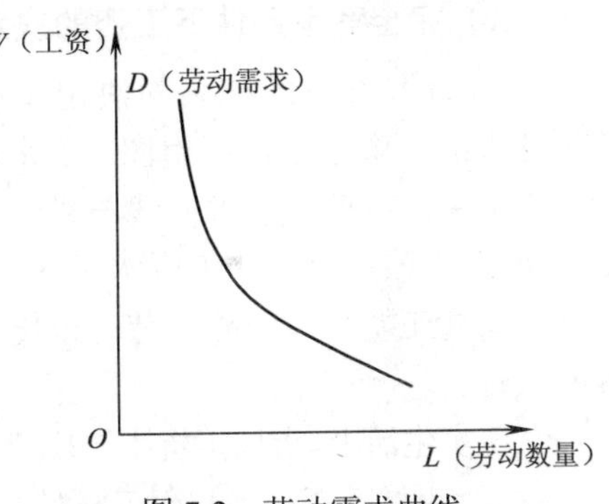

图 7-2　劳动需求曲线

劳动供给是指在各种可能的工资条件下，人们愿意提供的劳动数量。劳动的供给主要取决于劳动的成本。劳动的成本包括两类：①实际成本，即维持劳动者及其家庭生活必需的生活资料的费用，以及培养、教育劳动者的费用。②心理成本。劳动是以牺牲闲暇为代价的，劳动会给劳动者心理上带来负效用，补偿劳动者这种心理上负效用的费用就是劳动的心理成本。

但是劳动的供给有自己的特殊规律，一般来说，当工资增加时，劳动会增加，但工资增加到一定程度后如果再继续增加，劳动不但不会增加，反而还会减少。这是因为，工资收入增加到一定程度后，货币的边际效用递减，不足以抵消劳动的负效用，从而劳动就会减少。因此，劳动的供给曲线成为一条随工资率的不断上升而向后弯折的线，可用表 7-1 来说明这一情况。根据表 7-1 可以做出图 7-3。

表 7-1 工资率与劳动供给量

工资/（元/小时）	劳动供给量/小时
3	1 500
4	2 000
5	2 500
7	2 500
9	2 100
12	1 500

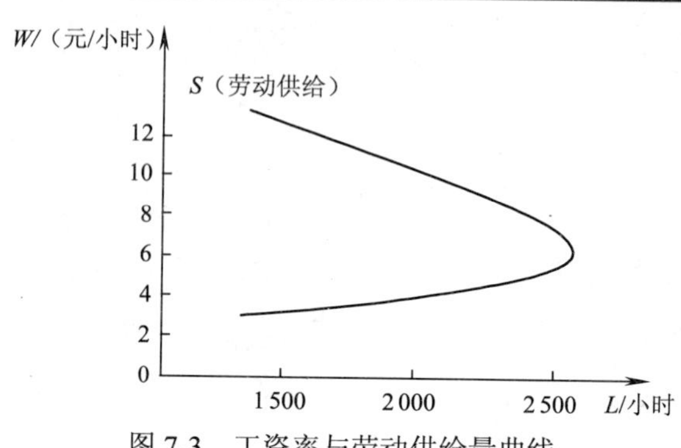

图 7-3 工资率与劳动供给量曲线

此外，劳动供给还取决于人口增长率、劳动力的流动性、移民的规模等因素。

（二）完全竞争条件下工资的决定

劳动的需求与供给共同决定了完全竞争条件下的工资水平，可用图 7-4 来说明。在图 7-4 中，劳动的需求曲线与供给曲线相交于 E 点，该点对应的工资水平 W_0，是劳动市场均衡工资，即能够使劳动市场供求相等的工资。

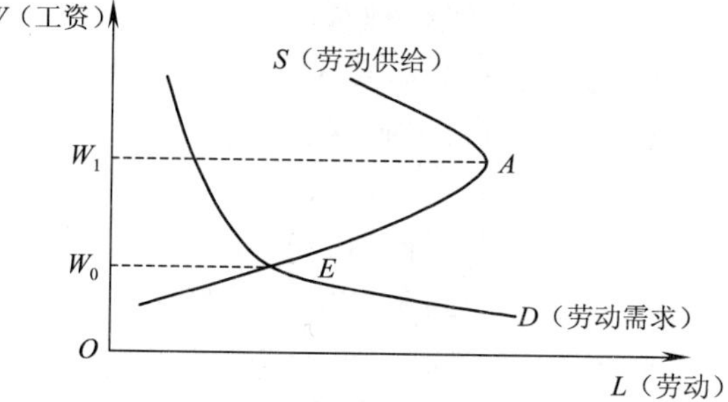

图 7-4 劳动的需求与供给曲线

在现实生活中，市场工资围绕均衡工资上下波动。当市场工资高于均衡工资时，劳动供给量将大于劳动需求量，如图 7-4 中，市场工资为 W_1 时，劳动供给明显大于需求。此时，劳动者之间的竞争又会迫使市场工资下降，直到跌至 W_0 的水平。当市场工资低于均衡工资时，劳动供给量将小于劳动需求量，企业之间的竞争会迫使市场工资上升，直到升到 W_0 的水平。

（三）工会对工资决定的影响

现实中的劳动市场往往并不是完全竞争的，如工会组织对劳动供给的垄断、政府的干预等。从当前许多国家的情况来看，工会组织在工资决定中起着重要的作用，一般而言，工会为提高工人工资，通常会采取以下三种方法。

1. 限制劳动供给

根据一般的供求法则，劳动供给减少，会使市场工资率上升。具体来说，工会限制劳动供给的常用手段包括：迫使政府通过限制移民入境、强制退休、禁止使用童工、减少工作时间等法律；提高行业的就业资格标准（如医生）；实行长期学徒工制度；拒绝接收新会员，并排挤非会员工人就业；对某些行业实施歧视（如性别歧视）等。

2. 增加劳动需求

根据一般的供求法则，劳动需求增加，也会使市场工资率上升。工会增加劳动需求的常用手段是：增加产品需求，从而使企业追加劳动投入，包括宣传和推销产品，限制同类产品进口，实施贸易保护政策等；提高会员劳动生产率，如组织学习和培训、激励士气、参与管理等。

3. 通过谈判提高工资标准

工会可以在罢工等手段的支持下，通过谈判与雇主达成提高工资标准的集体协议。

（四）工资差异的原因

上述劳动市场均衡工资率的分析是就单一劳动技能或同一种职业而言的，在现实的劳动市场中，不同国家、地区、部门、职业、群体和个人之间的工资差异是十分明显的。工资差异的原因主要体现以下四个方面。

1. 补偿性工资差异

不同工作的负效用是不同的，为了使人们进入吸引力较小的工作领域，企业需要支付较高的工资进行补偿。例如，煤矿工人所从事的工作危险性大，从事脑力劳动的强度较大，建筑施工受季节和地理位置的限制较大等原因引起的工资差异，均属于补偿性工资差异的范畴。

2. 生产率工资差异

生产率工资差异指因劳动质量的差异而造成的工资差异。例如，大学教授的工资高于售货员，较高的工资收入是对大学教授较高劳动质量的承认；打字速度快而且错误少的秘书比别的秘书能获得更高的工资。

3. 非竞争性工资差异

劳动市场的非竞争性也是工资差异的重要原因。劳动市场的非竞争性表现在不完全信息、不完全劳动流动性、市场分割、非竞争性群体等方面。如西部农民知道到东部可获得更高的收入。但是，户口、住房、入学、就业等一系列制度制约了他们向东部更广泛地流动。这种劳动力缺乏流动性会扩大工资差异。另外，男性与女性、黑人与白人、宗教信仰与国籍等，使人们形成若干非竞争性群体，习惯、偏见、歧视与制度等若干因素会导致非竞争性群体之间的工资差异。

4. 特殊的工资差异

某些个人拥有非凡的才能，并在特定的环境中获得特别高的收入。个别演员和运动员可以得到上千万美元的年收入，除了天赋与后天的努力之外，媒体的宣传和公众的偏好也是他们获得特别高的收入的重要原因。

二、地租理论

（一）地租

地租是土地这种生产要素的价格。土地可以泛指生产中使用的自然资源。地租也就是土地所有者因为出让土地使用权而收取的报酬，而并非土地本身的价格。正因为土地有地租，所以有偿使用土地正是地租存在的表现。

（二）地租的决定

地租是由土地的需求与供给决定的。土地需求是指在各种可能的地租下人们对土地的需求量。一般来说，地租越高，人们对土地的需求量越小；地租越低，对土地的需求量越大。在理论上，这是边际报酬递减规律发生作用的结果。由于边际报酬递减，所以土地的需求曲线是一条向右下方倾斜的曲线。

土地供给是指在各种可能的地租下，人们愿意提供的土地数量。由于土地是自然界直接提供的生产要素，因此，其供给是缺乏弹性的。在一般情况下，地租上升不会使土地供给增加；地租下降也不会使土地供给减少。反映在图像上，通常是一条垂直于横轴的直线，如图 7-5 所示。

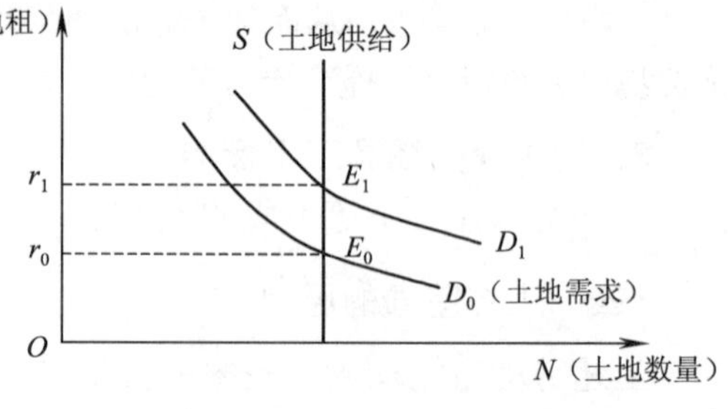

图 7-5 地租的决定

地租取决于土地的供求，土地需求曲线 D_0 与土地供给曲线 S 相交于 E_0 点，此时的地租 r_0 为均衡地租。尽管土地的供给是固定的，但土地需求会随着时间的推移而移动，如人口增加、技术进步等因素会使土地需求增加，使土地需求曲线从 D_0 向上移动到 D_1，则地租也就从 r_0 上涨到 r_1。

因此，从图 7-5 中可以看出，在单一用途条件下，地租由需求决定。需求越大，地租越高；需求越小，地租越低。

名校与级差地租

不少学生家长对身边学校无兴趣，但愿意多花钱外加高额的赞助费，托人或在别的地区买房，以图让孩子上所谓的名校。造成这种现象的唯一重要原因是高考独木桥的竞争，实际已前置到了高中、初中、小学甚至幼儿园。名校多是以往的省市县重点，计划体制下财政优先多拨款，分配好的师资，日积月累，重点学校多成了名校。现在，就业的竞争越来越激烈，一流院校的教育或一张坚挺的文凭，是一个人能否跻身白领或管理阶层的重要途径，而能否得到良好的高等教育，在义务教育阶段能否进入名校则是一个关键因素。因此只要有办法，众多学生家长都对名校趋之若鹜。

对于一公顷的土地面积，如果在青海西部几乎无人的荒漠地带，或在格尔木以西的地方，大概几十块钱的租金就可以租一年，而在上海静安区愚园路一带，大概要几百万到几千万元，级差地租达百万倍。这就是因基础设施条件、文化娱乐商业配套等和需求的不同所致的级差地租。城市土地归政府所有，荒地等也归政府所有，级差地租进公共财政大家没意见。但是在高收费的名校方面，政府和财政的差别性高投入，并没获得级差地租。高等教育因连年扩招，教育方针已从精英教育逐渐转向普及教育，而高等教育以下的中等教育和初等教育，依然沿袭着以往惯性以精英培养为方向，以给高等院校选拔人才为目标。这个方向应该调整。从财政上看，名校在资源分配上与非名校进行零和博弈，抢占了原本有限的教育资源。虽然名校中的学生大都能够接受高等教育，但这却让非名校的许多学生上不了大学，有的甚至连

9 年义务教育都无法完成。

名校能够弥补公共教育资源的某些不足，是有其存在价值的，如在美国麻省安多弗镇学费昂贵的菲利普斯学校，布什家族两代人都在那里读过书。但那是纯商业学校，不分享公共财政资源。我国名校在大量享有财政政策优惠的同时，还独享商业化的好处。解决办法只有两条：要么商业化，要么将级差地租上缴。

（三）准租金和经济租金

准租金也称准地租，是指固定资产在短期内得到的收入。在短期内，工厂、机器及其他耐久性设备固定性很强，不易从这个产业转往其他产业，类似土地。厂商利用这些较好的固定要素，以较低的平均成本进行生产，取得较高的经济利润，类似地租。这种厂商的总收益与其变动成本的差额，即固定要素的报酬。由于这些要素只是在短期内暂时固定，所以它们的报酬称为准地租。

经济租金也称经济地租，指要素的收入与转移收入的差额。转移收入指要素在次优用途上可能获得的报酬，即要素的机会成本。例如，一块土地用于种小麦的报酬是 100 元，用于种玉米的报酬是 80 元。那么，人们会选择用这块地种小麦，种玉米可能获得的 80 元是转移收入，经济租金为两者之差，即 20 元。又如，某篮球明星年收入 500 万元，他干其他工作最多可获得年薪 10 万元，其经济租金为 490 万元。

由此可见，经济地租属于长期分析，而准地租属于短期分析。经济地租是对某些特定要素来说的，而经济利润是对整个厂商来说的。厂商获得经济利润并不意味着其要素也存在经济地租。一种要素在短期中存在准地租，也不意味着长期中存在经济利润。

（四）寻租行为

人们以各种方式获得准租金和经济租金的行为就是寻租行为。

在发达的市场经济中，寻租行为的典型表现是垄断企业人为地减产提价，以增加企业的准租金。但从长期来看，准租金和高价格会吸引其他企业进入该行业。所以，这种寻租行为往往涉及政治行为，如通过贿赂等手段获取特许权。

在发展中的市场经济条件下，寻租行为比较普遍，这与行政权力较大、法律不够完善、缺乏制衡机制和市场不发达有关。例如，为了保护民族工业，一些发展中国家实行进口配额制，即规定进口商品的最高限额。进口配额制造成国内市场价格高于国际市场价格，这种额外利益是一种经济租金，这可能诱使一些商人以行贿手段获得进口配额。

三、利息理论

（一）利息及利息率

利息是资本这种生产要素的价格，也就是货币资本使用者向资本提供者支付的报酬。它是一个绝对量的概念。在经济分析中通常使用的是利息率，简称利率，它是指利息额占使用资本总量的百分比。例如，货币资本为 10 000 元，其利息为 1 000 元/年，则年利息率为 10%，或称年息 10%。这 10%就是货币资本在一年内提供生产性服务的报酬，即这一定量货币资本的价格。

（二）利息率的决定

利息率取决于资本的需求与供给。资本需求是指在各种可能的利率下，企业对资本的需求量，主要是指企业的投资需求。因此，可以用投资来代表资本的需求。资本供给是指在各种可能的利率下，人们愿意提供的资本数量，主要来自储蓄。因此，可以用储蓄来代表资本的供给，这样就可以用投资与储蓄来说明利息率的决定。

企业借入资本进行投资，是为了实现利润最大化，这样投资就取决于利润率与利息率之间的差额。利润率与利息率的差额越大，即利润率越是高于利息率，纯利润就越大，企业也就愿意投资；反之，利润率与利息率的差额越小，即利润率越接近于利息率，纯利润就越小，企业就越不愿意投资。这样，在利润既定时，利息率就与投资呈反方向变动，从而资本的需求曲线是一条向右下方倾斜的曲线。

人们进行储蓄，放弃现期消费是为了获得利息，利息率越高，人们越愿意增加储蓄；利息率越低，人们就越要减少储蓄。这样，利息率与储蓄呈同方向变动，从而资本的供给曲线是一条向右上方倾斜的曲线。

利息率是由资本的需求与供给双方共同决定的，可用图 7-6 来说明利息率的决定。

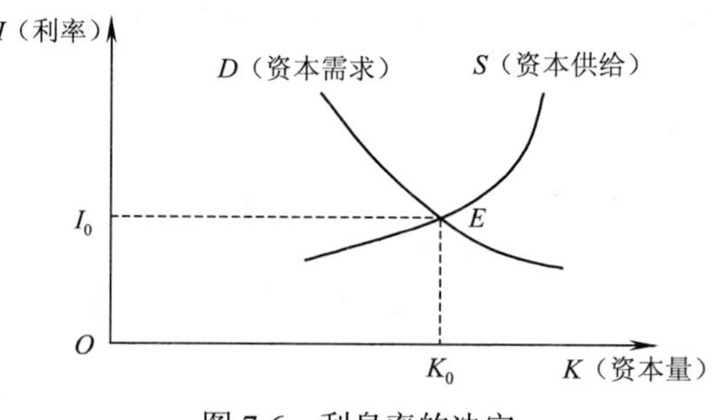

图 7-6 利息率的决定

这种利息率也叫纯粹利息率，是指在理想的环境中，单纯由资本供求决定的利率。理想的环境包括以下条件：资本自由流动、不存在风险、不考虑借贷期限差异、不考虑管理费用、不考虑市场分割与借贷方式差异等。

（三）名义利率与实际利率

上面对利率的讨论中没有考虑通货膨胀因素。也就是说，这里所说的利率是以货币单位直接衡量的，这种以货币单位直接衡量的利率叫名义利率。也就是通常公布的，没有根据通货膨胀的影响进行校正的利率，或者说银行所支付的利率称为名义利率。

但是，在存在通货膨胀的现实世界中，我们也需要了解资本的实际收益率，即根据通货膨胀校正的利率，也称实际利率。实际利率、名义利率和通货膨胀之间的关系为

实际利率=名义利率–通货膨胀率

例如，若名义贷款利率为 6%，经济中通货膨胀率为 4%，此时实际的贷款利率就应该为 2%。

（四）利息的作用

在经济中，利息有着重要的作用，具体表现如下：

（1）利息的存在可以鼓励少消费，多储蓄。增加储蓄是发展经济的关键，而刺激人们增加储蓄的最有利的手段就是提高利息率。也正因为如此，一般国家在经济发展初期时，总会采取高利息率的政策。

（2）利息的存在可以使资本得到最有效的利用。如果社会的利息水平是既定的，那么，人们就会把资本用于利润率最高的部门，利润率最高的部门也就是资本能最好地发挥其作用的部门。

（3）企业在支付利息的情况下，就会更节约、更有效地利用资本。因此，利息的存在是刺激企业有效利用资本的最好手段。

（4）当一个社会出现了通货膨胀时，提高利息率可以抑制对可贷资金的需求，刺激可贷资金的供给，从而制止通货膨胀。

正因为利息有这些作用，所以利息率在经济调节中占有非常重要的地位。

四、利润理论

经济学家一般把利润分为正常利润与超额利润，由于这两种利润的性质与来源都不同，因此分别加以论述。

（一）正常利润

正常利润是企业家才能的报酬，也是企业家才能这种生产要素所得到的收入。它包括在成本之中，其性质与工资相类似，是由企业家才能的需求与供给决定的。

厂商对企业家才能的需求是很大的，因为企业家才能是生产的关键。使劳动、资本与土地结合在一起生产出更多产品的决定性因素是企业家才能。而企业家才能的供给又是很小的，并不是每个人都具有企业家的天赋，只有那些有胆识、有能力、又受到良好教育的人才具有企业家才能，所以培养企业家才能所耗费的成本是很高的。企业家才能需求与供给的特点，决定了企业家才能的收入——正常利润必然是很高的。可以说，正常利润是一种特殊的工资，其特殊性就在于它的数额远远高于一般劳动所得到的工资。

（二）超额利润

超额利润是指超过正常利润的那部分利润，又称经济利润。在完全竞争的条件下，在静态社会里，不会有这种利润产生。只有在动态的社会中和不完全竞争条件下，才会产生这种利润。

动态的社会涉及创新和风险，不完全竞争就是垄断。因此经济利润主要有以下三个来源：

1. 创新

这里所说的创新包括引进一种新产品，采用一种新技术，开辟一个新市场，获得一种新来源，采用一种新的企业组织形式。这五个方面中的任何一种都可以使企业获得更高的劳动生产率，从而带来经济利润。

例如，引进一种新产品可以是这种产品的价格高于其成本，从而产生超额利润。采用一种新的方法和新的企业组织形式，都可以提高生产效率而降低成本，获得一种原料的新来源也可以降低成本。这样，产品按市场价格出售时，由于成本低于同类产品的成本就获得了超额利润。

2．承担风险

风险是指投资者面临亏损的可能性。企业家进行某种有可能失败的生产活动时，也就面临着遭受经济损失的可能性。在社会经济发展过程中，总需要有人去承担风险，由于承担风险而获得的经济利润不过是社会为冒险活动所支付的保险费用。

3．垄断

由垄断产生的利润叫垄断利润。它是由卖方垄断和买方垄断而产生的超过正常利润的那部分利润。卖方垄断也叫专卖，是指对某种产品出授权的垄断，垄断者可以使厂商抬高出售产品的价格以损害消费者的利益而获得超额利润。买方垄断也称专买，是指对某产品或生产要素购买权的垄断，垄断者压低收购生产要素的价格，以损害生产者或生产要素的供应者的利益而获得超额利润。

（三）利润在经济中的作用

利润在经济发展中有重要的作用，它是社会进步的动力，这主要表现在如下几个方面：

（1）正常利润作为企业家才能的报酬，能鼓励企业家更好地管理企业，不断提高经济效益。

（2）由于创新而产生的超额利润能鼓励企业家大胆创新，而这种创新非常有利于社会的进步。

（3）由风险而产生的超额利润能鼓励企业家勇于承担风险，从而从事有利于社会经济发展的风险事业。

（4）追求利润的目的使企业按社会的需求进行生产，努力降低成本，有效地利用资源，从而在整体上符合社会的利益。

（5）整个社会以利润来引导投资，使投资与资源的配置符合社会的需要。

任务三　洛伦斯曲线与基尼系数认知

生产要素在生产中贡献的大小是市场经济中初次分配的依据和标准，由于每个人拥有的生产要素的数量与质量有差异，所以市场经济中的分配必然引起收入的不平等，甚至两极分化。

为了衡量和判断某一社会收入分配的平均程度，本节介绍洛伦斯曲线和基尼系数两个定量的衡量指标。

一、洛伦斯曲线

洛伦斯曲线是用来衡量社会收入分配或财产分配平均程度的曲线，是美国统计学家洛伦斯提出的，根据实际统计资料做出的以反映人口比例与收入对应关系的一条曲线。

洛伦斯把社会各个居民依据其收入的多少分成五个等级，各占人口的20%，按他们在国民收入中所占份额的大小可做出表7-2。

表 7-2 社会收入分配的平等程度

级 别	占人口百分比	合 计	占收入百分比	合 计
1	20	20	6	6
2	20	40	12	18
3	20	60	17	35
4	20	80	24	59
5	20	100	41	100

将表 7-2 中人口合计百分比和收入合计百分比的对应关系描绘在图上，则得到洛伦斯曲线。如图 7-7 所示，横轴表示人口百分比，纵轴表示收入百分比，曲线 *OY* 为洛伦斯曲线。由图 7-7 和表 7-2 可以看出，在这个国家中，收入最低的 20%人口所得到的收入仅占总收入的 6%，而收入低的 80%的人口所得到的收入才占总收入的 59%。

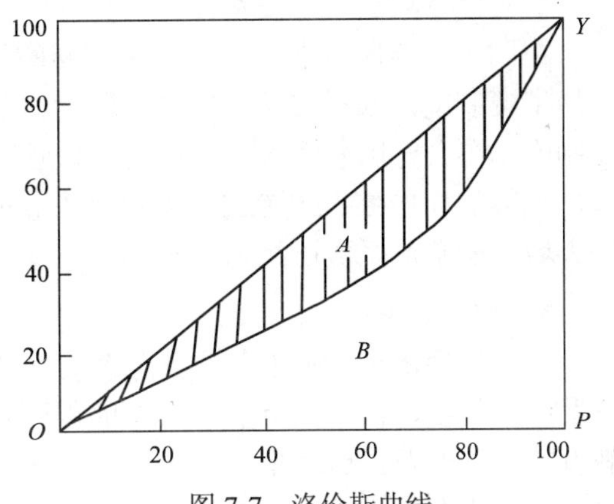

图 7-7 洛伦斯曲线

显而易见，洛伦斯曲线的弯曲程度具有十分重要的意义。一般来说，它反映了收入分配的不平等程度。弯曲程度越大，收入分配越不平等；弯曲程度越小，收入分配越平等。特别是如果收入都集中在某一个人手中，而其余人口一无所获时，收入分配达到绝对不平等，洛伦斯曲线为折线 *OPY*；另一方面，如果任意一人口百分比均等于其收入百分比，则收入分配就是绝对平等的，洛伦斯曲线为对角线 *OY*。如果把收入改为财产，洛伦斯曲线反映的就是财产分配的平均程度。

一般来说，一个国家的收入分配既不是绝对不平等的，也不是绝对平等的，而是介于两者之间，因此，洛伦斯曲线也就介于对角线 *OY* 和折线 *OPY* 之间。

二、基尼系数

（一）基尼系数的概念

根据洛伦斯曲线，可以计算出反应收入分配平均程度的指标，这一指标称为基尼系数。

如果把图 7-7 中洛伦斯曲线与对角线 *OY* 之间的面积即阴影部分用 *A* 表示，洛伦斯曲线与折线 *OPY* 之间的面积用 *B* 表示，那么基尼系数（*G*）的计算公式为

$$G=\frac{A}{A+B}$$

当 A=0 时，基尼系数等于 0，这时收入分配绝对平均。

当 B=0 时，基尼系数等于 1，这时收入分配绝对不平均。

实际的基尼系数总是大于 0 而小于 1 的。基尼系数越小，就表示收入分配越平均；基尼系数越大，收入分配越不平均。

按国际通用的标准，基尼系数小于 0.2 表示收入分配绝对平均，0.2～0.3 表示收入分配比较平均，0.3～0.4 表示收入分配基本合理，0.4～0.5 表示收入分配差距较大，0.5 以上表示收入分配差距悬殊。

（二）影响基尼系数的因素

在现实生活中，基尼系数受到很多因素的影响。

1．社会制度

社会主义国家的基尼系数要低于资本主义国家，这是由于社会主义国家实行按劳分配，而劳动能力差别所引起的收入差异一般只能相差3～5倍；而资本主义国家实行生产资料私有制，如美国收入最高的5%人口占有全部个人储蓄的2/3，这是扩大收入差距的重要因素。

2．经济体制

在同一社会制度下，可以存在不同的经济体制。例如，我国在改革开放前，全国实行统一的工资制度，农村实行人民公社制度，基尼系数很低。改革开放以后，在城市推行现代企业制度，在农村搞家庭联产承包制，基尼系数有所上升。在1978～1990年，城镇个人收入的基尼系数从0.15提高到0.23，农村个人收入的基尼系数从0.212提高到0.31。到2003年，某些大城市的基尼系数已经超过0.40。

3．教育因素

在市场经济中，人们的收入与教育水平有十分密切的关系。在一国由农业社会向现代经济发展的初期，由于只有少数人能够得到较好的教育，教育成为扩大基尼系数的因素。随着教育的逐渐普及，劳动报酬在总收入中的比例上升，资产报酬在总收入的比例相应下降，基尼系数会逐渐变小。

4．部门结构

在经济发展的初期，非农产业的人均收入显著高于农业部门。因此，在农业部门剩余劳动力开始向非农产业转移的时候，基尼系数将会变大。但是，由于相当一部分人口离开农村之后，农村人均耕地有所增加，人均收入也相应提高，城乡差距缩小，将会导致基尼系数变小。

5．政策因素

在市场经济发展初期，政府往往实行扶植工业的政策，这会导致基尼系数的扩大。在经济发展达到一定水平后，政府一般会通过累进所得税和社会福利措施来减小收入差距，特别是发达国家普遍对农业给予各种巨额补贴，使基尼系数有所缩小。我国近几年也开始调整农业政策，如对农业给予各种形式的补贴，目的也是为了缩小我国城市和农村之间的收入差距。

三、洛伦斯曲线与基尼系数的运用

通常可以用洛伦斯曲线与基尼系数来分析比较各个国家之间，或一个国家各个不同时期的社会收入分配的平等程度，以及收入分配各种政策的效应。作为一种分析工具，洛伦斯曲线与基尼系数是很有用的。

如图7-8所示，a、b、c三条洛伦斯曲线分别代表收入分配的不平等程度。如果这三条曲线分别表示的是A、B、C三国的收入分配状况，可以看出，A国的收入分配最平等，C国的收入分配最不平等，B国的收入分配介于二者之间。如果这三条曲线分别表示一国在不同时期的收入分配状况，假设a为最近时期的，c为最早时期的，则该国收入分配呈现出越来越均等化的趋势。如果把这三条曲线中任意两条曲线看作表示一国实施某项经济政策前后的收入分配状况，假定a为实施政策前的，b为实施政策后的，则说明该项经济政策的收入效应差距是有所扩大的。

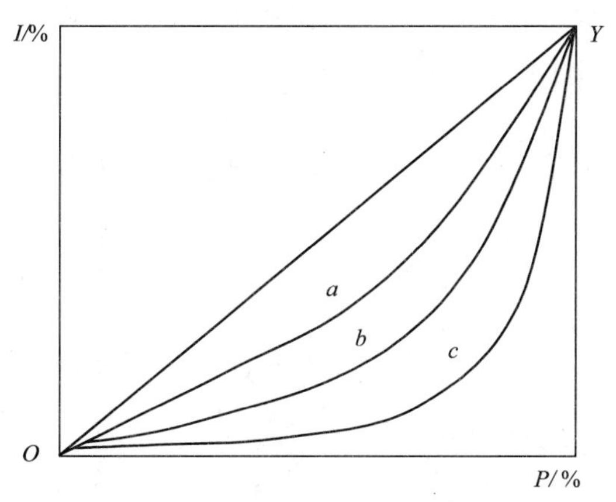

图 7-8　洛伦斯曲线与基尼系数的运用

同样，也可根据洛伦斯曲线计算的基尼系数来进行比较。

案例分析

明星的收入

无论在国外还是国内，影视和体育明星们的收入都是天文数字。在美国，像泰格·伍兹和朱莉娅·罗伯茨这样的大牌明星年收入达几千万美元并不奇怪。在国内，名气冲天的大腕们的年收入也不下几百万元。人们对明星有一种矛盾的心态。一方面，看着他们开着保时捷跑车飞驰而过时，心里颇不平衡；另一方面，又不惜用高价弄到一张票去看他们的演出。

明星们的这种高收入合理不合理，或者用经济学的语言说，他们的这种收入公平不公平，有没有效率呢？

明星的高收入是由供求关系决定的。社会对明星的需求量是极大的，这种需求来自公众和企业。公众希望看到高水平的体育或影视表演，看伍兹打高尔夫球，欣赏朱莉娅·罗伯茨的电影，无疑是一种极大的享受。公众作为需求者，对明星的高需求表现为他们愿意为得到这种享受而出高价。企业希望这些公众影响力大的明星为它们做广告，因为这样会扩大它们产品的销路，带来滚滚利润。它们愿意为明星付高价是因为它们觉得值，即由此得到的收益大于所付出的成本。

明星能收取高价的更重要原因在于供给极少。一个人能成为明星首先在于天赋。如果人人通过勤奋和努力都能成为明星，明星就不值钱了。能成为明星者，一定是极富天才，极努力，又极幸运的极少数人。在任何社会内，这种天才明星都是极少的。明星是一种垄断性极高的稀缺资源。这决定了他们可以像任何这类资源（如钻石）一样卖出高价。

明星这种生产要素的高价格和高收入是由其供求关系决定的。在这种要素供给极为短缺时，决定明星价格的主要因素还是公众和企业的支付愿望与支付能力。一种生产要素的价格（或这种要素所有者的收入）是否合理取决于它的决定机制。如果这种高收入由政府人为决定，无论多少都不合理；如果这种高收入是市场决定的，无论多少都合理。这是我们判断一种收入是否合理的标准。

资料来源：梁小民．我说[M]．北京：社会科学文献出版社，2003．

试分析： 1. 你认为明星们的高收入是否合理？
2. 请分析一下目前我国收入差别形成的原因？

任务四　认知收入分配平等化政策

收入分配不平等是合理的，但有一定限度。如果收入分配差距过大，甚至出现贫富两极分化，既有损于社会公平的目的，又会成为社会动乱的隐患。因此，各国政府都在一定程度上采用收入分配政策，以纠正收入分配中较为严重的不公平等问题。

一、过程公平论与结果公平论

（一）过程公平论

过程公平论根据分配的机制或手段来判断是否公平。换言之，无论结果如何，只要机制是公平的，就实现了公平。在收入分配问题上，这种观点强调的是决定收入的机制是否公平。该观点认为，收入分配是否公平，关键在于决定分配的机制。在市场经济中，重要的是制度上的公平，而这种公平要以私有产权和自愿交易为基础。人们通过交易来实现私有财产的转移。只要交易是公平的，产生的结果就是公平的。在生产中，私有产权制度保证了每个人的要素由个人所拥有，各自交换自己的要素。这种交易的自愿性与平等性决定了分配的公平性。

（二）结果公平论

结果公平论根据分配的结果来判断收入分配是否公平。换言之，只有结果的平等才实现了公平。该观点认为，如果最穷的人可以通过从任何一个其他人那里得到收入而增加福利，那么公平就是要求进行这种分配。按这个标准，最公平的分配应该是完全平等的分配，但实际上并非如此。因为这种分配引起效率损失，会使所有人的福利减少，所以结果公平论并不是主张完全平等的分配，而是关注最穷的人的状况，通过收入再分配来增加他们的收入。

这两种观点反映了人们对收入分配的不同看法。在现实中，无论持什么观点，都认为需要某种形式的收入再分配政策来保证社会的某种程度的公平与社会稳定。

二、收入再分配政策

在市场经济中，应该按照效率优先的市场原则进行个人收入分配。但每个人在进入市场之前所拥有的市场要素数量不同，即每个人的能力与资产不同，在市场竞争中，每个人的机遇又不同。这样，收入差别悬殊，甚至贫富对立是不可避免的。这种分配状态，不合乎人们公认的伦理原则，也不利于社会安定。因此，就要通过政府的收入政策来缓和收入分配不公平的现象，在一定程度上实现收入分配平等化。

（一）税收政策

在市场经济中，各国出于各种目的而征税，其主要目的还是通过税收为政府各种支出筹资。在宏观经济政策中，政府运用税收来调节宏观经济。在收入分配中，政府也运用税收来实现收入分配的公平。税收的主要手段是个人所得税，此外还有遗产税、财产税、赠予税等。个人所得税是税收的一项重要内容，它通过累进税制来调节社会成员收入分配的不平等状况。

（二）社会福利政策

社会福利政策是通过给穷人补助来实现收入分配平等化。从当前西方各国的情况来看，社会福利政策主要有以下一些内容。

1. 各种形式的社会保障与社会保险

社会保障与社会保险包括：失业救济金制度，即对失业人员按一定标准发放能使其维持生活的补助金；老年人年金制度，即对退休人员按一定标准发放年金；对有未成年子女家庭的补助；对收入低于一定标准（即贫困线）的家庭与个人的补助。这些补助金主要是货币形式，也有发放食品券等实物的。其资金来源，或者是个人或企业交纳的保险金，或者是政府的税收。

2. 向贫困者提供就业机会与培训

收入不平等的根源在于贡献的大小，而贡献的大小与个人的机遇和能力相关。政府可以通过改善穷人就业的能力与条件来实现收入分配的平等化。在这方面，主要是实现机会均等，尤其是保证所有人的平等就业机会，并按同工同酬的原则支付报酬。其次是使穷人具有就业的能力，包括进行职业培训，实行文化教育计划，建立供青年交流工作经验的青年之家，使穷人有条件读书等。这些都有助于提高穷人的文化技术水平，使他们能从事收入高的工作。

3. 医疗保险与医疗援助

医疗保险包括住院费用保险、医疗费用保险以及出院后部分护理费用的保险。这种保险主要由保险金支付。医疗援助则是政府出钱资助医疗卫生事业，使每个人都能得到良好的医疗服务。

4. 对教育事业的资助

包括兴办国立学校，设立奖学金和大学生贷款，帮助学校改善教学条件，资助学校的科研等。从社会福利的角度来看，对教育事业的资助有助于提高公众的文化水平与素质。这也是有利于收入分配平等化的。

5. 各种保护劳动者的立法

这类立法包括最低工资法和最高工时法，以及环境保护法、食品和医疗卫生法等，这些都有利于增进劳动者的收入，改善他们的工作与生活条件，从而也减少了收入分配不平等的程度。

6. 改善住房条件

改善住房条件的方式包括以低房租向穷人出租国家兴建的住宅；对私人出租的房屋实行房租限制；资助无房者建房；实行住房房租补贴等。这改善了低收入居民的住房条件，也有利于实现收入分配平等化。

三、平等与效率

1. 平等与效率——一个永恒的矛盾

西方经济学家认为，收入分配有三种标准：①贡献标准，即按社会成员的贡献分配国民收入。这一标准在分配理论中介绍过，按生产要素的价格进行分配。这种分配标准能保证经济效率，但由于各社会成员的能力、机遇的差别，又会引起收入分配的不平等。②需要标准，即按社会成员对生活必需品的需要分配国民收入。③平等标准，即按公平的准则来分配国民收入。后两个标准有利于收入分配的平等化，但不利于经济效率的提高。有利于经济效率则会不利于平等，有利于平等则会有损于经济效率，这就是经济学中所说的平等与效率的矛盾。过分追求平等会导致效率上的损失。例如，平均主义的大锅饭制度能够促进平等，但是它会削弱人们的工作热情和创造热情，出工不出力，即用闲暇来替代劳动。又如，高额累进所得税、财产税和遗产税能够促进平等。但是，它们会促使人们用消费代替储蓄，用财产分散代替财产集中，用对外投资代替国内投资，从而影响国内资本积累和效率提高。此外，当国内税率过高时，人们还会“用脚投票”，一部分高收入者将迁往国外，脑力、技术和财产也相应外流，影响到经济效率。政府向低收入者提供补贴或向失业者提供失业救济，可以促进平等，但是，若这种措施力度过大，失业者便不愿接受较低工资或强度大的工作，低收入者也会丧失穷则思变的动力，从而影响到效率。过分地追求效率，会导致社会两极分化。例如，政府不以再分配政策干预市场，甚至推行倾向于高收入阶层的分配政策，就会使两极分化愈演愈烈，而两极分化达到一定程度之后，将会引起诸多社会问题，带来社会的不安定，所以许多国家都十分重视这一问题。

收入分配要有利于经济效率的提高，则要按贡献来分配，这样，有利于鼓励每个社会成员充分发挥自己的能力，在竞争中取胜。经济效率的高低则体现在经济增长的速度上。

收入分配的平等可以用三种标准来衡量：①劳动分配率，即劳动收入在国民收入中所占的比例；②洛伦斯曲线与基尼系数；③工资的差异率。

收入分配政策的目标，就是既要有利于经济效率，又要有利于平等。收入分配的基本原则是贡献标准，而收入分配的平等化问题则要通过其他政策来实现。

2．平等与效率的互补关系

平等与效率的互补关系是指二者在一定条件下具有相互促进的功能：

（1）平等在一定条件下有助于效率提高。如果社会过分不平等，不仅会影响社会秩序的稳定，而且由于边际消费倾向递减的存在，低收入者的境况过差会影响产品的销售，从而影响到生产与效率。

（2）效率在一定条件下有助于实现平等。效率越高会使国民生产总值越来越多，相当于馅饼越来越大，即使存在分配不均，人们所得到的也比均分小馅饼要多。当国民生产总值达到一定规模时，政府就可以采用累进所得税和社会福利措施来推进平等。换言之，追求效率可以创造实现平等的物质条件。

3．平等与效率的次序

多数微观经济学家主张把效率作为优先考虑的目标，当经济发展到一定规模之后，再以尽量小的效率损失换取尽可能高的平等程度，即效率优先兼顾公平的原则。这种主张与资本主义经济发展的实际情况是相一致的。在资本主义发展早期，社会两极分化很少受到政府干预。直到第二次世界大战之后，资本主义国家才注重平等与社会福利问题，同时，它们高度重视促进平等的措施可能对效率产生的消极影响。

本章小结

本章主要讲述生产要素的需求与供给及各种生产要素的均衡价格决定问题，并在此基础上讨论反映社会收入分配平等程度的洛伦斯曲线和基尼系数等问题。生产要素的价格同一般商品一样，取决于生产要素的需求与供给。工资是劳动的价格，劳动的供给曲线是一条向后弯曲的曲线，劳动的需求曲线是一条向右下方倾斜的曲线，它们的交点决定的工资水平就是均衡的工资。土地的供给曲线是与横轴垂直的直线，土地的需求曲线是一条向右下方倾斜的曲线，它们的交点决定的地租水平就是均衡的地租。利息是资本的价格，资本的供给曲线是一条向右上方倾斜的曲线，资本的需求曲线是一条向右下方倾斜的曲线，它们的交点决定的利息水平就是均衡的利息。利息率在经济调节中有非常重要的作用。正常利润是企业家才能的价格；超额利润是超过正常利润的利润，在完全竞争的市场上是没有超额利润的。洛伦斯曲线是反映社会收入分配平均程度的曲线。基尼系数是根据洛伦斯曲线得到的反映社会收入分配平等程度的指标，它的大小受到很多因素的影响。

补充阅读

漂亮与收入

美国经济学家丹尼尔·哈莫米斯与杰文·比德尔在1994年第4期《美国经济评论》上发表了一份调查报告。根据这份调查报告，漂亮的人的收入比长相一般的人的收入高5%左右，长相一般的人又比丑陋一点的人收入高5%～10%左右。为什么漂亮的人收入高呢？

经济学家认为，人的收入差别取决于人的个体差异，即能力、勤奋程度和机遇的不同。漂亮程度正是这种差别的表现。

个人能力包括先天的禀赋和后天培养的能力，长相与人在体育、文艺、科学方面的天才一样是一种先天的禀赋。漂亮属于天生能力的一个方面，它可以使漂亮的人从事其他人难以从事的职业（如当演员或模特）。漂亮的人少，供给有限，自然市场价格高、收入高。

漂亮不仅仅是脸蛋和身材，还包括一个人的气质。在调查中，漂亮实际是包括外形与内在气质的一种综合。这种气质是人内在修养与文化的表现。因此，在漂亮程度上得分高的人实际往往是文化高、受教育高的人。两个长相接近的人，也会由于受教育不同表现出来的漂亮程度不同。所以，漂亮是反映人受教育水平的标志之一，而受教育是个人能力的来源，受教育多、文化高，收入水平高就是正常的。

漂亮也可以反映人的勤奋和努力程度。一个工作勤奋、勇于上进的人，自然会打扮得体，举止文雅，有朝气。这些都会提高一个人的漂亮得分。漂亮在某种程度上反映了人的勤奋，与收入相关也就不奇怪了。

最后，漂亮的人有更多的机遇。有些工作，只有漂亮的人才能从事，漂亮往往是许多高收入工作的条件之一。就是在所有的人都能从事的工作中，漂亮的人也更有利。漂亮的人从事推销更易于被客户接受，当教师会更受到学生热爱，当医生会使病人觉得可亲，所以，在劳动市场上，漂亮的人的机遇更多，雇主总爱优先雇用漂亮的人。有些人把漂亮的人机遇更多而更易于受雇称为一种歧视，这也不无道理。但有哪一条法律能禁止这种歧视呢？这是一种无法克服的社会习俗。

漂亮的人收入高于一般人。两个各方面条件大致相同的人，由于漂亮程度不同而得到的收入不同。这种由漂亮引起的收入差别，即漂亮的人比长相一般的人多得到的收入称为“漂亮贴水”。

资料来源：张淑云，李文和．西方经济学教程[M]．北京：化学工业出版社，2004.

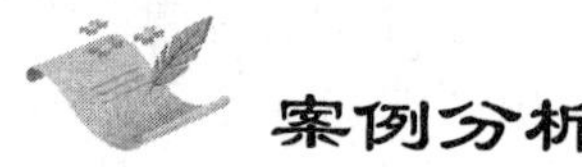

案例分析

美国大型企业CEO的薪水报告

美国财经资讯公司彭博2003年8月13日公布的一份报告显示，2002年美国243家大型企业的CEO平均年薪已经达到了1 200万美元。其中，年薪最高的CEO是苹果计算机公司的斯蒂夫•乔布斯，年薪高达2.19亿美元。这项排名的数据由一家独立的经理人薪金信息研究机构Equilar提供，它对243家公司的CEO作了2000年到2002年年薪调查，这些公司2002年的收入都至少达到50亿美元。由于美国公司CEO的薪水构成很复杂，单一年份不能显示所有收入，因此该机构对3年的综合数据进行了研究。

作为薪金排名美国老大的苹果总裁乔布斯，其经历及薪水变化值得一提。乔布斯1977年1月与合伙人一起创办了苹果公司，并且在3年后成功地让其在华尔街上市。但是，1985年，为人骄傲粗暴的乔布斯在一场权力争夺战中，被人扫地出门。离开苹果后，乔布斯遭遇过不少失败。他创立的Next公司一直不景气，最终在1996年被苹果公司收购。1997年，当时正是苹果遭遇严重危机的时候，无论是个人电脑还是商业电脑，苹果的市场份额都被竞争对手抢得一干二净。就在这时，身为苹果公司顾问的乔布斯当上了临时CEO。重回苹果领导职位的乔布斯一反常态，他虚心向公司其他负责人请教，共商挽救苹果的大计，还出人意料地提出，自己在1997年只拿1美元薪水。在乔布斯的领导下，苹果公司1998年成功推出iMac电脑，并且迅速成为美国最畅销的个人电脑。1999年，苹果公司乘胜追击，接连推出iBook、G4和iMacDV产品。到了2001年，苹果推出平面式iMac电脑，抢回了更多的市场。

为了答谢乔布斯的成功领导，苹果公司曾经在2000年赠送了乔布斯一架私人飞机，并且还授予他美国历史上最高价值的股票期权，总计2000万股股票。2001年、2002年乔布斯又分别获得750万股和500万股股票。所以，2002年乔布斯拿到2.19亿美元的巨额薪水，完全得益于自己奋力推出的iMac电脑以及由此导致的苹果股票暴涨，这是对他5年来作出的巨大贡献的回报。

大型公司的CEO也就是经济学中所说的企业家，他们对公司的成败的作用是非常重要的。如苹果公司总裁乔布斯，受命于危难之际，通过自己的努力使苹果公司重振山河，2.19亿美元的巨额年薪受之无愧。因此，尽管美国自2000年连续3年经济不景气，但大型公司的CEO们的年薪却依旧坚挺，令人神往。

无论把企业家作为管理者、风险承担者还是创新者，企业家对一个企业的成功是至关重要的。企业家对企业的贡献越大，得到的收入越高，当然是应该的。但高到什么程度是由供求决定的。换言之，美国企业家的收入高不是由哪个人或政府决定的，是由市场决定的。所以，它本身并没有什么合理不合理的问题。在企业家市场上，对企业家、特别是优秀企业家的需求是很大的，但这种优秀企业家的供给是极少的。一个企业家不仅要有天赋、受过良好的教育，而且要有丰富的经验、卓越的眼光和超人的胆略。具有这种综合素质的人是极少的。千军易得，良将难求。企业家就是这样一种稀缺的要素。高需求与低供给决定了企业家的高收入水平。应该说，这种高收入反映了企业家才能的难得和对企业家贡献的肯定。

目前国外大企业经营者的收入大都具有多元化的结构，总的趋势是薪金中固定收入部分的比重在缩小，而中长期类报酬占有相当比重。根据纽约薪酬咨询公司皮爱尔对全美200家最大公司总裁的收入进行的调查，美国总裁们的报酬基本上由21%的工资、27%的奖金、16%的长期激励和36%的股票类收入构成。这也是经理人薪金信息研究机构Equilar利用3年的综合数据来对美国243家公司的CEO进行年薪排名的原因。收入中浮动收入的较大比重构成企业家收入中的激励机制，使CEO们的行为具有长期导向性。

浮动收入中的远期收入着眼于企业的长期效益。比如股票期权就是一种形式。期权是按现在价格购买未来东西的权力。股票期权就是在未来某个时期以现在价格购买股票的权力。如果未来股票价格上升了，这种股票期权就能给持有这种权力的人带来收益。例如，某公司2000年3月的股票价格为每股20元，给企业家在未来3年内按这一价格购买10万股的权力，如果这3年中股票价格上升到30元一股，企业家按20元购买时，就获得这两者的差价共100万元。我们知道，股票价格的走势与企业业绩相关（当然还有其他因素影响）。所以，给企业家以股票期权就有利于激励企业家从长期企业业绩的角度做出各种投资与创新决策，不做有损于长期业绩的短期行为。

资料来源：根据《美国CEO年薪几何？苹果总裁以2.19亿美元夺魁》http: //www.hao86.com/205/27. htm 编写

试分析：1. 利润的来源是什么？

2. 企业家才能作为一种特殊的生产要素，其报酬与其他生产要素有何根本区别？

思考与练习

一、名词解释

洛伦斯曲线 劳动的供给曲线 基尼系数

二、单项选择题

1. 根据基尼系数的大小，下列国家中分配最为平均的是（ ）。

A. 甲国的基尼系数为0.1　B. 乙国的基尼系数为0.15

C. 丙国的基尼系数为0.2　D. 丁国的基尼系数为0.18

2. 随着工资水平的提高（ ）。

A. 劳动的供给量会一直增加

B. 劳动的供给量会一直减少

C. 劳动的供给量先增加，但工资增加到一定水平后，劳动的供给量不仅不增加，反而会减少

D. 劳动的供给量增加到一定程度后就不会增加，也不会减少了

3. 衡量社会收入分配公平程度的曲线是（ ）。

A. 洛伦斯曲线　B. 菲利普斯曲线

C. 契约线　D. 工资曲线

4. 如果收入是完全平等分配的，基尼系数将等于（ ）。

A. 1　B. 0.5　C. 0.25　D. 0

三、判断题

1. 利息率与资本需求量呈反方向变动。（ ）

2. 分配理论实际上是均衡价格理论在分配问题上的运用。 ( )
3. 洛伦斯曲线是根据基尼系数推导出来的。 ( )
4. 土地的供给曲线是一条向右上方倾斜的曲线。 ( )

四、问答题

1. 劳动的供给曲线是如何确定的？为什么？
2. 如何区分经济租金和准租金？
3. 说明影响基尼系数大小的主要因素。

技能训练

1．试用经济学的有关理论分析我国房地产价格居高不下的原因。

2．我国居民收入差距大的原因有哪些？

3．一般来说，利率可以影响人们的储蓄。如果一个人是净债务人（也就是说，他欠别人的钱），那么，设想一下，如果央行将利率上调，将对他造成什么影响？他会进一步多借钱还是少借钱？

项目实训

【实训主题】试用经济学的有关理论分析一下我国房地产价格居高不下的原因。

【实训目标】

了解我国现阶段的房地产政策目标，分析政府政策。

【实训内容与要求】

1. 以自愿原则建立小组，推举组长。
2. 各小组进行组内任务安排。
3. 完成本项目活动的过程记录（包括时间、地点、内容、成员及分工情况）。
4. 每组选派1-2代表展示和讲解本组成果。

【实训时间】

1. 课下准备。
2. 各组成果展示：每组10分钟之内。

【实训考核】

1. 过程考核：教师和学生根据小组递交的活动记录来考核每一小组及成员。
2. 成果考核：由教师对各组分析、演讲的情况进行评估打分。

项目八

街头路灯谁来管——认知市场失灵中政府的角色

知识目标

1. 掌握引起市场失灵原因。
2. 了解反垄断法、科斯定理公共产品的选择。
3. 明确政府的微观政策。
4. 了解外部性及其解决。

能力目标

1. 用所学知识对市场失灵问题进行分析。
2. 利用微观经济政策，解决市场失灵问题。
3. 响应哥本哈根会议精神，利用外部性知识谈谈如何消除生产和消费的外部不经济从而节能减排，保护我们共同的家园。

项目导入

现实的市场力量真的那么神奇吗?

1776年，英国古典经济学的创始人亚当·斯密在他著名的《国富论》中就告诉人们，在自由竞争的市场经济中，有一种力量引导着人们的各种经济活动，使主观上的自私行为最终能达到增进社会福利的目的，这就是“看不见的手”的神奇力量。

项目思考

究竟是什么原因导致了这次特大污染事故呢?

2004年2月下旬，四川化工集团违法排污，发生沱江特大污染事故，造成沿岸内江、简阳、资中三地上百万群众生产生活用水困难，直接经济损失上亿元。

美国著名经济学家曼昆在其《经济学原理》中说：“市场做了许多好事，但并不能做好每一件事。”上面的例子恰恰表明市场不能做好所有的事，也就是说市场也有失灵的时候。在本章中，我们将考察市场失灵及造成市场失灵的种种原因。当存在市场失灵问题时，就需要市场之外的社会干预，以预防和减少市场失灵。

任务一　认知市场失灵

在现实的市场经济中，市场机制这只“看不见的手”并非像经济学理论分析的那样，总是能够自发地实现社会资源的最优配置，即市场并不是万能的，并不总是成功的，有时候市场也会失败，存在着市场失灵的现象。而市场失灵不会通过市场自身的力量自动调节和矫正，只能依靠政府的干预行为。政府的介入可以在一定程度上帮助缓解或治愈市场失灵，提高资源配置效率。

一、市场失灵的含义

市场失灵又被称为市场失效或市场缺陷，狭义的市场失灵是指由于市场机制本身的某些缺陷和外部条件的某些限制，使得单纯的市场机制无法把资源配置到最佳状况。广义的市场失灵则还包括市场机制在配置资源过程中所出现的经济波动以及按市场分配原则而导致的收入分配不公平现象。市场失灵导致完全依靠市场机制无法使社会福利达到最佳状态，市场机制在某些领域或情形下失去了其优化资源配置的作用，从而降低了经济运行效率。即市场价格既不等于商品的边际社会收益，又不等于商品的边际社会成本。

根据亚当·斯密的“看不见的手”的原理，每一个人在追求自身利益的时候，会在一只看不见的手的指引下，实现增进社会福利的目的。看不见的手有可能出现的第一个问题，就是资源配置的低效率问题。高效率一直被认为是市场机制的最主要的优点。然而，在很多情况下，这种看法却并不正确。如自由竞争往往会引起垄断，而在垄断的情况下，市场机制就不能够导致资源的最优配置了。第二，“看不见的手”最多只能解决效率问题，而不能解决分配问题。实际上，纯粹的市场机制的作用往往会导致贫富差距的扩大，导致两极分化。第三，失业和通货膨胀等宏观经济问题的出现。在不存在政府积极主动干预的市场经济中，有效需求常常不足。在这种情况下，就会出现大规模的工人失业。相反，如果需求过度了，则会引起通货膨胀。最后，还有生态环境恶化的问题等。这些都是市场失灵的表现。

小知识

有关市场不是万能的谚语

“前人栽树，后人乘凉”是指栽树给与栽树无关的第三方带来了好的外部效应。但也有带来坏的外部效应的成语，如“城门失火，殃及池鱼”。如果用市场调节的方法，乘凉的人（消费者）是不会为乘凉支付费用的，对栽树者（生产者）而言，虽然其行为对他人产生了有利的影响，而自己却不能从中得到报酬；而失火的肇事者（生产者）虽然使他人付出了代价而又未给他人以补偿。如京民大厦的火灾使与它紧邻的“东北猎人”饭店关门，而京民大厦并不会为这家饭店支付损失赔偿。这时就出现了“市场失灵”。

二、市场失灵的原因

之所以会出现“市场失灵”问题，主要是因为现实生活中，完全竞争以及其他一系列理想化假定条件并不存在，所以市场机制对经济的调节作用不像理论上所分析和推导的那样完美，才导致了市场失灵。导致市场失灵的原因主要有以下四个方面。

（一）垄断

在完全竞争条件下，市场机制的优点能够充分体现，即市场能够有效配置资源。如果所有的行业都处于完全竞争的均衡时，市场将会采取最有效的技术和最少量的投入来生产出最有效的产出组合。但现实的市场并不是完全竞争市场，由于生产的边际成本决定市场价格，生产成本的水平使市场主体在市场的竞争中处于不同地位，进而导致某些处于有利形势的企业逐渐占据垄断地位；同时，为了获得规模经济效益，一些市场主体往往通过联合、合并、兼并的手段，形成对市场的垄断，从而导致对市场竞争机制的扭曲，使其不能发挥自发而有效的调控功能，而具有垄断势力的厂商可以自己决定产品价格和产量，出于垄断利润的考虑，这些厂商的市场供给会比完全竞争时的数量更少，但价格却比完全竞争时的价格更高。当企业依赖于垄断地位来获取利润时，竞争与技术进步就会受到抑制。因此，对市场的某种程度的垄断和完全垄断，有可能导致社会资源不能得到有效的利用，它会破坏市场机制的正常作用过程，形成社会资源的浪费，并造成社会福利的降低和收入不平等现象。

（二）外部性

外部性也被称为外部效应，是指生产者或消费者的经济活动会对社会的其他人员产生影响。通过市场这只“看不见的手”对社会资源进行自动配置，实际上是以经济活动当事人的经济行为不会对他人的福利造成影响为前提的。但是在实际生活中，很多情况下，一个人的经济行为会给他人带来好的或正面影响，也有可能给他人带来坏的或负面影响。例如，某些生产企业排放的污水、制造的噪声，对附近居民的正常生活造成了危害。所产生的对他人有益的影响被称为正外部性，所产生的对他人有害的影响被称为负外部性。但我们会发现，很多时候，对他人产生负外部性的当事人自身并不会付出任何代价，或者说受到有害影响的其他人并未得到任何补偿。无论是正外部性还是负外部性，都会形成私人成本和社会成本的差异。因此，外部性的存在使价格体系不能有效地运转，经济运行效果不是最优的，资源配置失效，从而导致市场失灵。

（三）公共物品

社会产品大致上可以分为两类：一类是私人物品——仅供个人使用的、具有竞争性和排他性的物品；一类是公共物品——可供社会成员共同使用、具有非竞争性和非排他性的物品。公共物品使消费者成为免费搭车者。例如，十字路口的红绿灯，对于过往的车辆和行人来说，通过十字路口时并不需要交费。其他的如国防、公安、航标灯、路灯、电视信号接收等都属于公共物品。对于社会成员来说，公共物品不需要通过交易就能享用。从本质上讲，生产公共产品与市场机制的作用是矛盾的，生产者是不会主动生产公共产品的。而公共产品是全社会成员所必须消费的产品，它的满足状况也反映了一个国家的福利水平。因此公共物品对于私人企业而言是无利可图的，他们当然不愿意提供这种物品或提供的数量不足以满足社会需求。那么，由于私人企业对于公共物品的提供普遍不足，就需要政府介入，依靠政府或通过政府的鼓励生产来提供足够的公共物品，满足社会成员的公共需求。

（四）信息不完全性

在完全竞争的条件下，市场能够发挥对社会资源的有效配置作用，但是，它是以市场供求双方完全、充分掌握市场信息为前提的，即信息的完全性。但在实际中，这个前提是不存在的。在市场上，买卖双方对于信息的掌握是不完全的，或者说是不对称的。一方面，对于消费者来说，其不可能全面了解产品的质量，也不可能对产品做出正确的效用评价；另一方面，对于生产者来说，在复杂多变的市场环境中，其不可能对自己的产品做到全面了解，也不能完全了解消费者。除此之外，买卖双方在对产品信息的了解上也存在着不对称性，即一方掌握的信息多一些，另一方掌握的信息少一些。例如，医疗器械的卖方比买方更了解该器械的功效，医疗保险的购买者比保险公司更了解自己的健康状况等。因此，在现实的经济社会中，生产者不可能掌握各种可选择的生产要素和技术的成本和效用，消费者也不可能完全知晓各种可选择的产品的特性、功效及其对这些产品的偏好，因而，生产者和消费者的选择不一定是最优的，社会资源的配置不一定是最有效的，那么就出现了市场失灵。

三、政府失灵的表现

个人选择存在着非效率，集体选择也存在着大量的非效率，如果说有市场失灵，那么同样也有政府失灵。市场失灵并不意味着可以推论政府干预必然有效，原因是，政府是由人制定和实施的，而他们的行为反过来又受各种法规、习惯、激励等因素的影响，他们是在信息不完全以及各种约束条件下作出决策的。而且，政府的管理者往往以自身的偏好指导其行动，甚至政府的决策可能反映不同利益集团相对力量，最为明显的是，在不少国家，政府广泛地采用财政政策和货币政策干预经济的效果并不像人们所说的那样灵，在许多国家出现了高通货膨胀、高政府赤字、低增长等一系列问题。在计划经济体制下，完全排斥市场机制的政府干预肯定是低效率的；在市场经济条件下，作为市场机制补充的政府干预的效率也是不确定的。政府机构管理的低效率主要体现在以下四个方面。

（一）政府管制可能出现失误

社会是由人构成的，政府应该担任各个社会利益群体协调和裁判者的角色，但这种理想化的政府在现实中是不可能存在的，政府总要利用政权的力量，采取一定的管制措施维护一些利益集团的既定利益，使一些特殊利益集团得以获得稳定和有保障的垄断利润。某些利益集团提出对政府管制的需求，政府才提供管制的供给。现实中，即使政府对市场缺陷的纠正是正确的，政府的能力也是有限的，如政府的公共管制政策，一类是对自然垄断行业的管制，如自来水、电力、煤气等，结果往往造成产出下降，供不应求；另一类是对非自然垄断行业的管制，结果往往造成成本和价格的提高。

（二）政府官员的“寻租”行为

政府干预经济活动，介入公共产品的分配会出现“寻租”行为，直接影响政府干预经济活动的效果。经济租金原指支付给生产要素的报酬超过为获得该要素供应所必须支付的报酬部分，它是超额利润的一个组成部分。若一个产业的要素收入高于其他产业的要素收入，该产业就存在这种要素的经济租金。自由竞争使任何要素在任何产业产生的经济租金都不会长久存在。只要存在自由竞争，一个产业因技术进步、企业创新等使之获得经济租金；但竞争也导致要素在产业间自由流动，终将使要素在该产业中的收入和在其他产业中的收入一致起来，经济租金消失。在正常市场秩序下，人们依据自己的资本、能力和机会追求利益最大化，其结果产生有利社会的正外部效应——资源的有效利用和社会总福利的增加。这种追求利益最大化的行为无可厚非。但是，若人们不是依赖自己的投入，而是利用社会赋予的权利追求自身的经济利益，其活动的性质就变成了“寻租”。

寻租即利用权利寻求“租金”。它包括两个层次：一是企业向政府有关官员交租，寻求在某种政府保护的制度环境下阻碍生产要素在不同行业之间的自由流动，阻止其他企业进入竞争，以维护其垄断地位，维护既得的经济利益或对既得经济利益进行再分配，从而获得租金；

二是政府机关的某些官员利用权力设租和收取租金，这种寻租行为阻止了社会从市场竞争中获利，降低了社会福利。

在计划经济体制下，某些政府部门的官员可能会在分配投资项目时寻租。计划经济体制被打破后，又出现了审批经济，某些审批部门的官员可能在审批公司上市或某种项目时寻租。可以料想，转到市场经济体制后，寻租现象就可能大大减少。显然，寻租活动总是同政府权力相联系，或者是政府官员直接利用权力，或者是企业借助政府权力。问题的本质在于政府运用自身的权力制造出某种垄断权益，并阻碍竞争。

（三）官僚主义导致政府规模扩张

官僚主义是以下几个影响因素的效用函数：薪水、公务津贴、公共声望、权力、庇护、机构的产出、变革以及管理机构的便利性。除最后两个变量外，所有变量都是机构总预算的正单调函数，由此使政府预算有不断扩大的趋势。官僚主义理论还提醒人们注意：政府机构存在自增长机制，社会中官员越多，“官员敛取物”就越有可能增加。政府规模与官僚主义是互动的，官僚主义又导致政府效率的下降。在市场上，企业可以将因效率提高而产生的利润全部或部分归于自己，而政府官员的薪水与效率的改善无关。微弱的外部控制和强烈的内部激励结合，使官员们能够在较弱的制度约束下追求自己的目标，这个目标不一定符合公众利益。政府部门或公用事业部门制定和执行的政策，往往是由该部门领导人根据自己对公共利益的理解来决定的，而不是真正符合最大限度地增加社会公共利益的目的，这就产生了所谓的政府利益“内部化”效应，即用政府机构的内部目标取代了公众所期望它实现的目标。这和官员是否正直无关，可能每个人都确信他在尽最大努力捍卫社会利益，但实际情况却可能恰恰相反。

（四）公共物品的低效率

在提供公共物品的市场上，政府部门具有垄断性质。一般来说，在政府管辖的任何范围内，一般都只有一个部门从事一种特定的工作，居民通常对其供给没有选择权。不仅如此，公共物品的提供由政府机构垄断，且存在进入壁垒无限大的特征。在市场上，若垄断厂商的成本太高以致定价太高，就会导致其他潜在厂商的进入以分享利润，而政府机构通常不存在被接管的可能性。由于在公共物品的市场上不存在竞争，因此无从对政府机构的效率进行有效的判断。公共物品具有非市场性，使得对预算的监督更为困难。公共物品的供给成本来源于政府的税收，而政府机构并不承担这些税收使用的机会成本。政府机构是有关公共物品的唯一提供者。公共物品的购买或使用部门虽然可以对政府机构进行外部控制，但有关公共物品的生产技术、信息等，实际上都是从提供公共物品的政府机构那里得到的。因此，政府机构具有信息上的垄断优势，不能指望购买或使用部门能对官僚机构进行有效的监督和控制。

四、政府对市场失灵的干预

从以上关于市场失灵的原因分析可以看出，由于垄断、公共物品、外部性及信息不完全性的存在，市场并不能自发地实现社会资源的最优配置，可能会带来一系列的问题。因此，当市场“看不见的手”不能解决或不能很好地解决某些问题即存在市场失灵时，就需要进行政府干预——“看得见的手”，有效地弥补市场失灵，使微观经济主体及社会经济运行得更加有序、高效。在现代市场经济体系中，市场调节与政府干预，自由竞争与宏观调控，是紧密相连、相互交织、缺一不可的重要组成部分。

（一）政府干预的方式

政府干预的目的是弥补市场失灵，为市场机制的运行创造更加有效的、良好的外部环境，因此在实际中，政府干预要选择合适的方式或手段。具体来说，可以选择的主要干预方式有以下几种：

（1）法律手段。法律手段是指国家通过制定和运用经济法规来调节经济活动的手段。通过政府立法如制定反垄断法、消费者权益保障法、司法等，将微观经济主体的经济行为进行法律规范，对违反交易规则及损害他人利益的行为进行惩戒，从而使市场交易的运行更加规范，经济交易主体及社会成员的利益都能够得到较好的保障。

（2）经济政策。政府可以制定相关的宏观及微观经济政策，如税收政策、财政补贴政策、价格管制政策等，借助于经济杠杆的调节作用，达到调整社会收入分配、矫正信息不对称等市场失灵的现象。

（3）行政手段。行政手段是指国家通过行政机构，采取带强制性的行政命令、指示、规定等措施来调节和管理经济的手段。例如，利用工商、商检、卫生检疫、海关等部门禁止或限制某些商品的生产与流通。运用行政手段调节能更迅速地扭转某个经济领域的失控，更快地恢复正常的经济秩序。

（4）计划指导。计划指导是指通过政府制定的长期、中期和短期经济计划，对国民经济的运行和发展进行宏观调控。宏观调控计划是社会化大生产发展的必要手段。政府对国民经济运行的计划指导具有相对稳定性的特点。通过计划指导，如国家大的投资规划或在某些行业和领域实行的配额制度等，保证整体经济的稳定运行。

（二）政府干预的作用

（1）提高效率。政府的一个重要经济目标是从社会整体利益出发，帮助市场促成资源的有效配置。可通过促进竞争，控制诸如污染等外部性问题以及提供公共物品等来提高效率。

（2）维护市场秩序。现实经济中，市场是不完全竞争的，即市场结构中会有垄断竞争、完全垄断和寡头垄断形式存在。垄断性市场力量的存在必然引起不公平竞争，出现价格战，干扰正常的市场秩序，依靠市场本身的力量是无法消除这些情况的。这时，政府干预就显得十分重要。

微型案例

不能让楼市成为投机者的乐园

过去几年我国房地产市场的投机色彩愈来愈浓。先有“温州炒房团”，后有“山西炒房团”、“内蒙古炒房团”。“先富起来”的地方、“先富起来”的人们南征北战攻城掠地。在北京、上海、深圳、杭州等城市，以几十套、几百套为单位大规模买房、囤房的现象不断出现。2009 年房价上涨最猛时，北京二手房市场的成交均价几乎每天都在上涨，交易的楼盘有三分之一是 5 年之内的新房。从来就没有稳赚不赔的市场，房价也不会只涨不跌。无论是早些年的日本，还是上世纪 90 年代初我国海南的房地产泡沫，前车之鉴都说明了同样一个道理：房地产市场一旦成为投机者的乐园，投资者面对的必然是噩梦。

遏制房价过快上涨，抑制投机性购房，需要鲜明的态度，更需要实实在在的举措。无论是目前出台的“国4条”、“国11条”，还是2010年两会上总理所作的政府工作报告中的相关内容，都已将抑制投机性购房作为我国下一阶段调控房地产市场的主攻方向之一，能不能抵制住虚假繁荣的诱惑，坚定地将相关政策执行到位，需要政府、企业和金融机构付出更大的努力。

（3）促进平等。即使市场经济运行良好，能够实现资源的有效配置，也有可能产生不平等的收入分配状况。收入再分配一般是通过税收和支出政策来进行的，有时管制也起一定的作用。各国政府通常通过一定的微观经济政策来调节收入分配关系，防止收入分配过于悬殊，努力实现公平目标。如政府通过征收累进的个人收入所得税、遗产税增加政府财政收入，再通过转移支付给穷人，以缩小贫富差距，促进社会公平。

（4）促进经济稳定增长。一国总期望国民经济能持续稳定增长，但现实经济却常常伴随着经济的周期性波动甚至陷入危机。在危机无法由市场自行消化和解决的情况下，政府担负了稳定经济和促进经济增长的职责。

政府干预能否维护和促进市场机制的有效运行，关键要看政府干预的范围、方式及力度。因此，能否将市场调节与政府调节进行良好的结合，将直接影响到政府干预的效果。

任务二　认知垄断及反垄断措施

一、垄断的类型及其对经济效率的影响

在现实的经济社会中，几乎所有的行业或市场都或多或少的存在垄断。垄断的市场结构会带来较大的福利损失和社会成本，使资源配置不能达到最优。

（一）垄断的类型

垄断主要有两种类型：自然垄断和市场垄断。

1．自然垄断

自然垄断是指因产业发展的自然需要而形成的垄断状态。如果一个行业由一家厂商来经营将达到最高效率，即在该行业的产量大到足以满足全部市场时，由一家厂商生产的总成本比由两个或两个以上厂商生产的情况下所产生的总成本低，这种情况下仅有的一个厂商就成为垄断者，形成自然垄断。

自然垄断的产生，一方面是由于规模经济。规模经济是指随着生产规模的扩大，平均成本不断降低的情况。任何企业进行社会生产时，它总会面临生产成本问题。如果企业的单位生产成本相对过高，则其必然会处于竞争的劣势地位；如果企业的单位生产成本相对较低，则它就处于竞争的优势地位。但是，企业的生产成本并不是固定不变的，除了技术等因素的作用，即使在相同的条件下，企业的单位生产成本也可以随着生产总产量的增加而趋于下降，原因在于当企业的总产量不断扩大时，原先的固定成本被逐渐摊薄。这在固定成本投资较大的企业表现得尤为明显。当长期平均总成本随着产量的增加而降低时，规模经济就出现了。当社会对某些行业的长期平均成本的降低速度与幅度提出要求时，这个行业往往就是自然垄断。规模经济很好地解释了产品单一领域行业的自然垄断。例如，在某些公用事业部门里，当厂商的产量增加时，平均成本会不断地趋于下降，因而由一家厂商来提供产品是最经济、最有效率的，形成自然垄断。

另一方面是由于范围经济。范围经济是指一家厂商同时生产多种相似的产品所产生的成本节约的情况。当同时生产两种产品的费用低于分别生产每种产品的费用时，就会产生范围经济。在现实生活中，企业并不仅仅生产或提供单一的商品和服务，往往是多元化经营。如果由一个企业生产多种产品的成本低于几个企业分别生产它们的成本，就表明存在着范围经济。由于单独生产某一产品的企业的单位产品定价高于联合生产的企业的相应单位产品定价，因此单独生产的企业就会亏损，这些企业或者退出该生产领域或者被兼并，这也会形成垄断的局面。因此美国著名经济学家萨缪尔森与诺德豪斯指出，有着范围经济的产业也可能产生自然垄断。从理论上来讲，范围经济很好地解释了产品综合性领域存在的自然垄断。例如，一个家电生产企业，具备生产冰箱和洗衣机的技术和设备，它在生产冰箱和洗衣机上将具有某种优势。若这家企业增加冰箱和洗衣机品种的生产，将比另外建立新的工厂生产冰箱和洗衣机节约成本。

2. 市场垄断

市场垄断是指由一家或几家厂商控制了一个行业的市场供给和需求而产生的垄断。

市场垄断的产生主要有两个方面的原因。一方面是由于产品的差别。由于产品本身存在差异，没有十分相似的替代品，与其他产品的替代弹性非常低，从而使消费者形成对这种产品的特定偏好，这样，有差别的产品可以用自己的产品特色垄断一部分消费者，即垄断自己的目标客户。例如，质地好、做工精细的名牌西装可以对高收入消费者形成垄断；颜色鲜艳、式样时尚的西装也可以靠这些特色垄断年轻一代消费者。这样，西装行业尽管企业规模并不大，企业数量也相当多，而且没有什么进入限制，但仍然存在垄断。产品差别越大，垄断程度就越高。生产这种产品的厂商就是价格的决定者，就会处于垄断地位。

另一方面，由于政府对某些行业竞争的限制，包括进入限制、专利限制和外贸限制，从而造成了市场垄断。进入限制是指政府为了实现规模收益递增或生产成本的降低，特许某一家或某几家大厂商经营某个行业的生产，其他企业不能随意进入该行业，避免其对规模经济的损害，从而使生产这些产品的厂商处于垄断地位。专利限制是指政府给予发明创造者的特别保护，赋予发明创造者独自生产或使用具有专利性质的产品或生产方法的权利，从而使发明创造者在某种产品的生产上具有垄断优势。外贸限制是指政府为了保护国内工业的发展，对产品的进口实行各种关税及非关税限制措施，降低国外厂商对国内厂商形成的竞争压力，从而使国内厂商在该种产品的生产上具有一定的垄断地位。

（二）垄断对经济效率的影响

在实际经济生活中，存在完全竞争、完全垄断、寡头垄断和垄断竞争四种市场结构。即自由竞争与垄断同时存在。一方面存在大量自由竞争的中小企业，另一方面存在一些经济实力雄厚的大型垄断企业。垄断的存在阻碍了自由竞争和市场机制的作用，给社会经济带来了一系列弊端，主要表现在以下方面：

1. 降低经济效率

在几种垄断厂商短期均衡分析中可以得知：短期均衡价格高于边际成本，这表明垄断厂商缺乏资源配置效率。从社会角度来看，价格可以反映产品的边际效用；若边际效用大于边际成本，应当继续生产。但是，从垄断厂商角度来看，若增产就会使边际收益大于边际成本。

同时，短期均衡价格还高于平均成本，且平均成本高于平均成本曲线的最低点，这表明垄断厂商缺乏生产效率。从社会角度来看，其生产能力利用不足，增产可继续降低平均生产成本。但是，垄断企业不愿这样做，因为增产还需要降价。

垄断还使企业通过人为减产提价长期占有垄断利润，从而使其在一定程度上缺乏创新效率。创新包括发明和采用新技术、实行新的生产组织管理形式、采用新原料、推出新产品和开拓新市场等内容。任何创新都需要投入，并要承担风险。垄断削弱了企业进行创新的内在动力。

思考

国有企业效率低下的原因是国有造成的，还是垄断的产物？

解析

国有企业效率低下是世界性的难题。许多人认为效率低下的关键是国有产权制度。但是，在对国有和股份制这两种产权制度进行比较之后人们发现，并没有确凿证据表明国有企业一定会丧失效率。

人们还发现，那些缺乏效率的国有企业一般都是垄断企业。也就是说，垄断是国有企业缺乏效率的主要原因。在我国，政府对企业的行政干预较多，过多的行政事务耗费了企业领导者的精力，并制造了不平等竞争的环境，迫使企业竞相争夺垄断权利，如果“承包制”或“股份制”等产权制度改革不触及垄断问题，国有企业将很难彻底走出困境。

例如，我国电话业在独家垄断时期，安装一部电话要收取4000元钱，但是，政府只是将独家垄断改变为寡头垄断：现在安装电话已经基本不收费了。竞争迫使企业从效率中要效益，国有企业加入市场竞争是其提高效率的前提条件。

2．导致寻租行为

垄断不但从结果上看是低效率的，而且为了获得和维持垄断地位从而享受垄断的好处，厂商常常需要付出一定的代价。例如，向政府官员行贿，或者雇用律师向政府官员游说等。这种为获得和维持垄断地位而付出的代价是一种纯粹的浪费，它不是用于生产，没有创造出任何有益的产出，完全是一种“非生产性的寻利活动”。这种非生产性的寻利活动被概括为所谓的“寻租”活动，为获得和维持垄断地位从而得到垄断利润的活动。寻租活动的损失到底有多大呢？就单个的寻租者而言，他愿意花费在寻租活动上的代价不会超过垄断地位可能带来的好处。在很多情况下，由于争夺垄断地位的竞争非常激烈，寻租的代价会很大。所以，如果进一步来考虑整个寻租市场，问题就更为严重。在寻租市场上，寻租者往往不止一个，单个寻租者的寻租代价只是整个寻租活动的经济损失的一部分。整个寻租活动的全部经济损失等于整个寻租活动的代价的总和。而且，这个总和还将随着寻租市场竞争程度的不断加强而不断增大。

3．可能限制技术创新

有的经济学家认为，一旦垄断形成后，竞争的压力就大大减少了，从而推动技术创新的动力也相应减弱。

二、反垄断措施

与竞争市场相比，垄断常常导致资源配置的低效率，即垄断者生产的产量小于社会需要的产量，而收取的价格高于边际成本。而且垄断还有可能导致管理的松懈、技术研发支出的减少、社会分配差距的加剧等一些负面影响。正是因为垄断是一种代价很大的市场类型，各西方主要国家的政府对垄断都采取了反对的态度，并相应采取了一些反垄断的措施，包括：制定反垄断法、对自然垄断的限制和其他一些措施。

（一）制定反垄断法

针对市场垄断，很多国家都不同程度地制定了反垄断法来增强某些行业的竞争。在19世纪末期，世界经济的发展进入了垄断资本主义时期，反垄断就成为各国规制的对象，各国均采取严厉的立法来进行反垄断的法律规制。其中较为突出的是美国。从1890年～1950年，美国国会通过一系列反垄断法案，其中包括《谢尔曼法》、《克莱顿法》、《联邦贸易委员会法》、《罗宾逊——帕特曼法》、《塞勒——凯弗维尔法》等，这些都是反垄断法。《谢尔曼法》是世界上最早的反垄断法，从而也被称为世界各国反垄断法之母。美国最高法院在其一个判决中指出了谢尔曼法的意义，即“谢尔曼法依据的前提是，自由竞争将产生最经济的资源配置、最低的价格、最高的质量和最大的物质进步，同时创造一个有助于维护民主的政治和社会制度的环境”。

反垄断法把垄断或试图垄断市场的行为视为违法，并对其进行一定的制裁。例如，约翰·洛克菲勒的美孚石油公司被指控以收买竞争对手，迫使铁路公司向对手实施歧视性待遇等措施来垄断石油业。美孚石油公司因此控制了大约九成的市场。1991年美国最高法院判这家公司罪名成立。

我国的《反垄断法》自2008年8月1日起施行，共分为8章57条，包括总则、垄断协议、滥用市场支配地位、经营者集中、滥用行政权力排除、限制竞争、对涉嫌垄断行为的调查、法律责任和附则。其中明确规定，禁止大型国有企业借助其控制地位损害消费者利益，国有经济占控制地位的、关系国民经济命脉和国家安全的行业以及依法实行专营专卖的行业，国家对经营者的经营行为及其商品和服务的价格依法实施监管和调控，维护消费者利益。

现在，世界各国都已经普遍地认识到，垄断不仅会损害企业的效率，损害消费者的利益，而且还会遏制一个国家或者民族的竞争精神，而这种竞争精神才是一个国家经济和技术发展的真正动力。反垄断法的任务就是防止市场上出现垄断，以及对合法产生的垄断企业进行监督，防止它们滥用市场优势地位，同时防止政府的行政垄断，创造公平竞争的良好环境，使市场在资源配置中的基础性作用能够充分发挥，以保证市场经济健康发展。

（二）对自然垄断的限制

对于自然垄断，政府主要是通过价格管制和进入管制对企业实行限制。对于自然垄断的商品，如供水、供电、交通等行业，由于行业的生产需要大规模生产才能降低成本，因此市场中仅需一家企业的生产就能满足整个市场的需求。对于这种行业如果一味地要求形成一种竞争的局面，强制性地使行业中存在多家较小规模的企业，则每家企业的生产规模就必然没有达到经济规模，从而会导致生产的无效率。

为了避免自然垄断企业利用其垄断势力降低效率，由政府机构对它们的价格实行管制，使其经营行为符合公众的最大利益，即进行价格管制。主要的方法包括以下几种：

（1）成本加成定价法。在确定特定企业平均成本的基础上，允许其加上合理的相对固定的利润，形成产品的市场价格。

（2）收益比率定价法。参照其他行业的投资收益情况确定一个合理的收益率，然后按照企业的平均成本和收益率来确定产品的市场价格。

（3）最高限价法。政府根据社会公众的意见制定企业产品的最高限价，企业产品的市场销售价格不得高于此限价。

为了避免多个企业的竞争形成对规模经济的损害，政府对企业进入该行业进行限制，即实行进入管制。主要的限制手段是实行经营许可证制度。只有取得经营许可证的企业才能经营某些业务。这样，政府就可以通过颁发经营许可证对某个行业的企业进入进行限制。

另外，对于反垄断还可以采取国有化政策，将某些行业由国家直接从事生产或原来由私人经营的生产转归国家，实行国有化。国有化能够从全社会角度充分利用资源，提供较好的基础设施，但同时，国有化也存在一些问题，如生产效率较低、政府财政负担加重、缺乏有效的监督和激励机制等，影响到社会福利的提高。

思考

国有化具有哪些弊端？

解析

国有企业比私人企业更容易受到政治因素的影响，有些政治因素可能影响国有企业的效率。例如，为了制造就业机会以争取选票，某些政治家可能要求国有企业不要为了效率而裁员。某些政治家出于私利，会将某些缺乏才能的人安排到国有企业做管理者。某些政治家还可能要求国有企业实行低价政策，当财政无力弥补国有企业低价政策引起的亏损时，国有企业可能实行价格歧视政策。例如，国有电力公司对商业用电收费标准高于民用电，这相当于一种隐含的税收，即对商业企业收税以补贴居民。在特定环境下，这些政治因素可能引起国有企业亏损和缺乏效率。

任务三　认知外部性及其解决方法

在存在外部性的情况下，会导致市场失灵。也就是说，外部性的存在使市场对于资源配置的作用失效，形成社会资源的低效运行。因此，对于外部性造成的市场失灵也需要政府行为的介入。

一、外部性的含义及其特点

（一）外部性的含义

外部性又被称为外部成本、外部效应，是指经济主体（包括厂商或个人）的经济活动对他人和社会造成的非市场化的影响，或者说经济主体的经济活动对他人造成影响而又不需要为这种影响付出代价或得到补偿。

如果一项经济活动对于那些没有付费的人产生有利影响时，即一种商品的社会收益大于其个人收益时，就被称为“正外部性”或外部经济；如果一项经济活动导致人们不能补偿其成本时，即一种商品的社会成本大于个人成本时，则被称为“负外部性”或外部不经济。

思考

当火车驶过农田的时候

20 世纪初的一天，列车在绿草如茵的英格兰大地上飞驰，车上坐着英国经济学家庇古（A.C.Pigou）。他边欣赏风光边对同伴说：“列车在田间经过，机车喷出的火花（当时是蒸汽机）飞到麦穗上，给农民造成了损失，但铁路公司并不用向农民赔偿。这正是市场经济的无能为力之处，称为‘市场失灵’”。

1971 年，美国经济学家乔治·斯蒂格勒（G.J.Stigler）和阿尔钦（A.A.Alchian）同游日本。他们在高速列车（这时已是电气机车）上见到窗外的农田，想起了庇古当年的感慨，就问列车员，铁路附近的农田是否会因受到列车的损害而减产。列车员说：“恰恰相反，飞速驰过的列车把吃稻谷的飞鸟吓走了，农民反而受益”。当然铁路公司也不能向农民收“赶鸟费”，这同样是市场经济无能为力的地方，也称为“市场失灵”。同样一件事情在不同的时代与地点其结果就会不同，两代经济学家的感慨也不同。但从经济学的角度看，火车通过农田无论结果如何，其实说明了同一件事：市场经济中的外部性与市场失灵的关系。

试分析，对于“火车驶过农田”这件事情，为什么在不同的时期，经济学家会得出截然不同的结论。

解析

同样一件事情在不同的时代与地点的结果不同。两代经济学家的感慨也不同。但从经济学的角度看，火车驶过农田无论结果如何，其实说明了同一件事：不管外部经济或不经济，从社会的角度看，都会导致资源配置的错误，即造成市场失灵。

（二）外部性的特点

（1）人为性。外部性是由于经济主体（如个人或厂商）的经济活动所导致的，因此，外部性其实是一种人为活动。

（2）派生性。外部性是在某项活动的主要目的以外派生出来的影响。外部性所造成的影响并不是经济主体从事经济活动的主要目的。例如，一些生产企业在进行生产活动的过程中，将废气、废水排向空气中或湖泊或海洋中，从而损害了附近居民的健康。对于生产企业说，其主要目的是进行生产，排放废气、废水只是生产过程中的“附加产品”，对于居民健康的影响是由企业的生产目的派生出来的。称之为“外部”是因为市场经济活动之外的人也受到了影响。

（3）广泛性。外部性包括对生态环境等与社会福利有关的一切生物或非生物的影响。例如，修剪自己的花园对周围环境及邻居带来好处；上游的居民进行的植树活动有利于下游居民的正常用水的质量；吸烟者危害了被动吸烟者的身体健康；为了大量生产羊绒而过多地养羊造成草原生态环境的破坏等。这些都是外部性的表现。

二、外部性对资源配置的影响

外部性造成了私人成本和社会成本及私人收益和社会收益的差异，从而影响到资源的配置效率。也就是说，如果存在外部性的话，完全竞争的均衡将不是帕累托最优。下面从生产的外部性和消费的外部性两个方面来分析。

（一）生产的外部性

根据外部性的划分，生产的外部性也分为生产的正外部性和生产的负外部性。

（1）生产的正外部性。生产的正外部性是指厂商或个人的生产行为对他人或社会造成的有利影响，但并未得到任何回报。此时，经济主体的私人利益小于社会利益或者说私人成本大于社会成本。

（2）生产的负外部性。生产的负外部性是指厂商或个人的生产行为对他人或社会造成不利影响，但又未进行补偿。此时，经济主体的私人收益大于社会收益或者说社会成本大于私人成本。

（二）消费的外部性

消费的外部性同样也分为消费的正外部性和消费的负外部性。

（1）消费的正外部性。消费的正外部性是指消费者的行为对他人或社会带来了有利的影响，但并未得到补偿。此时，社会收益大于个人收益。

（2）消费的负外部性。消费的负外部性是指消费者的行为使他人或社会付出了代价而又未予以补偿。此时的社会收益小于个人收益。

三、解决外部性的方法

当外部性存在时，市场对资源的配置是低效的，因此，需要政府采取一定的干预措施，提高资源配置效率。可以采取的方法有以下几种。

（一）私人解决方法——科斯定理

负外部性的存在是产出高于社会的最优产出，从而使社会成本大于私人成本。而从外部成本来看，对于企业而言就是利用了社会的资源来为自己创造收益而不必为所用的资源支付报酬。因此，产权的界定就显得尤为必要。

名人链接

罗纳德·哈里·科斯，产权理论的领导创结人。早在 1937 年，在以他的本科论文为基础发表的《企业的性质》一文中，就阐明了该理论的一些基本概念，人们至今仍为他当时的洞察力深感惊奇。但该书完成以后，并没有得到人们的太多关注。沉默了近 30 年后，产权理论才受到重视。20 世纪 80 年代后，随着自由放任思潮的高涨，产权理论受到高度评价。1991 年，科斯获得第 23 届诺贝尔经济学奖。

科斯定理认为，只要产权是明确的且交易费用为零，即使面临严重的外部性，完全竞争的市场经济机制也能够有效地实现资源的最优配置。例如，假设在一条河流的上游有企业，下游有用水户。这里有两种可能，一种是存在负外部性，另一种是存在正外部性。在第一种可能下，企业污染水流，而下游的用水户拥有使用洁净水流的权利，如果污染高于法定标准，下游用水户有权向上游企业索取赔偿。而上游企业考虑到自身的利益，为了减少成本，将自动地把污染降低到社会最优污染控制水平。在第二种可能下，假设上游企业能提高水质，那么它有权向下游用水户索取代价以补偿成本。在这两种情景中，企业和用水户之间的矛盾都可以通过协商来解决，就不会出现私人成本同社会成本、私人利益同社会利益之间的差异。

实际上，这两个条件并不能得到很好的满足。例如，如果有很多工厂排放废弃物，又有很多居民晾晒衣服受到影响，那就很难确定将晒衣服不受烟尘污染的产权界定给谁，并且要把所有受到污染的居民都召集起来谈判的费用也很高。因此，条件得不到满足时，仍需要政府的介入。

思考

据中央电视台的报道，淮河水处于严重污染的状况，仅一个小村庄的居民就因饮用被污染的河水而造成大量居民死亡。

试分析，小村庄的居民为什么不积极与污染作斗争？地方政府为什么不出面解决这个问题？淮河水的污染应该如何根治？

解析

小村庄的居民之所以未能实现有效地抗争，是因为交易成本太高。打官司首先需要调查取证，而且需要克服地方保护主义的障碍。在贫困线挣扎的受害群众无法付出打官司所必需的大量时间和巨额开支。

地方政府也无力或不愿解决这个问题。因为制造污染的企业往往是增加就业和财政收入的重要来源。淮河流经许多地区，单独一个地方政府即使作出努力，也不能防止其他地方政府“搭便车”以捞取政绩上的好处。

解决这个问题只能依靠中央政府。中央政府既有权力检查企业排污状况，又有权力对污染企业进行制裁。在这方面，发达国家有许多经验是值得我们借鉴的。

（二）公共政策的解决方法

1．税收和补贴

对造成负外部性的企业，国家应该征税，其数额应该与企业所造成的损害或损失相等，这样就可以使企业的私人成本等于社会成本，从而达到资源配置的最优效率。除了征税以外，还可以对产生负外部性的企业给予一定的污染治理费用补贴，使企业的产出尽可能保持不变。对于一些外部负效应严重的企业，必要时，可以对其罚款。反之，对存在正外部性的企业，政府可以采取补贴的方式，使得企业的私人收益等于社会收益。

2．企业合并

企业合并是解决外部性的另一种方法。将两个企业合并起来，可以将外部问题内部化解决。假设一个企业对另一个企业造成负外部效应，例如上游的造纸厂的污水排放对下游的养鱼厂造成污染，可以将两个企业合并为一家企业。这样，两家企业的利益合并为一体，合并后的企业会将造纸产量确定在上游造纸厂的边际收益等于下游养鱼厂的边际损失这个水平上。在一家企业进行造纸和养鱼两种活动，可以使该企业选择最优的造纸量和养鱼量。由于此时不存在外部经济效应，因此合并后，企业的私人收益和私人成本就等于社会收益和社会成本，经济社会处于有效率的状态。

3．直接管制

政府可以通过规定或禁止某些行为来解决外部性，规定厂商可以做什么及不可以做什么。对于一些污染和影响居民健康及安全的外部性，很多国家都通过直接管制的方法来解决。例如，美国 1970 年颁布的《空气洁净法》将三种主要的污染源的规定排放量降低了 90%。到 1977 年要求新的厂家必须减少 90%的硫化物的排放量。在具体实施直接管制时，政府可以规定排放污染的警戒线，设定合适的标准，一旦超过法定的标准，厂家就会受到相应的处罚。

4. 颁发交易许可证

政府可以通过颁发交易许可证的方法来控制企业负外部性的影响。一方面，对于企业来说，只有首先向政府购买到许可证，才有权利释放一定数量的污染物，相当于向政府缴纳了一定数额的污染排放费；另一方面，政府可以通过控制交易许可证颁发的数量来控制整体的污染水平。这样，就可以促使厂商自觉地控制污染。

另外，还可以通过道德规范和社会约束消除负的外部效应，例如不乱扔垃圾等。

市场均衡使生产者和消费者剩余之和最大化。当市场上买卖双方是仅有的利益方时，从整个社会的角度看，这种结果是有效率的。但是，当存在污染这种外部效应时，评价市场结果还要考虑第三方的福利。在这种情况下，市场就不能有效地配置资源。于是，人们可以通过一定的途径解决外部效应问题。如明确所有权、税收和补贴、合并企业、直接管制及颁发许可证等，可以在一定程度和意义上帮助解决外部性问题。

任务四　认知公共物品

一、公共物品及其特征

（一）公共物品的含义

如果将整个社会经济分为两个部门，即私人部门和公共部门的话，则私人部门提供的物品就叫做私人物品，公共部门提供的物品被称为公共物品。私人物品通常是那些按照市场价格从厂商那里购买得到的物品，如食品、衣服等，在使用和消费上具有竞争性和排他性的特点。竞争性是指不能同时供许多人同时消费，如果一个人已消费某种商品，则其他人不能再消费这种商品。排他性是指必须对商品支付价款才能消费，不能支付价款的就不能消费，即“谁付钱谁受益”。因此，按照利益最大化原则组织生产的厂商愿意提供私人物品。市场机制在具备竞争性和排他性的私人物品场合才能真正有效。

与私人物品相对，公共物品是指那些市场不能提供的、具有非竞争性和非排他性的物品，如公共卫生、公共安全、国防、教育、广播等。人们对这些公共物品不必付费就可以享用，而且也不影响、不排斥其他人的使用。因此，公共物品是私人市场无法有效提供的，即存在着市场失灵，需要由政府出面根据社会全体成员的需求来提供。

（二）公共物品的特征

1. 非竞争性

非竞争性是指一个人对公共物品的消费并不影响或减少他人对该种物品的消费。或者说，对于一定的公共物品产出水平，增加一个人的消费不会引起产品成本的增加，即消费人数的增加所引起的产品边际成本为零，这种特性被称为非竞争性。例如，街道两旁的路灯，一个人使用和多个人使用的效果是一样的，并不会增加任何费用。公共物品的这个特征与私人物品不同，对私人物品而言，增加一个消费者就要增加产量，从而增加产品的生产成本。

2. 非排他性

非排他性是指只要社会存在公共物品，就不能排斥社会上的任何人消费该种物品，任意一个消费者都可以免费消费。或者说，不可能把不支付费用而要消费的人排除在外，这在技术上和经济上都是无能为力的，一定有不支付费用而从中受益的人存在。比如说国防，所有的社会成员都会免费得到国防相同的保护程度，不管某人对国防费用的支付是否有贡献，都无法将其排除在外。而对于私人物品来说，只能供付费的人享受，追求利润最大化的目标使私人企业缺乏生产公共物品的刺激和动力。

公共物品具备上述特征主要是由于公共物品的“不可分性”。例如，国防、交通、公共卫生等，不能再分割成细小的部分，只能作为整体被社会成员享用。例如，一条公路不可能分割成若干段给居民使用，只有作为一个整体才能发挥作用。所以，公共物品无法像私人物品那样“谁付钱谁受益”，那些没有承担成本、没有付费的人也能从公共物品中收益。这就是我们所说的“免费搭车”现象。正是因为公共物品具有非竞争性和非排他性，私人企业是无利可图的，从而使得私人企业不愿意生产这种物品。但公共物品对于社会来说又是必不可少的，因此由政府来提供更为有效。如果由政府生产，一方面可以采取税收的方式获得生产公共物品的费用，等于让免费乘客为其使用权买了票；另一方面，可以免费将公共物品提供给全体社会成员使用，从而使公共物品得到最大限度的利用。

二、公共物品的分类

按照公共物品使用价值的特点，可以将公共物品分为纯公共物品和准公共物品。

（一）纯公共物品

纯公共物品是指同时具有非竞争性和非排他性的物品，如前面提到的国防，还有警察、消防、天气预报等，都属于纯公共物品。任何人不会为享有纯公共物品的利益而相互竞争，也不会排斥他人同时消费或从中受益。对于纯公共物品而言，由于不具备竞争性，私人市场不应该提供它们；由于不具备排他性，私人市场也不愿意提供它们。因此，多数人都同意纯公共物品应该由政府提供，而且各国政府也都是这样去做的。政府可以通过征税的方式取得收入，用于提供这种产品的生产。

（二）准公共物品

准公共物品是指不同时具有非竞争性和非排他性的物品，如教育、公路、医疗等。它介于私人物品和纯公共物品之间。准公共物品又可以分为两类，一类是具备非竞争性但又具备排他性的物品，如有线电视，由于存在技术屏障，对于用户来说，必须首先缴纳相关费用以后才能收看有线电视节目，具有排他性。但是增加一个用户并不会影响到别人收看有线电视节目，因此，具有非竞争性。另一类是具备非排他性但又具备竞争性的物品，比如森林、河流、草地、公路、市区公园等，人们都可以享用这类物品，不能排斥他人对这些商品的享用；但是一个人的使用却会减少他人对这些物品的使用。例如，每一个村民都可以随便到湖里捕鱼，而每一个村民所捕到的鱼不可能再被其他人捕到，湖里的鱼是具有竞争性的物品。对于公路也是同样，汽车可以免费通行，具备非排他性，但两辆汽车不可能同时使用公路的同一块地方，具有竞争性。因此，由于公共的性质，准公共物品的使用中可能存在着“拥挤效应”和“过度使用”的问题。在上例中，如果每个村民都去竞相捕鱼的话，最终会导致鱼资源的滥用及枯竭。

三、公共物品的供给

公共物品具有的特征导致市场无法正常提供，必须由政府来提供社会所需的公共物品。政府提供公共物品不等于全部的公共物品都由政府来直接生产。

（一）政府提供公共物品的方式

发达国家政府直接提供公共物品的方式通常有以下三种：

1．中央政府直接供给经营

在一些国家，中央政府直接经营军工、医院、自来水、燃气等准公共物品，而另一些国家对这些产品的经营是由于私人经营亏损或破产时转而由政府通过国有化而实现直接经营。各国中央政府在提供公共物品时差异较大，美国在公共物品生产方面更多地偏向于私人提供。

2．地方政府直接经营

在欧洲的大多数国家，主要由地方各级政府直接经营保健事业、医院、自然资源保护、街道、警察、防火、供电、图书馆等。欧洲各国地方政府在许多绩优型产品供应方面，表现出直接经营的一些特点，而美国则更多地通过私人企业予以间接经营。

3．地方公共团体经营

最典型的是日本和法国。日本的国有企业是由地方公共团体来经营的，这样做可有利于地方居民的福利事业，其法定事业有自来水、工业水、汽车运输、地方铁路、电气和煤气。

（二）私人部门提供公共物品的形式

发达国家在公共物品的私人提供与经营方面有以下几种方式：

1．签订合同

政府与私人公司签订经营公共物品的合同是发达国家普遍的一种形式。这种方式主要针对具有规模经济效益的自然垄断产品，如各类基础设施和公共服务行业。政府选择私人厂商的方式一般是公开招标，借助于投标者的竞争把价格压到合理水平。此外，许多国家还允许私人通过建设-经营-转让（BOT）的方式参与公共基础设施和服务的提供，即允许私人投资建设基础设施，并通过若干年特许经营收回投资获得后，再由政府接收此项公共基础设施。

2．授权经营

这种方式适合于提供那些外在性显著的公共物品，如自来水供应、电话、供电、广播电台、航海灯塔等。在发达国家，自来水、电话、供电等许多公共领域都以授予经营权的方式委托私人公司经营，这种方式或多或少使私人公司具有了一定的垄断地位。

3．政府经济资助

主要适用于那些盈利性不高或者只有在未来才能盈利且风险大的公共物品。资助的方式有补贴、津贴、优惠贷款、无偿赠款、减免税。高精尖技术的基础研究和应用技术的超前研究以及教育是政府资助的主要领域。欧美国家对民营公共物品经济资助的途径和方法有很多，如补助津贴、优惠贷款、无偿赠予、减免税收等。

4．政府参股

主要适用于初始投入大的基础设施项目，如桥梁、道路、发电站、高速公路等。政府参股又分为政府控股和政府入股。政府控股针对那些具有举足轻重地位的项目，政府入股主要是向私人企业提供资本和分散私人投资风险。比较引人注目且效果较好的参股领域之一是高科技开发研究。

5．社会服务

只要遵守宪法和有关法律，发达国家的许多公共领域均允许个人、团体、宗教事业、慈善事业等营利和非营利性机构和组织参与经营。

“小狗经济”威胁“斑马经济”

在非洲的大草原上人们可以看到这样的景象，三条小鬣狗能吃掉一匹大斑马，其秘诀在于八个字：分工明确、合作紧密。大家分工明确，各司其职，才产生了分工的优势，产生了合作的能量，这其中最重要的是产权清晰。

浙江台州和温州可以说是典型的“小狗经济”。台州市有上千家摩托车零部件生产企业，这些企业基本都是家族式的，或者就是家庭工厂。这上千家独立核算、自负盈亏、机制灵活、动力很强的家庭企业组合而成了一个大型摩托车生产集团。结果，台州市的摩托车生产成本比内地许多大型摩托车生产企业低30%左右。如果说台州经济是“小狗经济”，那么内地由大型企业所支撑的经济则是“斑马经济”。这两者之间的本质区别是用市场交易关系来替代企业内部的股权合作关系和内部管理关系。

人与人之间的经济合作关系有三种：

一种是雇佣关系。某A投资办工厂，而且把工厂办得很大，其他人都到工厂内打工，服从老板的统一指挥和管理。A与其他人之间就是雇佣关系和内部管理关系。

另一种是合伙关系。上述这些人，有钱的出钱，有技术的出技术，有管理能力的出管理，有营销网络的出营销网络，所有这些都经评估后折合成一定的股份，大家共同办成一个股份公司。这样，大家就是一种合伙关系。

第三种是买卖关系。甲生产A部件，乙生产B部件，丙生产C部件，大家在市场上交易，最后形成一个完整的产品。

按照第三种方式进行合作的“小狗经济”的好处就是原动力装置比较多。按照第一种方式进行合作只有一架原动力装置。比如，如果台州只有一个大型摩托车企业，所有的零部件都在这个企业生产，除了一个老板之外，台州所有的人都给这个老板打工，都听从这个老板的管理，对于其他人来说，天塌下来有老板一个顶着，不关我什么事。而“小狗经济”的特点是，生产摩托车的老板有1000个，即有一千架原动力装置，每时每刻都有1000个人特别操心。这就是“小狗经济”充满活力的原因。

现代企业理论认为，企业是一系列契约的组合，是个人之间交易产权的一种方式。比如，资金所有者拥有资金所有权，劳动者拥有劳动力的所有权，大家在一起办企业，实际上是在企业内部进行不同所有权的交易。

那么产品市场与要素市场哪个交易成本更低，或者说，市场交易关系与企业内部的管理关系，哪个成本更低呢？这取决于很多因素，其中一个重要因素就是人们的道德水平和自律水平，我出钱，你出力，我们一起办企业，我当老板，你打工，实际上是用我的货币资本与你的人力资本进行交换，但我的货币资本在明处，你的人力资本在暗处，我投入了多少货币资本是可清点的，而你投入了多少人力资本是不可清点的，需要通过管理让你好好干，让你把人力资本贡献出来，但要做到这一点很难，管理成本很高，即在企业内部进行人力资本和非人力资本的产权交易，其交易成本很高。

而在一个上千条“小狗”组成的经济结构中，大企业中每一个零部件车间都变成了一个甚至几个、几十个独立的企业，上个零部件生产单位与下个零部件生产单位之间，不是统一管理和内部调拨关系，而是自我管理和市场交易关系。在这里，每个小老板的激励机制和约束机制都是来自两个方面，一方面来自市场竞争，另一方面来自产权明晰和自负盈亏。

这一变化的后果是，产品的零部件由内配转化为外配，由垄断性配套转化为竞争性配套。一般认为，企业在内配与外配的关系上有两种战略。一种战略，所有的环节从头到尾，如企业的产品设计、每个零部件的生产、每道工序的加工、产品的销售等，所有这一切都由自己独立完成。另一种战略，即在产品生产和经营的若干个环节上，企业只生产一个或几个环节，把所有资金和全部精力都投入到这一个或几个环节上，把这几个环节做精做透，成本做得很低，批量做得很大，其他环节由别人做。

目前世界上许多大型汽车企业自己所生产的零部件一般不到 30%，70%以上的零部件采用全世界最佳采购的办法。

有些政府部门把本地区不相关的七八个或几十个企业合并在一起，自称组建成“航空母舰”。这种所谓的大集团，说起来好听，资产规模几亿甚至几十亿，职工几千甚至上万，涉及的产业几十个，但竞争力很差。以这种大集团为主体的经济我们把它称为“斑马经济”。

“小狗经济”也有缺陷。由于企业的规模普遍不大，难以创品牌，难以建市场网络。因此，凡是发展“小狗经济”的地方，都要扶持若干龙头企业，这种龙头企业不是政府造出来的，而是在竞争中自己成长起来的。政府对这种自己成长的龙头企业需要做一些锦上添花的工作，使这些龙头企业由小狗变成大狗，再变成老虎。

（钟朋荣，2002）

本章小结

在现实生活中，完全竞争的前提假设是不存在的，因此市场机制在配置资源时并不能达到最优，导致市场失灵的出现。市场失灵产生的原因主要有垄断、外部性、公共物品及信息不完全性。

垄断会带来较大的社会福利损失和社会成本，使资源配置不能达到最优。垄断会影响到企业经销战略的选择和确定。相应的微观经济政策有国家制定反垄断法，对自然垄断进行限制等。

一些人的经济活动会给另一些人带来收益或损失，但那些得到收益或受到损失的人并未付费或得到补偿，这时就产生了外部性问题。外部性分为正外部性和负外部性。生产者或消费者的行为都会对外界带来影响。私人按利润最大化原则行事会造成正外部性的行为低于社会最优水平，而负外部性的行为高于社会最优水平。政府可采取明确产权、税收和补贴、合并企业、直接管制及颁发许可证的方法对外部影响带来的市场失灵加以纠正。

公共物品具有非竞争性和非排他性，从而使私人部门不愿意提供公共物品，需要由国家作为公共物品的提供者。政府可以通过成本一收益分析、投票的方式进行项目选择。但这两种方式都存在一定的局限性，需要政府根据实际情况综合选择确定公共物品供给的方法。

思考与练习

一、名词解释

市场失灵　外部性　公共物品　私人物品　科斯定理

二、单项选择题

1. 市场失灵是指（　　）。
   A. 市场没有达到可能达到的最佳结果
   B. 市场没能使社会资源的分配达到最有效率的状态
   C. 市场没能达到社会收入的公平分配
   D. 三种都对
2. 公共产品的特征是（　　）。
   A. 外部性　B. 排他性　C. 竞争性　D. 以上都是
3. 可用以下哪一个术语来描述一个养蜂主与其邻近的经营果园的农场主之间的影响？（　　）。
   A. 外部不经济　B. 外部经济　C. 外部有害　D. 以上都不是
4. 公共产品的定价（　　）。
   A. 由市场供求决定
   B. 由垄断组织通过竞争决定
   C. 用成本一收益分析法进行评估
   D. 由购买者决定
5. 导致市场失灵的因素是（　　）。
   A. 反垄断立法　B. 公共部门生产　C. 自然垄断　D. 以上都不是

三、判断题

1. 市场失灵指的是市场完全不好。（　　）
2. 市场失灵指的是市场没有达到可能达到的最佳结果。（　　）
3. 垄断对社会造成的损害在于企业获得了超额利润。（　　）
4. 公共产品的一个显著特点是排他性。（　　）
5. 公共产品在一定条件下具有非竞争性。（　　）
6. 当存在外部不经济时，厂商的私人成本高于社会成本。（　　）

7. 外部不经济的一种解决方法就是对该活动征税。（　　）
8. 从社会角度看，私人成本与社会成本的差异是导致市场失灵的原因。（　　）

四、简答题

1. 什么是“免费搭车”？为什么私人物品不会遇到“免费搭车”问题？
2. 举例说明如何运用私人解决方法——科斯定理处理外部性问题。
3. 对于市场失灵，政府的微观经济政策通常有哪些？
4. 公共物品有哪些分类？为什么公共物品不能由市场提供？
5. 什么是正外部性？什么是负外部性？在没有政府干预的情况下，它们分别会带来什么影响？

技 能 训 练

1．举出一个由政府提供的但却不是公共物品的例子。
2．举出一个不是由政府提供的公共物品的例子。

实 训 项 目

李先生和王先生为上下相邻的两家租户，李先生喜欢跳舞，并且跳舞时还要播放音乐。但是王先生很讨厌跳舞，觉得这是一种“噪声”。假设对于李先生来说，跳舞能获得价值 20 元的效用，王先生为了不再听到这种“噪声”，需要支付给李先生 30 元。请问:

（1）这属于哪一种外部性？

（2）假如租房契约规定每个租房人必须事先征得邻居同意才能跳舞，那么会出现什么结果？

（3）假如，租房契约规定人人都可以随意跳舞，又会发生什么情况？

模块三　宏观经济分析

项目九　认知国民收入核算理论

任务一　认知国民收入的观念及其相互关系

任务二　认知国民收入的核算方法

任务三　认知国民收入中的恒等关系

项目十　认知国民收入决定理论

任务一　认知国民收入的决定因素及其关系

任务二　认知简单的国民收入决定模型

任务三　认知 IS-LM 模型

任务四　认知总需求—总供给模型

项目十一　认知失业与通货膨胀理论

任务一　认知失业理论——潮起潮落民工潮

任务二　认知通货膨胀理论——贫穷的百万富翁

任务三　失业与通货膨胀的关系

项目十二　认知经济周期与经济增长理论

任务一　认知经济周期的含义与类型

任务二　认知经济周期的成因理论

任务三　认知经济增长及其决定因素

项目十三　认知宏观经济政策——打好经济政策“组合拳”

任务一　认知宏观经济政策概述

任务二　认知财政政策

任务三　认知货币政策

任务四　认知相机抉择和宏观经济政策的局限性

项目九

认知国民收入核算理论

知识目标

1. 掌握国内生产总值以及其他宏观经济指标的概念。
2. 了解国内生产总值的核算方法，重点掌握支出法。
3. 掌握两部门、三部门、四部门经济中的国民收入循环恒等关系。
4. 理解国民收入核算中的五个总量的关系。
5. 明确 GDP 与 GNP 的重要性与区别。

能力目标

1. 联系实际谈谈你对 GDP 的认识。
2. 解释为什么原来世界各国用 GNP 而现在采用 GDP。

项目导入

美国的著名经济学家保罗 A. 萨缪尔森说过：“国内生产总值是 20 世纪最伟大的发明之一。”没有国内生产总值这个发明，我们就无法进行国与国经济实力的比较以及贫穷与富裕的比较，就无从知道本国宏观经济在世界经济中的位置。国内生产总值是宏观经济中最受关注的经济统计数字，它被认为是衡量国民经济发展情况最重要的一个指标，透过国内生产总值我们看到了国与国财富的差距。

项目思考

国内生产总值的意义有多大？

任务一　认知国民收入的观念及其相互关系

一、国内生产总值

（一）国内生产总值的定义

国内生产总值，是指一定时期内（通常是一年）一国境内所产出的全部最终产品和服务的价值总和。国内生产总值是衡量一个国家经济状况的最重要的指标。其中，最终产品（Final Goods）是指以消费和投资为目的，现期生产和出售的产品。最终产品是和中间产品

（Intermediate Goods）相对而言的。GDP 不包括中间产品——用于生产其他产品的产品。

（二）国内生产总值的特点

（1）国内生产总值是指一国在本国领土内所生产的产品与劳务，既包括本国企业所生产的产品与劳务，也包括外国企业或合资企业在本国生产的产品与劳务。

（2）国内生产总值是指一个国家在一定时期（一年内）所生产的一切最终产品与劳务的市场价值总额，因此，在计算时不应该包括以前所生产的产品的价值。例如，以前所生产而在该年所出售的存货，或以前所建成而在该年转手出售的房屋等。

思考

二手货应计入 GDP 吗？

解析

二手货的出售不应计入 GDP 中。例如，当某公司生产了一袋棒球运动员卡，并以 50 美分出售时，这 50 美分就应加到该国的 GDP 中。但是，当一个棒球动员的收集者把一张稀缺的运动员卡片以 500 美元卖给另一个收集者时，这 500 美元并不是 GDP 的一部分。因为，运动员卡片的出售反映了一种资产的转移，并不是经济中收入的增加。

（3）国内生产总值是指最终产品与劳务的市场价值总额，因此，在计算时不应包括中间产品产值，以避免重复计算。最终产品是指最终供人们使用或消费而不是为了转卖或为进一步加工所购买的产品或劳务，而中间产品并不是供人们最终使用或消费的产品或劳务，它们是在中间各阶段中投入生产的产品或劳务，还需经过若干次生产或加工才能成为最终产品或劳务。

在实际经济中，许多产品既可以作为最终产品使用，也可以作为中间产品使用。要区分哪些是最终产品而哪些是中间产品是很困难的。例如，煤炭在作为冶金等行业的燃料或化工等行业的原料时就是中间产品，而作为人们生活中的燃料时就是最终产品。这样，把哪一部分煤炭作为最终产品，哪一部分作为中间产品就不容易区分。为了解决这一问题，在具体计算时采用了增值法，即只计算生产各阶段上所增加的价值。

（4）国内生产总值是一个市场价值的概念，即按产品或劳务的现期价格来计算。例如，假设整个经济生产了 4 个苹果和 3 个梨，我们如何计算 GDP 呢？我们可以简单地把苹果和梨相加，并得出结论说 GDP 等于 7 个水果吗？这种说法是不正确的。为了计算不同物品和劳务的总价值，GDP 核算使用市场价格。如果每个苹果 1 元钱，每个梨 0.8 元，则 GDP 就是 6.4 元（$1\times4+0.8\times3=6.4$）。

（5）国内生产总值中的最终产品或劳务不仅包括有形的产品，而且包括无形的产品，因而要把旅游、服务、卫生、教育等行业提供的劳务，按其所获得的报酬计入国内生产总值中。

思考

如何评价政府提供的服务？

解析

在评价政府服务时需要进行估算。例如，警察、消防队员和议员都向公众提供了服务，但因为这些服务并不在市场上出售，从而没有市场价格。在进行国民收入核算时，通过按成本估价把这些服务包括在 GDP 中。也就是说，把这些公务人员的工资作为对其产出价值的衡量。

（6）GDP 一般仅指市场活动产生的价值。家务劳动、自给自足生产等非市场活动不计入 GDP 中。另外，大量的地下经济活动在 GDP 中也没有得到反映。

（三）GDP 指标的意义与局限性

1. GDP 核算的意义

（1）判断宏观经济运行状况

判断宏观经济运行状况主要有三个重要经济指标，即经济增长率、通货膨胀率、失业率，这三个指标都与 GDP 有密切关系，其中经济增长率就是 GDP 增长率，通货膨胀率就是 GDP 紧缩指数。失业率中的奥肯定律表明：当 GDP 增长大于 2.25 个百分点时，每增加一个百分点的国内生产总值，失业率就降低 0.5 个百分点。

（2）对宏观经济管理有重要作用

如制定战略目标、计划规划和财政金融政策时，都以达到一定数量的 GDP 为标准。

（3）在对外交往中有重要意义

与我国承担的国际义务相关，如承担联合国会费；与我国享受的优惠待遇有关，如世界银行根据 GDP 来划分给予优惠的标准。

2. GDP 核算指标的局限性

GDP 反映福利水平变动存在较大局限性：

（1）它不反映分配是否公平。

（2）非市场活动得不到反映。

（3）有些严重影响社会发展和人们生活质量的内容无法得到反映，如环境质量的变动、不能反映精神满足程度，闲暇福利。

（4）它把所有市场交易活动反映到 GDP 上，并不能正确反映社会经济发展水平，也无法反映人们从产品和劳务消费中获得的福利状况。

（5）GDP 的数值不能完全反映经济内容的实质。

（6）由于不同国家产品结构和市场价格的差异，两国 GDP 指标难以进行精确比较。

（7）生活质量的改善不能得到体现。

二、国内生产净值（NDP）

国内生产净值，是指一国国境以内在一年内创造出来的净增加值。GDP 是一个国家一年内全部最终产品的市场价值，最终产品的价值既包括当年新增加的价值，也包括生产过程的资本消耗，即折旧的价值。

三、国民生产总值（GNP）

国民生产总值（GNP，Gross National Product）是一国居民在一定时期内（通常为一年）所拥有的投入要素所生产的最终产品的总值。

GDP 与 GNP 的区别与联系。在一个与其他国家或地区不发生任何贸易往来和资本流动的封闭经济系统中，GDP 和 GNP 的值应是相等的。但在实际情况下，这两个值通常是有出入的。因为，在几乎所有的国家里，总有部分国内生产值为外国公民所有，而外国的部分产值又是本国公民的收入。

GNP 衡量的是一国居民的总收入，而不论其收入是从国内还是从国外获得的，是从中国的公司还是从其他国家的公司获得的；GDP 衡量的则是一国国境内所有产出的总价值，而不管其所有者是本国居民还是外国居民，是中国人还是美国人。

虽然二者存在显著的区别，但 GDP 和 GNP 这两个概念的大部分是重合的，至少对于大多数国家来说都是如此。在实际的经济活动中，一国的收入可以在许多方面与其产出发生出入。外国公民可以拥有该国的国内产值，外国金融机构也可以通过向该国的国内项目融资的方式分享该国的国内收入，外国工人可以在该国工作并将其劳动所得汇回国外。在上面的每一种情形中，都有部分国内产值成为外国公民的收入。在计算 GNP 时，就应该将这部分产出从 GDP 中扣除。反之，本国公民通过各种方式从国外获取的收入则应叠加进来，以得出完整的 GNP 数值。这样，我们又得出一个新的概念——净要素支付，简称 NFP，它等于本国公民的国外收入减去外国公民在本国的收入。它所衡量的正是 GDP 与 GNP 之间的差异，即

$$GNP-GDP=NFP$$

$$GNP=GDP+本国公民来自国外的要素收入-本国支付给外国公民的要素收入$$

四、国民收入（NI，National Income）（狭义）

（1）NI 是生产要素所有者按生产要素因从事生产和提供劳务所挣得的收入，是劳动、资本和土地等生产要素所获得的全部收入，它是从 NDP 中减去折旧和间接税而得到的。这里的国民收入，实际上是按生产要素报酬计算的国民净收入。在西方国家，有时简称为（狭义的）国民收入。

（2）国民收入等于工资、租金、利息、业主收入和企业利润之和。其公式为

$$NI=NDP-间接税=工资+租金+利息+业主收入+企业利润$$

五、个人收入（PI）

个人收入（PI，Personal Income）指的是要素所有者在国民收入核算期间实际拿到手的收入，是个人从各种不同来源取得的实际收入的总和。其公式为

$$PI=NI-公司未分配利润-企业所得税+政府给居民的转移支付+政府向居民支付的利息$$

六、个人可支配收入（DPI）

从个人收入（PI）中扣除个人向政府交纳的税金和非税支付，即得个人可支配收入（DPI，Personal Disposable Income）。

个人税收包括个人收入税、个人财产税、遗产税和赠与税等。非税支付包括罚金和馈赠等。个人可支配收入也被称作税后收入。

任务二 认知国民收入的核算方法

核算国民收入的方法主要有支出法、收入法和增值法三种。

一、支出法

支出法也称为最终产品法或产品流动法。这种核算方法，是把一个国家在一年内投入的生产要素生产出来的物品和劳务按购买者（需求者）支出的金额（因而也是这些产品和劳务的销售金额）分类汇总而成。计算公式为

$$Q_1 \cdot P_1+Q_2 \cdot P_2+\cdots+Q_N \cdot P_N=\text{GDP}$$

产品和劳务的需求者在国民收入核算体系中分为四类，即个人消费、投资、政府购买和出口（外国购买者需求的产品和劳务），用这种核算方法计算的国民收入为

国民收入=个人消费+投资+政府购买+净出口（出口−进口）

即

$$\text{GDP}=C+I+G+(X-M)$$

式中 C——个人消费；

I——投资；

G——政府购买；

X——出口；

M——进口。

上面所列的核算项目中，个人消费支出包括购买耐用品（如小汽车、电冰箱、洗衣机、收录机）、非耐用品（如食物、衣服之类）、劳务（如医疗、旅游、理发）等方面的支出，但建造住宅的支出不包括在内，尽管它类似耐用消费支出，但一般将它包括在固定资产投资中。

投资是指增加或替换资本资产（包括厂房和住宅建筑、购买机器设备以及存货）的支出。投资可分为固定资产投资和存货投资两大类。固定资产投资是用来增加新厂房、新设备、营业用建筑物以及住宅建筑物的支出，“固定”这个说法是表示这类投资品将长期存在并使用。投资是一定时期增加到资本存量中的新的资本流量，而资本存量则是经济社会在某一时间点上的资本总量。在总投资中，有一部分用于补偿旧资本的消耗，这部分投资是用来重置资本设备的，称为重置投资。总投资减去重置投资称为净投资。用支出法计算GDP时的投资，指的是总投资。存货投资指的是企业持有的存货价值的增加（或减少），它的数值等于年末存货价值减去年初存货价值，存货投资可以是正数，也可以是负数。

➘ 思考

个人购买股票和债券属于投资吗？

➘ 解析

经济学上的投资是指增加或更换资本资产的支出，包括固定投资和存货投资。人们购买股票和债券只是一种证券交易活动，并不是实际的生产经营活动。人们购买股票和债券是一种产权转移活动，因而不属于经济学意义的投资活动，不能计入GDP。

但是，如果购买股票和债券时，支付了一定的佣金和未来可能产生的股息和利息，则应计入 GDP。因为佣金是经纪人的劳务所得，股息是资金利用后的增值。

思考

约翰为自己购买了一所有 100 多年历史的维多利亚式的房子，杰克为自己建造了一所全新的现代房子，这两所房子哪一个算作投资？

解析

从经济学角度来看，杰克的房子算作投资。因为约翰的交易并没有给经济创造出新房子，它仅仅是对已有房子的重新配置。约翰的购买对其本身来说是投资，但对出售房子的人来说是负投资。而杰克为经济增加了新房子，他的新房子算作投资。

政府购买支出是指各级政府购买商品和劳务的支出。政府花钱设置法院、提供国防、建筑道路、举办学校等都属于政府购买，这些政府购买都作为最终产品计入国民收入。政府这些购买通过建立公共设施、造潜艇，或雇请公务员、学校教师、司法部门的人员等到社会公共部门或政府部门中提供服务。由于这些服务不是典型地卖给最终消费者，因此对政府提供的服务难以有一个市场估价。这就使政府购买和个人消费、投资和出口不同。在计入 GDP 时，根据政府提供这些服务所花费的成本计算其价值。例如，根据政府在教育方面的支出来计算公共教育的价值，国防的价值则假定等于国防费用支出。值得注意的是，政府购买只是政府支出的一部分，政府支出中有的项目不能计入 GDP 中，如社会转移性支付，它只是简单地把收入从一个人或一个组织转移到另一个人或另一个组织，并没有相应的货物或劳务的交换发生。例如，政府给残疾人发放救济金，并不是因为残疾人提供的生产要素的服务创造了收入。

思考

政府购买支出和政府支出有什么区别？

解析

政府购买支出只是政府支出的一部分。政府还有一些支出并不能计入 GDP，如转移支付和政府对个人支付的利息，因为并没有相应的产品与劳务的交换，收入就由一个经济单位转移到了另外一个经济单位的手中，所以这些不能计入 GDP 中，而应该计入个人可支配收入中。再如政府给失业人员发放的失业救济金，并不是因为这些人提供了劳务，创造了价值，而是因为他们失去了工作，没有经济来源，要靠救济生活。

净出口是指出口货物与进口货物之间的差额。世界各国一般都会与别的国家或地区发生经济贸易往来。这就会使得一个国家的居民户、企业和政府在购买最终产品的支出和这个国家的总产出出现不相等的现象。本国购买的一些产品可能是别的国家生产的，这些进口产品应从总购买中减去。相反本国有些产品会卖到国外去，这些出口产品应当加到购买产品中去。这样在计算 GDP 时，净出口就应当加到总支出中去，由于进口产品价值和出口产品价值会出现不一致，这个净出口额可能是正值，也可能是负值。一般来说，净出口额为正值称为贸易顺差，净出口额为负值称为贸易逆差。

二、收入法

这种核算方法，是从居民户向企业出售生产要素获得收入的角度看，也就是从企业生产

成本角度看，社会在一定时期内生产了多少最终产品的市场价值。但严格说来，产品的市场价值中除了生产要素收入构成的生产成本，还有间接税、折旧、公司未分配利润等内容。用收入法核算国内生产总值，可以把核算项目归纳为生产要素收入和非生产要素收入两大类。

生产要素包括劳动、资本、土地和企业家才能，因此按照收入法计算的国民收入中的生产要素收入应该是工资、利息、地租和企业家才能的报酬（利润）的总和。

工资从广义上说应当包括所有对劳动者从事工作所支付的酬金、补助和福利费，其中包括工资收入者必须缴纳的所得税及社会保险。工资还应包括非公司企业的业主收入。它是指各种类别的非公司企业业主的工资收入，如医生、律师、农民和店铺经营者等的劳务报酬。他们被自己雇用，使用自有资金，因此他们的工资、利息、利润和租金和其他收入项目是混在一起作为个人收入的。因为他们的工资收入是作为隐含成本存在的，所以在计算时可以参照社会上同类从业人员的平均工资水平对他们的劳务报酬进行折算。

利息在这里指人们储蓄所提供的货币资金在本期的净利息收入，但政府公债利息及消费信贷的利息不计入国内生产总值，只被当做转移性支付。

地租包括出租人所得各种租金，主要有房地产租金和土地租金，以及享有专利权、版权和自然资源所有权等具有地租性质的收入。

一般把公司税前利润也计算在生产要素收入之中。税前利润分为公司利润和非公司利润两类。公司利润包括公司利润税（公司所得税）、社会保险税、股东红利及公司未分配利润等。其中，公司未分配利润用作将来的投资，这部分留存利润形成公司的净储蓄。非公司利润是非公司企业类组织的盈利，这类企业组织主要是独资业主制与合伙制企业，企业规模都相对比较小，但数量众多，因此占有非常重要的地位。

非生产要素的收入包括企业转移支付、企业间接税和折旧。首先是企业转移支付和企业间接税，前者指公司对非营利组织的社会慈善捐款和消费者赊账。后者指企业缴纳的货物税或销售税、周转税。这些税收虽然不是生产要素创造的收入，但要通过产品加价转嫁给购买者，所以也应看作企业产出总值的构成部分。这和直接税不同，因为直接税（公司所得税、个人所得税等）都已包括在工资、利润及利息中，所以不能再计算到GDP之中。其次是资本折旧。这是资本的耗费，也不是生产要素的收入，但由于包括在支出法中的总投资中，所以在这里也应计入GDP中。

这样，按收入法核算所得的国民收入为

国民收入=工资+利息+租金+利润+间接税和企业转移支付+折旧

从全社会来说，国民总收入是个人或家庭收入、公司或企业收入与政府收入的总和。

三、增值法

这种核算方法是从生产者的角度出发，把所有厂商投入的生产要素新创造出来的产品和劳务在市场上的销售价值，按产业部门分类汇总计算国内生产总值，也称为部门法。从全社会的角度来看，一国一年内所生产的最终产品（包括产品和劳务）的市场价值总和，就是国内生产总值，因此在计算时不应包括中间产品产值，只计算其增值额，以避免重复计算。但在实际经济活动中，最终产品和中间产品是很难分清的。为此，采用增值法，只计算在生产各阶段上所增加的价值。可以用一个例子来说明，计算分析过程和结果详见表9-1。根据表9-1的资料，当年的国民生产总值是5000万元，而不是10300万元，它是最终产品价值扣除中间产品价值后的余额。

表 9-1　产品增值额计算表　（单位：百万元）

生产阶段	产品价值	中间产品成本	增　值
棉　花	10	0	10
棉　纱	15	10	5
棉　布	28	15	13
服　装	50	28	22
合　计	103	53	50

用这种方法计算 GDP 时，各生产部门要把所使用的中间产品的产值扣除，仅计算本部门增加的产值。商业、服务等部门也按增值法计算。卫生、教育、行政等无法计算增值额的部门，按该部门职工工资收入来计算，以工资代表他们所提供的劳务的价值。

从理论上说，这三种方法核算的结果应该是完全一致的。但在实践中，由于具体条件的限制，难于取得完备的统计资料，这三种方法所得出的结果往往并不一致。在国民收入核算体系中，以支出法为基本方法，如果按收入法与增值法计算出的结果与此不一致，就要通过误差调整项目来进行调整，使之达到一致。

任务三　认知国民收入中的恒等关系

一、宏观均衡

在现代经济学中，均衡指经济中变动着的各种力量处于一种暂时稳定的状态。在供给和需求关系中，均衡指供给和需求两种相反的力量处于一致或平衡的状态，或者说是使供求双方都满意，因而愿意接受并保持下去的状态。在已讨论过的需求曲线和供给曲线的交点就表示这种均衡状态。在市场偏离均衡状态时，不是供过于求，就是供不应求，超额供给和超额需求都将引起价格的波动，只有处于均衡状态下，供求才相等，买卖双方才都感到满意，并愿意保持这种状态。

均衡是有条件的，是在一定条件下才能达到并保持的，条件变化则均衡就不存在。在新条件下将出现新的均衡。经济过程就是从一种均衡向另一种均衡的不断演变过程。

在现代经济学中，均衡实质上是一种分析方法，用来分析经济中各个变量之间的关系，了解它们的相互影响和相互任用。均衡分析方法常常区分为静态均衡分析和动态均衡分析，又区分为局部均衡分析和一般均衡分析，以及微观均衡分析和宏观均衡分析。

微观均衡是指单个经济主体（作为消费者的单个家庭，单个厂商或企业，以及单个产品市场）经济行为的均衡。例如，在消费者需求理论中，被假定为已知的变量包括：①消费者需要买进的各种消费品（比如说米、布和其他商品）的价格；②消费者对它们的嗜好；③花费的总金额。还假定消费者的目标是要使他买进的各种商品提供的总效用达到极大值。待求解的因变量是他实现既定目标（效用极大化）所需买进的各种商品各自的数量，以及实现效用极大化所需具备的条件。由于只有在买进的各种商品提供的效用已达到最大可能的限度以后，消费者才不再改变他的购买方式，也就是该消费者的需求行为达到均衡状态，所以是均衡分析。又如在价值论即所谓价格理论中，比如说考察一个市场对于茶叶的均衡价格的决定问题时，假定作为自变量的需求状况（意指与各个不同卖价相应的消费者愿意买进的数量）和供给状况（意指与各个卖价相应的生产者愿意提供的数量）是已知和固定不变的。如果假定，需求状况的特点是卖价与其相应的需求量反方向变化，即卖价高则需求少，反之则正相反；而供给状况的特点则是卖价与其相应的供应量同方向变化，这样，当某一价格下的消费者愿意买进的数量即需求量超过生产者愿意提供的数量即供给量的时候，价格将有上涨的趋势。如某一价格下的供给量恰好与需求量相等的时候，价格和产销量都将稳定下来，不再有继续变动的趋势，这时市场达到均衡的状态。市场达到均衡状态时的价格称为均衡价格，与均衡价格相应的产销量，称为均衡产量。

宏观均衡是指把一个经济社会作为一个整体的经济活动的均衡。例如，凯恩斯的国民收入决定理论，是考察在决定国民收入和就业的一些自变量被假定为已知和不变的条件下，当社会的生产和就业达到均衡状态的时候，即不再有继续变动趋势的时候，国民收入和就业量的数值，是把均衡分析方法运用于宏观经济分析。

1．产品市场的均衡

从经济社会中产生的需求由消费、投资和政府购买三部分组成，并且消费取决于可支配收入，投资取决于实际利率，政府购买和税收是由财政决策者决定的外生变量。于是就有

$$Y=C+I+G$$

$$C=C(Y-T)$$

$$I=I(r)$$

$$G=G$$

$$T=T$$

确定了需求以后，为了进行分析，我们还应该加上有关物品与劳务供给。生产要素和生产函数决定了向经济社会提供的产出为

$$Y=F(K, L)=Y$$

现在让我们把这些描述产出供求的方程式结合在一起。如果把消费函数和投资函数代入国民收入核算恒等式，得出

$$Y=C(Y-T)+I(r)+G$$

由于变量 G 和 T 是由政府固定的，而且，由于产出水平 Y 是由生产要素和生产函数固定的，所以，得出

$$Y=C(Y-T)+I(r)+G$$

这个式子表明，产出的供给等于其需求，需求是消费、投资和政府购买之和。

要注意的是，利率 r 是最后一个方程式中唯一仍未确定的量。这是因为利率仍然起着关键作用：它必须调整到确保物品的需求等于供给。利率越高，投资水平越低，从而物品与劳务的需求，即 $C+I+G$，越小。如果利率极高，投资极低，产出的需求就小于供给。如果利率极低，投资极高，需求就大于供给。在均衡利率时，物品与劳务的需求等于供给。这个结果看起来有点神秘。让人感到奇怪的是，利率如何使物品或劳务的供求达到平衡的水平。回答这个问题最好的方法是考虑如何把金融市场结合进来。

2. 金融市场的均衡

考察金融市场问题，实际就是讨论可贷资金（Loanable Funds）的供求问题，它与产品市场的均衡实际上是一回事，只是讨论问题的角度不同。我们仍从国民收入恒等式入手，并将它改写成

$$Y-C-G=I$$

其中，（$Y-C-G$）是总收入扣除消费和政府购买后剩余的部分，称为国民储蓄或简称储蓄（S）。国民收入核算恒等式以这种形式表明储蓄等于投资。

国民储蓄又可以分成两部分，即

$$Y-C-G=(Y-T-C)+(T-G)$$

其中，（$Y-T-C$）表示可支配收入减去消费，称为私人储蓄。（$T-G$）表示政府收入减去支出后剩余的部分，称为公共储蓄，如果政府支出大于政府收入，存在预算赤字，政府储蓄就是负的。

将已知的各项条件代入国民收入恒等式，得到

$$Y-C(Y-T)-G=I(r)$$

等式左边表示国民储蓄 S，S 由潜在国民收入水平 Y 和外生变量 G、T 决定。因此 S 也是不变的。由此可以得到金融市场的均衡条件是

$$S=I(r)$$

其中 S 可以被视为可贷资金的供给，投资是可贷资金的需求。投资由实际利率决定。因此可贷资金的需求也由实际利率决定。

在此情况下，物品是可贷资金，而其价格是利率。储蓄是可贷资金的供给——家庭把自己的储蓄贷给投资者或者把自己的储蓄存在以后把资金贷出的银行中。投资是可贷资金的需求——投资者通过出售债券直接向公众借贷，或者通过向银行借贷间接向公众借贷。可贷资金的供给曲线，也就是储蓄曲线是垂直的，它取决于经济的潜在产出和其他外生变量，而可贷资金的需求曲线，即投资曲线是向下倾斜的，随着利率的下降，投资需求不断提高。通过调整利率，可以使投资等于储蓄，这时就实现了金融市场的均衡。

二、两部门、三部门和四部门国民收入的决定模型

1. 两部门经济中的收入流量循环模型与恒等关系

两部门经济指由厂商和居民户这两种经济单位所组成的经济，这也是一种最简单的经济。收入流量模型如图 9-1 所示。

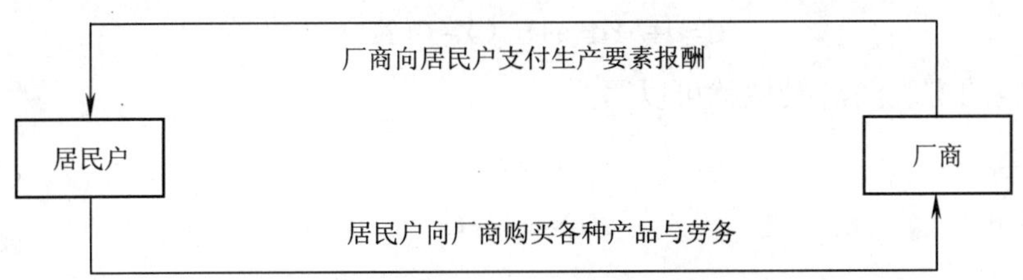

图 9-1　收入流量模型

该模型把整个社会经济活动分为两大部门：居民户和厂商。

两部门经济中的总需求：

在两部门经济中，总需求（AD）分为居民户的消费需求（C）和厂商的投资需求（I）。

$$总需求=消费+投资$$

即 $$AD=C+I$$

两部门经济中的总供给：

居民户的全部收入（工资、利息、利润、地租）部分用于消费，其余部分用于储蓄。根据收入法，总收入和总产量代表了社会对最终产品的总供给（AS）。因此：

$$总供给=消费+储蓄$$

即 $$AS=C+S$$

由于 $$AS=AD；AD=C+I；AS=C+S$$

所以 $$C+I=C+S$$

即 $$I=S$$

2．三部门经济中的收入循环恒等关系

三部门经济是指经济中包括三个部门，即除了厂商和居民户以外，还有政府部门。一方面，政府通过征税取得收入；另一方面，政府要进行支出。政府支出包括两项：政府购买支出和转移支付。二者的区别在于，政府购买支出使政府获得产品和劳务，是市场交易行为，而转移支付并不使政府获得产品和劳务，不是市场交易行为，而是政府的馈赠行为。因此，三部门经济的总供求构成如下

$$总支出=总需求（AD）=消费（C）+投资（I）+政府购买（G）$$

$$总收入=总供给（AS）=消费（C）+储蓄（S）+税收（T）$$

由此可以得出，国民收入均衡的条件是 $C+I+G=C+S+T$

在三部门经济中，政府是一个重要的组成部分，其行为对于均衡国民收入的决定产生了重要的影响。政府的行为包括征税、购买支出和转移支付，这种情况下决定人们消费支出的收入并不是总收入，而是可支配收入。可支配收入是人们税后收入再加上政府的转移支付。即

$$Y_d=Y-T+TR$$

其中，Y_d 代表可支配收入，T 代表固定的税收额，TR 代表政府的转移支付，它与政府购买的支出类似，也是外生变量。于是，消费函数就可以写成

$$C=a+bYd=a+b（Y-T+TR）$$

这样，完整的宏观经济模型就可以写为

$$Y=AD$$

$$AD=C+I+G$$

$$C=a+b（Y-T+TR）$$

$$I=I_0$$

$$G=G_0$$

$$Y=a+b（Y-T+TR）+I_0+G_0$$

$$（1-b）Y=a-bT+bTR+I_0+G_0$$

$$Y=[1/（1-b）]（a-bT+bTR+I_0+G_0）$$

这就是固定税制条件下的均衡国民收入。可以看出，这时，均衡国民收入受到以下六个因素的影响：

（1）私人部门的投资支出。在其他条件不变的情况下，私人部门投资增加，均衡国民收入就增加。反之，私人部门投资减少，均衡国民收入就减少。在其他条件不变的情况下，私人部门投资支出增加一单位，均衡国民收入的增加量是 $Y/I=1/（1-b）$。这就是投资支出乘数。

（2）政府购买支出。在其他条件不变的情况下，政府购买支出增加，均衡国民收入就增加。反之，政府购买支出减少，均衡国民收入就减少。在其他条件不变的情况下，政府购买支出增加一单位，均衡国民收入的增加是 $Y/G=1/（1-b）$。这就是政府购买支出乘数。由此可见，如果私人部门投资支出减少某一数量时，政府购买支出增加相同的数量，均衡国民收入水平将保持不变。

（3）政府的固定税收。在其他条件不变的情况下，政府固定税收增加，均衡国民收入就减少。反之，政府固定税收减少，均衡国民收入就增加。在其他条件不变的情况下，政府固定税收增加（减少）一单位，均衡国民收入的减少量（增加量）是 $Y/T=-1/（1-b）$。这就是政府固定税收乘数。

（4）政府的转移支付。在其他条件不变的情况下，政府转移支付增加，均衡国民收入就增加。反之，政府转移支付减少，均衡国民收入就减少。在其他条件不变的情况下，政府转移支付增加一单位，均衡国民收入的增加量是 $Y/TR=-1/（1-b）$。这就这是政府转移支付乘数。

由此可见，如果政府的固定税收和转移支付同时增加或同时减少相同的数量，均衡国民收入将保持不变。另外，虽然政府购买支出和政府转移支付都属于政府支出的范畴，但是，二者对均衡国民收入的影响是不同的。由于边际消费倾向 b 小于 1，所以，政府购买支出乘数大于政府转移支付乘数，而且二者的差额刚好等于 1。这是因为，政府购买支出直接构成总需求，它对收入的影响过程是

$$\Delta Y_G=\Delta G+b\Delta G+b_2\Delta G+b_3\Delta G+\cdots=[1/（1-b）]\Delta G$$

而转移支付是通过影响可支配收入进而影响消费支出起作用的。当可支配收入因为转移支付增加而增加时，消费支出的增加量只是转移支付与边际消费倾向的乘积。转移支付对收入的影响过程是

$$\Delta YTR=b\Delta TR+b_2\Delta TR+b_3\Delta TR+\cdots=[b/（1-b）]\Delta TR$$

可见，转移支付对收入的影响只相当于政府购买支出的间接影响部分，而没有直接影响，所以，政府购买支出乘数要比转移支付乘数大。

（5）自发消费。在其他条件不变的情况下，自发消费增加，均衡国民收入就增加。反之，自发消费减少，均衡国民收入就减少。在其他条件不变的情况下，自发消费增加一单位，均

衡国民收入的增加量是 $Y/a=1/(1-b)$。这就是自发消费乘数。

由此可见，投资乘数、政府购买支出乘数和自发消费乘数是相同的，都是边际储蓄倾向的倒数。

（6）平衡预算乘数。平衡预算是指政府购买支出和固定税收相等的情况，即 $G_0=T_0$。这时，均衡国民收入的表达式变成

$$Y=[1/(1-b)]\times[a+bTR+I_0+(1-b)G_0]$$

$$Y/G=Y/T=1$$

这说明，平衡预算乘数等于 1。换言之，当政府的购买支出和固定税收同时增加一单位时，均衡国民收入也增加一单位。在其他条件不变时，固定税收和政府购买支出等额增加，使政府预算盈余或赤字保持不变，但是，均衡国民收入提高一个与税收或政府购买相同的水平。其中的原因和政府购买支出乘数同转移支付乘数之间的关系的原因类似。

在实际生活中，有些税收是固定税收，但是，大多数税收是随着收入变化而变化的。例如，当企业和个人的收入增加时，他们所交的税收额也相应上升。税收函数是指政府税收和决定税收的变量之间的关系。可以证明，在变动税制情况下，各种乘数都要比固定税制情况下要小。换言之，当经济中出现使收入增加的力量时，如政府购买支出上升，均衡国民收入增加得比较少。反之，当经济中出现使收入减少的力量时，如自发税收增加，收入减少得也比较少。这意味着变动税制能够起到减小经济波动幅度的作用。变动税制的这种效应被称作税制的自动稳定功能。

3．四部门经济中的收入循环恒等关系

四部门经济是指引进国外部门，这样国民经济由居民、企业、政府、国外四部门组成。出口（X）代表外国人对本国产品的需求，进口（M）代表外国对本国出口商品，获得收入。因此，扩大出口、减少进口，同增加投资和政府开支一样，将按乘数原理导致均衡国民收入的多倍增加。

四部门经济中，由于有了对外贸易，国民收入的构成从支出角度看就等于消费、投资、政府购买和净出口的总和。

由此，四部门经济中的总需求与总供给的构成为

总支出=总需求（AD）=消费（C）+投资（I）+政府购买（G）+出口（X）

总收入=总供给（AS）=消费（C）+储蓄（S）+税收（T）+进口（M）

国民收入均衡的条件是 $C+I+G+X=C+S+T+M$

也可以写成 $C+I+G+X-M=C+S+T$

即

$$Y=C+I+G+(X-M)$$

从收入角度看，国民收入构成的公式可写成：$Y=C+S+T+Kr$。这里的 $C+S+T$ 的意义和三部门经济中的意义一样，Kr 则代表本国居民对外国人的转移支付，如对外国遭受灾害时的救济性捐款，这种转移支付也来自生产要素的收入。

这样，四部门经济中国民收入构成的基本公式就是：$C+I+G+(X-M)=C+S+T+Kr$，公式两边消去 C 则得到：$I+G+(X-M)=S+T+Kr$。这一等式也可以看成是四部门经济中的储蓄—投资恒等式，因为这一等式可以转化为以下式子：$I=S+(T-G)+(M-X+Kr)$。这里的 S 代表居民

私人储蓄，（$T-G$）代表政府储蓄，而（$M-X+Kr$）则代表外国对本国的储蓄，因为从本国的立场看，M（进口）代表其他国家出口商品，获得收入，X（出口）代表其他国家从本国购买商品和劳务，代表支出，Kr 也代表其他国家从本国得到的收入。可见，当（$M+Kr$）$>X$ 时，外国对本国的收入大于支出，于是就有了储蓄，反之，则有负储蓄。这样，$I+S+$（$T-G$）+（$M-X+Kr$）的公式就代表四部门经济中总储蓄（私人、政府和国外）和投资的恒等关系。

一般情况下，收入增加，对外国产品的需求（进口）会增加。假设进口与收入之间有线性关系，进口函数是 $M=Ma+\mathrm{m}Y$，其中 Ma 表示不随收入变化的给定不变的进口金额（理论上的收入为零时的进口额），$\mathrm{m}=\Delta M/\Delta Y$，称为边际进口倾向，均衡等式 $Y=C+I+G+$（$X-M$）可以写为：$Y=C+I+G+X-$（$Ma+\mathrm{m}Y$）。假设 $C=\mathrm{a}+\mathrm{b}Y\mathrm{d}=\mathrm{a}+\mathrm{b}$（$Y-T$），则国民收入均衡等式可写为 $Y=\mathrm{a}+\mathrm{b}$（$Y-T$）$+I+G+X-$（$Ma+\mathrm{m}Y$）。

移项可得：$Y=1/$（$1-\mathrm{b}+\mathrm{m}$）•（$\mathrm{a}-\mathrm{b}T+I+G+X-Ma$），其中，$1/$（$1-\mathrm{b}+\mathrm{m}$）是在下述前提下的对外贸易乘数：①消费支出和进口支出是国内收入的线性函数 $C=\mathrm{a}+\mathrm{b}Y$，$M=Ma+\mathrm{m}Y$：②税收净额 T（税收总额 Tg 减政府转移支付 R）为给定不变常数。括号内任一项数值的变动，均将按乘数原理导致均衡国民收入多倍变动。

本 章 小 结

宏观经济学以整个国民经济为研究对象，通过对国民经济系统的总量及其影响因素的考察，说明这些经济总量如何决定，以解释经济中的总量波动情况，并且提出减少和消除波动的对策和促进经济增长的政策。宏观经济学是以总量分析为特征的，它的核心理论是国民收入决定理论，而国民收入核算又是国民收入决定理论的基础。要进行国民收入的核算，首先要弄清楚国民经济运行中商品、劳务和货币连续不断的运动循环，从而得出两部门、三部门、四部门经济的国民收入核算的恒等关系。

补充阅读

以实现低碳指标为契机推进绿色 GDP

发展低碳经济，实现减排目标，就要转变经济增长方式，调整产业结构，排除发展绿色 GDP 的阻力。

时任国务院总理温家宝于 2009 年 11 月 25 日主持召开了国务院常务会议，研究部署了应对气候变化工作，决定了到 2020 年我国控制温室气体排放的行动目标，并提出了相应的政策措施和行动。会议决定，到 2020 年我国单位国内生产总值二氧化碳排放比 2005 年下降 40%～45%，作为约束性指标纳入国民经济和社会发展中长期规划，并制定相应的国内统计、监测、考核办法。

我国制定应对气候变化的国家方案，积极推进经济和产业结构调整、优化能源结构、实施鼓励节能、提高能效等政策措施，努力减缓温室气体排放。并且把低碳目标作为约束性指标纳入国民经济和社会发展中长期规划，大力发展低碳经济，体现了发展中国家的责任担当与大国风范。

低碳经济是以低能耗、低污染、低排放为基础的一种新的经济模式，是人类社会继农业文明、工业文明之后的又一次重大进步。据有关专家介绍，低碳经济实质是能源高效利用、清洁能源开发、追求绿色GDP的问题。如何实现减排技术创新、产业结构和制度创新，让绿色GDP理念深入人心，尤为重要。

环保部副部长潘岳曾撰文指出："绿色GDP是指绿色国内生产总值，它是对GDP指标的一种调整，是扣除经济活动中投入的环境成本后的国内生产总值。"发展低碳经济，实现减排目标，就要转变经济增长方式，调整产业结构，排除发展绿色GDP的阻力。毋庸讳言，一段时期以来，我国经济增长方式处于高资源消耗的粗放水平。为了制造高增长率的GDP，有的地方不惜大量消耗资源。使生态环境恶化。因此，从落实科学发展观，实行可持续发展的层面看，用绿色GDP代替传统GDP是一种进步，也是一种发展方向。

绿色GDP既然是个好东西，为何有的地方、有的部门不买账？原因在于绿色GDP尚处于试验阶段，目前还没有一套完善的评价体系，绿色GDP到底怎样计算还存在争议。更重要的是，计算绿色GDP需要扣除环境消耗分数，GDP增长速度会放缓，甚至可能会负增长，在政绩评价机制不完善的情况下，地方政府与官员拿什么展示政绩呢？因此，发展绿色GDP仍然存在一些制度与观念上的障碍。而且，原有的GDP概念就是一种经济指标，它不反映资源消耗、环境污染。如果发展绿色GDP，在扣除环境损失以后，势必会让地方GDP大大缩水。然而，近年来，"以GDP论发展"的观念仍然主宰着某些领导的思维。为了积累"政绩资本"，在短时间获得立竿见影的效果，在发展过程中，他们不惜破坏生态环境，上拉动GDP增长的"政绩工程"，尽管备受公众诟病，但是当下这种发展观念仍有相当的市场。

因此，要发展低碳经济，实现减排目标，就要排除发展绿色GDP的阻力。一方面要健全绿色GDP的评价体系，对跨地域的环境损失与模糊数据如何界定的问题有一个说法。另一方面，要痛下决心改革政绩评价体系，自上而下建立起科学的考评机制，保持对官员考核的连续性与长效性，扣除官员的污染政绩，让他们体会到绿色GDP的好处。如此，方可逐步转变各级领导干部的发展理念，让绿色GDP观念蔚然成风，并最终实现我国2020年减排目标。

资料来源：大江网-江西日报，胡艺，2009

思考与练习

一、名词解释

国内生产总值（GDP） 国民生产总值（GNP） 名义GDP

实际GDP 潜在GDP 国内生产净值（NDP） 国民收入（NI）

个人收入（PI） 个人可支配收入（DI） 最终产品

二、选择题

1. 国民生产总值是下面哪一项的市场价值？（ ）

   A. 一年内一个经济中生产的所有最终商品和劳务

   B. 一年内一个经济中交换的所有商品和劳务

   C. 一年内一个经济中交换的所有最终商品和劳务

D. 一年内一个经济中的所有交易

2. 通过以下哪项我们避免了重复记账？（　　）

A. 剔除金融转移

B. 计量 GNP 时使用增值法

C. 剔除以前生产产品的市场价值

D. 剔除那些未涉及市场交换的商品

3. GNP 账户不反映以下哪一项交易？（　　）

A. 卖掉以前拥有的住房时，付给房地产经纪商 6%的佣金

B. 在游戏中赢得的 100 美元

C. 新建但未销售的住房

D. 向管道工维修管道支付的工资

4. 当实际 GDP 为 175 亿美元，GDP 价格缩减指数为 160 时，名义 GDP 为（　　）。

A. 110 亿美元　　B. 157 亿美元　　C. 280 亿美元　　D. 175 亿美元

5. 如果当期价格低于基期价格，那么（　　）。

A. 实际 GNP 等于名义 GNP

B. 实际 GNP 小于名义 GNP

C. 实际 GNP 和名义 GNP 是同一回事

D. 实际 GNP 大于名义 GNP

三、判断题

1. 政府转移支付计入 GDP。（　　）

2. 储蓄是存量还是流量。（　　）

3. 一国国内生产总值小于国民生产总值，说明该国公民从外国取得的收入大于外国公民从该国取得的收入。（　　）

4. 今年的名义国内生产总值大于去年的名义国内生产总值说明今年物价水平一定比去年高。（　　）

5. “面粉是中间产品”这一命题一定是对的。（　　）

四、简答题

1. 在计算国内生产总值时，为什么要把中间产品剔除在外？如果计算了这些产品，结果会如何？

2. 简述区别名义 GDP 和实际 GDP 的原因。

3. 为什么从公司债券得到的利息应计入 GDP，而人们从政府得到的公债利息不计入 GDP？

4. 国民收入核算的理论依据是什么？

技 能 训 练

1. 假定国内生产总值是 5 000，个人可支配收入是 4 000，政府预算赤字是 200，消费是 3 500，贸易赤字是 100（单位：亿美元）。

试计算：（1）储蓄；（2）投资；（3）政府购买。

2．根据下列统计资料，计算国内生产总值（GDP）、国内生产净值（NDP）、国民收入（NI）、个人收入（PI）及个人可支配收入（DPI）。

单位：亿美元

项目	金额
净投资	125
净出口	15
储蓄	25
资本折旧	50
政府转移支付	120
企业间接税	75
政府购买	200
社会保险金	130
个人消费支出	500
公司未分配利润	100
公司所得税	50
个人所得税	80

项目十

认知国民收入决定理论

知识目标

1. 掌握简单的国民收入决定模型的含义、消费函数和边际消费倾向的含义、乘数的含义与计算。

2. 了解 AD-AS 均衡模型的含义及国民收入的决定、长期总供给曲线的特征。

3. 明确 IS-LM 均衡模型的含义、财政政策和货币政策以及对均衡国民收入和利率的影响。

能力目标

1. 能够运用国民收入决定理论的基本原理，对均衡国民收入的决定和影响进行一定的定性和定量分析。

2. 能够运用总需求—总供给模型分析宏观经济问题。

项目导入

18 世纪初，一个名叫曼德维尔的英国医生写了一首题为“蜜蜂的寓言”的讽刺诗。这首诗描述了一群蜜蜂的兴衰史。最初，蜜蜂追求豪华的生活，浪费成性，整个蜂群兴旺发达。后来，它们在一个“哲学蜂”的劝说下崇尚节约，结果弄得社会衰落，终于被另一个蜂群所消灭。这首诗因为宣扬“浪费有功”，被英国当时中塞克斯郡大陪审团判定为败类作品。但在 200 多年后，这部作品却启发凯恩斯建立了以总需求为中心的宏观经济理论。

在凯恩斯之前，经济学家相信“供给决定需求”。但 20 世纪 30 年代大危机时的供给过剩、失业严重使凯恩斯从供给转向需求，建立了以总需求为中心的宏观经济理论。凯恩斯认为，在短期中，总供给水平是既定的，因此，国民收入水平的大小取决于总需求。总需求增加，国民收入增加；总需求减少，国民收入减少。总需求不足正是引起供给过剩和失业的根本原因。这就是宏观经济学中简单的国民收入决定模型，或称凯恩斯国民收入决定模型。

国民收入决定理论是现代西方宏观经济学的核心问题，是由现代西方宏观经济学创始人凯恩斯提出的，主要研究国民收入是如何决定的。凯恩斯采取的是短期数量分析，由于总供给短期不变，所以国民收入就取决于总需求或有效需求，从而建立了以需求为中心的国民收入决定理论。

项目思考

1. 为什么高储蓄不一定会对整个经济有利？

2. 为什么刺激总需求会促进国民收入增长？

当代西方宏观经济学认为，在经济中的各种总量中，国民收入是一个最重要的总量。因为社会经济中的失业、通货膨胀、经济周期波动、经济增长等重要问题，无一不与国民收入的变动有关，对这些问题的解释也都要通过对国民收入的分析才能加以说明。因此，国民收入决定理论便成为当代宏观经济学的核心理论。

任务一　认知国民收入的决定因素及其关系

从两部门经济的国民收入恒等关系式中已看到，国民收入的构成，从总需求方面来看表现为

国民收入=消费+投资

而从总供给方面来看表现为

国民收入=消费+储蓄

可见，国民收入最终可以转化为消费、储蓄和投资三个因素。那么，三者之间关系如何呢？它们又是如何决定国民收入水平的呢？

一、消费、储蓄与投资

由于消费与储蓄之和等于收入总量，在收入既定的情况下，储蓄的增加，意味着消费的减少。因而，消费与储蓄之间存在着此消彼长的关系。

当代西方经济学认为，人们在获得一定收入之后，由于种种原因，总是要延缓目前的消费而用之于储蓄。按照当代西方宏观经济学的创立人凯恩斯的说法，从个人来讲，人们进行储蓄的主观动机主要有 8 种：①为了防备不测的谨慎动机；②为了将来自己养老、子女教育、抚养亲属的远虑动机；③为了获取利息和投资收益的计算动机；④为了日后生活逐渐得到改善的动机；⑤为了维持个人的独立感和有所作为感的动机；⑥为了积累本钱以进行投资或发展事业的动机；⑦为了给后人留下遗产而自豪的动机；⑧为节俭习惯的动机。与这 8 种储蓄动机相应的也有 6 种促成消费的动机，即享受、短见、慷慨、失算、炫耀和奢侈。

按凯恩斯的分析，对厂商来说，之所以要储蓄，其动机在于：①为了减少借债而理性地增加投资；②为了应付经济萧条和企业的意外变故；③为了使企业逐步改善经营管理，增加收入；④为了保证及时清偿债务，使企业得以稳健发展。

可见，储蓄与投资的关系不同于储蓄与消费的关系。投资是由储蓄转化而来的，二者关系密切。但是投资与储蓄分别是由不同的主体、出于不同的目的进行的。投资是由厂商形成的。而储蓄则既有厂商的行为，也有居民户的行为。厂商储蓄在很大程度上的直接动机是投资，而居民储蓄则出于多种动机，并且往往与社会和厂商的投资没有什么联系。因而，从全社会来看，投资与储蓄既不存在此消彼长的关系，也不一定相等。

案例分析

20 世纪 90 年代，日本经济在多年迅速增长和极度繁荣之后经历了长期衰退。由于日本

经济的长期增长以及日本企业采用终身雇佣制等因素，日本历史上的失业率是极低的，但这次失业率却从1990年的2%上升到1998年的4%。在1990年以前的20年中，日本的工业生产翻了一番，但1998年和1990年的GDP仍然一样，实际GDP停滞，有时甚至还下降。造成日本20世纪90年代经济衰退的原因是什么？

案例评析：造成日本经济衰退的原因之一是消费支出减少。这部分归因于股票价格的大幅度下降。1998年日本的股票价格不到10年前达到的顶尖水平的一半，与股市一样，日本的土地价格在20世纪90年代崩溃之前的20世纪80年代也是天文数字。当股市和土地价格崩溃后，日本公民眼看着自己的财富都消失了。而财富和收入的减少使得人们减少了消费支出。

造成日本经济衰退的原因之二是投资支出减少。这部分归因于银行系统出现的“信用危机”。在20世纪90年代，随着泡沫经济的破灭，银行陷入了困境，并加剧了经济活动的衰退。20世纪80年代日本银行发放了许多以股票或者土地为担保的贷款。当这些抵押品价值下降之后，债务人开始拖欠贷款，从而使银行形成了大量的不良贷款。以商业银行为例，截至2002年3月底，美国高盛公司估计日本金融机构持有的不良资产为236万亿日元。这种旧贷款的拖欠减少了银行发放新贷款的能力，所引起的“信用危机”使企业为投资项目筹资更难，从而压低了投资支出。

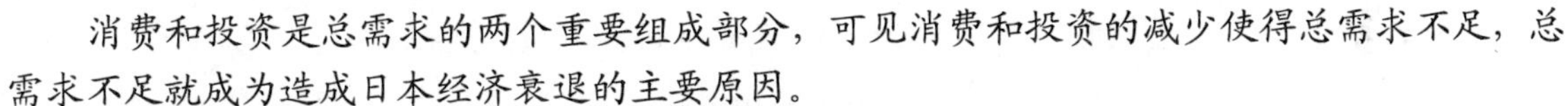

消费和投资是总需求的两个重要组成部分，可见消费和投资的减少使得总需求不足，总需求不足就成为造成日本经济衰退的主要原因。

（资料来源：曼昆．宏观经济学[M]．4版．北京：中国人民大学出版社，2000．）

二、消费函数与储蓄函数

既然消费与储蓄都是由收入分解出来的派生变量，因而它们必然各自与收入有着某种函数关系。

表示消费与收入之间依存关系的函数是消费函数。消费函数表示在其他条件不变的情况下，消费随收入的变动而同方向变动（但变动的幅度可能会不相等）。即收入增加，消费也增加；收入减少，消费亦减少。若以 C 表示消费，以 Y 表示收入，则消费函数公式为

$$C=f(Y)$$

表示储蓄与收入之间依存关系的函数是储蓄函数。储蓄函数表示在其他情况不变的条件下，储蓄随收入的变动而呈同方向变动（但变动的幅度不相等）。若以 S 表示储蓄，以 Y 表示收入，则储蓄函数的公式为

$$S=f(Y)$$

消费、储蓄与收入之间，不仅存在着某种函数关系，而且存在着一定的比例关系。消费与收入之间的比例关系称为消费倾向；储蓄与收入之间的关系称为储蓄倾向。

消费倾向可分为平均消费倾向和边际消费倾向。平均消费倾向指平均每单位收入中消费所占的比重，或总收入中总消费所占的比重。若以APC表示平均消费倾向，则有

$$\mathrm{APC}=\frac{C}{Y}$$

边际消费倾向指每一单位收入增量中消费增量所占的比重。若以 MPC 表示边际消费倾向，以ΔC表示消费增量，以ΔY表示收入增量，则有

$$\mathrm{MPC}=\frac{\Delta C}{\Delta Y}$$

储蓄倾向可分为平均储蓄倾向和边际储蓄倾向。平均储蓄倾向指平均每单位收入中储蓄所占的比重，或总收入中总储蓄所占的比重。若以 APS 表示平均储蓄倾向，则有

$$\mathrm{APS}=\frac{S}{Y}$$

边际储蓄倾向指每一单位收入增量中储蓄增量所占的比重。若以 MPS 表示边际储蓄倾向，以ΔS表示储蓄增量，ΔY表示收入增量，则有

$$\mathrm{MPS}=\frac{\Delta S}{\Delta Y}$$

由于整个社会人们的全部收入除了消费之外，便是储蓄，所以

$$\mathrm{APC}+\mathrm{APS}=1$$

同样，由于整个社会的收入增量分为消费增量与储蓄增量，所以

$$\mathrm{MPC}+\mathrm{MPS}=1$$

知识拓展

中国人的储蓄倾向为什么高

中国人只花今天之前赚的钱，而美国人不仅把今天挣的花掉，还把未来的收入借过来花。之所以如此，一方面，因为中国医疗保险、退休养老、失业保险、消费者金融品种等都还欠缺，人们对未来充满担忧；另一方面，中国市场化程度依然很低，生产性资产仍然以公有制为主，甚至连人力资本在一定程度上也为单位所有，人们无法从资产升值中感受到好处，自然不会改变消费或储蓄倾向。

有两组数据耐人寻味，一个是 2005 年中国的储蓄率为 46%，挣 100 元存下 46 元，另一个是美国人的储蓄为–0.5%，也就是每挣 100 元要花掉 100.5 元。这到底是怎么回事？难道真的是中国人很负责任，而美国人不顾明天死活只顾今天享受？

由于中国金融的不发达，人们在消费决策时是根据已实际到手的收入决定消费多少，由“过去的收入”决定今天该花多少。而美国人是根据未来的收入决定今天该花多少钱。也就是说，对中国人来说，个人的消费预算取决于当年以及过去已到手储蓄的收入，等收入到手才花，甚至到手了还有 46%部分还留到今后花。相比之下，美国人的消费预算由当年和未来收入的总折现值来决定，未来各种收入的折现实际上是个人财富在今天的总值，这样一来，即使今年的可支配收入低，但只要未来的收入期望增加得足够多，财富的增长照样可以让你不仅把今年的收入都花费掉，而且还敢借钱花，提前消费。换句话说，中国人是根据“收入流”来花钱，而美国人是根据“收入流”加“财富存量的增值”花钱。

任务二　认知简单的国民收入决定模型

均衡的国民收入水平是由总需求与总供给的相互作用决定的。当代西方宏观经济学的奠基人凯恩斯在建立这一理论体系时，采用的是一种短期静态分析，认为在短期内由于生产技术、自然和经济资源等的供给都不会发生变化，因而决定国民收入水平的是总需求。所以，我们也将从总需求分析开始研究国民收入的决定。

在进行总需求分析时，首先有三个重要的假设，即：①潜在的国民收入（即经济中实现了充分就业时所能达到的国民收入水平，因而又称为充分就业的国民收入）是不变的；②各种资源尚未得到充分利用，因而，总供给可以适应总需求的增加而增加，或者说这里没有考虑总供给对国民收入决定的影响；③价格水平是既定的。

一、简单的国民收入决定模型概述

（一）总需求与国民收入的决定

简单的国民收入决定模型在建立前有两个假设：①利息率水平为既定的，即不考虑利息率水平的变动对国民收入水平的影响；②投资水平为既定的。在这两个假设前提下，当代西方宏观经济学认为：均衡的国民收入水平是由总需求水平决定的。图 10-1 表明了这一点。

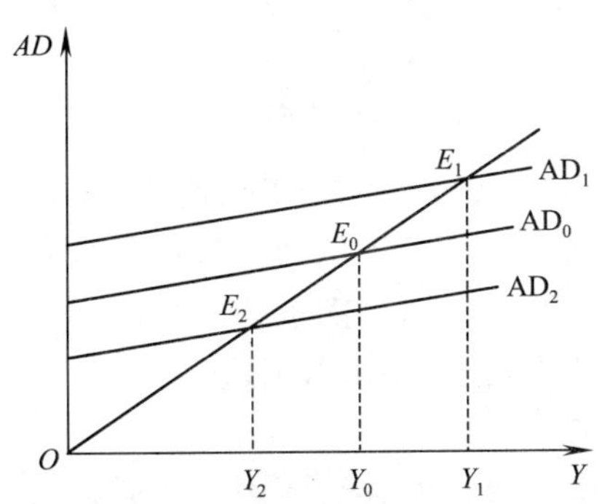

图 10-1　总需求决定的均衡国民收入

图 10-1 中，横轴表示国民收入，纵轴表示总需求，45° 线为总需求与总供给相等线。AD_0 为某一情况下的总需求水平线，当它与 45° 线相交于 E_0 点时，便决定了均衡的国民收入水平为 OY_0。

由于均衡的国民收入的水平是由总需求决定的，因而总需求的变动必然引起均衡的国民收入的变动。这种变动是同方向的。即总需求增加，均衡的国民收入增加；总需求减少，均衡的国民收入减少。在图 10-1 中，AD_1 线与 45° 线相交于 E_1 点时的 OY_1 所表示的均衡国民收入水平比 AD_2 线与 45° 线相交于 E_2 点时的 OY_2 所表示的均衡国民收入水平高得多。总需求是由消费、投资、政府支出与出口四个部分组成的。因此，总需求中任何一部分的增加都会提高国民收入水平。

（二）节俭的悖论

在消费与储蓄关系的分析中，我们已看到了消费与储蓄间存在着此消彼长的关系，即消费增加，储蓄减少；消费减少，储蓄增加。由于消费是总需求中的一个重要组成部分，储蓄的增加必然会使消费减少，从而使总需求减少，进而降低国民收入水平；反之，就会提高国民收入水平。据此，当代西方经济学家，首先是凯恩斯，提出了所谓的“节约的悖论”，其含义是说：按传统的观念，节约本来是一种美德，增加储蓄、减少消费是好的，而增加消费、减少储蓄则是恶的；但按上述储蓄变动引起国民收入水平反方向变动的理论，增加储蓄却会减少国民收入，使经济衰退，因而是恶的；而减少储蓄、增加消费就会增加国民收入，使经济繁荣，因而是好的。这种矛盾便被称为“节约的悖论”。

在此应注意的是：增加储蓄会使国民收入减少，减少储蓄会使国民收入增加，这一结论仅仅适用于各种资源尚未得到充分利用，从而总供给可以无限增加的情况。在各种资源已得到充分利用，从而总供给的增加会受到某种限制时，这一结论就不再适用了。这一问题将在后面分析总供给对国民收入的影响时再加以阐明。

二、乘数原理

（一）乘数的含义

乘数，又称为倍数，在西方经济学中它常用表示总需求的增加所引起的国民收入增加的倍数，或者是国民收入增量与引起这种增加的总需求增量这二者之间的比率。若以 K 表示乘数，以 ΔY 表示国民收入增量，以 ΔAD 表示总需求增量，则乘数的公式为：

$$K=\frac{\Delta Y}{\Delta AD}$$

例如，如果总需求增加了 100 万元，国民收入增加了 300 万元，那么乘数即为 3，说明国民收入的增加 3 倍于总需求的增加。一般认为，乘数总是大于 1 的。这是因为，国民经济各部门之间存在着密切的联系，对某一部门需求的增加，不仅会使本部门的收入增加，而且会在其他部门引起连锁反应，从而使这些部门的需求与收入也增加，最终使整个国民收入的增加数倍于初始的总需求的增加。

总需求中不同部分的增加都会有这种乘数作用。如果是总需求中投资的增加，便有投资乘数；如果是总需求中政府支出的增加，便有政府支出乘数；如果是总需求中出口的增加，便有对外贸易乘数。

（二）乘数的公式

乘数的大小取决于边际消费倾向的高低；边际消费倾向越高，乘数就越大；边际消费倾向越低，乘数就越小。这是因为，边际消费倾向越大，收入中用于消费的部分就越多，从而总需求越大，国民收入增加得也越多。这一点我们可从投资乘数的例子来予以说明。若以 ΔY 表示国民收入增量，以 ΔI 表示投资增量，则投资乘数为

$$K=\frac{\Delta Y}{\Delta I} \qquad (1)$$

以 ΔC 表示消费增量，则有

$$\Delta Y=\Delta I+\Delta C$$

$$\Delta I=\Delta Y-\Delta C \qquad (2)$$

将（2）式代入（1）式，则有

$$K=\frac{\Delta Y}{\Delta I}=\frac{\Delta Y}{\Delta Y-\Delta C}=\frac{\frac{\Delta Y}{\Delta Y}}{\frac{\Delta Y}{\Delta Y}-\frac{\Delta C}{\Delta Y}}=\frac{1}{1-\frac{\Delta C}{\Delta Y}} \qquad (3)$$

而（3）式中的$\frac{\Delta C}{\Delta Y}$即为边际消费倾向，所以（3）式又可写为

$$K=\frac{1}{1-\text{MPC}} \qquad (4)$$

从（4）式可看出，边际消费倾向（MPC）与乘数（K）呈同方向变动。

（三）乘数发生作用的条件

乘数原理所反映的国民经济各部门之间的连锁关系是客观存在的，国民收入增量大于初始总需求的增量，这也是经济中的常见现象。但应注意的是，乘数发生作用必须具有一定的前提条件——社会上各种资源尚未得到充分利用。只有在这一前提下，总需求的增加才会使各种资源得以充分利用，从而产生乘数作用。当社会上各种资源已得到充分利用，甚至在某些关键部门（如能源、交通和原材料等）已出现了制约其他资源利用的“瓶颈现象”时，总需求的增加也就不会使实际的国民收入增加，从而乘数作用也就不再存在了。

此外，乘数的作用是双重的，即在当需求增加时，所引起的国民收入的增量会大于初始总需求的增量；当总需求减少时，所引起的国民收入的减少量也会大于初始总需求的减少量。由此，西方经济学家将乘数形象地比喻为一把“双刃的剑”。

破窗经济

某商店的一块玻璃打破了，店主花 1 000 元买了一块玻璃换上。玻璃店老板得到这 1 000 元收入，假设他支出其中的 80%，即 800 元用于买衣服，衣服店老板得到 800 元收入。再假设衣服店老板用这笔收入的 80%，即 640 元用于买食物，食品店老板得到 640 元收入。他又把这 640 元中的 80%用于支出……如此一直下去，你会发现，最初是商店老板支出 1 000 元，但经过不同行业老板的收入与支出行为之后，总收入增加了 5 000 元。其原因何在呢？乘数原理回答了这一问题。

投资乘数是指最初投资增加所引起的国民收入增加的倍数。在该例子中，最初的投资就是玻璃店老板销售玻璃的 1 000 元。这种投资的增加引起的衣服店、食品店等部门收入增加之和为 5 000 元。所以乘数就是 5（5 000 元除以 1 000 元）。一笔投资增加所引起的国民收入成倍增加就是宏观经济学中的乘数效应。

经济中为什么会有乘数效应呢？国民经济中各部门之间是相互关联的，一个部门的支出就是另一个部门的收入。循环下去，一个部门支出的增加就会引起国民经济各部门收入与支出的增加，最终使收入的增加是最初支出增加的倍数。

在破窗经济中，乘数是 5。为什么乘数是 5 而不是其他数呢？乘数效应的大小取决于边际支出倾向的大小。在该例子中，当边际支出倾向为 0.8 时，乘数是 5，如果你把边际支出倾向改为 0.5，乘数就变为 2。可以看出，边际支出倾向越大，乘数越大。

破窗经济只是个例子，把这个例子换为财政支出增加，就可以看出乘数效应多么重要了。假定政府支出 100 亿元用于基础设施建设。支出会带动建筑、水泥等各部门收入与支出的增加。近年来，我国政府加大基础设施投资支出，带动整个经济走向好转，正是乘数在发挥作用。

当然，我们并不希望有玻璃被打碎，但如果把玻璃破碎换成增加一种有用的投资（如商店的扩大），乘数的原理不是完全一样吗？

任务三 认知 IS-LM 模型

在研究简单国民收入决定模型时，我们假定利息率与投资是不变的。但在现实的经济中，利息率和投资都是变动的，并且它们的变动对总需求以及国民收入的影响都是比较大的。当代西方经济学家使用 IS-LM 模型来分析在利息率与投资水平发生变动的情况下，总需求对国民收入水平的决定，以及利息率与国民收入之间的关系。IS-LM 模型就是说明商品市场与货币市场同时达到均衡时国民收入与利息决定的模型。这里的 I 指的是投资，S 指的是储蓄，L 指的是货币需求，M 指的是货币供给。该模型被视为整个宏观经济学的核心。

一、IS 曲线

IS 曲线描述当 $I=S$，即商品市场处于均衡状态时，国民收入与利息率间存在着反向变动关系，如图 10-2 所示。

图 10-2 中，横轴表示的是国民收入水平，纵轴表示的是利息率。IS 曲线的任意一点都表示 $I=S$，则商品市场处于均衡状态。IS 曲线向右下方倾斜，表示在商品市场上实现均衡时，利息率与国民收入水平的变动呈反方向变化。即当利息率高时，国民收入低；当利息率低时，国民收入高。

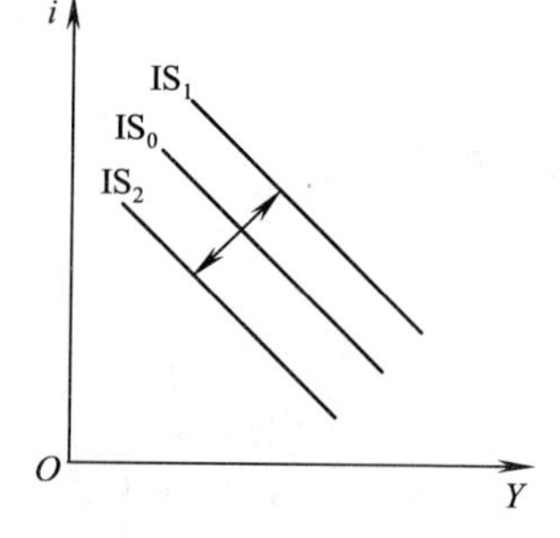

图 10-2 IS 曲线

之所以在商品市场上，利息率与国民收入呈反方向变动，是由于利息率与投资呈反方向变动。投资的目的在于实现利润最大化。投资者在作出是否投资或投资多少的决定时，常常要考虑利息率与利润率之间的相对关系，即只有在利润率大于利息率时，他才会决定投资，否则这笔资金还不如存入银行以获取利息。当利润率既定时，投资就只取决于利息率了。利息率越低，投资越多；反之，投资越少。由于投资又是总需求中的一个重要内容，因而投资增加，总需求亦增加；投资减少，总需求亦减少。同时，总需求又是与国民收入呈同方向变动的，因此，利息率也就必定与国民收入呈反方向变动。

总需求的变动会引起曲线的位置发生平行移动。在图 10-2 中，当总需求增加时，IS 曲线向右上方移动，即从 IS_0 移至 IS_1；当总需求减少时，IS 曲线向左下方移动，即从 IS_0 移至 IS_2。

二、LM 曲线

LM 曲线描述的是在 $L=M$，即货币市场的需求与供给达到均衡时，国民收入水平与利息率之间存在着同方向变动的关系，如图 10-3 所示。

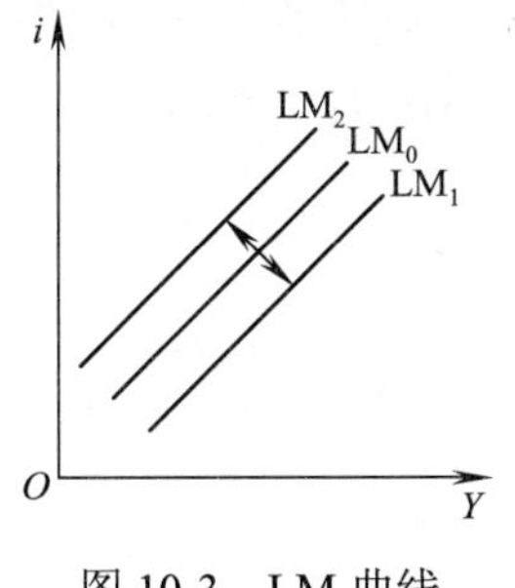

图 10-3　LM 曲线

在图 10-3 中，LM 曲线上的任意一点都代表 $L=M$，即货币市场处于均衡状态。该曲线向右上方倾斜，表明在货币市场上实现了均衡时，利息率与国民收入呈同方向变动。即利息率高时，国民收入高；利息率低时，国民收入低。

按凯恩斯主义货币理论的解释，货币市场上利息率与国民收入呈同方向变动的原因在于：货币需求（L）是由货币的交易需求与谨慎需求（L_1）和货币的投机需求（L_2）构成的。L_1 取决于国民收入并与国民收入呈同方向变动，记为 $L_1=L_1$（Y）；L_2 取决于利息率并与利息率呈反方向变动，记为 $L_2=L_2$（i）；货币的供给（M）指的是实际的货币供给量，它由中央银行的名义货币供给量与价格水平决定；货币市场均衡的条件是 $M=L=L_1$（Y）$+L_2$（i）。从该公式中可以看出，当货币供给既定时，L_1 若增加，则 L_2 必然减少，而 L_1 的增加又是国民收入增加的结果，L_2 必然减少，而 L_1 的增加又是国民收入增加的结果，L_2 的减少又是利息率上升的结果。因此，在货币市场上达到均衡状态时，国民收入与利息率必然呈同方向变动。

那么，在货币供给量发生变化时，LM 曲线会如何变动呢？

在图 10-3 中，当货币供给量增加时，LM 曲线向右下方移动，即从 LM_0 移至 LM_1；当货币供给量减少时，LM 曲线向左上方移动，即从 LM_0 移至 LM_2。可见，货币供给量的变动会使 LM 曲线的位置平行移动。

三、IS-LM 模型

IS-LM 模型就是将 IS 曲线图与 LM 曲线图合在一起时，表明商品市场与货币市场同时达到均衡状态时的国民收入与利息率的关系的一种坐标图，如图 10-4 所示。

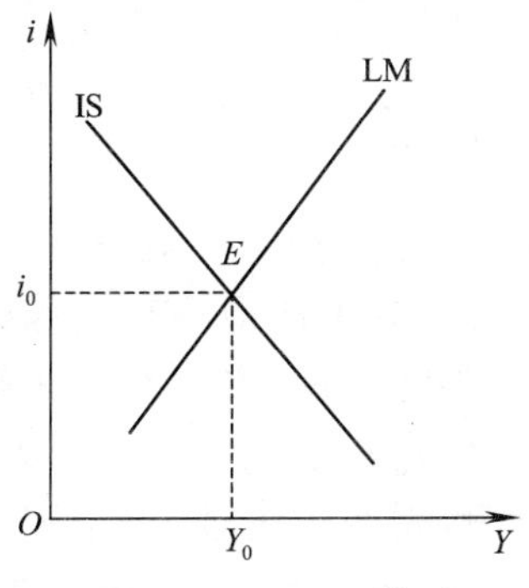

图 10-4　IS-LM 模型

在图 10-4 中，IS 曲线上的任意一点都代表着商品市场的均衡，即 $I=S$，LM 曲线上的任意一点都代表着货币市场的均衡，即 $L=M$。IS 曲线与 LM 曲线相交于 E 点，表明的是两种市场同时达到均衡，这一点决定了均衡的利息率水平为 i_0，均衡的国民收入为 Y_0，并且也只有在这一利息率水平和国民收入水平时，两种市场才能同时达到均衡。

IS-LM 模型不仅精炼地概括了总需求分析，而且可以作为分析财政政策与货币政策对利息率与国民收入影响的便利工具。图 10-5 分析了财政政策的效应。

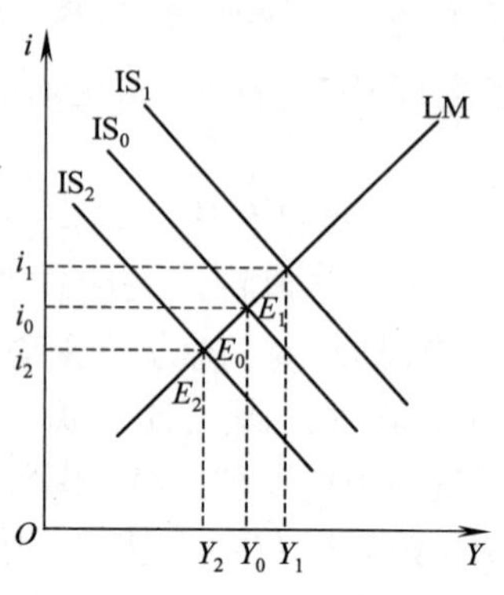

图 10-5 财政政策效应

图 10-5 中，IS_0 与 LM 相交于 E_0，决定了利息率为 i_0，国民收入为 Y_0。当财政支出增加（即实行扩张性财政政策）时，总需求增加，IS 曲线从 IS_0 移至 IS_1 并引起国民收入从 Y_0 增至 Y_1，利息率从 i_0 升至 i_1。与此相反，当财政支出缩减（即实行紧缩性财政政策）时，总需求减少，IS 曲线从 IS_0 移至 IS_2 并引起国民收入从 Y_0 减至 Y_2，利息率从 i_0 降至 i_2。图 10-6 分析了货币政策的效应。

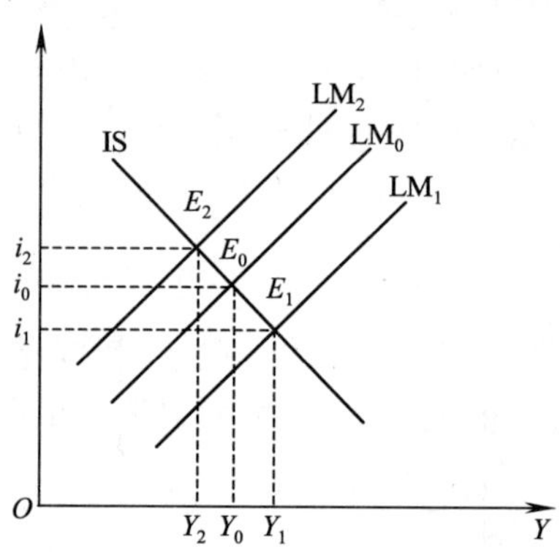

图 10-6 货币政策效应

图 10-6 中，LM_0 与 IS 曲线相交于 E_0，决定了利息率为 i_0，国民收入为 Y_0。当货币供给量增加（即实行扩张性货币政策）时，LM 曲线便从 LM_0 移至 LM_1 并引起国民收入从 Y_0 增至 Y_1，利息率从 i_0 降至 i_1。与此相反，当货币供给量减少（即实行紧缩性货币政策）时，LM 曲线便从 LM_0 移至 LM_2 并引起国民收入 Y_0 减至 Y_2，利息率从 i_0 升至 i_2。

按凯恩斯主义理论，当实行扩张性财政政策时，政府财政支出的增加会使国民收入增加，但同时却又会使利息率上升。利息率的上升会减少投资，减少总需求，从而减少国民收入。这就会在一定程度上抵消掉扩张性财政政策的积极作用。为使扩张性财政政策在既能增加国民收入，又不能使利息率上升时，就应配合采用扩张性货币政策，以便有效地刺激经济。图 10-7 便说明了这种配合的作用。

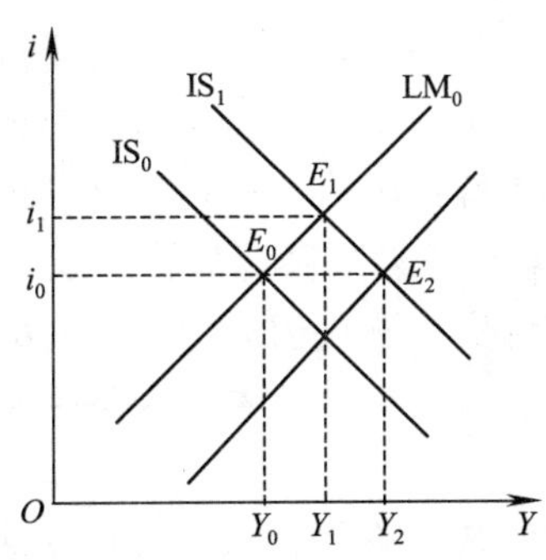

图 10-7　扩张性财政、货币政策的配合

在图 10-7 中，当实行扩张性财政政策后，IS 曲线便从 IS_0 移至 IS_1 并与 LM_0 相交于 E_1，决定了国民收入为 Y_1，利息率为 i_1。这表明使用扩张性财政政策后国民收入增加了，但利息率也上升了，而利息率的上升却不利于国民收入的进一步增加。这时，若再配合以扩张性货币政策，即增加货币量就会使 LM 曲线从 LM_0 移至 LM_1 并与 IS_1 相交于 E_2，E_2 决定了国民收入为 Y_2，利息率为 i_0。这就表明当采用扩张性财政政策时若再配合以扩张性货币政策，会导致利息率下降，又使国民收入有较大增长，从而使经济得到有效的刺激。

灾难经济学

灾难是多种多样的，而对灾难的经济分析也可以是多方面的。在这里，我们只集中从一个角度对灾难进行一种分析：不同的灾难对于经济总需求及经济活动总量的影响是不同的。

根据我们这里的特殊分析角度，灾难似乎可以分为两类，一类可以称为“需求刺激型灾难”，一类可以称为“需求抑制型灾难”。

战争和洪水，是所谓“需求刺激型灾难”的例子（相似的还有地震、台风等）。以战争为例，战争是人类之间的相互残杀，因此它是一种灾难。在战争发生的时候，受战争蹂躏的那些地方，民不聊生，经济活动停止，当然谈不上什么扩大需求与扩展经济活动。但是，一方面，战争本身要耗费大量的资源，构成当前参战方对军火、运输等产业的额外需求；另一方面，战争不仅杀人，而且毁物，战争一旦停止，人们要重建战争中摧毁的一切，就形成大量的经济需求。洪水也是这样，在洪水暴发的那几天，当然经济活动是停止的，但一旦洪水退去，人们灾后重建的需求，就构成当期经济总需求的一部分，而重建工作本身，则构成当期 GDP，即国内生产总值的一个组成部分。洪水和战争在这里的一个共同点在于，它们是破坏性的，但它们破坏的是过去的 GDP（所积累起来的财产），而增加了当前的 GDP，扩大了当前的总需求。尽管现实生活比我们这里的分析要复杂一些，如一场战争对交战双方的经济影响是不同的（胜者总是获利方）、战争时间的长短对当期经济的影响也是不同的、财富的破坏会因“财富效应”而减少战败国的需求等，但是，毕竟当年若不是第二次世界大战，美国经济还不会真正从经济大萧条的泥坑中走出来。而世界大战发生时，欧洲经济自然受到了毁灭性的打击，但第一次世界大战后的重建，又可以说是使它们能持续长期增长的一个重要原因。当前的伊拉克战争也是这样，军火工业集团的利益是战争发生的一个重要原因，而战后重建的大蛋糕，又可能构成欧洲（包括最初支持战争的英国和西班牙）与美国发生利益冲突的原因。

与此形成对照的是我们2003年所经历的“非典”这种传染性疫病灾难，它属于另一个类型，即“需求抑制型灾难”。除了增加一点对医药的需求以外，这种灾难的经济影响基本上可以说是彻头彻尾地在减少需求！这种灾难不仅因夺去一些人的生命而减少人类的经济活动，而且它使大量的人因惧怕被传染上疫病而减少甚至停止经济活动，从而减少经济需求，减少资源的消费。这不仅表现在人们少外出、少购物、少旅游（包括不到中国来旅游）、少开会，还表现在许多贸易和投资的项目会因人们减少旅行和开会而推迟甚至取消。人们对生命的珍惜，使人们减少其可能被传染上疫病的一切活动，包括经济活动。如果这种情况持续一个较长的时间，它可以使GDP的增长率大大下降，因为GDP的本质，就是衡量人们经济活动量的一个指标。

非典疫病这种灾难与战争等灾难的区别在于，它既没有因当前人们活动的增加（战争一类的破坏性活动）而增加当前的需求，也不会因破坏过去积累起来的任何财产而提出“重建的需求”，它只是简单地减少人们当期的活动。与此相类似的是金融危机。金融危机并不提出额外的当前需求，也不因破坏任何物质财富而提出今后的需求，它只是可能使一个经济的“金融资产”受到破坏（也就是所谓的资产“缩水”）。而金融资产的价值是不计入GDP的，计入GDP的只是当期在一定需求下创造出来的物质产品和服务。而且，金融资产缩水对需求的影响一定是负面的“财富效应”——人们因收入预期的降低而减少当前的消费。

任务四 认知总需求—总供给模型

在前面两节的分析中，均假设总供给可以适应总需求的增加而增加，并且价格水平始终不变，因而没有考虑总供给和价格水平的变动对于国民收入的影响。在现实经济中，总供给总是有限的，价格水平也是经常会变动的。在本节中将总需求分析与总供给分析结合起来，以说明总需求与总供给的变动是如何决定国民收入与价格水平的。

一、总需求曲线

总需求曲线是平面坐标图上用以表明商品市场与货币市场同时达到均衡时总需求与价格水平之间的关系的曲线，如图10-8所示。

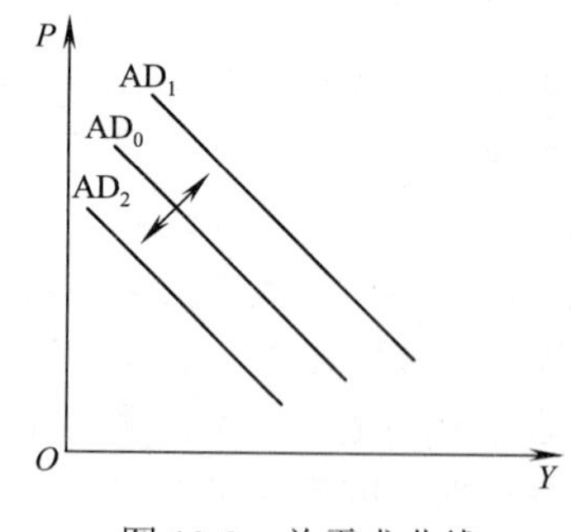

图10-8 总需求曲线

在图 10-8 中，横轴代表国民收入，纵轴代表价格水平。总需求曲线 AD_0，AD_1，AD_2 均为向右下方倾斜的曲线，说明总需求与价格水平呈反方向变动关系。即价格水平上升，总需求减少；价格水平下降，总需求增加。

这种总需求与价格水平反方向变动的原因可用前面的 IS-LM 模型来予以解释。在 IS-LM 模型中，货币供给量指的是实际货币供给量，其大小取决于名义货币供给量与价格水平两个方面。当名义货币供给量不变时，实际货币供给量与价格水平呈反方向变动。即价格水平上升，实际货币供给量减少；价格水平下降，实际货币供给量增加。因而，在货币需求不变的情况下，实际货币供给量的减少会引起利息率的上升，进而引起投资减少，总需求减少；反之，实际货币供给量的增加会引起利息率的下降，进而引起投资增加，总需求增加。

总需求曲线由 AD_0 移向 AD_1 或 AD_2，是由于总需求的变动而引起的。当价格水平既定时，总需求会由于某种原因（如消费、投资或政府支出等的增加）而增加，这时总需求曲线向右上方推移；同样，总需求也会由于某种原因（如消费、投资或政府支出等的减少）而减少，这时总需求曲线向左下方推移。

二、总供给曲线

总供给曲线是平面坐标图上用以表明商品市场与货币市场同时达到均衡时总供给与价格水平之间关系的曲线。它反映的是在每一既定的价格水平下，所有厂商愿意提供的产品与劳务的总和。

由于总供给取决于资源的利用状况，因而在不同的资源利用状况下，总供给与价格水平之间的关系（即总供给曲线）是不同的。图 10-9 即说明了总供给曲线的三种不同情况。

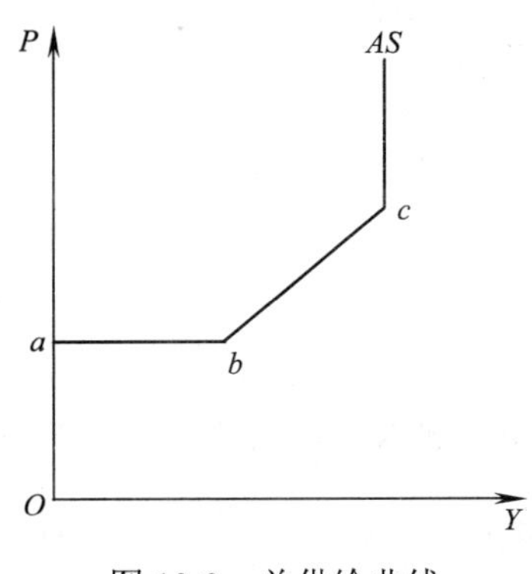

图 10-9　总供给曲线

（1）总供给曲线呈现了一条与横轴平行的线，即图中的 *ab* 线段。它表明在资源尚未得到充分利用的条件下，可以在不提高价格的情况下增加总供给。因为这种情况是由凯恩斯提出来的，因而该曲线被称为“凯恩斯主义总供给曲线”。

（2）总供给曲线表现为一条向右上方倾斜的线，即图中的 *bc* 段。它表明在资源接近充分利用的条件下，由于产量的增加会使生产要素的价格上涨，从而使生产成本增加，进而推动整个价格水平的上升，即表明总供给与价格水平呈同方向变动，但这是短期内存在的情况。该曲线被称为“短期总供给曲线”。

（3）总供给曲线表现为一条与横轴垂直的线，即图中的 *c* 点以上的线。它表明的是在资源已得到充分利用的条件下，无论价格水平如何上升，总供给也不会增加。由于从长期来看，经济总是会实现充分就业的，因而该曲线被看做“长期总供给曲线”。

上述三种情况的总供给曲线，除了短期总供给曲线会由于技术进步等原因而发生向左上方或右下方的平行推移外，其他两种情况的总供给曲线，在资源既定，即潜在的国民收入水平既定的条件下，均不会发生上下或左右的平行推移。

三、总需求—总供给模型

该模型是将总需求曲线与总供给曲线结合在一起来说明国民收入与价格水平的决定的理论模型。总需求曲线与总供给曲线的交点决定了均衡的国民收入和价格水平。但事实上，一方面，总需求会发生变动；另一方面，总供给在短期内也会发生变动。因而需要分别予以说明。

（一）总需求变动对国民收入与价格水平的影响

在总需求—总供给模型中，尽管我们首先要分析的是总需求变动对国民收入与价格水平的影响，但也必须要与总供给曲线的三种不同情况结合起来进行分析。

1．凯恩斯主义总供给曲线的情况

在凯恩斯主义总供给曲线的情况下，总需求的增加会使国民收入增加，但价格水平不变；总需求的减少会使国民收入减少，而价格水平仍然不变。这就意味着，在资源尚未充分利用的总供给情况下，总需求的变动会引起国民收入同方向变动，但不会引起价格水平变动，如图 10-10 所示。

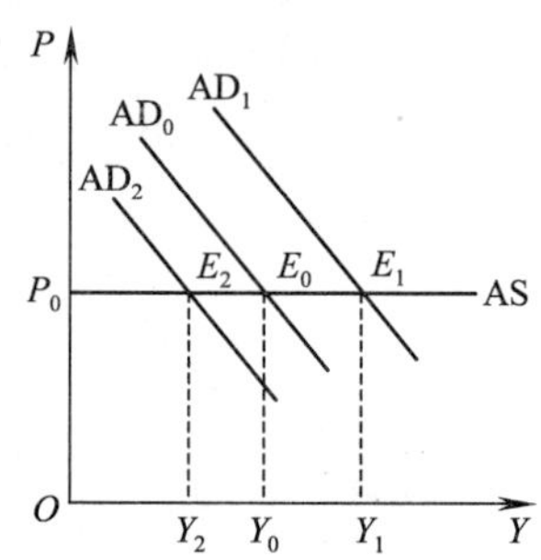

图 10-10　凯恩斯主义总供给曲线下的模型

在图 10-10 中，AS 为凯恩斯主义总供给曲线，它与 AD_0 相交于 E_0，决定了国民收入为 Y_0，价格水平为 P_0。当总需求增加后，总需求曲线由 AD_0 移至 AD_1，并与 AS 相交于 E_1，决定了国民收入为 Y_1，价格水平仍为 P_0。与此相反，当总需求需求减少后，总需求曲线由 AD_0 移至 AD_2，并与 AS 相交于 E_2，决定了国民收入为 Y_2，价格水平仍为 P_0。

2．短期总供给曲线的情况

在短期总供给曲线的情况下，即在资源接近充分利用的总供给情况下，总需求的增加会使国民收入增加，但价格水平也会同时上升；总需求的减少会使国民收入减少，同时价格水平也会下降。这意味着，在资源接近充分利用的总供给情况下，总需求的变动会同时引起国民收入与价格水平的同方向变动。图 10-11 即说明了这一情况。

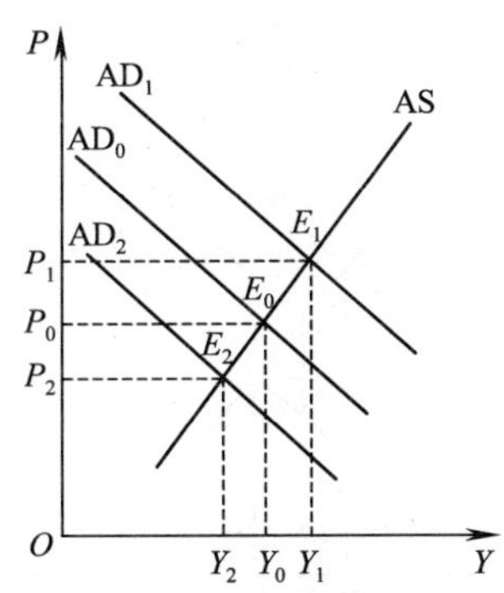

图 10-11　短期总供给曲线下的模型

图 10-11 中的 AS 为短期总供给曲线，并与 AD_0 相交于 E_0，决定了国民收入为 Y_0，价格水平为 P_0。当总需求增加后，总需求曲线由 AD_0 移至 AD_1，并与 AS 相交于 E_1，决定了国民收入为 Y_1，价格水平为 P_1。当总需求减少后，总需求曲线由 AD_0 移至 AD_2，并与 AS 相交于 E_2，决定了国民收入为 Y_2，价格水平为 P_2。

3．长期总供给曲线的情况

在长期总供给曲线的情况下，由于资源已得到了充分的利用，所以总需求的增减，只引起价格水平的升降，而不会使实际的国民收入发生变化。这种情况下总需求变动可以用图 10-12 来予以说明。

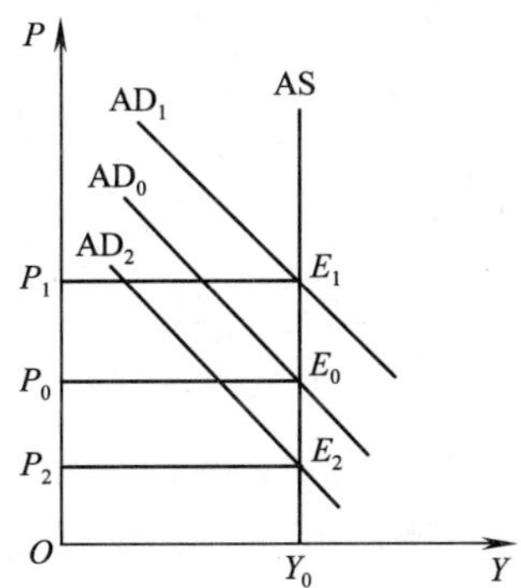

图 10-12　长期总供给曲线下的模型

在图 10-12 中，AS 为长期总供给曲线，并与 AD_0 相交于 E_0，决定了充分就业的国民收入水平为 Y_0，价格水平为 P_0。当总需求增加后，总需求曲线由 AD_0 移至 AD_1，并与 AS 相交于 E_1，决定了国民收入仍为 Y_0，价格水平为 P_1。当总需求减少后，总需求曲线由 AD_0 移至 AD_2，并与 AS 相交于 E_2，决定了国民收入仍为 Y_0，价格水平为 P_2。

（二）短期总供给变动对国民收入与价格水平的影响

短期总供给变动对国民收入与价格水平的影响分析的前提是总需求不变。在这一前提下，在短期内，由于资源是在接近充分利用的情况下，因而总供给的变动会影响国民收入与价格水平的变动。即总供给的增加（产量的增加），会使国民收入增加，价格水平下降；总供给的减少（产量的缩减），会使国民收入减少，价格水平上升。这种影响可用图 10-13 来说明。

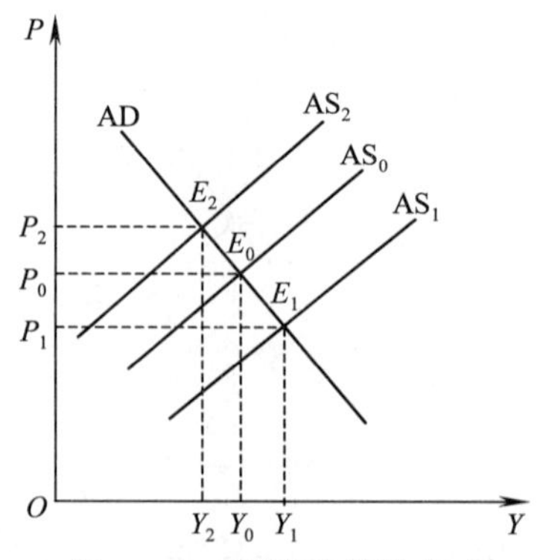

图 10-13 短期总供给变动

在图 10-13 中，最初的总供给曲线为 AS_0，它与总需求曲线 AD 相交于 E_0，决定国民收入水平为 Y_0，价格水平为 P_0。当总供给增加后，总供给曲线由 AS_0 移至 AS_1，并与 AD 相交于 E_1，决定了国民收入为 Y_1，价格水平降至 P_1。当总供给减少后，总供给曲线由 AS_0 移至 AS_2，并与 AD 相交于 E_2，决定了国民收入为 Y_2，价格水平升至 P_2。

总需求—总供给模型是一种分析宏观经济运行状况及现行宏观经济政策的十分有用的工具。图 10-14 是一个运用该模型分析在资源尚未充分利用的情况下所采取的不同的对付通货膨胀的政策。

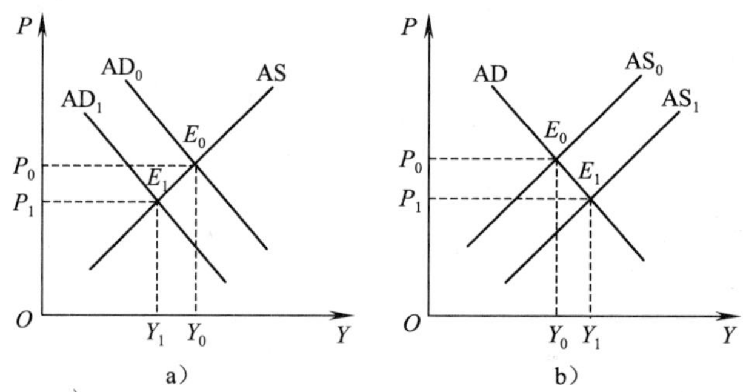

图 10-14 对付通货膨胀的政策比较

a）抑制总需求 b）刺激总供给

假定现在的政策目标是要使价格水平由 P_0 下降至 P_1。首先，从图 10-14a 中可以看到，采取抑制总需求的方法（即减少总需求，使总需求曲线由 AD_0 移至 AD_1）是可以实现这一目标的。但在采用这一政策使价格水平下降的同时，也使国民收入由 Y_0 减少至 Y_1，从而引起经济的衰退。其次，再从图 10-14b 中可以看到，采取刺激总供给的方法（即增加总供给，使总供给曲线由 AS_0 移至 AS_1）也可以实现这一目标。但在采用这一政策使价格水平下降的同时，也使国民收入由 Y_0 增加到 Y_1，从而促进经济的繁荣。可见，在资源尚未充分利用的情况下，采用刺激总供给的政策，比采用抑制总需求的政策来对付通货膨胀，似乎显得更为有利。

“里根经济学”——从扩张总需求到改善总供给

2004 年 5 月 5 日，美国前总统罗纳德·里根在位于加利福尼亚州的家中与世长辞，享年

93 岁。他去世后，美国公众、全球政界以及他曾经工作的好莱坞传来一片痛悼之声。《华盛顿邮报》将他与林肯、罗斯福并列为有史以来最伟大的 3 位美国总统，原因之一，是他的确缔造了不朽的功业。在他的 8 年任期之中，美国经济从颓弱无力并且高达 13.5%通货膨胀率的煎熬中挣脱出来，通货膨胀率大降为 5%，而美国经济的繁荣一直持续到 2000 年。里根的经济政策主张被称为“里根经济学”。

根据里根 1981 年 2 月刚刚就职不久发布的经济宣言的内容，里根的经济政策着力点主要在于改善总供给，其经济政策主张有 4 个：减税、压缩非国防财政支出、紧缩货币供给以便降低通货膨胀、放松管制——这就是“里根经济学”的 4 大支柱。

通常认为，“里根经济学”的理论基础是“供给学派”。“供给学派”并非里根所创，而是来自赫伯特•斯坦（1972 年～1974 年任尼克松总统的经济顾问委员会主席），其政策主张是对罗斯福以来美国的官方经济学——凯恩斯主义的反判。

20 世纪 70 年代美国经济经历了历史从来没有过的奇怪现象——滞胀。这是典型的凯恩斯主义后遗症。凯恩斯主义理论认为，市场经济的症结在于有效需求不足，因此保证经济持续增长的关键在于创造和扩大需求，即所谓“需求能够创造自己的供给”。通过综合地运用财政政策和货币政策，尤其是适当地运用通货膨胀政策，政府能够刺激经济，避免周期性衰退，保持较高的产业和就业水平。战后大多数西方国家奉行凯恩斯主义，同时，还实行了大规模的国有化，当然，也对经济活动施加了严厉的管制。在短期内，这些政策似乎确实起到了稳定经济的作用。然而，从 20 世纪 60 年代中期开始，西方世界进入了通货膨胀时代，一直持续到 80 年代。最让凯恩斯主义者尴尬的是，在通货膨胀相当高的时候，就业率却在下降，产出增长速度也陷入停滞，同时还有高利率、高国债等现象。凯恩斯主义失效了。里根于 1981 年 2 月 5 日宣布：“美国的经济情况是大萧条以来最糟糕的。”

与此相反，供给学派信奉萨伊定理：“供给能够创造自己的需求”，认为改善总供给是经济增长的关键所在，提出应实行“供给管理”，即财政政策的作用应该影响供给方（即企业活动）而不是影响需求。即创造条件，让企业进行最广泛的自由竞争。供应学派的一个著名理论是拉弗曲线。阿瑟•拉弗是南加州大学经济学教授，他在一次鸡尾酒会的餐巾纸上画的一条旨在降低税率的曲线，即所谓的“拉弗曲线”。这条曲线提出了一个似乎令人困惑的命题：减税才有可能增税。其中的道理是：税率越高，越会抑制投资，从而缩小了税基；而降低税率，尤其是最高税率，将鼓励投资和生产，从而扩大税基，增加税收总量。这个学派的政策建议是压缩政府财政支出，降低税率，鼓励企业竞争。

里根在任期的第一年里，开始了美国历史上最大规模的减税和加速设备折旧计划。在 3 年里，减税额占税收总额的 25%，个人所得税税率从最高点 70%降至 28%。1986 年通过的《税收改革法案》，扩大了税基，对不同征税对象实行更为统一的税率体系。这是自 1913 年美国建立所得税制度以来，对联邦税制作出的最大幅度的调整。在这个法案通过的时候，里根自信地表示，税率的全面下降，对美国人民和美国制度都是一场胜利。

放松管制、提高供给质量是里根另外的一个重要的政策主张。解除管制的一个成功典范是航空业。美国于 1938 年在罗斯福总统任期内建立的民用航空管理局的管制规章，已经发展到完全荒唐的地步，甚至连“两个财政上有隶属关系的航空公司的职员是否可以穿同样的制服”也须由该局审批。而从 1978 年开始的解除航空业管制到里根时代走向高潮。1985 年，里根关闭了民用航空局。新政体制第一次崩塌了，而消费者却得到了巨大的实惠。到 1996 年，同样的航线，旅客可以比管制时少支付 26%的钱。此外，铁路、电信、金融等行业都出现了放松和解除管制的潮流。仅仅由于解除管制而为当时的美国每年节约 500 亿～700 亿美元。

1983 年各资本主义国家经济开始回升，而美国回升的势头最快。1982 年，美国的经济增长率为 6.2%，1984 年为 7%。里根使美国经济基本走出“滞胀”。里根两届总统任期结束，里根的副总统、共和党总统候选人布什在大选中击败了民主党的杜卡斯基，于 1989 年 1 月就任美国第 41 任总统。美国经济持续 6 年的增长和高就业、低通胀之势，乃布什获胜的关键所在。布什的胜出，既受惠于里根的声望又承受着里根留下的许多难题，其中最突出的问题是预算赤字和巨额的国债（1 500 亿美元的年度预算赤字和占预算总额 14%的年借贷利息）。

回顾历史，人们发现，里根任期内，美国经济在增长速度方面的表现似乎并没有惊人之处。但重视改善总供给的里根经济学，从根本上重组了美国的经济结构。里根所开创的经济政策新理念以及初步建立起来的新的政策框架，为经济增长，甚至为电脑、网络和生物技术等新技术革命创造了良好的环境。曾经被日本企业打得落花流水的美国企业，在宽松的管制环境中迅速调整，美国的竞争力迅速上升。明智的经济政策所关注的不应该是或者不应该仅仅是短期的 GDP 表现，而应该是为经济的长期稳定增长创造良好的制度环境。

本章小结

消费是由收入分解出来的派生变量。消费与收入之间依存关系的函数是消费函数。在其他条件不变的情况下，消费随收入的变动而同方向变动。消费倾向可分为平均消费倾向和边际消费倾向。平均消费倾向指平均每单位收入中消费所占的比重。边际消费倾向指每单位收入增量中消费增量所占的比重。

由于整个社会，人们的全部收入除了消费之外，便是储蓄，所以：

$$APC+APS=1$$

同样，由于整个社会的收入增量分为消费增量与储蓄增量，所以：

$$MPC+MPS=1$$

简单的国民收入决定模型说明了总需求与总供给相等时的国民收入为均衡的国民收入。当不考虑总供给这一因素时，均衡的国民收入就是由总需求决定的。总需求是由消费、投资、政府支出与出口四个部分组成的。总需求中任何一部分的增加都会使国民收入水平提高。

乘数是指总需求的增加所引起的国民收入增加的倍数，或者是国民收入增量与引起这种增加的总需求增量这二者之间的比率。乘数的大小取决于边际消费倾向的高低：边际消费倾向越高，乘数就越大；边际消费倾向越低，乘数就越小。

IS-LM 模型是说明商品市场与货币市场同时达到均衡时国民收入与利率决定的模

型。总需求的变动会引起 IS 曲线的位置发生平行移动。当货币供给量变动时，引起 LM 曲线的位置发生平行移动。IS 曲线与 LM 曲线的交点决定均衡的国民收入水平和利率。IS-LM 模型不仅精练地概括了总需求分析，而且可以作为分析财政政策与货币政策对利息率与国民收入影响的便利工具。

总需求—总供给模型是在总供给发生变动的情况下，把总需求分析与总供给分析结合起来，说明国民收入与价格水平是由总需求与总供给共同决定，并随着总供给和总需求的变化而变化的。

主要概念：消费函数　储蓄函数　乘数原理　总需求　总供给

思考与练习

一、单项选择题

1. 如果投资下降 100 亿元，边际消费倾向为 0.75，那么国民收入水平将（　　）。
   A. 下降 400 亿元　　B. 上升 400 亿元
   C. 上升 133 亿元　　D. 下降 133 亿元
2. IS 曲线向左下方移动的条件是（　　）。
   A. 总需求增加　　B. 总需求减少
   C. 价格水平下降　　D. 利率水平下降
3. 利率提高时，货币投机性需求将（　　）。
   A. 增加　　B. 不变　　C. 减少　　D. 不能确定
4. 凯恩斯主义总供给曲线是一条（　　）。
   A. 与横轴平行的曲线　　B. 向左上方倾斜的曲线
   C. 向右上方倾斜的曲线　　D. 与纵轴垂直的曲线
5. （　　）会引起总需求曲线向左平行移动。
   A. 消费增加　　B. 物价水平上升
   C. 物价水平下降　　D. 投资减少

二、判断题

1. 边际消费倾向与边际储蓄倾向之和等于 1。（　　）
2. 乘数大小取决于边际消费倾向。（　　）
3. 扩张性的财政政策会使 LM 曲线向右平移。（　　）
4. LM 曲线上任何一点都表示货币市场的均衡。（　　）
5. 根据 IS-LM 模型，货币量的增加会引起国民收入增加，利率水平下降。（　　）
6. 在总需求不变的情况下，短期总供给增加会使国民收入增加，价格水平下降。（　　）

三、简答题

1. 什么是消费函数、平均消费倾向和边际消费倾向？
2. “节俭的悖论”的含义是什么？在总需求不足时应采用什么样的财政政策？
3. 什么是乘数原理？乘数原理发挥作用的前提条件是什么？

技能训练

说明下列每个事件是否会对总供给曲线、总需求曲线产生影响，如果有影响请用图形说明这种事件对经济的影响。

（1）企业未来预期极为乐观并大量投资于新设备。

（2）悲观情绪笼罩着每一个家庭，家庭决定比以前持有更多的货币余额。

（3）粮食出现大幅度减产。

（4）紧缩性的财政政策和货币政策将继续作为下一年的政策取向。

实训项目

运用乘数理论分析下列问题

分析假日经济如何影响我国的国民经济增长

【实训目标】

培养学生分析、归纳的能力。

【实训内容与要求】

1. 以自愿为原则，5～8人为一组，自愿分组，并选举产生组长。

2. 每组选派1～2名同学发布本组结论。

【实训材料】

假日经济是指人们利用节假日集中购物、集中消费的行为，带动供给、带动市场、带动经济发展的一种系统经济模式。有人形象地称之为：因为有一部分人休息，而使另一部分人获得工作的机会。假日经济属于消费经济范畴。假日经济的主要特征是消费，假日经济具有的文化特征是休闲与旅游，假日经济具有的空间特征是流动与聚合，包括人流、物流和资金流。从时间上来讲，集中在双休日与三个“七天”的节日高峰。

“黄金周”带来黄金滚滚

中国的“黄金周”休假制度始于1999年，这个极具中国特色的公众集中休假期被安排在每年的农历春节、5月1日至7日和10月1日至7日。“黄金周”让刚刚富裕起来的中国人体会到了前所未有的“悠闲之乐”，一时间，在中国掀起了一股“假日经济”的热潮。据统计，每年中国超过10%的旅游者是集中在3个黄金周里出游的。权威部门的统计资料显示，1999年国庆“黄金周”，全国出游2 800万人次，旅游综合收入实现141亿元。2004年的五一“黄金周”全国共接待旅游者1.21亿人次，实现旅游收入467亿元，分别比1999年的第一个“黄金周”增长了332%和231%。截至2005年，过去的14个“黄金周”全国累计有10.7亿人次出游，累计旅游消费4 292亿元，不仅为旅游业提供了巨大的发展机会，也使黄金周休假逐步成为中国人合家团聚、举家出行，游历山水的一个“新民俗”

案例来源：唐树伶，张启富，经济学[M]．大连：东北财经大学出版社，2006．

试分析以下问题：

（1）为什么我国政府要实施“黄金周”休假制度？

（2）“黄金周”背后的经济学原理是什么？

【实训时间】

1. 课下准备。

2. 各组成果展示：每组 10 分钟之内。

【实训考核】

1. 过程考核：教师和学生根据小组递交的活动记录来考核每一小组及成员。

2. 成果考核：由教师与学生对各组组建情况进行评估打分。

项目十一

认知失业与通货膨胀理论

知识目标

1. 明确失业的含义、衡量与分类。
2. 理解充分就业的含义。
3. 了解失业的经济损失。
4. 理解通货膨胀的含义。
5. 熟悉通货膨胀的类别。

能力目标

1. 理解失业与通货膨胀的形成原因及其相互关系。
2. 运用所学知识，衡量通货膨胀率的高低，分析通货膨胀对经济的影响。

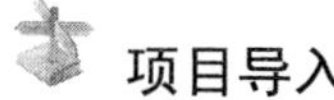

项目导入

金融危机下的失业与通货膨胀

2008年的金融危机使很多国家的失业率直线上升，英国也不例外。不过，就在很多英国人为丢掉饭碗而发愁的时候，英国军队却在偷着乐。近年来，由于军人待遇低，再加上在伊拉克和阿富汗的驻军面临危险，英军招募新兵的工作进行得十分困难，但是近来的金融危机却使征兵工作出现了转机。2009年英国失业率高达5.7%，找到一份工作养家糊口成为人们的迫切需要。于是，越来越多的人选择应征入伍，这些报名入伍的年轻人一旦被选中，就将接受18个月的训练，然后可能被派往海外驻军。而那些未被选中的年轻人，将不得不再次加入到失业大军的队伍中。

项目思考

为什么即使在经济运行良好的状况下，也会有一些人没有找到工作呢？

"你可以跑不过刘翔，但一定要跑得过消费价格指数"，当消费价格指数（CPI）单月涨幅越过5%时，人们是这样调侃的。现在，这句玩笑话又被重新提起。2010年2月份消费价格指数公布后人们惊奇地发现，2.7%的消费价格指数增速已经超过了1年期基准利率2.25%的水平。这意味着，在银行存款已经跑不赢通货膨胀率了。消费价格指数上涨，意味着消费同样的商品，老百姓要掏更多的钱。管好消费价格指数，就是不让消费价格指数"偷走"老百姓的钱。正因为消费价格指数事关民生，所以老百姓对于通货膨胀心有余悸，政府也表示要管理通货膨胀预期。高涨的通货膨胀同样会对经济带来不利影响。因此解决通货膨胀问题和解决失业一样，成为政府调控经济的重要目标。

失业和通货膨胀是当代经济中存在的主要问题，严重的失业和通货膨胀会给经济社会带来非常不利的影响，因此如何解决失业和通货膨胀问题，就成为政府调控经济的根本任务和现代西方宏观经济学的重要组成部分。本章介绍西方经济学中有关失业与通货膨胀的理论。

任务一　认知失业理论——潮起潮落民工潮

一、失业的界定

失业是指劳动力没有就业，但积极地寻找工作或等待返回工作岗位的一种状态。处于此种状态的劳动力被称为失业者。各国对工作年龄和失业的范围有不同的规定。在美国，工作年龄在16～65岁，如果在一周内没有工作而在以前四周内寻找工作，那么他就被统计为失业者。属于失业范围的人包括以下几种:

（1）新加入劳动力队伍第一次寻找工作，或重新加入劳动力队伍正在寻找工作已达4周以上的人。

（2）被暂时辞退并等待重返工作岗位而连续7天未得到工资的人。

（3）为了寻找其他工作而离职，在找工作期间作为失业者登记注册的人。

（4）被企业解雇而无法回到原工作岗位的人，即非自愿离职者。

可以把失业想象为一口水池，新失业的人是流入量，而就业或退出劳动力范围而离开失业队伍的人就是流出量。

确定失业的总的原则是：有职业的人就是就业者，没有职业且要求工作的人是失业者，就业者与失业者的总和称为劳动力。没有职业但不愿寻找工作的人不属于劳动力。

衡量一个国家或地区在一定时期内失业状况的基本指标是失业率。所谓失业率，是指失业人数与全社会劳动力总数的比率，用公式表示为

$$失业率=\frac{失业人数}{劳动力总数}\times 100\%$$

各国失业率的统计方法略有不同。例如，美国是通过对55 000户居民进行抽样调查来估算出失业率，并在每月第一个星期五发表上月的失业估计数字。

二、失业的类型

（一）自然失业

自然失业是指由于经济中某些难以避免的原因所引起的失业，在任何市场经济中这种失业是不可避免的。现代经济学家按照引起失业的具体原因把自然失业分为以下四种类型。

1．摩擦性失业

摩擦性失业是指人们在不同的地区、职业或生命周期的不同阶段不停地变动而引起的失业。由于社会存在着迁徙自由，人们常从一个城市迁往另一个城市，在迁徙过程中会产生短暂的失业。由于就业者有选择职业的自由，人们通常愿意辞去现有工作，寻找工作环境更好、

更适合自己才能的工作或者担任同样工作但工资待遇比较高的工作场所。在辞去旧工作、尚未找到或已找到尚未办理新的就业手续时也会产生短暂的失业。在这种情况下，产生的失业就是摩擦性失业。这种失业，即使在经济处于充分就业的状态时也会存在。

摩擦性失业产生的原因主要有以下几个方面：

（1）劳动力市场的动态属性。在经济中，由于产业结构等方面的不断变化，原有的工作不断消失，新的工作不断产生，同时有的人刚刚进入劳动力市场寻找新工作，有的人为了更好的发展前途或更高的薪金待遇而辞掉现有的工作去寻求更好的职位，这使得整个劳动力市场无时无刻不处于动态变化之中，由此可能造成劳动者的暂时失业，即摩擦性失业。

（2）信息的不充分。由于受到地域、时间、技术条件等客观因素的限制，劳动力市场供求双方在信息的沟通方面存在障碍，造成求职者由于得不到招聘信息找不到工作，而用人单位由于不了解劳动力的求职信息招不到人的尴尬局面。

（3）供求间的时间滞差。由于求职的劳动者与需求方提供的岗位在时间上不同步，会导致人岗的同时缺位。此外，即使双方在相互沟通信息后，也需要经过一定时间才能使劳动者上岗工作，在此期间也会产生劳动力或岗位的空缺。这种存在于供求双方间的时滞也是摩擦性失业产生的重要原因。

（4）现行经济制度的影响。一国或地方政府制定的某些经济制度如户籍制度、税收考核制度等也会造成摩擦性失业的产生。

能力拓展

从民工流看摩擦性失业

我国每年春节后的民工流，已形成我国当前经济运行中的一个独特现象。我们知道，跨地区流动的成本是非常高昂的，不但有很高的物质成本，还有信息搜集的成本。有实证研究表明，民工外出找工作绝大部分是经过同乡或者亲戚介绍的，这就意味着，如果没有这两个介绍源，外出找工作很难，从而可能就不会流动了。不流动就意味着失业，所以，远距离流动的高成本导致了一部分摩擦性失业。进一步的一个问题是，民工为什么到这么远的地方打工？为什么 20 年来还是如此？民工流动的原因是因为更远的地方，即沿海发达地区，有更好的就业机会，而农村没有，所以必须外出。也就是说，经济发展的不均衡性导致了民工流动。

人们不禁要问，为什么经过 20 年经济发展还是不均衡？为什么 20 年以来，民工从来就没有变成当地的市民？为什么发展 20 年依然不均衡，为什么没有产业转移？主要原因在于地区竞争。有研究认为，我国的地区竞争取得了很大成效，但是这种竞争往往会导致地区间恶性竞争，以邻为壑。为什么民工不能变成市民？原因在于户籍制度，也在于地区竞争。户籍制度限制了民工获得工作地户口，从而不能获得医疗、社保、教育机会等；地区竞争则要求政府协助当地企业限定工资和各种福利，以便减少企业成本，从而留住企业。留住企业的好处是双重的：一方面有利于 GDP 和税收，另一方面也能减少竞争对手的 GDP 和税收，从而在地区竞争取胜。正是因为上述原因，才会产生民工流动不畅，摩擦性失业多。那么为什么本地人也会失业呢？有一篇实证文章发现，本地人的失业率其实比外来务工人员更多，原因恐怕就在于民工有着极具优势的低廉“价格”，这个价格某种程度上又是由地方政府造成的。

对上述失业成因的分析显示，地区竞争和很多制度性的原因是造成失业的罪魁祸首。尽管从理论上说，促进信息流动（比如增加就业信息公布渠道，政府组织外出招工等）可以减少摩擦性失业，但是，一些问题是不能解决的，比如流动成本（交通费用，精神上的寂寞等）很可能不容易解决。

资料来源：贺振华．周期性失业、摩擦性失业和结构性失业，中国经济时报，2007 年 5 月 22 日

2．结构性失业

结构性失业是指因技术进步、市场需求发生变化而引起的经济结构变化所造成的失业。随着科学技术的发展，有些部门萎缩或淘汰消失，而有些新部门大量出现，这样就会出现由旧部门排挤出来的工人，要经过一段时期的培训，才能适应新的工作，如果不接受培训，就可能找不到工作的现象。此外，人们的生活水平不断提高使消费需求不断发生变化，从而导致市场需求不断变化。为了适应市场需求的变化，企业就必须对生产进行调整，在产业结构、产品结构调整期，必然导致一些行业的劳动者失业。

结构性失业的产生原因在于以下两个方面：

（1）经济结构调整对劳动力需求发生了变化，而与此同时，劳动者的知识结构和劳动技能却没有作出相应的调整，即劳动者在短期内无法掌握新工作所要求的技术或无力承担技能培训或居住地转移所需的费用，从而造成岗位空缺，出现结构性失业。

（2）政府采取的不适当的经济产业政策所致。如政府为保护某种行业采取的一些税收政策等，在短期内有利于行业的发展，减少了失业，但从长期看，这种经济政策会降低受保护的行业的竞争力，从而失去同国外竞争者相抗衡的能力，最终加重结构性失业。

结构性失业也是经济发展不可缺少的必要条件和代价，结构性失业多伴随着经济结构的升级和调整，而这又恰好是经济发展的重要前提和标志。

除了摩擦性失业和结构性失业以外，自然失业通常还包括技术性失业和季节性失业。技术性失业是指由于使用新机器设备和材料，采用新的生产技术和新的生产管理思想，出现局部劳动力过剩而导致的失业。例如，随着我国经济国际化，企业中计算机网络的应用，可以减少机器操作人员、信息收集人员等，从而造成失业。季节性失业是指某些行业生产条件或产品受气候条件、社会风俗和购买习惯的影响，对劳动力的需求出现季节性变化而导致失业，如农民非农时的失业，渔民在休渔期内的失业。

3．季节性失业

季节性失业是指由于某些行业生产的季节性变动所引起的失业。某些行业的生产具有季节性，生产繁忙的季节所需的员工多，生产淡季所需的员工少，这样就会引起具有季节性变化特点的失业。这些行业生产的季节性是自然条件决定的，很难改变。因此，这种失业也是正常的。在农业、建筑业、旅游业中，这种失业最为严重。

4．古典失业

古典失业是指由于工资刚性所引起的失业。按照古典经济学家的假设，如果工资具有完全的伸缩性，则通过工资的调节能实现人人都有工作。这就是说，如果劳动的需求小于供给，则工资下降，直到全部工人都被雇用为止，从而不会有失业。但工资具有不能降的刚性，这种工

资刚性的存在，使部分工人无法受雇，从而形成失业。这种失业是古典经济学家提出的，所以称为古典失业。

5. 求职性失业

求职性失业是指当好工作的收益大于寻找这种工作的成本时，工人宁愿失业去找好工作而造成的失业。这种失业的原因主要是劳动力的市场是不同质的，即使是完全相同的工作也存在工资和其他条件的差异。而不是每一个工人都可以得到充分的就业信息，所以造成不能马上就业。这种失业是工人自己造成的，属于自愿性失业。

补充资料

我国的“北漂一族”

在我国，“北漂一族”一词在特定的意义上是指那些从其他地方来到北京（“迁移”应是“漂”的第一层含义），在北京生活但却没有北京户口的人群，他们或已经有职业，或正在寻找发展机遇（“未扎根”应是“漂”的第二层含义）。这些人几乎都是中青年人，多数人往往具有一定学历或较高的文化素养、知识技能，他们主要寻求在文化产业、高新技术产业等领域一展抱负。自从20世纪50年代晚期我国实行户籍制度以来，进京工作的人必须是由组织或单位调动，个人与其户口是配套的。户口仿佛是一个最重要社会资源的集装箱，如非农身份、工作单位、住房医疗、粮油供应等都与城市户口捆在一起。改革开放以后户籍所在地与工作相分离的现象逐渐增多。在北京，这种情形更多地出现在一些文化、文艺单位，如报社、杂志社、出版社、电视台、文艺演出团体等。然而，随着经济发展的进一步加速和深入，所谓的“北漂一族”更加引人注目，并且呈现出多样化态势，如他们分布在演艺圈、IT产业、文学界、考试群体（自考、考研）等行业和群体中。究竟这种群体共有多少人，很难得出准确数字。据有人统计，演艺圈的“北漂一族”在1992年约有20 000人，目前已达到300 000人，由此可以窥见一斑。可以说，“北漂一族”的形成及规模的逐渐扩大，是我国的社会发展趋势、当今青年主体的特征与北京具有的社会人文优势几个方面因素共同作用的产物。

资料来源：《经济学基础》李国政主编。

（二）周期性失业

周期性失业又称需求不足的失业，也就是凯恩斯所说的非自愿失业。根据凯恩斯的分析，就业水平取决于国民收入水平，而国民收入又取决于总需求。周期性失业是由于总需求不足而引起的失业，它一般出现在经济周期的萧条阶段，故称周期性失业。

凯恩斯用三大心理规律来说明总需求不足的原因：边际消费倾向递减规律、资本边际效率递减规律和流动偏好规律。

1. 边际消费倾向递减规律

边际消费倾向递减规律是指人们的收入越增加，消费支出所占增加收入的比重就越小。由于消费是总需求的一个重要组成部分，边际消费倾向递减会导致总需求不足。

边际消费倾向递减规律是由人类的天性决定的。由于这一心理规律的作用，增加的产量在扣除个人增加的消费以后，就留下了一个缺口，即总需求紧缩缺口。假如没有相应的投资来填补这个缺口，产品就会有一部分无法销售出去，于是就出现了消费不足，引起生产紧缩和失业。

2．资本边际效率递减规律

资本边际效率递减规律是指资本投入越增加，利润所占资本投入的比重就越小。

投资需求取决于资本边际效率与利息率的对比关系。资本边际效率，就是厂商增加投资与所增利润量之比。投资需求是总需求的另外一个重要组成部分。

投资是一种牺牲当前消费以获取未来收益的行为，所以投资获得利润率和资本边际效率的高低，直接影响投资需求的大小，两者成正比关系。如果利息率不变，利润率和资本边际效率越高，则越能刺激人们投资的积极性。然而，资本边际效率递减规律的作用，使人们对投资前景缺乏信心，必然使投资需求不足。

资本边际效率递减主要有两方面原因。从微观角度看，其在选择投资项目时总是先选择预期收益较高的项目，然后才考虑预期收益较低的项目，从而随着投资的增加，资本边际效率递减。从宏观角度看，随着投资的增加，对资本品的需求增加会导致资本品的价格上升，而以后产出的增加会导致产品价格下降，从而资本边际效率递减。

3．流动偏好规律

流动偏好规律是指人们在心理上总喜欢以现金的形式保存自己的一部分收入，这种以货币形式保存收入的心理动机，就是流动偏好。流动偏好的动机有以下三个：

（1）交易动机。为了应付日常生活和业务的支出，人们手中要保持一定数量的现金。

（2）谨慎动机。出于谨慎考虑，需要在手中保存一部分现金，以防备意外和应急等。

（3）投机动机。为了寻求获取更大收益的机会并及时抓住这种机会，人们也要在手中保留一部分现金。

正是由于流动偏好的存在，所以为了鼓励人们放弃流动偏好，进行储蓄，就要提高利息率。流动偏好造成利息率提高的压力，使得利润率和资本边际效率更低，从而使投资需求雪上加霜。

三大心理规律的作用会使总需求不足、生产急剧下降、价格水平下跌、经济萧条，从而引起非自愿失业即周期性失业的发生。

（三）隐蔽性失业

隐蔽性失业者是指表面上有工作，实际上对生产没有作出贡献的人，或者说，这些工人的边际生产力为零甚至负数。当经济中减少就业人员而产量仍没有下降时，就存在着隐蔽性失业。最明显的表现就是，一个单位里“一个人的活，三个人干”，机构臃肿，人浮于事。例如，一个经济中有 5 000 万工人，如果减少 500 万工人而国内生产总值并不减少，则说明经济中存在着 10%的隐蔽性失业。这种失业在发展中国家存在较多，尤其是农业部门隐蔽性失业更严重。

三、充分就业

充分就业并非人人都有工作，消灭了周期性失业时的就业状态就是充分就业。充分就业与自然失业的存在并不矛盾甚至可以并存。实现了充分就业时的失业率称为自然失业率或充分就业的失业率。

充分就业时仍然有一定的自然失业。这是因为，经济中有些造成失业的原因（如劳动力的流动等）是难以克服的。劳动力市场总不是十分完善的。自然失业的存在不仅是必然，而且还是必要的。因为这种失业的存在，能作为劳动后备军随时满足经济对劳动的需求，能作为一种对就业者的“威胁”而促使就业者提高生产效率。此外，各种福利支出（失业补助、贫困补助等）的存在，也使得存在一定水平的失业不会成为影响社会安定的因素，因而是社会可以接受的。

自然失业率的高低，取决于劳动力市场的完善程度、经济发展状况等各种因素。自然失业率是由各国政府根据实际情况确定的，各国在各个时期所确定的自然失业率都不相同。从战后的情况看，自然失业率有不断上升的趋势。以美国为例，20 世纪 50～60 年代的自然失业率为 3.5%～4.5%，70 年代的自然失业率为 4.5%～5.5%，80 年代的自然失业率为 5.5%～6.5%，90 年代的自然失业率为 4.5%～5.5%。

四、失业的影响

对个人来说，如果是自愿失业，则会给他带来闲暇的享受。但如果是非自愿失业，则会使他的收入减少，从而使生活水平下降。对社会来说，由于失业者增加，一方面会影响社会的安定，带来一系列社会问题；另一个面失业者过多，增加了社会福利支出，会造成政府财政困难。同时，从整个经济来看，失业会引起实际国民收入的减少。美国经济学家 A·奥肯在 20 世纪 60 年代提出的奥肯定理，试图说明失业率与实际国民收入增长率之间的关系。

奥肯定理说明了失业率与实际国民收入之间关系的经验统计规律。这一规律表明，失业率每增加 1%，则实际国民收入减少 2.5%；反之，失业率每减少 1%，则实际国民收入增加 2.5%。

在理解这一定理时应该注意以下几个问题。

（1）它表明了失业率与实际国民收入增长率之间是反向变动的关系。

（2）失业率与实际国民收入增长率之间 1:2.5 的关系只是一个平均数，是根据经验统计资料得出来的，在不同的时期有所不同。例如，在 20 世纪 60 年代，这一比率是 1:3；在 20 世纪 70 年代，这一比率是 1:2.5～1:2.7；在 20 世纪 80 年代，这一比率是 1:2.5～1:2.9。

（3）奥肯定理主要适用于没有实现充分就业的情况。在实现了充分就业的情况下，自然失业率与实际国民收入增长率的相关性就要弱得多，一般估算在 1:0.76 左右。

五、失业问题的治理措施

失业是一个比较复杂的社会经济问题，需要标本兼治、综合治理，才能收到事半功倍之效。

1. 发展经济是解决失业问题的根本之策

经济发展了，就可以为人们提供更多的就业岗位，满足人们多方面的就业需求，实现整个社会的充分就业。在我国，改革开放后，沿海地区经济有了突飞猛进的发展，吸引了大批劳动力就业。其作用体现在两个方面：一方面，满足了这些地区经济发展对劳动力的需求，促进了当地的经济繁荣；另一方面，解决了内地大量剩余劳动力的就业，不仅增加了他们的劳动收入，也促进了社会稳定，对加快构建社会主义和谐社会发挥了重要作用。

2. 加快经济结构战略性调整的步伐

我国劳动力的失业，既有劳动力总量庞大的绝对过剩，也存在由于经济结构不尽合理而造成的结构性失业。要大力发展包括现代物流、现代服务业、新型业态等在内的第三产业和劳动密集型的第一、二产业，加大经济结构战略性调整的步伐，转变经济增长方式。把经济增长方式真正转变到依靠科技进步和提高劳动者素质的轨道上来；既要强调提高劳动生产率，又要有效利用我国丰富的人力资源，变就业压力为经济动力和活力；同时，要制定有利于农村小城镇建设的优惠政策，鼓励劳动力的合理有序流动。

3．完善有关就业方面的政策法规

当前要按照科学发展观和构建社会主义和谐社会的要求，打破城乡分割、地区封锁的歧视性就业政策，面向全体劳动者，建立统一、开放、竞争、有序、充满活力的人力资源市场体系，消除在就业方面的学历歧视、户籍歧视、性别歧视、民族歧视、地区歧视，以及身高歧视、相貌歧视等；同时，要加快社会保障体系建设，实现社会保障的制度化，特别是加快广大农村和经济落后地区社会保障的全面覆盖化，建立惠及 13 亿人口的社会保障体系，让全体人民都能共享改革开放和发展的成果；要创造条件改善劳动市场结构，以减少失业。

4．发展职业教育和职业培训

随着经济结构调整和科技的不断进步，我国城乡的劳动者素质都有待于进一步提高。我国的就业难，其最大的瓶颈制约还是劳动者自身的素质难以满足人才市场的多方面需求。一方面是很多人难以找到工作；另一方面，像广州、深圳、北京等大城市的“技工荒”，高级技工高薪难求。这就需要我们要把发展职业教育和职业培训作为提高国民素质、振兴民族经济、实现中华民族伟大复兴的战略任务来对待。特别是对于农村剩余劳动力转移培训的“阳光工程”，要不折不扣地在培训经费、培训机构、培训方式、培训对象、培训时间等方面加以落实，通过扎实的工作，取得实实在在的效果。

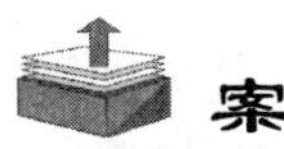

案例

国际金融危机与“返乡农民工再就业”

受全球金融危机的影响，我国在 2008 年年底、2009 年年初的民工返乡潮来得突然而猛烈。2009 年 1 月 12 日是春运的第一天，广东始发的各列火车和各趟汽车挤得水泄不通，与往年不同的是，许多媒体都注意到，“东西多”的现象显著增加，许多农民工连锅灶都要带回去，大有农民工搬家永别广东的意思。人们开始担忧开春后的农民工走向。金融危机的影响仍在蔓延，下一年的工作岗位还将减少，种种迹象表明，农民工集体性返乡现象在短期内还难以在根本上得到遏制。

面对来势如此猛烈的农民工返乡潮，反思形成这种全国性现象的原因，国际金融危机固然是直接原因，但深层次原因还在于农民工就业岗位的技术含量大都比较低，从业的企业在国际性经济危机中受到了灾难性冲击，“城门失火，殃及池鱼”。据有关资料统计，很多在沿海地区或经济发达地区打工的农民工从事的基本都是劳动密集型产业的工种。面对国际经济的结构性振荡，这部分人被卷入全球性失业大军行列中，这是社会经济调整的必然结果。

2009 年之后，已经回到家的农民工们还会外出吗？外出又能找到工作吗？或者，在当地能够找到工作吗？面对这些问题我国各地相关部门开展专题调研，掌握返乡农民工真实情况，在农民工自愿的情况下开展针对性的培训，充分利用经济调整的机会，解决农民工供给市场长期存在的技术断档难题。同时，制定促进农民工创业的扶持政策，降低创业门槛，推动建立创业促就业的管理体制，鼓励支持全民创业。大力发展农村产业，加大对新农村建设的投入力度，延伸农业加工链，增强农业对返乡农民工的吸纳能力。

任务二 认知通货膨胀理论——贫穷的百万富翁

微型案例

“百万富翁”希卡姆巴是津巴布韦的一名出租司机。他成天开着一辆破出租车在首都揽生意，每揽一笔生意起步费总在100万以上。或许你觉得是一个天文数字，但事实上津巴布韦官方公布的通货膨胀率已接近1000%，所以他是一个“什么也买不起的百万富翁”。

通货膨胀是宏观经济中最令人困惑的问题之一，当今世界几乎没有一个国家没有受到过通货膨胀的困扰：它是经济混乱、社会不安定的重要原因。因此，通货膨胀受到了各国经济学家的普遍重视。

一、通货膨胀的含义、测定与种类

（一）通货膨胀的含义

对于通货膨胀这样一个普遍现象，经济理论界对它的解释各不相同，但一般都接受这样的定义：通货膨胀是指物价水平相当幅度的普遍持续上涨。在理解这一定义时，必须把握以下四点：

（1）反映通货膨胀的物价水平是各种物品的平均价格水平，不是指某一种或某几种物品的价格，而是所有商品和劳务的总物价水平。

（2）物价是有“相当幅度”的上涨。如果每年的物价水平尽管是持续上涨，但上涨幅度很小，那就不能说是通货膨胀。这就有一个“临界值”的问题，究竟物价上涨多少才算是通货膨胀？这要根据各国不同的具体情况而定。

（3）物价是“普遍”上涨。物价上涨不是局部地区、某种或某几种物品，而是全局性的、全社会性的、所有地区的所有物品都在上涨。

（4）物价是“持续”上涨。一般以年为单位观察，如果一年内上半年上升了5%，下半年又下降了4%，则不属于通货膨胀。

（二）通货膨胀的测定

测定通货膨胀水平通常使用通货膨胀率。通货膨胀率是一个时期的价格指数比另一个时期的价格指数增加的百分比，即

$$\text{通货膨胀率}=\frac{\text{本期价格指数}-\text{上期价格指数}}{\text{上期价格指数}}\times 100\%$$

衡量通货膨胀的价格指数一般包括三种：

（1）消费者价格指数（CPI）。它是衡量各个时期居民个人消费的商品和劳务零售价格变化最基本的指标。其计算方法是将各种消费品价格与其权数的乘积求和来计算的价格指数。

（2）生产者价格指数（PPI）。即批发物价指数，是衡量各个时期生产资料（资本品）与消费资料批发价格变化的指标。设计这一指标是为了衡量第一级销售点上的价格，因为它包括的商品比较详尽（大约有 3 400 种商品），因而这一指标对反映物价水平也较为有用。

（3）GDP 平减指数。它是衡量一国经济不同时期内所生产的最终产品和劳务的价格总水平变化程度的经济指标，它等于名义 GDP 除以实际 GDP。该指数比 CPI 更全面，因为它包括 GDP 中所有产品和劳务的价格。

（三）通货膨胀的分类

按照不同的划分标准，可以把通货膨胀划分为不同的类型。

1．按物价上涨的速度和趋势划分

（1）温和的或爬行的通货膨胀。它是指每年物价上涨的幅度在 10%以内的通货膨胀。许多国家都曾有过这种温和的通货膨胀。凯恩斯主义者认为这种温和的通货膨胀虽然使物价有些上升，但却增加了社会需求，促进了资源的利用和就业的增加，对整个社会发展是有利的。

（2）奔腾式的通货膨胀。它是指两位数的通货膨胀，即年物价上涨幅度在 10%以上、100%以下。对于这种通货膨胀，政府必须采取强有力的政策措施加以控制，以免对一国经济和人民生活造成不利影响。

（3）恶性通货膨胀。它是指年物价上涨幅度在 100%以上的通货膨胀。发生这种通货膨胀时，物价持续上涨，货币体系崩溃，正常经济秩序遭到破坏，会导致经济崩溃乃至政府更迭。

2．按照对价格影响的性质划分

（1）平衡的通货膨胀。它是指各种商品（包括生产要素）的价格以相同比例上升的通货膨胀。

（2）非平衡式的通货膨胀。它是指各种商品和生产要素的价格上涨幅度不相同的通货膨胀。

3．按照人们对通货膨胀的预期程度划分

（1）可预期的通货膨胀。又称为惯性通货膨胀，主要是指一国政府、厂商和居民对未来某时期可以在一定程度上加以预期到的通货膨胀。

（2）不可预期的通货膨胀。它是指物价上涨的速度超出人们的预料，或者人们对未来时期的物价变化趋势无法预测的通货膨胀。这种类型的通货膨胀在短期内对就业与产量有扩张效应。

4．按照经济运行的市场化程度或通货膨胀的表现形式划分

（1）公开性通货膨胀。它是指在市场机制充分运行条件下，通货膨胀以物价上涨的形式公开表现出来的通货膨胀。

（2）受抑制的通货膨胀。它是指政府对价格进行某种形式的控制使得物价同市场供求关系相脱离的通货膨胀。过度需求不会引起物价水平的上涨，或物价上涨有限而不足以反映过度需求的真实水平。在这类通货膨胀中，通货膨胀不是以物价上涨而是以商品短缺和供应紧张等形式表现出来的。

5．按照与经济发展和经济增长的联系划分

（1）恢复性通货膨胀。它是指在通货紧缩后经济萧条、物价过低的情况下，为了促进经济的恢复和发展，人为地增加货币供应量，使物价回升到正常水平所呈现的通货膨胀。

（2）适应性通货膨胀。又称过渡性通货膨胀，是指与经济增长几乎同步的通货膨胀。

（3）停滞性通货膨胀。又称滞胀，是指在经济增长停滞甚至衰退时所发生的物价水平上升的通货膨胀。

补充阅读

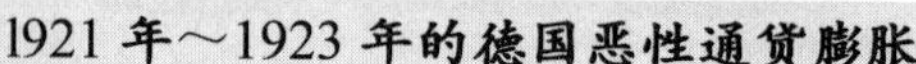

1921年～1923年的德国恶性通货膨胀

德国恶性通货膨胀始于1921年，当时第一次世界大战后因战争赔款和重建经济的需要使得政府支出大大超过了收入。德国政府本可提高税收以应付这部分增大了的支出，但这种解决办法终究在政治上不易被接受，而且需要很长时间才能落实，政府本也可以向公众借款来筹措这笔费用，但所需金额远远超过了政府的借款能力。因此，剩下的只有一条路：开动印钞机。政府只需印刷更多的钞票（增加货币供应）就可以支付它的费用，并用这些钱从个人和公司手中换取商品和劳务。德国政府确实这样做了。1921年后期，货币供应量开始迅速增加，物价水平也同样开始迅速上升。

1923年，德国政府的预算状况进一步恶化。1923年年初，由于德国不能按时支付预定的赔款，法国入侵鲁尔地区。该地区的工人实行总罢工，抗议法国的入侵；德国政府向罢工工人提供资助，积极支持这种“消极抵抗”。结果，政府支出急剧上升，于是政府以更快的速度印制钞票以应付这项支出。货币供应激增的结果是物价水平火箭式地上升，从而使得1923年的通货膨胀率超过1 000 000%。

入侵鲁尔和为支付罢工工人工资而印刷钞票，性质上是一种外生性事件。逆因果关系（指物价水平的上升引起法国入侵鲁尔）是难以令人置信的。此外，也很难想象，有第三种因素既是通货膨胀又是货币供应量激增的推动力。所以，德国恶性通货膨胀可算是一种“受控制的试验”，它为弗里德曼的观点——通货膨胀是一种货币现象——提供了佐证。

二、通货膨胀的成因

（一）需求拉上的通货膨胀

这是从需求角度来解释通货膨胀的形成原因。它认为通货膨胀的原因在于总需求过度增长。总需求过度增长，必然使总需求大于总供给，供不应求，结果物价上涨，从而导致通货膨胀。

根据凯恩斯的有效需求决定国民收入原理，均衡国民收入和价格水平可由总供给曲线AS和总需求曲线AD的交点决定，如图11-1所示。

图中横轴代表国民收入，纵轴代表物价水平；AS 代表总供给曲线，AD 代表总需求曲线。Y_1 代表充分就业时的实际国民收入，即总供给的最高限。当总需求为 AD_1 时，AD_1 与 AS 相交于 E_1，这表明，E_1 为总供求均衡点，E_1 对应的国民收入 Y_1 为均衡国民收入，均衡国民收入与充分就业的国民收入正好相等，此时的物价水平为 P_1。当由于某种原因需求增加时，AD_1 转至 AD_2，但由于已经充分就业，所以实际的总供给不可能增加，AS 曲线在充分就业后即变为一条垂线。AD_2 与 AS 交于 E_2，由于供给不变，需求增加，导致供不应求，拉动物价上涨，使物价水平由原来的 P_1 提高到 P_2。同时，如果需求连续增加，假设增加到 AD_3，则物价会上升至 P_3。可见，在充分就业以后，总需求的增加必然导致物价上升，形成通货膨胀。这种通货膨胀纯粹是由需求过度引起的，称为纯粹的需求拉上通货膨胀，凯恩斯称之为“真正的通货膨胀”。

还有一种情况，如图 11-2 所示。最初总需求为 AD_1，均衡点为 E_1，此时的均衡国民收入为 Y_1。当需求增加到 AD_2 时，由于社会还没有实现充分就业。所以企业还有可能增加产量，因此新的均衡点为 E_2，此时均衡国民收入由 Y_1 增加到 Y_2，但物价水平也由 P_1 升到 P_2。如果需求继续增加至 AD_3，新的均衡点为 E_3，均衡国民收入为 Y_3，价格上升为 P_3。由图可知，在 E_3 点社会已实现充分就业。如果继续增加需求，则供给量不能再增加，供求均衡情况和第一种情况相同。这说明，在社会没有实现充分就业时，尽管供给量可以增加，但过度的需求仍然会使物价上升。这种通货膨胀，凯恩斯称之为“半通货膨胀”。

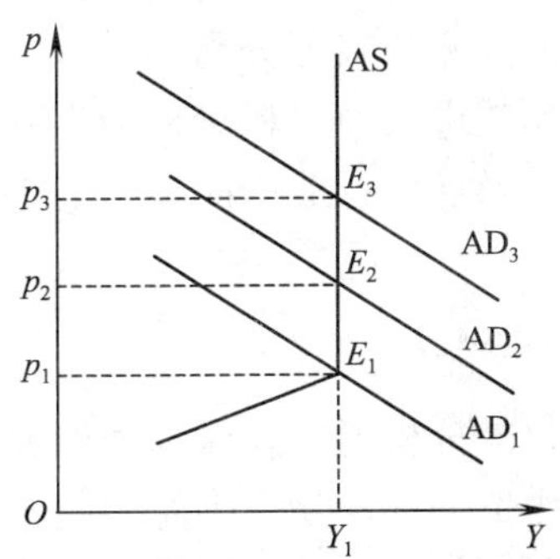

图 11-1　纯粹需求拉动通货膨胀

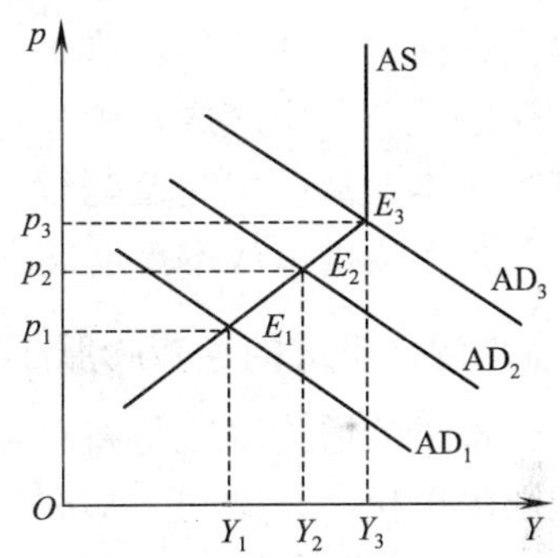

图 11-2　半通货膨胀

（二）成本推动的通货膨胀

这是从总供给的角度来分析通货膨胀的成因。这种理论认为，从总供给的角度看，引起通货膨胀的原因在于成本的增加。成本的增加意味着只有在高于以前的价格水平，才能达到与以前相同的产量水平，即总供给曲线向左上方移动。在总需求不变的情况下，总供给曲线向左上方移动使国民收入减少，价格水平上升，这种价格上升就是成本推动的通货膨胀，如图 11-3 所示。

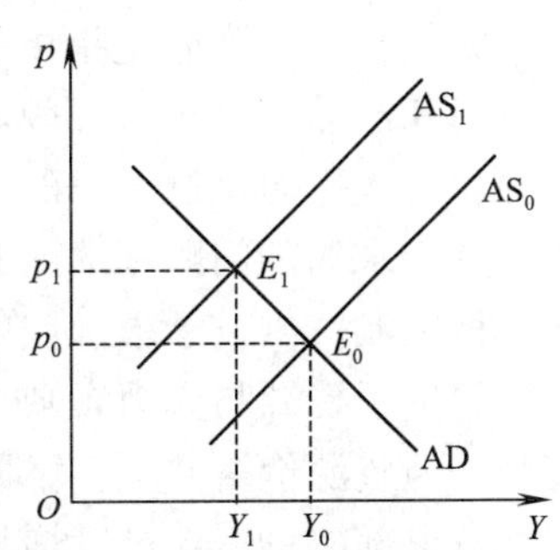

图 11-3　成本推动通货膨胀

图中横轴代表国民收入，纵轴代表物价水平。原来的总供给曲线 AS_0 与总需求曲线 AD 决定了国民收入为 Y_0，价格水平为 P_0。成本增加，总供给曲线向左上方移动到 AS_1，这时总需求曲线没有变化，决定了国民收入为 Y_1，价格水平为 P_1。价格水平由 P_0 上升到 P_1 是成本的增加引起的，这就是成本推动的通货膨胀。

由于引起成本增加的原因不同，因此成本推动的通货膨胀可以有以下几种：

1. 工资成本推动的通货膨胀

因为工资是成本中的主要部分，工资的提高会使生产成本增加，从而引起价格水平上升。在劳动市场存在工会的卖方垄断的情况下，工会利用其垄断地位要求提高工资，雇主迫于压力提高了工资以后，就把增加的工资加入成本当中，提高产品的价格从而引起通货膨胀。工资的增加往往是从个别部门开始的，但由于各部门之间工资的攀比，个别部门工资的增加往往会导致整个社会的工资水平上升，从而引起普遍的通货膨胀。而且，这种通货膨胀一旦形成，便会形成“工资—物价螺旋式上升”，即工资上升引起物价上升，物价上升又推动工资上升。这样，工资与物价不断相互推动，形成严重的通货膨胀。

2. 利润推动的通货膨胀

利润推动的通货膨胀是指垄断厂商为了增加利润而提高价格所引起的通货膨胀。在完全竞争的市场上，厂商无法自行定价，只能成为市场价格的接受者。但在垄断市场上，具有垄断地位的厂商控制了产品的销售价格，从而可以提高价格以增加利润。这一行为如果推广到其他行业，就会使整个社会物价上涨，引起利润推动的通货膨胀。

3. 进口成本推动的通货膨胀

进口成本推动的通货膨胀是指在开放经济中，随着重要进口原材料价格提高而带来的国内生产成本上升而引起的通货膨胀。当某些行业生产所需的原材料部分需要进口，而且进口的原材料在这些行业的生产成本中占有较大的比例时，那些进口原材料价格的上升将提高这些行业的产品成本，从而引起这些行业产品价格的提高。当这些行业产品价格的上升波及整个经济时，便会形成进口成本推动的通货膨胀。

（三）供求混合推进的通货膨胀

供求混合推进的通货膨胀是将总需求与总供给结合起来分析通货膨胀形成的原因。如果通货膨胀是由需求拉上开始的，那么过度的需求会引起物价上升，物价上升引起工资增加，即供给成本增加，从而又引起成本推动的通货膨胀。反之，如果通货膨胀是由成本推动开始的，那么工资上升，利润上升，消费上升，总需求增加，最终导致需求拉上的通货膨胀。

（四）结构性通货膨胀

结构性通货膨胀是指由于经济结构的特点引起的通货膨胀。经济中可以分为产品供不应求部门和产品供过于求部门。供不应求部门为了满足公众的要求，需要扩大生产规模，增加资源和工人；而供过于求的部门则会缩减生产，资源与工人过剩。如果资源与工人能迅速地由供过于求的部门顺利地流到供不应求部门，则结构性通货膨胀不会发生。但在现实中，由于各种限制，供过于求部门的资源与工人不能迅速地流到供不应求的部门，这样，供不应求的部门由于资源与人力短缺，资源价格上升，工资上升。而供过于求的部门尽管资源与人力过剩，但资源价格并不会下降，尤其是工资不仅不会下降，反而还会上升。这样，由于产品供不应求部门总需求过度增长和两部门的成本增加，尤其是工资成本的增加而引发通货膨胀。

此外，各经济部门的劳动生产率不同（如加工业部门劳动生产率高，服务部门劳动生产率低），而各部门的工资水平由于攀比行为而向高工资水平看齐，也会使整个社会的工资增长率超过劳动生产率而引起通货膨胀。

三、通货膨胀对经济的影响

通货膨胀会给社会经济生活的各个方面带来不同程度的影响，通货膨胀的影响也可称为通货膨胀的经济效应。一般来说，通货膨胀对经济的影响主要体现在以下三个方面：

（一）通货膨胀对收入和财富分配的影响

对于大多数人来说，工资是其主要的收入来源，如果货币工资率是固定的，或其增长慢于通货膨胀，或在调整的时间上滞后于通货膨胀，则在通货膨胀中，实际工资降低，利润增加，使得工资收入者受损，使利润收入者受益，后者的收益往往是以前者的牺牲为代价的。通货膨胀还降低了获取地租、利息、退休金等固定收入的人们所持有货币的实际购买力。

通货膨胀对人们所拥有的财产的影响主要取决于人们拥有的财产或债务的种类。如果债务是按固定利率支付的，则急剧的通货膨胀可能会使债务人得益，而使债权人受到损失。家庭财产可分为“固定索求权资产”和“变动价格资产”。前者指储蓄、银行存款和购买的各种债券等，其实际价值随物价的上涨而下降；后者是房屋、土地、黄金等，其价格随物价的上涨而提高，实际价值不变或上升。在通货膨胀中，财产中“固定索求权资产”比重大的人和家庭所遭受的损失较大，而“变动价格资产”比重大的人和家庭所遭受的损失较小。

（二）通货膨胀对资源配置的影响

在市场经济中，价格对资源配置具有重要的调节作用。如果价格水平的上升是不平衡的，各种商品和劳务的价格发生了相对变化，就会引起资源的重新配置。那些在通货膨胀期间价格上升快于成本上升的行业得到扩张；而价格上升慢于成本上升的行业会相应收缩。在通货膨胀中，各行业产品和劳务的价格与成本上升往往具有盲目性，因而会扰乱价格体系，引起资源配置的失调，降低整个经济的效率。

在通货膨胀中受影响最大的价格是现金的价格。通货膨胀会导致现金的实际利率为负，因此，发生通货膨胀时，人们会急于将现金脱手，或频繁地去银行提取现金或将现金换成实物，增加存货，从而引起资源的浪费。

此外，价格是人们比较各种商品和劳务的尺度。而在持续的通货膨胀中，这个尺度本身是不断变化的，因此，通货膨胀对价格体系的扰乱还会给经济核算带来困难，干扰资源的配置，降低整个经济的效率。

（三）通货膨胀对产出和就业总水平的影响

一般来说，在短期内，由于意料之外的需求拉上的通货膨胀会使产品价格的上涨快于货币工资率的上涨，实际工资率有所下降，从而促使企业增雇工人，扩大产出以谋取利润，使就业和国民产出增长。但在长期内，工人工资与物价变动的“时差”消失后，通货膨胀使就业和产量增加的效果就会消失。因此，通货膨胀对就业和国民产出的影响只能是暂时的，并且工人们会对通货膨胀进行预测，采取措施防止工资增长率滞后于价格上涨的情况。如果通货膨胀是人们预料之中的，就不会对就业和国民产出水平发生直接的、实质性的影响。

任务三 失业与通货膨胀的关系

失业与通货膨胀是宏观经济运行中的两个主要问题，那么这两者之间有什么关系呢？这就是菲利浦斯曲线所要分析的问题。

一、菲利浦斯曲线——失业与通货膨胀之间的交替关系

1958 年在英国伦敦经济学院任教的新西兰籍经济学家菲利浦斯研究了英国 1862～1957 年失业率与货币工资变动率之间的关系，提出了表示失业率和货币工资变动率之间关系的菲利浦斯曲线，如图 11-4 所示。

图中横轴表示失业率，纵轴表示货币工资变动率，菲利浦斯曲线 PC 是一条向右下方倾斜的线。它表明，货币工资变动率与失业率之间存在着一种相互交替的关系：货币工资变动率较高时，失业率较低；货币工资变动率较低时，失业率较高。

萨缪尔森和索洛于 1960 年对菲利浦斯曲线进行了修正。他们认为，在工资和利润比例不变的情况下，通货膨胀率等于货币工资增长率与劳动生产增长率之差。通过这种关系，可以把失业率与货币工资变动率的关系换成失业率与通货膨胀率之间的关系。例如，如果已知工资增长率为 4%，若劳动生产增长率为 1%，则通货膨胀率为 3%。这样，菲利浦斯曲线就成为表示通货膨胀率与失业率之间交替关系的曲线，如图 11-5 所示。

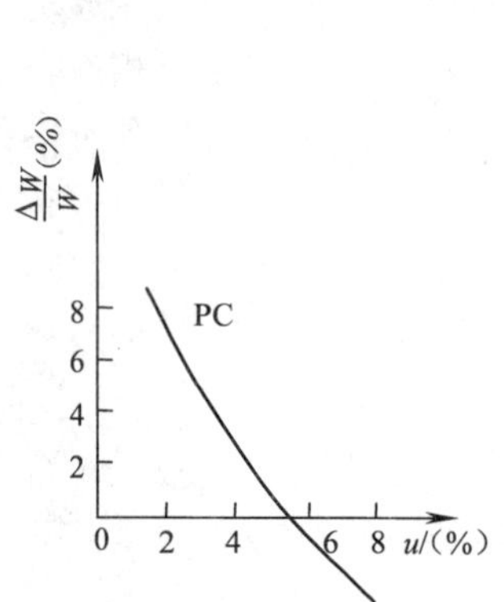

图 11-4 菲利浦斯曲线

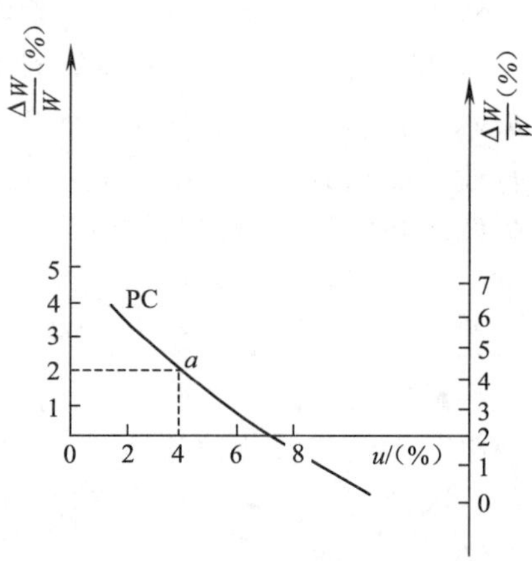

图 11-5 修正后的菲利浦斯曲线

图中 a 点的含义是：当失业率为 4%时，通货膨胀率为 2%，此时货币工资增长率为 4%。由图中可以看出，较低的失业率与较高的通货膨胀率相对应，较高的失业率与较低的通货膨胀率相对应。

失业率与通货膨胀率的这种交替关系会使政策制定者进退两难：如果要控制通货膨胀率，那么必须以较高的失业率作为代价；如果要控制失业率，则又必须以较高的通货膨胀率为代价。因此，如何选择菲利浦斯曲线上的一点作为经济活动的政策，就取决于选择主体对失业率与通货膨胀率两者利弊得失的权衡。不同选择主体会选择不同点。例如，工会会选择失业率较低的点，而银行则会选择通货膨胀率较低的点。一般来说，人们对失业比较敏感，如果

有工作保证，即使有一点通货膨胀，也可以忍受；如果没有工作保证，即使没有通货膨胀也难以忍受。所以，经济学业家们一般把菲利浦斯曲线上失业率为4%的点称为“临界点”。因为4%的失业率是充分就业与否的临界点，失业率低于4%，则认为社会是充分就业的。政府可以根据实际情况与“临界点”的差异进行适当的调节。

二、“社会不安指数”与“经济业绩指数”

这两个指标是在菲利浦斯曲线的基础上得出来的。由于失业与通货膨胀都会导致社会的不安定，因此，失业率与通货膨胀率之和就构成了“社会不安指数”或“社会痛苦指数”。如果失业率为5%，通货膨胀为5%，则社会不安指数为10%。社会不安指数可以衡量一个国家社会经济的不稳定程度。

借助于社会不安指数，可以进一步得出“经济业绩指数”。经济业绩指数是指国民生产总值的增长率与社会不安指数的比率，即

$$经济业绩指数（EPI）=\frac{实际GDP增长率}{社会不安指数}$$

三、菲利浦斯曲线的新变化

菲利浦斯曲线反映了失业率与通货膨胀率的替代关系，尽管较低的失业率和较低的通货膨胀率不可兼得，但还可以用牺牲就业来维持物价的稳定，或牺牲物价稳定来维持充分就业。但从20世纪70年代以来，菲利浦斯曲线的上述内容发生了很大的变化，这种变化表现为菲利浦斯曲线本身的变动。菲利浦斯曲线的变动反映在三个方面：

（1）菲利浦斯曲线向右上方移动。这就是说，原来的“临界点”不起作用了，现在必须用更高的失业率才能使通货膨胀率维持在某一水平，或者说必须用更高的通货膨胀率才能使失业率维持在某一水平，甚至不论政府怎样调节，都不能使通货膨胀率与失业率降到原先的“社会可接受程度”的“临界点”之内。于是他们不得不提高“临界点”，以便在新的菲利浦斯曲线下调节通货膨胀与失业的水平，如图11-6所示。

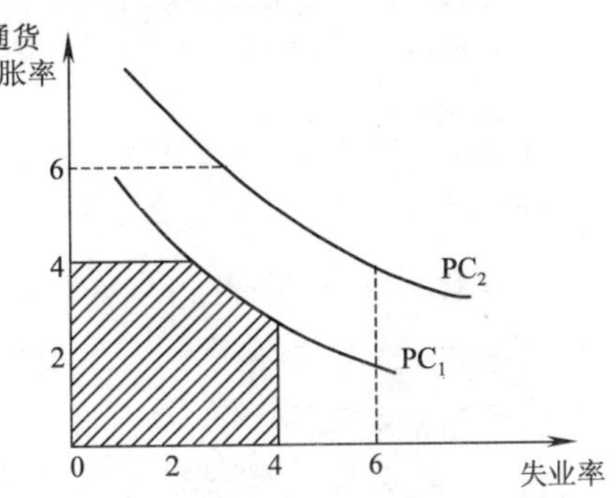

图11-6　菲利浦斯曲线向右上方移动

图中原来的菲利浦斯曲线PC1位于社会可接受程度之内，即位于图中阴影部分为“临界点”以下的安全范围。但当菲利浦斯曲线从PC_1上移到PC_2以后，PC_2不通过原来的安全范围，此时无论政府采取什么样的政策措施，都不能将失业率与通货膨胀率下降到图中阴影部分所表示的安全范围。于是只得提高“临界点”。图中的虚线框表示提高“临界点”以后的安全范围。这就形成了“滞胀”，即高失业率与高通货膨胀率同时并存，停滞与膨胀并发。

为什么菲利浦斯曲线会向右上方移动？西方经济学家认为，原来的菲利浦斯曲线，反映的是通货膨胀预期为零的失业率与通货膨胀率之间的交替关系。如果通货膨胀连年上升，特别是政府利用菲利浦斯曲线进行相机抉择，用高通货膨胀率换取低失业率的话，就会形成一种通货膨胀预期。如果通货膨胀预期到了，工人就会要求提高货币工资以避免生活水平受到

通货膨胀的影响。如果人们预期到通货膨胀会以 4%的速度增加，那么，当货币工资率上升7%时，人们会以为实际工资率只上升 3%。因此，如果以往货币工资率上涨 6%便能使失业率降到 3%的话，那么现在达到 3%的失业率必须使货币工资率上涨 10%，即以往的货币工资上涨率 6%加上 4%的通货膨胀预期。

（2）从长期来看，失业率与通货膨胀率之间已不存在交替关系，菲利浦斯曲线变为一条垂直于横轴的直线，如图 11-7 所示。

从长期看，不论通货膨胀率上升多少都不能使失业率降下来。

（3）菲利浦斯曲线成为一条由左下方向右上方延伸的线，如图 11-8 所示。由于"临界点"在不断提高，若把所有的"临界点"连接起来，菲利浦斯曲线就成为一条从左下方向右上方延伸的线，这说明失业率与通货膨胀率是同向变动的，通货膨胀率越高，失业率将会越高，高失业率与高通货膨胀同时并存。

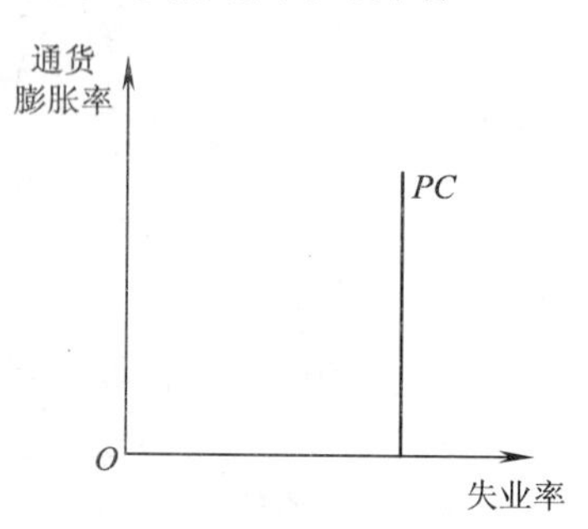

图 11-7 长期的菲利浦斯曲线

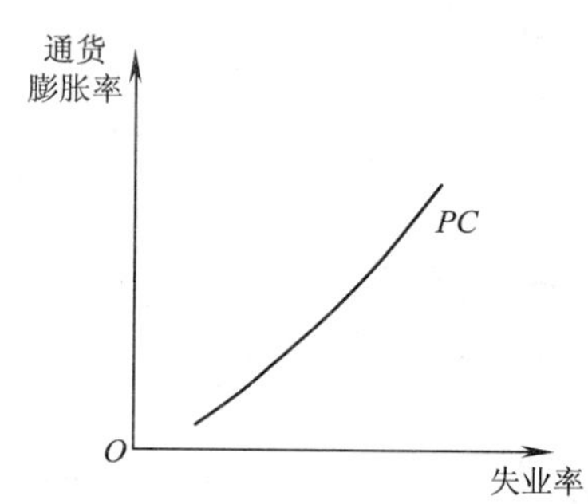

图 11-8 菲利浦斯曲线成为向右上方延伸的线

补充阅读

失业和通货膨胀：政府调控的警戒线

根据改革开放以来的经验，我们的经济需要持续增长。在持续增长的条件下，3%左右的失业率和 3%左右的通货膨胀率是社会可以承受的。宏观经济调控的警戒线在什么地方？根据国内的经验，应该是 4%的失业率和 4%的通货膨胀率。越过这个警戒线，即失业率超过了 4%，可以出台一些宽松的适应经济的政策；通货膨胀率突破了 4%，也可以根据情况采取一定的紧缩政策。

城乡二元体系的现状使得中国的经济增长和失业都有自己的特点。在我国，4%的失业率是城镇登记失业率，未包括农民在内。农民工进城有了工作，如果做了多年失业了，这是不统计到城镇登记失业率中的。如果农民在农村闲着没事做，没有出农村，同样是不统计在登记失业率之中的。中国目前的城镇化率只有 45%，还有大量的农村人口。20 世纪 80 年代出来的农民工，他们的根在农村，赚钱回家盖房子、讨老婆、生儿育女。1995 年以后出来的打工者叫新生代农民工，他们不仅要进城，还要取得和城镇居民一样的待遇，即使在城里失业，也不回农村. 所以说，中国的失业和就业都有自己的特点，没有较高的经济增长率是解决不了就业问题的。当城乡二元体制改革进程差不多了，城镇人口增加了，经济高速增长的压力才会逐步减轻。

根据中国多年的经验，只要经济增长率超过 9%，就能够保证经济运行比较良好。中国的通货膨胀是三种类型并存的，第一种是需求拉动型的通货膨胀，即投资过多导致的需求过大；第二种是成本推动型的通货膨胀，即由于原材料价格上升推动的整个物价上涨；第三种是国际输入型通货膨胀，即国际市场价格上涨导致的通货膨胀。应对通货膨胀，宏观调控政策应当根据情况松紧搭配，比如货币政策松一点，同时财政政策紧一点，双紧政策是特殊情况下才使用的。

当前固然需要警惕和预防通货膨胀，但更需要注意的是滞胀。中国的“滞”和外国的“滞”是不一样的，外国因为失业压力不大，所以经济增长率达到2%～3%就可以了。中国则不然，经济增长下降到6%就是“滞”了，因此我们在运用宏观调控的时候必须慎之又慎，不仅要松紧搭配好，还需要对货币政策和财政政策实行结构化的调整。

四、治理通货膨胀的对策

通货膨胀的原因是多方面的，而且往往难以确认，通货膨胀的实际影响也表现在多方面，因此，治理通货膨胀要区别情况，对症下药，综合治理。总的来说，治理通货膨胀的对策主要有以下几个方面：

1. 财政货币政策

运用紧缩性的财政政策或货币政策对社会总需求有控制作用的手段，来实现对通货膨胀的有效控制；同时，还要配合以相应的货币政策或财政政策，才能取得良好的治理效果，即通常所说的“双紧”政策。但难点在于两种政策的合理搭配不易掌握。

2. 收入分配政策

这是政府在通货膨胀期间为降低价格上涨速度而采取的限制性政策。其目标主要是，通过限制货币工资增长率，甚至是冻结工资等办法，来控制收入的过快增长，从而抑制物价的上涨。具体的手段有：硬性的工资和物价增长率管制措施；工资—价格指标的指导性管理；通过道义上的劝告或工资协商机制，并取得工会和企业的配合，以实现合理的工资及价格增长。收入分配政策较适用于成本推进及结构型通货膨胀的治理。

3. 对外经济管理

对外经济管理的目标是：利用外汇、对外经济贸易政策等措施，一方面，抑制国内的通货膨胀，减轻通货膨胀的压力；另一方面，防止或抑制外来通货膨胀的扩散和影响。即通过采取适宜的汇率、关税等对外经管理手段以改善国际贸易和国际收支状况，可在一定程度上起到抑制通货膨胀的作用。在国际经济一体化、贸易自由化，国际经济关系日益密切的情况下，对外经济管理被认为是治理通货膨胀的重要手段。

案例

美国“次贷危机”的启示

所谓次级抵押贷款，是指一些贷款机构向信用较差和收入不高的借款人提供的贷款。数年前，美国房地产市场繁荣，次级抵押贷款市场也随之迅速发展，甚至一些在通常情况下被认为不具备偿还能力的借款人也获得了购房贷款，这就为以后次级抵押贷款市场危机的形成埋下了隐患。而由于放贷机构通常还将次级抵押贷款合约打包成金融投资产品出售给投资基金等，因此一些买入此类投资产品的欧美投资基金也受到了打击，从而波及全球金融市场，造成全球股市动荡，据保守估算，美国次贷“黑洞”造成的损失超过500亿美元，甚至有可能高达900亿美元。

2007年8月9日至10日，欧洲中央银行先后向欧元区银行系统注资984亿欧元和610亿欧元，这是欧洲央行自2001年“9·11”事件以来首次大规模干预金融市场；日本央行于8月10日宣布向日本货币市场投入1万亿元；美联储下属的纽约联邦储备银行于8月9日则增加了240亿美元的临时储备。各国央行纷纷做出如此大的举动，旨在增强投资者的信心，稳定金融市场，减缓美国次级抵押贷款市场危机可能给世界金融市场乃至世界经济所造成的冲击，但此举未能阻挡全球股票指数的回落。

美国次贷危机对于我国的金融市场发展和房地产市场发展可以提供诸多启示。①在金融监管方面，要充分认识监管的重要性。市场调节不是万能的，监管起着非常重要的作用。在这次次贷危机中，美国金融体系中的多个环节都存在着监管缺失。借贷者在收入水平不高、信誉较差的情况下，购买了实际无力承担的房产，为如今的“倒债”埋下伏笔。②在发展金融衍生品时，要严控风险。必须充分认识金融衍生品（债券、基金等证券）的两面性，既有分散风险的功能，也有放大风险的作用。③在房贷市场的方面，要重视住房抵押贷款背后隐藏的风险。最后，在房地产市场发展的模式方面，要发展房屋租赁市场。政府要考虑借款人的不同信用和收入，把低收入阶层分离到房屋租赁市场上去。低收入阶层的信用风险一般较高，且对利率和房价较为敏感，严重依赖从商业银行获得的房屋抵押贷款，无疑将增加整个金融系统的风险。总之，我们应从美国次贷危机中总结经验，吸取教训，未雨绸缪，以促进我国经济全面协调可持续发展。

4. 供给管理

供给学派认为，可以通过刺激供给来促进经济增长，从而解决失业和通货膨胀的问题。主要手段有：通过减税以增加劳动的供给和企业的利润，从而提高劳动生产率、储蓄率和投资水平；减少和限制政府对经济的干预，降低社会成本，促进私人投资，以推动经济增长。

幸福指数与痛苦指数

幸福和痛苦是我们每个人都会有体会的两种截然相反的感受。可是当你幸福或痛苦的时候有没有想到过把它们用具体的数字表现出来？经济学家们这样做了。幸福指数最早是由美国经济学家萨缪尔森提出来的，他认为幸福等于效用与欲望之比，用公式表示，即：幸福=效用/欲望。从这个等式来看，当欲望既定时，效用越大越幸福；当效用既定时，欲望越小越幸福。幸福与效用同方向变化，与欲望反方向变化。如果欲望是无穷大，则幸福为零。我们经常会说人的欲望是无限的，那是指人们常常会表现为一个欲望满足之后又会产生新的欲望，而在一个欲望满足之前，我们可以把这个欲望当做是既定的，当欲望既定时，人的幸福就取决于效用了。因此我们可以简单地把追求幸福最大化等同于追求效用最大化。从上面的描述中可以看出，幸福指数衡量的是个人的主观愿望，每个人认为自己幸福与否和自己的欲望及效用有关。据报道，中国人力资源开发网在2004年全国范围内进行的“工作幸福指数调查”显示，只有9.79%的被调查者幸福地工作着，中国职场人士“工作幸福指数”仅为2.57（最高5分、最低0分）。这样一种状况，使得探讨工作中的幸福感来源成为必要；同时，个人该如何更好地享受工作，企事业单位又该采取什么样的管理手段让员工更快乐地工作，无疑是探讨的“连带”内容。可以说，当主客观、内外部这两方面达到相辅相成的认知高度时，人们“工作并幸福着”才有可能。在事业的成败决定着大多数人的前途与命运的今天，我们如何应对工作中的不快乐？对很多人来说，解决了这个问题，也就是解决了人生的基本问题。

与幸福指数衡量个人主观愿望不同，痛苦指数是用来衡量宏观经济状况的一个指数。它等于通货膨胀率加上失业率。例如，通货膨胀率等于5%，失业率等于6%，则痛苦指数等于5%。这个指数说明人们对宏观经济状况的感觉，指数越大人们就会感到越是遗憾或痛苦。在失业与通货膨胀中人们往往更注重失业状况。根据美国耶鲁大学的学者调查，人们对失业的重视程度是通货膨胀的6倍，因此表示人们对政府不欢迎程度的指数就等于6乘上失业率加通货膨胀率。在前面的例子中，政府不受欢迎程度的指数为6×5%+6%=36%。这一指标越高，政府越不受欢迎，该届政府获得连任的机会就越少，所以各国政府都把降低失业率当作非常重要的工作目标。

本章小结

失业是指劳动力没有就业，但积极地寻找工作或等待返回岗位的一种状态。失业率是失业人数与全社会劳动力总数的比率。

自然失业是指由于经济中某些难以避免的原因所引起的失业，在任何市场经济中这种失业都是不可避免的。现代经济学家按引起失业的具体原因把自然失业划分为摩擦性失业、结构性失业、季节性失业和古典失业四种类型。

周期性失业是由于总需求不足而引起的失业，它一般出现在经济周期的萧条阶段。凯恩斯用三大心理规律来说明总需求不足的原因。三大心理规律是边际消费倾向递减规律、资本边际效率递减规律和流动偏好规律。

充分就业并非人人都有工作。消灭了周期性失业时的就业状态就是充分就业。充分就业与自然失业的存在并不矛盾甚至可以并存。实现了充分就业时的失业率称为自然失业率或充分就业的失业率。

奥肯定理是说明失业率与实际国民收入之间关系的经验统计规律。这一规律表明，失业率每增加1%，则实际国民收入减少2.5%；反之，失业率每减少1%，则实际国民收入增加2.5%。

通货膨胀是指物价水平相当幅度地普遍持续上涨。衡量通货膨胀的指数是物价指数，它一般包括三种：消费者价格指数、生产者价格指数和GDP平减指数。

从成因上看通货膨胀可分为需求拉上的通货膨胀、成本推动的通货膨胀、供求混合推进的通货膨胀和结构性通货膨胀。

主要概念：摩擦性失业　结构性失业　充分就业　通货膨胀

思考与练习

一、名词解释

摩擦性失业　结构性失业　充分就业　通货膨胀

二、单项选择题

1. 由于经济衰退而形成的失业属于（　　）。
   A. 摩擦性失业　　B. 结构性失业
   C. 周期性失业　　D. 自然失业
2. 奥肯定理是说明（　　）。
   A. 失业率与通货膨胀率之间的关系
   B. 通货膨胀与国民收入之间的关系
   C. 失业率与国民收入增长率之间的关系
   D. 人口增长率与失业率之间的关系
3. 今年的物价指数是 180，通货膨胀率为 20%，去年的物价指数是（　　）。
   A. 144　　B. 150　　C. 160　　D. 216
4. 如果发生了未预期的通货膨胀，那么（　　）。
   A. 债务人和债权人都受损失　　B. 债务人和债权人都受益
   C. 债务人受益而债权人受损失　　D. 债务人受损失而债权人受益
5. 利润推动的通货膨胀的根源在于（　　）。
   A. 工会的垄断　　B. 市场的完全竞争
   C. 厂商的垄断　　D. 进口原材料价格的上升
6. 短期菲利浦斯曲线是一条（　　）。
   A. 向右上方倾斜的曲线　　B. 向右下方倾斜的曲线
   C. 水平线　　D. 垂线

三、判断题

1. 无论什么人，只要没有找到工作就属于失业。（　　）
2. 充分就业意味着失业率为零。（　　）
3. 在一个国家里，自然失业率是一个固定不变的数值。（　　）
4. 只要存在失业者，就不可能有工作空位。（　　）
5. 通货膨胀是指物价水平普遍而持续地上升。（　　）
6. 在总需求不变的情况下，总供给曲线向左上方移动所引起的通货膨胀称为供给推动的通货膨胀。（　　）

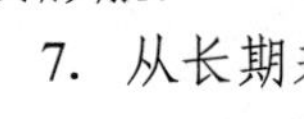

7. 从长期来看，通货膨胀率与失业率之间不存在交替关系。（　　）

四、问答题

1. 什么是自然失业？引起自然失业的原因有哪些？

2. 凯恩斯是如何解释周期性失业存在的原因的？

3. 通货膨胀会对经济产生哪些影响？

技能训练

1. 20世纪70年代，世界石油价格大幅度上升引起美国通货膨胀加剧。这属于哪种通货膨胀？请用图形加以分析。

2. 如果你的房东说：“工资、公用事业以及别的费用上升都太快了，我只得提高你的房租。”这属于成本推进的还是需求拉上的通货膨胀？用图形加以说明。

3. 案例分析

全国社会保障基金理事会理事长项先生在进行题为：“中国财税改革回顾”的演讲时表示，要理性观察通货膨胀，对其可能蔓延的趋势保持警惕。

近几个月来，我国的消费价格指数（CPI）节节攀升，1～5月份指数同比上涨约4%，近三个月来单边上升较快，8月份消费价格指数同比上升6.5%。

对上述数据，项先生的判断是，从中已可看出通货膨胀的苗头。

据项先生介绍，关于通货膨胀，国家相关部门有两种看法：一种认为是结构性的，另一种认为要严格治理。

项先生坦言，就其本人的看法，通货膨胀尚需理性观察，与其认为几个月就能解决通货膨胀，不如把治理通货膨胀看成一段时间的工作；与其认为通货膨胀是结构性的小范围问题，不如对其可能蔓延的趋势保持警惕。

项先生指出，对通货膨胀的严重性需要有更加深刻的认识。一些宣称不涨价的地方政府的说法是不贴近实际的。事实上，为了确保老百姓的基本生活质量，政府正在采取积极措施，比如增加低收入人群的补贴，提高农产品的收购价格，希望借此能将物价上涨对老百姓的影响减少到最小。

问题：

（1）文中提到的通货膨胀是什么类型的？其成因是什么？

（2）文中提到的判断出现通货膨胀的依据是什么？除此以外，还有哪些衡量指标？

（3）通货膨胀对经济的危害何在？

实训项目

此案例对扩大大学生和农民工就业渠道有哪些启示？

【实训目标】

培养学生分析、归纳的能力。

【实训内容与要求】

1. 以自愿为原则，5～8人为一组，自愿分组，民主选举产生小组组长。

2. 每组选派1～2名同学发表本组结论。

【实训材料】

大学生种鸡骨草创业　带动400多名农民工就业

2007年6月，某大学2007级毕业生刘某毕业后考公务员失败、找不到合适工作，经过几番谨慎思考，选择了自主创业。结合我国中药发展实际情况，开始萌发了发展中药草种植这一构想。经过一年半多的观察和实验，他发现鸡骨草、凉粉草等几个品种比较适合南方的气候条件，产量很高，而市场需求量也非常大，市场前景相当看好。

2007年年底，小刘自筹资金，建立了相关品种的中草药种植实验基地50亩，确定了企业的发展方向：中药种植，加工现代化、产业化。为了带动更多的农民就业，让农民增加收入，2008年11月小刘申请成立了“中草药专业合作社”，采取“公司+基地+农户”的发展模式，由合作社提供种苗、肥料、技术指导等，农户只需要提供土地及田间管理等相应的条件，产品全部由公司按合同价格回收。由于农户的生产成本低、风险低、从而大大调动了农户种植草药的积极性。

截止2009年，已发展230余户农民进行种植，种植面积900余亩，安置农民工400多人就业。经测算种植中草药每亩总产值在3 000元以上，年可创造经济效益近300万元，除去必要开支户每亩的经济效益在1 800元至2 200元之间，仅此一项中草药种植户总增收在180万元至200万元。

【实训时间】

1. 课下准备。
2. 各组成果展示：每组10分钟之内。

【实训考核】

1. 过程考核：教师和学生根据小组递交的活动记录来考核每一组及成员。
2. 成果考核：由教师与学生对各组组建情况进行评估打分。

项目十二

认知经济周期与经济增长理论

知识目标

1. 掌握经济周期、经济增长的含义和特征。
2. 了解经济周期的几种理论。
3. 明确经济周期的确定因素。
4. 理解经济增长的含义，了解经济增长与经济发展之间的区别。

能力目标

1. 根据经济表现，识别经济周期。
2. 能够根据经济周期与经济增长的基本理论及基本方法，对现实经济活动的现象与过程进行解释。
3. 运用增长理论，分析和理解经济增长的源泉。

项目导入

任何事物的发展都有其自身的规律。一国经济的发展也是如此，是有周期波动变化的，经济不是由人的主观意志决定的。例如，美国经济在 20 世纪 90 年代克林顿执政时期，走了一个很长的增长周期，经历了 8 年的经济高速增长。它的失业率低，通货膨胀率低，经济增长率高，人们把这个阶段称为“新经济”。甚至有人认为，美国改变了经济周期性波动的理论，美国的经济只有增长，没有衰退。但是，进入 21 世纪后，美国经济出现了很多问题。“9·11”恐怖事件的发生，安然会计师事务所造假丑闻的曝光，导致人们对所有大公司的不信任，在美国出现了公司信用危机。美国经济出现衰退，经济从高峰跌入低谷。

项目思考

1. 一国经济为什么会出现周期性的变动？
2. 经济的周期性变动会产生什么样的影响？
3. 政府面对经济周期应该怎么办？

在市场经济条件下，企业家们越来越多地关心经济形势，也就是“经济大气候”的变化。一个企业生产经营状况的好坏，既受其内部条件的影响，又受其外部宏观经济环境和市场环境的影响。一个企业，无力决定它的外部环境，但可以通过内部条件的改善，来积极适应外部环境的变化，充分利用外部环境，并在一定范围内，改变自己的小环境，以增强自身活力，扩大市场占有率。因此，作为企业家对经济周期波动必须了解、把握，并能制定相应的对策来适应周期的波动，否则将在波动中丧失生机。

市场经济发展的历史表明，经济发展在长期中总体上呈上升趋势，但常伴随着经济活动的增长变化而产生波动。当经济活动处于低谷时，生产锐减，物价暴跌，就业与资本借贷量萎缩；当经济活动处于繁荣时，生产增加，物价上涨，就业与资本借贷也同时扩张。经济周期理论研究国民收入的变动所呈现的周期性波动及其原因，它是对国民经济发展过程的长期动态性分析。

任务一 认知经济周期的含义与类型

一、经济周期的含义

经济周期，也称为商业周期，是指一国经济生产和再生产过程中出现的经济扩张和经济紧缩交替更迭、循环往复的一种现象，体现为国民收入及经济活动的周期性波动。经济周期的基本变动规律是国民经济增长态势呈现出繁荣、衰退、萧条和复苏四个不同的变化阶段，并交替循环往复进行。对于经济周期的定义，早期经济学家是建立在实际 GDP（或 GNP）变动的基础之上的，这样的经济周期被称为古典的经济周期。现代经济学家将经济周期归结为以经济增长率的变化为基础，即经济周期使经济增长率的上升和下降交替出现的经济发展过程，对这一变化过程及其规律通过对国民收入变动的分析来进行研究。根据经济周期理论，经济发展总会呈现为扩张和收缩，但收缩是为了更好地发展。因而，衰退不一定表现为经济总量绝对量的下降，而是表现为经济总量增长率的下降，所以在现代经济中存在着增长性的衰退。为了便于分析，可以把经济发展的周期性变动的规律通过图 12-1 来表示。

在图 12-1 中，潜在的国民收入水平具有正斜率，代表经济增长的长期趋势，如图中的直线 N，这是因为经济在总体上总是保持着或多或少的增长态势。

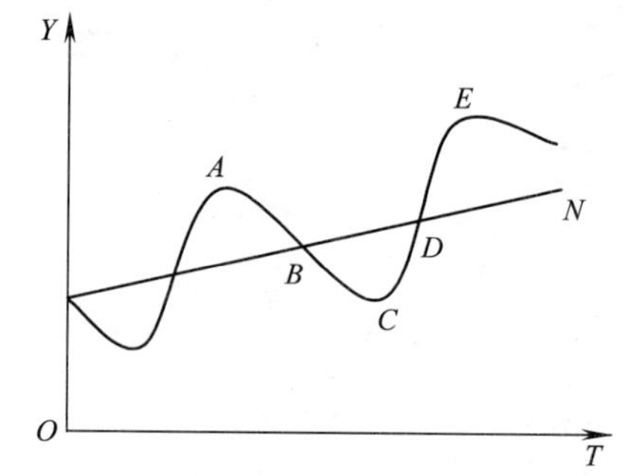

图 12-1 经济周期的阶段

小知识

理解经济周期的含义应该注意三点：

（1）经济周期是现代经济社会中不可避免的经济波动现象。

（2）经济周期是总体经济活动的波动，即国民收入的波动，这种波动引起了价格、利率和就业等的波动，所以研究经济周期的关键是研究国民收入波动的规律与根源。

（3）经济周期在经济活动过程中反复出现，但每个周期的时间长短并不完全一样。

二、经济周期的阶段

（一）两阶段法

经济波动以经济中的许多成分普遍而同期地扩张和收缩为特征，持续时间通常为 2～10 年。现代宏观经济学中，经济周期发生在实际 GDP 相对于潜在 GDP 上升（扩张）或下降（收缩或衰退）的时候。每一个经济周期都可以分为上升和下降两个阶段。上升阶段也称为繁荣，最高点称为顶峰。然而，顶峰也是经济由盛转衰的转折点，此后经济就进入下降阶段，即衰退。衰退严重则经济进入萧条，衰退的最低点称为谷底。当然，谷底也是经济由衰转盛的一个转折点，此后经济进入上升阶段。经济从一个顶峰到另一个顶峰，或者从一个谷底到另一个谷底，就是一次完整的经济周期。现代经济学关于经济周期的定义，建立在经济增长率变化的基础上，指的是增长率上升和下降的交替过程。

经济周期波动的扩张阶段，是宏观经济环境和市场环境日益活跃的阶段。这时，市场需求旺盛，订货饱满，商品畅销，生产趋升，资金周转灵便；企业的供、产、销和人、财、物都比较好安排，企业处于较为宽松有利的外部环境中。

经济周期波动的收缩阶段，是宏观经济环境和市场环境日趋紧缩的阶段。这时，市场需求疲软，订货不足，商品滞销，生产下降，资金周转不畅；企业在供、产、销和人、财、物方面都会遇到很多困难，企业处于较恶劣的外部环境中。经济的衰退既有破坏作用，又有自动调节作用。在经济衰退中，一些企业破产，退出商海；一些企业亏损，陷入困境，寻求新的出路；一些企业顶住恶劣的气候，在逆境中站稳了脚跟，并求得新的生存和发展。这就是市场经济下“优胜劣汰”的企业生存法则。

（二）四阶段法

在经济分析中，一般把经济周期分为扩张与收缩两大阶段。如果进一步细分，则可分为四个阶段：繁荣、衰退、萧条、复苏。其中，繁荣与萧条是两个主要的阶段，衰退与复苏是两个过渡性的阶段。如图 12-1 所示，*A*、*E* 为经济活动的顶峰，*C* 为经济活动的低谷。*A-B* 为衰退阶段，*B-C* 为萧条阶段，*C-D* 为复苏阶段，*D-E* 为繁荣阶段。*A-E* 为一个经济周期。在经济周期中，复苏与繁荣属于扩张时期，衰退和萧条属于收缩时期。

经济周期的四个阶段各有其特点。假设经济从一开始处于繁荣阶段，这是经济活动处于高涨的时期，需求不断增加，产品畅销，投资活跃，就业水平提高，产量扩大，经济总量达到最高点，整个社会充满乐观情绪。由于繁荣阶段不能长久维持下去，每当消费增长减缓、投资减少时，经济水平开始下降，这就是经济的衰退阶段。此时，悲观情绪笼罩整个社会。随着消费和投资的减少，经济开始收缩，生产下降，失业增加，同时使企业的利润下降，经济总量也相应减少到最低点，使经济进入萧条阶段，整个社会陷入“恐慌”之中。随着时间的推进、现有设备的不断消耗，以及消费引起的企业存货减少，企业考虑增加投资，使得就业增加，产量扩大，经济逐步进入复苏阶段。复苏阶段是经济走出萧条并转向上升的阶段，人们对前景的预测由悲观情绪逐渐转变为乐观情绪。由于经济复苏的进一步推进，消费和投资的拉动作用进一步明显，经济总量进一步提升，达到顶点的经济状态就称之为繁荣。由此，新一轮的经济周期开始，经济周期阶段不断循环交替出现。

在实践中，如何判断经济活动处在周期的哪一阶段，一般可用具有可比性的经济变化指标来判断分析。这些指标包括就业量、物价水平、国民收入量、借贷量和利润水平等。当这些指标在正常水平之下，并有明显的上升趋势时，则表明经济活动处于复苏阶段；相反，则处于萧条阶段；否则，就处于衰退阶段。虽然经济周期是社会经济发展中不可避免的波动现象，并且每次发生的经济周期都存在一定的共同之处，即每个经济周期都是繁荣、衰退、萧条、复苏四个阶段的交替，但每次的经济周期并不完全相同，经济周期及经济周期中的各个阶段并不是机械地重复。纵观社会经济发展的历史，每次发生经济周期的时间长短、规律及程序等都不完全一致。

三、经济周期的类型

（一）朱格拉周期（Juglar cycle）

法国经济学家朱格拉认为经济中存在一个长度约为9～10年的经济周期。熊彼特把这种周期称为中周期或朱格拉周期。美国经济学家 A. 汉森则把这种周期称为“主要经济周期”并重新分析了美国1795年～1937年的统计资料，认为这些年间共17个朱格拉周期，其平均长度为8.35年。

（二）基钦周期（Kitchin cycle）

英国经济学家J. 基钦于1923年提出了经济周期实际包括大周期和小周期两种周期的观点。小周期平均长度为3.5年（约40个月），而一个大周期则包括两个或三个小周期。J. 基钦还认为，这种小周期是心理原因所引起的有节奏的运动结果，而这种心理原因又是受农业丰歉影响食物价格所造成的。

（三）康德拉季耶夫周期（Kandratieff cycle）

1925年，俄国经济学家N. 康德拉季耶夫发表《经济生活中的长期波动》一书，书中提出了著名的“长波理论”。认为经济中有一种平均长度约为50年左右的长期循环。需特别加以说明的是，熊彼特在他的两卷本《经济周期》（1939年版）中对前三种经济周期作了高度综合与概括。他认为前三种周期尽管划分方法不一样，但并不矛盾。每个长周期中套有中周期，每个中周期中套有短周期。每个长周期包括6个中周期，每个中周期包括3个短周期。

（四）熊彼特周期（Joseph Schumpeter cycle）

奥地利经济学家熊彼特在1936年，以他的“创新理论”为基础，对各种经济周期进行综合分析后提出该理论。他认为，每个长周期包括6个中周期，每个中周期包括3个短周期，其中短周期约为40个月，中周期约为9～10年，长周期约为49～60年。熊彼特在1939年还把不同的技术创新与不同的周期联系起来，以三次重大创新为标志，划分了3个长周期：第一个周期，从19世纪初到1842年，是“产业革命时期”；第二个周期，从1842年～1897年，是“蒸汽和钢铁时期”；第三个周期，1897年以后，是“电气、化学和汽车时期”。

（五）库兹涅茨周期（Kuznets cycle）

S·库兹涅茨是美国经济学家，对经济周期和增长都颇有研究，他在1930年出版的《生产和价格的长期变动》中分析了美国、英国、德国、法国、比利时1866年～1925年53种商品的历史统计资料，认为经济中存在着长度为15～25年不等的长期波动。这种波动在美国的许多经济活动中，尤其是在建筑业中表现得特别明显，所以库兹涅茨周期又被称为“建筑业周期”。他把1873年、1890年和1913年作为这种周期的顶点，而1878年和1896年则是谷底。在研究建筑业时，库兹涅茨还分析了人口、资本形成、收入、国民生产总值及其他因素。

任务二 认知经济周期的成因理论

经济周期的阶段性变化的特征及其每一周期的长度是宏观经济运行周期性变动的外部特征。关于造成经济周期的原因，西方经济学者对此做出种种不同的理解，大致分为以下五种。

一、消费不足理论

消费不足理论，代表人物英国学家马尔萨斯、法国经济学家西斯蒙第和近代英国经济学家霍布森等。这是一种历史悠久的理论，主要用于解释经济周期中危机阶段的出现以及生产过剩的原因，并没有形成为解释经济周期整个过程的理论。

这种理论认为，经济中出现萧条与危机是因为社会对消费品的需求赶不上消费品的增长。而消费品需求不足又引起对资本品需求不足，进而使整个经济出现生产过剩性危机。消费不足的根源则主要是由于国民收入分配不平等所造成的穷人购买力不足和富人储蓄过度。

消费不足周期理论是一种把经济危机原因归结为消费品的生产超过了人们对消费品需求的理论。从西斯蒙第于 19 世纪初提出这一学说以来，马尔萨斯、霍布森等人又在此基础上有所发展。消费不足理论的共同点是认为由于国民收入的一部分用于储蓄，造成对消费资料需求的不足，从而造成生产过剩的经济危机。霍布森认为资本主义体制最根本的缺陷就是国民收入分配不均，造成富裕者过度储蓄，因而造成消费不足。解决办法是改善国民收入的分配。关于消费不足理论的最新论述来自美国经济学家斯威齐的《资本主义发展理论》（1942 年）。斯威齐根据资本家行为的特点，即尽可能多地将其利润转化为储蓄，认为资本家个人消费的增长有别于利润的增长，前者以递减的比率增加。此外，由于工资的增加相对于储蓄总额呈现递减的比率，即消费增加率（消费总额与消费增加部分的比率）与生产手段增加率（生产手段总额与投资的比率）之比不断降低，因而存在着消费的增加低于消费资料生产量的增加这一内在倾向。

二、投资过度理论

投资过度理论从投资的角度分析经济周期的形成。其中心论点是：由于投资过多，与消费品生产相比，资本品生产发展过快。资本品生产的过度发展促使经济进入繁荣阶段，同时引起消费品生产的减少，从而形成经济结构的失衡。并且，资本品生产过多必将引起资本品过剩，由于出现生产过剩危机，经济进入萧条阶段。这样，投资的变动引起了经济中的周期波动。

投资过度理论按对投资的不同解释，分为货币投资过度理论和非货币投资过度理论两大派。

奥地利经济学家米塞斯·哈耶克和英国经济学家罗宾斯等人认为，货币量增加引起投资增加。这种理论认为，银行信用的扩大会引起投资增加，这种投资增加首先表现为对资本品需求的增加及资本品的价格上升，这会进一步刺激投资的增加和信用的膨胀，还会导致一部分用于生产消费品的资源转而用于资本品的生产。消费品的缺乏引起了消费者的强迫储蓄。当投资增加、经济繁荣时，人们的收入相应增加，并且必然要把消费恢复到正常比例，这就会引起消费品价格上升，生产资源转向消费品生产。但是，资本品生产的过度发展需要投资进一步增加来维持，一旦银行停止信用扩张，危机就会爆发。这种危机或者表现为高涨阶段利用银行信用正在进行的投资由于资本的缺乏而不得不半途而废，或者表现为已经生产出来的资本品由于资本缺乏而销路不畅，价格猛跌。

德国经济学家施皮特霍夫和瑞典经济学家卡塞尔等人认为，造成投资过度的是诸如新发现、新发明、新市场的开发等非货币性外生因素。例如，当一项新技术发明被采用时，必然会刺激投资，从而会引起信用扩张，投资会继续增加，对资本品的需求增加，资本品价格上升，资本品生产增加，经济进入繁荣阶段。但由于繁荣时期收入增加，消费品需求相应增加，从而储蓄不足，信用无法扩大，投资受到限制，资本品生产过剩，经济进入萧条阶段。只有在又出现一项新的技术发明或其他外生因素刺激时，经济才会进入下一次繁荣以及下一个经济周期。

这一理论与消费不足理论构成经济周期理论的两大主流学说。

三、技术创新理论

技术创新是奥地利经济学家 J. 熊彼特提出的用以解释经济波动与发展的一个概念。所谓创新是指一种新的生产函数，或者说是生产要素的一种“新组合”。生产要素新组合的出现会刺激经济的发展与繁荣。当新组合出现时，老的生产要素组合仍然在市场上存在。新老组合的共存必然给新组合的创新者提供获利条件。而一旦新组合的技术扩散被大多数企业获得，最后的阶段——停滞阶段也就临近了。在停滞阶段，因为没有新的技术创新出现，因而很难刺激大规模投资，从而难以摆脱萧条。这种情况直到新的创新出现才被打破，才会有新的繁荣的出现。

但经济周期实际上包括繁荣、衰退、萧条、复苏四个阶段。这种理论用创新引起的“第二次浪潮”来解释这一点。这就是说，在第一次浪潮中，创新引起了对资本品需求的扩大和银行信用的扩张。这就促进了生产资本品的部门扩张，进而又促进了生产消费品的部门扩张。这种扩张引起物价的普遍上升，投资机会增加，也出现了投机活动。这就是第二次浪潮。它是第一次浪潮的反应。然而，这两种浪潮有重大的区别，即第二次浪潮中许多投资机会与本部门的创新无关。这样，在第二次浪潮中包含了失误和过度投资行为。这就在衰退之后出现了另一个失衡的阶段——萧条。萧条发生以后，第二次浪潮的反应逐渐消除，经济转向复苏。要使经济从复苏进入繁荣还有待于创新的出现。

J. 熊彼特根据这种理论解释了长周期、中周期与短周期。他认为，重大的技术创新（蒸汽机、炼钢、汽车制造等）对经济有长期的影响，这些技术创新所引起的繁荣时间长，繁荣之后的衰退也长，从而所引起的经济周期就长，形成了长周期。中等创新所引起的经济繁荣及随之而来的衰退形成了中周期。那些属于不很重要的小创新则只能引起短周期。

总之，该理论把周期性的原因归结为科学技术的创新，而科学技术的创新不可能始终如一地、持续不断地出现，从而必然有经济的周期性波动。

四、理性预期理论

这种理论强调心理预期对经济周期各个阶段形成的决定条件，主要代表人物是英国经济学家庇古和凯恩斯。

理性预期理论和投资过度理论是紧密相连的。该理论认为经济的循环周期取决于投资，而投资大小主要取决于业主对未来的预期。而预期却是一种心理现象，而心理现象又具有不确定性的特点。因此，经济波动的最终原因取决于人们对未来的预期。当预期乐观时，增加投资，经济步入复苏与繁荣；当预期悲观时，减少投资，经济则陷入衰退与萧条。随着人们情绪的变化，经济也就周期性地发生波动。

预期在经济中的确是十分重要的，现代的理性预期学派也从预期的角度来解释经济周期。但这两者所使用的预期概念并不一样。凯恩斯所强调的是预期的无理性，而理性预期学派强调了预期的合理性。所以，这两种经济周期理论并不一样。

五、乘数－加速数理论

（一）乘数－加速数模型

美国经济学家汉森和萨缪尔森认为，凯恩斯的乘数理论只说明了投资变化引起国民收入和就业的变化，而没有说明收入变化反过来又会引起投资的变化。只有将加速数原理和乘数理论结合起来，才能解释资本主义经济周期性波动的原因和波动的幅度，他们提出了乘数－加速数模型，又叫“汉森－萨缪尔森模型”。

乘数－加速数模型基于以下收入函数：现期收入等于现期消费、现期投资、自发支出之和，即

$$Y_t=C_t+I_t+G$$

式中，Y_t为现期国民收入，C_t为现期消费，I_t为现期投资，G为自发支出（如政府支出、自发投资、自发消费）。

假设现期消费是上期收入 Y_{t-1} 的函数，现期投资是本期消费增量（C_t-C_{t-1}）的函数，则有消费函数 $C_t=\beta Y_{t-1}$ 和投资函数 $I_t=a(C_t-C_{t-1})$，式中，β 为边际消费倾向，a 为加速系数。

将 $C_t=\beta Y_{t-1}$ 式、$I_t=a(C_t-C_{t-1})$ 式代入 $Y_t=C_t+I_t+G$ 式中，

可得：

$$Y_t=\beta Y_{t-1}+a(C_t-C_{t-1})+G$$

根据 $C_t=\beta Y_{t-1}$ 式可知：$C_{t-1}=\beta Y_{t-2}$

将 $C_t=\beta Y_{t-1}$ 式、$C_{t-1}=\beta Y_{t-2}$ 式代入 $Y_t=\beta Y_{t-1}+a(C_t-C_{t-1})+G$ 式中，经整理可得：

$$Y_t=(1+a)\beta Y_{t-1}-a\beta Y_{t-2}+G$$

这就是汉森－萨缪尔森模型，即乘数－加速数模型。

（二）经济波动的形式

在乘数－加速数模型中，由于加速系数（a）、边际消费倾向（β）的不同值，将会使经济波动呈现出以下五种形式：

（1）减幅振荡，指国民收入波动幅度逐渐缩小，最后趋于消失。

（2）增幅振荡，指国民收入波动的幅度越来越大。

（3）同幅振荡，指国民收入波动的幅度在一定范围内保持不变。

（4）在某种干扰下，国民收入波动的水平以递减的速度上升或下降，没有振荡地从初始的均衡达到新的均衡。

（5）在某种干扰下，国民收入波动的水平以递增的速度上升或下降。

（三）乘数与加速数原理要说明的问题

汉森和萨缪尔森把乘数与加速数作用结合起来，说明经济会自动地呈现周期性的波动，并决定了经济周期的各个阶段。萨缪尔森认为，加速数原理和乘数相互作用造成一个越来越严重的通货紧缩（或通货膨胀）的螺旋。由于加速数原理的作用，产量或销售量的增加会引起投资加速度增加；同时，因乘数原理所起的作用，即投资的增加反过来又会引起产量或销售量的成倍增加。结果，社会经济呈上升的膨胀螺旋。这时经济波动处于复苏的阶段。但是，由于边际收益递减规律的作用，在一定技术条件下，当实际产出水平接近潜在国民收入时，经济增长速度必将出现递减趋势，周期就从复苏阶段过渡到高涨阶段。根据加速数原理的作用，如果产量增加速度递减，则总投资将以更快的速度下降，结果将导致社会经济呈下降的紧缩螺旋。这时经济波动处于衰退的阶段。但是，这种紧缩螺旋不会无限制地下降，也有一个极限。这个极限就是由于重置投资的存在，使总投资不能小于零，同时，边际消费倾向也不可能等于零，这样，经济的收缩就有了一个限度。一旦经济下降到这一限度，就会停止收缩。这时经济波动处于萧条阶段。由于重置投资的乘数作用仍然起着作用，就会使收入逐渐上升。这样，经济由于收入与投资相互影响而再一次增长起来。此时，经济波动再次处于复苏阶段，一个新的周期又重新开始。

由上可知，经济的膨胀与收缩是交替出现的，尽管在某一时期，膨胀时期和收缩时期的时间跨度可能由于各种原因而发生变化，但是，这种交替为西方经济学家所主张的政府对经济进行必要的干预以缓和经济波动并维持经济长期稳定的增长建立了理论基础。

任务三　认知经济增长及其决定因素

经济增长是最古老的经济学议题之一。人类要生存、要发展，其前提就是物质产品的增加。经济增长是学者们所关注的重要问题。现代经济学奠基人、英国古典经济学家亚当·斯密研究的重心就是经济增长问题。

现代经济增长理论是在凯恩斯主义出现之后形成的。它研究国民收入的长期趋势，是国民收入决定理论的长期化与动态化。本节主要介绍经济增长的基本理论。

一、经济增长的定义及特征

（一）什么是经济增长

在经济学界，对经济增长的理解并不完全一致。美国著名经济学家库兹涅茨曾给经济增长下了这样一个定义："一个国家的经济增长，可以定义为给居民提供种类日益繁多的经济产品的能力长期上升，这种不断增长的能力是建立在先进技术以及所需要的制度和思想意识相应调整的基础之上的。"

这个定义包含了三个含义：

（1）经济增长集中表现为在经济实力的增长上，而这种经济实力的增长就是商品和劳务总量的增加，即国产生产总值的增加。如果考虑到人口的增加和价格的变动，也可以说是人均实际国民生产总值的增加。所以，经济增长最简单的定义就是国民生产总值的增加，而不是其他。例如，经济增长并不等于社会福利的增进或个人幸福的增加，因为国民收入增加当然是社会福利或个人幸福增加的基础，但在某些情况下，经济增长并不一定能增加社会福利或个人幸福。把经济增长严格限于国民收入增加，才有可能从不同的角度加以研究。

（2）技术进步是实现经济增长的必要条件。这就是说，只有依靠技术进步，经济增长才是可能的。在影响经济增长的众多因素之中，技术进步是第一位的。一部经济增长的历史就是一部技术进步的历史。

思考

技术进步是不是经济增长的充分条件？

解析

不能这样认为，因为技术本身并不能创造任何产出，它必须应用于生产过程中，为劳动力所掌握和运用才能展现知识的威力。而在这个应用的过程中，如果没有相应的制度或者意识作为基础，则即使技术已经进步，它也不会被应用到生产中。

（3）经济增长的充分条件是制度与意识的相应调整。这就是说，只有社会制度与意识形态适合于经济增长的需要，技术进步才能发挥作用，经济增长才是可能的。社会制度与意识形态的某种变革是经济增长的前提。例如，在历史上私有产权的确立实际上是经济增长的起点。只有在这种前提下，技术资本等具体因素才能发挥作用。制度因素往往被人们所忽视，所以，提出这个充分条件是十分必要的。

应该说，这个定义是对各国经济增长历史经验的高度概括，体现了经济增长的实质。因此，这一定义被经济学家广泛接受，并作为研究经济问题的出发点。

（二）经济增长的基本特征

从这种定义出发，库兹涅茨总结了现代经济增长的六个基本特征。

（1）最明显的特征是发达国家的人均产值和人口增长率很高。1750 年以来的二百多年中，发达国家人均产量的增长速度平均每年大致为 2%，人口每年平均增长 1%，因此总产量大约年平均增长 3%。这意味着，人均产量每 35 年翻一番，人口每 70 年翻一番，实际国民生产总值每 24 年翻一番，增长速度远远快于 18 世纪末工业革命开始前的整个时期。

（2）生产率的快速增长。按库兹涅茨的估算，人均产量增长的 50%～75%来自于生产率的增长。也就是说，技术进步对于现代经济增长起了很大作用。

（3）经济结构迅速转变。库兹涅茨从国民收入和劳动力在产业间的分布这两个方面对产业结构的变化作了详细的分析。他指出，农业部门实现的国民收入在整个国民收入中的比重，以及农业劳动力在全部劳动力中的比重，随着时间的推移，处于不断下降之中。工业部门的国民收入的相对比重，大体上是上升的，而工业部门劳动力的相对比重，大体不变或略有上升。服务部门劳动力的相对比重几乎在所有国家都呈上升趋势，但其国民收入的相对比重大体不变或略有上升。在美国，1870 年全部劳动力的 53%在农业部门，到 1960 年降到不足 7%。在一个世纪中，发达国家农业劳动力占全部劳动力的百分比减少了 30～40 个百分点。此外，生产单位的规模、企业组织形式、消费结构、国内国外供应的相对份额也都发生了变化。

（4）与经济结构密切相关的社会结构和意识形态也发生了迅速变化。如城市化、家庭规模的变化、现代观念的传播等。

（5）由于技术进步，特别是交通运输技术的发展，发达国家在19世纪末走向世界，瓜分世界。

（6）现代经济增长的扩散，尽管有扩散到世界范围的倾向，但实际的扩散却是有限的，只局限于不到全世界1/3人口的范围内。

上述六个特征是互相联系的。在这些相互联系的增长特征中有一个共同纽带，即对技术创新的大规模应用，它构成现代经济增长的许多特殊内容。

补充阅读

1. 世界各国经济发展不平衡

世界各国经济发展的不平衡，在经济日益全球化的今天，有进一步加剧的趋势。体现在三个方面：①发达国家之间的发展不平衡，这反映在西方各国经济的增长速度和国际经济地位上。20世纪80年代以前，西欧、日本的发展快于美国，美国在经济上的垄断被打破。90年代以来，美国的科技力量经过调整，大量充实到民用工业，当前美国的经济实力仍居世界首位。②发达国家与发展中国家之间的发展不平衡，这主要表现在人均国民生产总值差距和经济结构的现代化程度上。发展中国家在经济增长速度上快于发达国家，但由于人口压力很大，人均增长受到很大限制。加之发达国家对于高科技的垄断，二者之间经济结构的现代化程度的差距扩大。③发展中国家之间的发展不平衡。这表现在发展中国家的历史和国情不同，经济政策效应差别很大。越来越多的发展中国家取得经济成功的同时，许多低收入国家的经济仍然停滞不前，出现贫富差距拉大的现象。

2. 经济增长与经济发展

经济增长和经济发展这两个概念有区别，经济学家各有各的看法。有的把这两个概念并列起来，有的似乎在应当用“发展”一词的地方却使用了“增长”一词，有的则在指出它们的某些区别时，又说这两个词可以交换使用。例如，美国发展经济学家雷诺兹就认为经济增长和经济发展可视为“互相替代使用的两个名词”。不过，在传统的西方发展经济学中，一般是将经济发展定义为结构的改变，并认为这是发展中国家经济学的研究课题；将经济增长定义为产出的增加，并认为这是发达国家经济学的研究课题。

经济发展是指随着经济增长一同出现的经济结构、社会结构甚至政治结构的变化。发展的内在含义包括两个基本组成部分或核心价值，即最低生活需要、自尊和自由。它们代表了所有个人和社会追求的共同目标，与人类的基本需求相联系。因此，经济发展比经济增长具有更广泛的含义，除包含经济增长的内容外，还包括经济结构方面的变化，如产业结构、就业结构、收入结构、消费结构、人口结构的变化等。此外经济发展还包括生态平衡、生活状况的改善，以及贫困落后状态的改善和消除等一系列社会经济生活中质的变化。这两个概念既有联系又有区别。

经济增长和经济发展的联系：①经济增长是经济发展的基础，是社会进步首要的、必要的物质条件；经济发展是经济增长的结果。②经济发展并不必然表现为经济增长自然演进的结果。一种情况是经济增长与结构失调相伴随；另一种情况是经济增长与经济依附相伴随。

经济增长和经济发展的区别：①经济增长是速度指标，反映一国社会财富增加的速度；

经济发展是水平概念，反映一国人民生活水准的高度。②生产能力和实际收入的增长称为经济增长，经济发展则必须从社会各个方面说明。③从时间上看，经济发展是研究更长时期的经济变动，而经济增长则是研究一定时期内（一般是逐年的）经济活动的变动。

资料来源：刘玉珂．经济增长模式比较[M]．北京：经济科学出版社，1999．

二、经济增长的衡量指标

（一）国内生产总值（GDP）增长率

国内生产总值（GDP）增长率是最重要的衡量经济增长的指标。GDP 即英文 Gross Domestic Product 的缩写，也就是国内生产总值（港台地区翻译为国内生产毛额、本地生产总值）。通常对 GDP 的定义为：一定时期内（一个季度或一年），一个国家或地区的经济中所生产出的全部最终产品和提供劳务的市场价值的总值。在经济学中，常用 GDP 和 GNP（国民生产总值，Gross National Product）共同来衡量该国或地区的经济发展综合水平。这也是目前各个国家和地区常采用的衡量手段。GDP 是宏观经济中最受关注的经济统计数字，因为它被认为是衡量国民经济发展情况最重要的一个指标。一般来说，国内生产总值有三种形态，即价值形态、收入形态和产品形态。从价值形态看，它是所有常驻单位在一定时期内生产的全部货物和服务价值与同期投入的全部非固定资产货物和服务价值的差额，即所有常驻单位的增加值之和；从收入形态看，它是所有常驻单位在一定时期内直接创造的收入之和；从产品形态看，它是货物和服务最终使用减去货物和服务进口。

（二）国民生产总值（GNP）增长率

国民生产总值（Gross National Product）是指一个国家（地区）所有常驻机构单位在一定时期内（年或季）收入初次分配的最终成果。一个国家常驻机构单位从事生产活动所创造的增加值（国内生产总值）在初次分配过程中主要分配给这个国家的常驻机构单位，但也有一部分以劳动者报酬和财产收入等形式分配给该国的非常驻机构单位。同时，国外生产单位所创造的增加值也有一部分以劳动者报酬和财产收入等形式分配给该国的常驻机构单位。从而产生了国民生产总值概念，它等于国内生产总值加上来自国外的劳动报酬和财产收入减去支付给国外的劳动者报酬和财产收入。

国民生产总值与社会总产值、国民收入有所区别。一是核算范围不同，社会总产值和国民收入都只计算物质生产部门的劳动成果，而国民生产总值对物质生产部门和非物质生产部门的劳动成果都进行计算。二是价值构成不同，社会总产值计算社会产品的全部价值；国民生产总值计算在生产产品和提供劳务过程中增加的价值，即增加值，不计算中间产品和中间劳务投入的价值。国民收入既不计算中间产品价值，也不包括固定资产折旧价值，即只计算净产值。

国民生产总值反映一个国家的经济水平。按可比价格计算的国民生产总值，可以计算不同时期、不同地区的经济发展速度（经济增长率）。国民生产总值的计算方法有三种：①生产法（或称部门法），是从各部门的总产值（收入）中减去中间产品和劳务消耗，得出增加值。各部门增加值的总和就是国民生产总值。②支出法（或称最终产品法），即个人消费支出+政府消费支出+国内资产形成总额（包括固定资本形成和库存净增或净减）+出口与进口的差额。③收入法（或称分配法），是将国民生产总值看做各种生产要素（资本、土地、劳动）所创造的价值增加总额。因此，它要以工资、利息、租金、利润、资本消耗、间接税净额（即间接税减政府补贴）等形式，在各种生产要素中间进行分配。这样，将全国各部门（物质生产部门和非物质生产部门）的上述各个项目加以汇总，即可计算出国民生产总值。国民生产总值是最重要的宏观经济指标，它是指一个国家或地区的国民经济在一定时期（一般1年）内以货币表现的全部最终产品（含货物和服务）价值的总和。

此外，国民收入（NI）增长率、工业增加值增长率、恩格尔系数、人均国内生产总值增长率、主要工业产品产量增长率、财政收入增长率都是衡量一个国家经济发展的指标。

三、经济增长的决定因素

在不同的国家、不同的时期，决定经济增长的因素是不同的。

（一）制度是一种涉及社会、政治和经济行为的行为规则

制度决定人们的经济与其他行为，也决定一国的经济增长。制度的建立与完善是经济增长的前提。

（二）资源

经济增长是产量的增加，产量是用各种生产要素生产出来的。各种生产要素是资源，因此，增长的源泉是资源的增加。资源包括劳动与资本。

1. 资本

资本包括各种机器设备、生产性建筑物、基础设施等。经济增长中必然有资本的增加。现代经济学认为，在经济增长中，一般的规律是资本的增加要大于人口的增加，即人均资本量是增加的，资本数量的增加是推动经济增长的重要因素。资本的增加必须牺牲现在的消费，提高储蓄率。一般认为，一个国家要保持快速增长，至少必须将全部产出的10%～20%用于资本积累。第二次世界大战后西方各国经济增长的事实也表明，储蓄多从而资本增加的国家，经济增长率也会比较高。但是，必须指出，对于一个国家经济增长所需要的资本，并不能仅仅依靠私人部门。有些资本的投资规模十分巨大，非私人企业所能承担；有些则具有很大的外部性，私人企业不愿意承担。这些资本多属于一个社会的基础设施，对于这些基础设施的建设，政府应该承担起相应的责任。

补充阅读

经济增长方式的衡量标准——粗放与集约

粗放与集约这两个词，最初来源于农业生产，广种薄收为粗放，精耕细作为集约，两者的主要区别是单位面积产量的高低。随着生产力和社会分工的发展，粗放与集约这两个词也延伸到整个经济领域，其含义被规定为：多投入少产出为粗放，少投入多产出为集约。也就是说：以不断追加人力、物力、财力等生产要素的投入求增长为粗放；以提高劳动生产率，降低单位产品的物耗、能耗，用较少的耗费取得较多的成果求增长为集约。

资料来源：刘玉珂．经济增长模式比较[M]．北京：经济科学出版社，1999．

2. 劳动

劳动包括一国投入的劳动数量和劳动质量。从劳动的投入数量说，就业人数越多，劳动

的投入量就越大。如果就业人口占全部人口的比例是固定的，则劳动的投入数量就取决于人口的增长。劳动投入的数量也受到劳动时间的影响。如果全部就业人员每天 8 小时工作制改为 6 小时工作制，劳动的投入数量也相应减少。但是，在其他条件不变的情况下，单纯依靠就业人数的增加只能增加一国的产出总量，并不一定能够促进人均产出的增长。

劳动质量包括劳动者各个方面的能力，比如所掌握的知识和技能、体力以及价值取向等。许多经济学家指出，在当代，劳动质量比劳动的数量更重要。与低质量的劳动相比，高质量的劳动具有更高的生产率。因此，劳动质量的提高也是经济增长的源泉。劳动力质量的提高相当于低质量劳动的倍加。如果在全部的劳动投入当中，高质量劳动的比例提高了，全部劳动投入量也会增加。在全球化的经济中，机器设备和技术都可以通过进口来获取，但是这些机器和技术只有在高质量的劳动力手中才能被有效的利用，技术进步也是依靠高质量的劳动力推动的。因此，发展教育等人力资本的投资可以提高一国劳动力的质量，从而促进经济增长。

（三）技术进步

技术进步在经济增长中的作用，体现在生产效率的提高。这里所谓的技术进步是广义的，包括科学技术、管理水平和企业家精神等方面。技术进步最终体现在新生产要素的采用、生产过程的改进以及新产品和新劳务的引入等。作为一个过程，技术进步不是按照一种机械的程序进行的。劳动和资本的投入，特别是劳动力质量的提高是技术进步的基础。但是实现技术进步，还需要有企业家精神以及管理水平等方面的进步，为创新者提供自由、开放的环境和有效的激励。根据索洛的估算，1909 年～1940 年间，美国 2.9%的年增长率中由于技术进步而引起的增长率为 1.49%，即技术进步在经济增长中所作出的贡献占 51%左右。随着经济的发展，技术进步的作用越来越明显。

在传统经济理论中，技术进步常常被视为一个外生变量。随着经济增长理论的发展，内生的技术进步理论渐渐兴起。其基本观点是，技术进步本身就是经济体系的产出，各种新产品、新机器、新知识、新技术都是通过研究开发活动而产生的，这些研究开发活动同样是一种经济活动，也需要投入资本和劳动等生产要素，并获得收益。

能力拓展

技术进步的表现——全要素生产率

经济学家在研究经济增长源泉时，先假设经济增长全部来自要素供给（即取决于劳动和资本数量投入组合起来的增长，定义为总要素的投入），这样如果劳动和资本供给量各增加 2%，则产出也增加 2%，但实际调研的结果是令人吃惊的：产出的增长率一般都大大高于投入。比如，投入一年增长 2%，产出增长 4%不算少见。产出的实际增长 4%和根据要素投入增加而预测的增长 2%之间的差距 2%，通常叫做剩余，或者称为全要素生产率（TFP）。事实上，它是一个除掉增加的劳动和资本之外的一切产出增长的来源的汇集所。

四、中国经济增长与发展的政策

中国实现经济增长与犯罪无疑要参照国际经验，遵循具有普遍意义的客观规律，但是比较符合自己的实际。中国国家大，人口多，地区发展很不平衡，建设中国特色的社会主义，不仅是指在发展道路上有自己的特色，经济增长与发展目标本身也要有自己的特色。例如，即使再经过几十年的奋斗，与发达国家相比，中国的农业劳动者比重仍会比较大，地区发展不平衡状况仍可能比较明显等。不同国家的基本国情不同，标准也不宜一概而论。

未来 20 年或者更长时间，考虑经济发展战略和政策取向，需要着重把握以下几个重要方面：

（1）着力解决“三农”问题。这是今后相当长时间中国经济发展的一个根本性问题。在中国人多地少的情况下，如何顺利实现农村经济和整个国民经济的发展，还需要在实践中继续探索。解决“三农问题”需要从农村外部和内部两方面努力。在外部，一是加强国家财政、金融和其他城市化进程。在农村内部，关键是在坚持和稳定家庭经营基本制度、特别是完善土地制度的基础上，逐步把农村经济发展纳入社会主义市场经济的轨道。

（2）提升产业结构，在新的起点上推进经济的进一步发展。中国经济发展战略，要适应技术进步、结构升级、信息化、知识经济和可秩序发展的新要求，积极探索市场经济条件下结构调整和产业升级的新机制和新方式。由主要依赖自然资源、物质资本和劳动力夸张的传统路径，转向主要依赖教育、科技、制度、知识促进经济发展的新路径；由追求国民经济快速增长的单一目标。转向更加关注人的全面发展需要，追求经济和社会协调发展的多重目标。经济结构的调整，要由被动的适应性调整转变为主动的战略性调整；社会生产要关注现实市场需求的变化，更要关注潜在市场需求的变化。

（3）积极扩大就业，提高人民生活水平。人口和就业压力是中国经济增长面临的长期制约因素，今后几年劳动力供给增长较快，对劳动力需求的增长却较慢，问题会相当突出。要将扩大就业、降低失业率作为提高居民收入水平、维护社会安定的一项基本政策。重视发展能够多吸纳劳动力的各种就业形式，加强对失业和贫困群体的基本生活保障，千方百计增加农民收入，保证城乡居民收入持续增长。

（4）发展开放型经济，提高国际竞争能力。根据变化的国际形势，及时调整对外经济战略和贸易政策。积极参与国际区域经济合作，尽快建立我国能够主导或部分主导的自由贸易区，以扩大我国经济发展的国际空间，认真实施“走出去”战略，发展我国的跨国公司。通过体质创新，增强企业和产业的国际竞争力，提高利用国内外两种资源、两个市场的水平。正确把握开放节奏，运用国际通行做法，合理保护国内产业和市场、增强抵御外部冲击的能力，建立有利于在全球化进程中扬长避短和趋利避害的经济体系，更好地谋求经济全球化的利益。

（5）推进制度创新。在新的发展阶段，仍然需要高举改革的旗帜，通过体制创新，形成和巩固全国统一大市场，建立面向世界贸易体系的、多种所有制共同发展的、追求社会公正和共同富裕的、法制健全的社会主义市场经济体系，进一步加深经济的市场化程度，为经济发展注入新的活力。既要遵循国际通行规则，履行我国加入世贸组织的承诺，也要根据中国经济发展和社会承受力的实际情况，及时总结经验，坚持走中国特色的经济体制改革道路。

（6）健全协调社会矛盾的有效机制，提高社会和谐程度。现在社会活力在增加，社会矛盾也远较过去复杂，而过去一些协调社会矛盾的机制已经不起作用。要用适当的经济政策和社会政策防范和化解社会矛盾，实现社会和谐。主要包括调节收入分配关系，解决贫困问题和维护社会公正；加强教育，提高国民素质；健全处理社会矛盾的协调机制和沟通途径，增强社会整合能力。

我们在错综复杂的国内外环境中促进经济增长与发展，并不是一帆风顺和轻而易举的，必然还会遇到许多困难。从长远战略眼光看，我们所遇到的困难，是经济进步和发展进程中的困难。中国经济发展的光明前景是可以期待的。

综合分析各方面条件，21 世纪初将是我国经济一个新的成长期，会保持好的发展势头。同时要注意，不确定性增加是当前世界经济政治形式的一个明显特征，这种不确定性将越来越直接地影响中国经济的发展。要高度关注经济全球化和世界经济多极化的发展趋势及其对中国的影响，在世界经济和政治格局变化中趋利避害。中国作为世界大国崛起，不可避免地要参与大国之间的角逐，不可能不在国际上遭遇阻力。受国内外种种不确定因素中国经济的短期波动是难以避免的，但不会改变总的发展趋势。

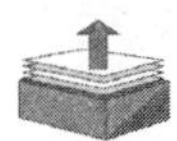

案例

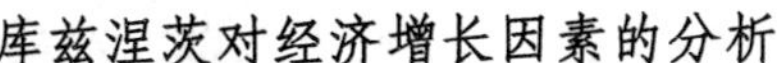

库兹涅茨对经济增长因素的分析

1．库兹涅茨对经济增长因素的分析

美国经济学家库兹涅茨认为经济增长因素主要是知识存量的增加、劳动生产率的提高和经济结构的优化。

（1）知识存量的增加。随着社会的发展与进步，人类社会迅速增加了技术知识和社会知识的存量，当这种存量被利用的时候，它就成为推动经济增长的重要源泉。当然，知识本身并不直接是生产力，它转化为现实生产力需要一系列的诸如劳动力的训练、对适用知识的判断、企业家克服困难的能力等中介因素。在这些中介因素的作用下，知识才会转变为现实的生产力。

（2）劳动生产率的提高。现代经济增长的重要特征是人均产值的高增长率，通过对劳动投入和资本投入对经济增长贡献的长期分析，库兹涅茨认为，人均产值的高增长率来自于劳动生产率的提高。

（3）经济结构的优化。发达资本主义国家的经济增长过程中，经济结构迅速转变。比如，农业活动转向工业活动，再由工业活动转向服务性行业。与此相对应，劳动力的部门分配和社会产值比重也发生变化，第三产业劳动力数量占社会劳动力数量的比例和第三产业产值占国民收入的比重不断上升，特别在现在的一个世纪里，这两个比例迅速变化，这都是经济结构迅速变化的结果。同时，生产规模由家庭企业、独资企业发展到全国性甚至跨国性的大公司。发达国家现在的总体增长率与经济结构的变化速度比其现代化之前要高得多。库兹涅茨也认为，不发达国家传统的生产技术和组织方式，劳动力在农业部门占有太大的比重，制造业结构不能满足现代经济的要求，需求结构变化缓慢，消费水平低等因素或状况，不能形成对经济增长的强有力的刺激。

2．库兹涅茨的“倒 U 字假说”

在经济增长与收入分配的关系上，库兹涅茨提出了所谓的“倒 U 字假说”。库兹涅茨认为，随着经济发展而来的“创造”与“破坏”改变着社会、经济结构，并影响着收入分配。库兹涅茨利用各国的资料进行对比研究，得出如下结论：“在经济未充分发展的阶段，收入分配将随同经济发展而趋于不平等。其后，经历收入分配暂时无大变化的时期，到达经济充分发展的阶段，收入分配将趋于平等。”

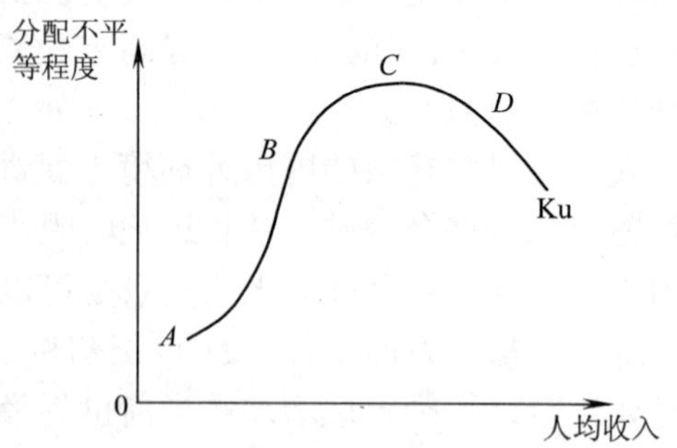

图 12-2　库兹涅茨曲线

根据库兹涅茨的表述，我们可以用曲线的形式，大致将库兹涅茨的结论描述出来。如果用横轴表示经济发展的某些指标（通常为人均收入），纵轴表示收入分配不平等程度的指标，则库兹涅茨揭示的收入分配与经济增长的关系呈现“倒U字”的形状，因而被命名为库兹涅茨“倒U字假说”，又叫库兹涅茨曲线。如图12-2所示，图中的Ku曲线就是库兹涅茨曲线。从 A 点到 B 点的曲线比较陡峭，表示随着人均收入的增长，收入分配趋向于不平等；B 点与 C 点之间的曲线较为平缓，表示收入分配没有太大的变化；从 C 点开始，曲线向右下方倾斜，故 C 点趋向于 D 点就表示收入分配趋于平等。

库兹涅茨在说明这一“倒U字假说”时，将收入部门划分为农业与非农业两个部门，再用三个因素即“按部门划分的个体数的比例，部门之间收入的差别，部门内部各方收入的分配不平等程度”的变化来说明两个部门收入分配平等程度的变化。库兹涅茨推断这三个因素将随经济的发展而起如下作用：①经济发展初期，由于不平等程度较高的非农业部门的比率加大，整个社会的分配趋于不平等。②一旦经济发展到较高水平，由于非农业部门的比率居于支配地位，比率变化所起的作用将缩小。③部门之间的收入差别将缩小。④使不平等程度提高的重要因素财产收入所占的比率将降低，各部门内部的分配将趋于平等，总的来说分配将趋于平等。

库兹涅茨的“倒U字假说”提出后，西方学者对“倒U字”的形成过程、原因以及平等化进程等进行过讨论。有人认为“倒U字假说”不符合第三世界国家的实际情况，或者说，随着第三世界经济发展的进程，收入不平等程度越来越大，而不是越来越平等。

五、新经济增长理论概述

1．新古典增长理论的缺陷

新古典增长理论也日益暴露出一些不足或缺陷：①生产规模报酬不变的假定与事实越来越不相符合。大多数工业化国家由于资源配置合理化、部门协调效率较高、信息传递有效等，其经济资源的利用率高，产生了规模报酬递增的现象，而发展中国家则由于种种原因出现了规模报酬递减的状况。②该模型无法对劳动力增长率和技术进步率作出解释，也未能对控制人口增长、提高技术进步速度提出相应的建议。在新古典增长模型中，稳态增长率即人口增长率是外生变量，但人口增长率与技术进步率对经济增长至关重要。所以，许多西方学者认为增长率的外生化是新古典增长模型在理论上的主要缺陷。③新古典增长理论在解释现实方面显得无力。新古典增长理论的一个重要结论是，具有相同的技术和相同人口增长率的不同国家的增长率具有趋同性，但许多国家的增长率存在着较大或相当大的差异的现实却与新古典增长理论的趋同论相悖。

2. 新经济增长理论概述

正是在这样的背景下，出现了“新经济增长理论”。新经济增长理论是用规模收益递增和内生技术进步来说明长期经济增长和各国增长率差异的理论总称。新增长理论的重要特征是将增长率内生化。在规模收益递增的原因上，新增长理论大多强调技术的溢出效应。企业采用了新技术而增加了技术知识，从而对整个社会产生了有利影响，技术的这种正的外部性就叫技术的溢出效应。新增长理论还特别论证了知识对经济增长的极端重要性。

新经济增长理论中，罗默的增长理论与实际情况较为符合。罗默在 1983 年写的题目为《外部因素、收益递增和无限增长条件下的动态竞争均衡》的博士论文，标志着新增长理论的兴起。罗默的新增长理论表现在以下几个方面：

（1）承认知识是一个生产要素，与获得资本一样，知识必须通过放弃当前的消费才能得到。

（2）过去投入的资本可以使知识得到积累，并且知识又能刺激投资，投资的持续增长能够永久地提高一国的经济增长率。

（3）知识能够提高投资收益。

（4）资本、人力资本、非熟练劳动、专利等都属于生产要素，这些生产要素的组合使得规模报酬递增。

（5）国际贸易有利于将新技术、新知识及人力资本引入一个国家，会促进一国的经济增长，使世界经济具有持续的增长动力，各国经济增长的差别源于不同的知识、人力资本等。

罗默的新经济增长理论奠定了随后出现的增长理论的基础。

卢卡斯依据人力资本理论，沿着罗默的思路，进一步研究了一般的人力资本与个人的、特殊的人力资本的区别，提出“私人人力资本积累带动经济增长”的卢卡斯模式，认为必须重视人力资本的投入，重视包括在职训练、边学边干等形式的教育，不断积累人力资本，多对研究与发展进行投资。这样，一国才能实现长期、稳定、均衡的经济增长。

牛津大学经济学教授斯科特认为应当用资本即总投资的变化来说明产出的变化。他把总投资与技术进步看成是一回事，认为发明是由预期的利润所激发和促成的，这与促成投资的因素是完全相同的。

美国哈佛大学的巴罗认为，穷国追赶不上富国的原因并不是穷国缺乏投资，而在于穷国缺乏人力资本，即对教育投资不够。

在技术进步的原因方面，新增长理论的经济学家有不同的看法。罗默认为技术进步表现为私人厂商投资于研究活动而生产出新知识，卢卡斯认为技术进步是教育部门进行人力资本投资的结果，巴罗认为技术进步表现为政府提供服务所带来的私人厂商生产率与社会生产率的提高。

另外，新增长理论还对税收、国际贸易等影响经济增长的因素进行了分析。

从新增长理论的内容来看，新增长理论具有重要的政策意义。如果一个国家的政府认真考虑教育、投资、研究与发展、税收与贸易政策等问题，并实施正确的政策，就能够促进一国的经济增长。

试用经济周期的理论分析我国1978年～2004年GDP指数的变动情况。

【解析】 从表12-1可以看出，我国经济总体上保持了持续稳定增长，增长率的波动也不是很大。其中，值得注意的是下述几个年份：1979年我国增长率明显下降，由上一年的17.7%降到7.6%，这主要是由于1978年的超高速增长带有恢复被“文化大革命”破坏的国民经济的性质。1989年和1990年我国经济增长率明显下降，主要是由于政府为抑制经济过热采取了宏观调控措施，以及1990年我国出现少见的进口额减少的情况所致。

但是，在计划经济年代，我国曾出现过严重的经济衰退。如“三年困难时期”，我国经济衰退不亚于西方国家20世纪30年代的大萧条。这说明改革和开放政策为我国摆脱传统意义上的经济周期提供了制度保障。

表12-1 我国历年国内生产总值（GDP）指数

年 份	GDP指数	年 份	GDP指数	年 份	GDP指数
1978	117.7	1987	116.6	1996	109.6
1979	107.6	1988	111.3	1997	108.8
1980	107.8	1989	104.1	1998	107.8
1981	105.2	1990	103.8	1999	107.1
1982	109.1	1991	109.2	2000	108.0
1983	110.9	1992	114.2	2001	107.5
1984	115.2	1993	113.5	2002	108.3
1985	113.5	1994	112.6	2003	109.1
1986	108.8	1995	110.5	2004	110.4

资料来源：《中国统计年鉴》（1978～2004）

本章小结

经济周期与经济增长问题一直是宏观经济学研究的重要问题之一。本章主要介绍了经济周期的含义与类型，消费者不足、投资过度、技术创新、理性预期和乘数－加速数等经济周期的成因理论，经济增长及其决定因素和新古典经济增长模型。

主要概念

经济周期　经济增长

思考与练习

一、名词解释

经济周期　经济增长　消费不足理论

二、选择题

1. 一般将经济周期划分为（　　）阶段。
   A. 繁荣　　B. 衰退　　C. 萧条　　D. 复苏
2. 经济周期的两个大阶段是（　　）。
   A. 扩张　　B. 衰退　　C. 谷底　　D. 峰顶
3. 经济周期的两个转折点是（　　）。
   A. 扩张　　B. 衰退　　C. 谷底　　D. 峰顶
4. 经济学家认为中周期一般为（　　）。
   A. 3～5 年　　B. 5～7 年　　C. 9～10 年　　D. 10～15 年
5. 根据经济周期的一般定义，经济周期是指（　　）。
   A. 人均 GDP 值上升和下降的替过程
   B. GDP 值上升和下降的交替过程
   C. GDP 值增长率上升和下降的交替过程
   D. 以上各项均正确
6. 朱格拉周期是一种（　　）。
   A. 短周期　　B. 中周期　　C. 长周期　　D. 库兹涅茨周期
7. 康德拉耶夫周期是一种（　　）。
   A. 短周期　　B. 中周期　　C. 长周期　　D. 创新周期
8. 下述有关经济波动的叙述中，正确的是（　　）。
   A. 经济波动在衰退阶段是总需求和经济活动下降的时期，表现为 GDP 值的下降
   B. 乘数作用导致总产出的增加，加速作用导致总产出的减少，乘数和加速数的相互作用造成经济的周期性波动
   C. 在一定时期内，经济波动是围绕长期的经济增长趋势而上下波动
   D. 如果政府不进行政策调控，经济波动将无限地扩张和收缩
9. 经济活动之所以发生周期性的波动，是由于（　　）。
   A. 乘数的作用　　B. 加速数的作用
   C. 乘数和加速数的相互作用　　D. 技术变动的冲击

三、判断

1. 经济周期的中心是产品价格的波动。（　　）
2. 经济周期是经济中不可避免的波动。（　　）
3. 经济增长可以定义为国民生产总值的增长。（　　）
4. 现代经济周期理论基本上是内生经济周期理论。（　　）
5. 经济增长的必要条件是技术进步，只要技术进步，经济就可持续增长。（　　）

四、简答

1. 简述经济周期的阶段和类型。
2. 简述经济周期的成因理论。
3. 简述经济增长的衡量指标。
4. 简述新古典经济增长模型。

技能训练

1．结合经济周期理论阐述当今世界经济走势。

2．结合经济增长的决定因素谈谈我国可以通过哪些途径来提高经济增长？

3．如果税法一直是年年修改，当政府宣布增加“永久性的”所得税时，你预计消费支出会大量减少吗？为什么？在同样的情况下，当政府宣布对购买汽车征收“永久性的”税时，为什么你可能预期汽车购买量会大量减少？

案例分析

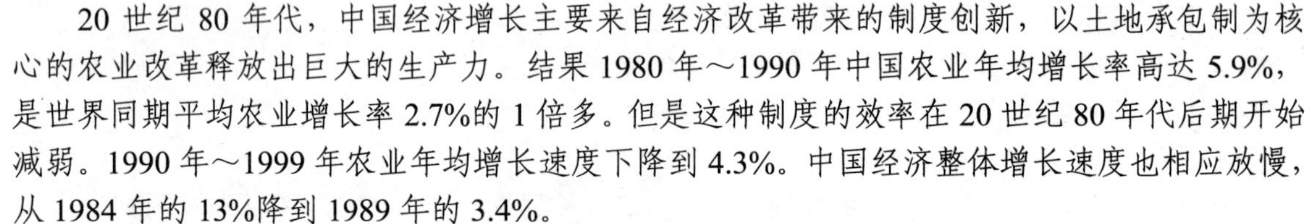

20世纪80年代，中国经济增长主要来自经济改革带来的制度创新，以土地承包制为核心的农业改革释放出巨大的生产力。结果1980年～1990年中国农业年均增长率高达5.9%，是世界同期平均农业增长率2.7%的1倍多。但是这种制度的效率在20世纪80年代后期开始减弱。1990年～1999年农业年均增长速度下降到4.3%。中国经济整体增长速度也相应放慢，从1984年的13%降到1989年的3.4%。

20世纪90年代以来，高投资需求成为中国经济增长的主要动力。1978年财政盈余10亿元，1990年财政赤字574亿元。1990年～1999年国内投资总额年均增长达12.8%是世界同期平均投资增长率2.9%的4倍之多。同时，国外资本开始大量流入，外国直接投资从1990年的34亿美元增加到1998年的437亿美元，外债总额从533亿美元增加到1 545亿美元。生产要素流入最多的工业部门得到最快增长，从1980年～1990年平均增长11.1%增加到1990年～1999年的14.4%。

与此同时，中国的教育事业也得到了飞速的发展。1949年～1998年，全国普通高等学校本专科毕业生达到1 300万人，研究生50多万人；中等专业学校毕业生1 800多万人；成人高等学校和成人中等专业学校毕业生达2 800多万人。到1998年，全国普通学校和成人学校共有教职工1 580万人，其中专任教师有1 206万人；全国普通高等学校和成人高等学校有教职工123万人，其中专任教师50万人；普通中学和成人中等学校有教职工673万人，其中专任教师477万人；小学和成人初等学校有教职工668万人，其中专任教师591万人；幼儿园有教职工116万人，其中专任教师88万人。另外，中国还实现了中小学教育的普及，大大提高了中小学的入学率和升学率。

试分析：

（1）中国经济增长的源泉主要有哪几个方面？

（2）教育和经济发展的关系是什么？

实训项目

1．物价上涨对经济增长有何积极或消极意义？

2. 经济健康可持续增长需要什么条件?

【实训目标】

培养学生分析、归纳的能力。

【实训内容与要求】

1. 以自愿为原则，5～8 人为一组，自愿分组、民主选举产生组长。

2. 每组选派 1～2 名同学发表本组结论。

【实训材料】

近年来物价一直在上涨，从一般日用品、房子，到电力、钢材等生产要素，每一段时间就会上一个新台阶。民众对此反应强烈，感觉除了工资不涨外，什么都在涨。2009 年，肉价奇高的时候，有人将物价上涨的原因推到猪身上，说猪肉之类的食品价格上涨推动了物价上涨。2010 年以来，大蒜、绿豆、面粉都在不停地上涨，有关部门将此归结于商人的炒作。当然，炒作肯定是有一定的推动作用，但这不是物价普遍上涨的主要原因。物价上涨的本质，就是通货膨胀，在于货币供给高于经济规模增长。

从 2009 年以来，为了应付全球性金融危机，国内政府在出口低迷、经济下行的局面下，制定了投资拉动经济的政策，即所谓 4 万亿元投资计划。这个计划加上各地为配合投资而投入的资金，整体达十余万亿元。全年人民各项贷款增加 9.59 万亿元，创历史新高。

就此看来，物价上涨率大，能够促进经济发展。因为物价上涨率可以推动自愿价格改革创造宽松环境，有利于增加农民收入，消化过剩流动性，缓解人民币升值压力，改善收入分配关系。

【实训时间】

1. 课下准备。

2. 各组成果展示：每组 10 分钟之内。

【实训考核】

1. 过程考核：教师和学生根据小组递交的活动记录考核每一组及成员。

2. 成果考核：由教师与学生对各组组建情况进行评估打分。

项目十三

认知宏观经济政策——打好经济政策“组合拳”

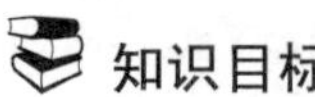

知识目标

1. 掌握财政与货币政策的工具及其运用。
2. 掌握宏观经济政策目标。
3. 理解自动稳定器的含义。
4. 了解财政政策的挤出效应和货币的职能。

能力目标

1. 运用财政政策和货币政策理论，分析国家对于经济发展的干预。
2. 能用财政、货币知识来解释现实经济中的一些事件。

项目导入

减税能否刺激经济

1961 年，当记者问肯尼迪总统为什么主张减税时，肯尼迪回答：“为了刺激经济”。他的目的是通过减税增加消费支出，扩大总需求，并增加经济的生产和就业。肯尼迪建议的一部分是投资税减免，它给投资于新资本的企业减税。高投资不仅直接刺激了总需求，而且也增加了经济长期的生产能力。实际上，当时肯尼迪提出的减税最终在 1964 年实施时，它促成了一个经济高增长的时期。

自从 1964 年减税以来，决策者不时地主张把财政政策作为控制总需求的工具。正如布什总统企图通过减少税收扣除来加快经济从衰退中复苏。同样，当克林顿总统 1993 年入住白宫时，他的主要建议之一就是增加政府支出的“一揽子刺激”，帮助美国经济更快地从刚刚经历的衰退中复苏。但是，一揽子刺激最后遭到了失败。许多议员认为克林顿的建议太晚了，以至于对经济没有多大帮助。此外，一般认为减少赤字鼓励长期经济增长比短期总求扩张更重要。2010 年 3 月 18 日，当奥巴马总统宣布《就业促进法案》试图通过 180 亿的减税计划促进就业时，美国人乃至全世界都在拭目以待。

项目思考

经济政策问题在宏观经济学中占有十分重要的地位。正如美国著名经济学家、诺贝尔济学奖获得者 J. 托宾所说：“宏观经济学的重要任务之一就是如何能够运用中央政府的财政工具和货币工具来稳定经济。”宏观经济政策很多，本章主要讨论财政政策和货币政策。

任务一 认知宏观经济政策概述

宏观经济政策是指国家（通过其政府）对宏观经济运行过程进行管理与调节，以实现经济均衡增长的各项政策措施的总称。本节主要介绍宏观经济政策的目标、工具及其发展历史。

一、宏观经济政策的目标

（一）宏观经济政策目标的内容

西方经济学家认为，宏观经济政策的目标应该是充分就业、物价稳定、经济增长和国际收支平衡。

1．充分就业

充分就业（Full Employment）是指一切生产要素都有机会以自己愿意的报酬参加生产的状态，即全社会的经济资源被充分利用的经济状态。经济学家常常用失业率的高低作为衡量充分就业与否的尺度。经济社会的自然性失业一般为 4%～6%，大多数经济学家认为经济社会的失业率在 6%以内都是正常和自然的。各个国家在经济发展的不同时期都会根据经济形势确定自然失业率的水平，只有自然失业率保持在一定的水平之下，社会才可以接受。例如，美国的自然失业率在 20 世纪 50 年代至 60 年代为 3.5%～4.5%，70 年代为 4.5%～5.5%，80 年代为 5.5%～6.5%。

失业会影响经济发展和人们生活水平的提高，给社会和家庭带来损失。在社会生活中，人们都希望在较短的时间内得到一份收入丰厚的好工作。因此，降低失业率，实现充分就业，常常被作为宏观经济政策的首要目标。

2．物价稳定

物价稳定（Price Stabilization）就是保持物价总水平的基本稳定。由于各种商品价格变化的繁杂和统计的困难，西方学者一般借用价格指数来表示一般价格水平的变化。价格指数用来表示若干种商品的价格水平，可以用一个简单的百分数时间数列来表示不同时期一般价格水平的变化方向和变化程度。价格指数有消费物价指数（CPI）、批发物价指数（PPI）和国民生产总值折算指数三种。

物价稳定作为宏观经济政策的目标，主要是控制通货膨胀对经济的不良影响。为了有效控制通货膨胀对于经济的冲击，西方国家将物价稳定作为仅次于充分就业的一个目标。实践表明，西方国家的通货膨胀无法完全消除，大部分国家均把随轻微物价上涨而带来的通货膨胀视为正常的经济现象。

➘ 小思考

维持物价稳定就是政府直接定价吗？

➘ 解析

维持物价稳定并不是政府直接定价，而是要维持价格由市场供求关系决定的秩序，以免降低了市场配置资源的效率；维持物价稳定，并不是要使价格固定不变，通常情况之下，温和的通货膨胀常常成为刺激经济增长的有效途径。

3．经济增长

经济增长（Economic Growth）是指在一个特定时期内，经济社会所产出的人均产量和人均收入持续增长。通常用一定时期内实际国民生产总值年均增长率来衡量。

经济学家普遍认为，经济活动的最终目的是为了满足人们各种各样的消费行为，而消费的效用最大化是以经济增长为前提的。经济增长因此成为宏观经济政策的重要目标。第二次世界大战后西方国家的经济增长经历了一个从高速增长到低速增长的过程。经济增长和失业常常是相互关联的。如何维持较高的增长率以实现充分就业，是西方国家宏观经济政策追求的目标之一。

4．国际收支平衡

在开放经济中，国际收支平衡（Balance of International Payment）对于各国都有着非常重要的意义。从长期来看，无论是国际收支赤字还是盈余，都会对一国的经济政策和政策目标产生重要的影响。长期的国际收支赤字需要以外汇储备或者国债来偿还，而外汇储备和国债的数量又是有限的，长期的国际收支赤字将不可避免地导致国内通货膨胀；相反，长期的国际收支盈余将削弱私人部门对消费和投资的积极性，使国内消费和投资减少，从而对充分就业和经济增长产生不利的影响。

西方经济学家认为，一国的国际收支状况不仅反映了这个国家的对外经济交往情况，而且反映了一国经济的稳定程度。随着交通和通信成本的下降，国际经济交往日益密切，如何平衡国际收支成为一国宏观经济政策的重要目标之一。

（二）宏观经济政策目标之间的矛盾

宏观经济政策的四大目标之间常常存在矛盾，具体表现如下：

1．充分就业与物价稳定之间的矛盾

根据宏观经济学的基本理论，要实现充分就业，必须运用扩张性的经济政策，而这些政策会增加财政赤字和货币供给量，从而引起物价上涨和通货膨胀。反之，要实现物价稳定，就必须运用紧缩性经济政策，但这些政策会减少货币供给量和总需求，从而导致较高的失业率。著名经济学家萨缪尔森曾经说过：“在价格和工资由自由市场决定的经济社会中，减少通货膨胀的政策必然要在高失业和大的GNP缺口方面付出沉重的代价。”

2．充分就业与经济增长之间的矛盾

充分就业与经济增长具有一致性的一面。这是因为，充分就业有利于经济资源的充分利用，有利于促进经济增长；经济增长反过来又会提供更多的就业机会，从而有利于实现充分就业。但是，充分就业与经济增长之间也存在矛盾的一面。要提高潜在国民生产总值增长率，需要向知识和资本投资，以提高生产技术水平。这会导致资本特别是机器对劳动的替代，从而相对减少对劳动的需求。使部分工人，尤其是技术水平低的工人失业。

3．充分就业与国际收支平衡之间的矛盾

西方经济学家认为，充分就业的实现会引起国民收入的增加。在边际进口倾向既定的条件下，国民收入增加会引起进口增加，从而导致国际收支状况恶化。此外，为了实现充分就业，往往需要扩大出口、限制进口，这也会妨碍国际收支平衡和对国外质优价廉商品的进口，降低本国居民的效用水平。为了享受国外的低价商品和维持国际收支平衡，需要增加进口，

这往往引起相关行业的工人失业。

4. 物价稳定与经济增长之间的矛盾

根据宏观经济理论，一个国家要抑制通货膨胀、维护物价稳定，需要实行紧缩性经济政策，必要时，还要实行工资和价格管制，这势必会恶化投资环境，造成价格扭曲，滞缓经济增长，降低经济效率。反之，为了促进经济增长，需要实行扩张性经济政策，这样，出现通货膨胀也就在所难免。

以上四大目标的关系如表 13-1 所示。

表 13-1 各目标之间的关系

	稳定物价	充分就业	经济增长	国际收支平衡
稳定物价	0	–	*	+
充分就业	–	0	+	–
经济增长	*	+	0	–
国际收支平衡	+	–	–	0

注：表中“+”表示目标关系一致；“–”表示目标关系矛盾；“*”表示目标关系既有一致的一面，又有矛盾的一面；“0”表示目标相同。

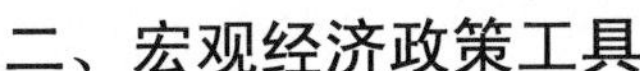

二、宏观经济政策工具

宏观经济政策工具是指用来达到政策目标的手段。实现一项政策目标，可供选择的政策工具是多种多样的。根据调节对象的不同，宏观经济政策工具可以分为需求管理、供给管理和对外管理几种类型。

（一）需求管理

需求管理是指通过调节总需求来达到一定的政策目标。这是凯恩斯主义所重视的政策工具。

需求管理通过对总需求的调节，使总需求等于总供给，达到既无失业又无通货膨胀的目标。总需求小于总供给时，经济中会产生失业，就需要运用扩张性的政策工具来刺激总需求。总需求大于总供给时，经济中会出现通货膨胀，这时就需要运用紧缩性政策工具来抑制总需求。需求管理主要包括财政政策与货币政策。

能力拓展

扩大内需，促进我国经济增长

数据显示，2006 年前三季度，最终消费占 GDP 的比重仅为 51.1%，为历史最低水平；就在同一期间，投资对经济增长贡献率达 49.9%，而消费仅为 35.7%。一些学者提出：目前中国经济过多依靠贸易和投资拉动，而没有在提高内需方面取得实质性的进展，其带来的负面影响将越发突出，消费倾向偏低，不仅影响当前的消费，不能拉动消费品生产，而且还会影响投资效果，影响整个国民经济的发展。投资与消费在国民收入分配中是此消彼长的，长时期的高积累、高投资必然抑制消费，造成消费需求不足，如果恶性循环，必将影响人民生活水平的继续提高。

【解析】根据国际经验，当人均GDP达到1 000美元左右时，居民消费率一般为61%，而中国居民的消费率自1978年以来一直在53%以下。调投资、促消费应当成为2007年中国经济结构调整的突出任务。国家发改委主任马凯强调，努力扩大居民消费将是2007年经济工作的重点。他表示：要促进城乡居民收入进一步增加，合理调整并严格执行最低工资制度，着力提高低收入者的收入水平和消费能力。2007年要着力落实好房地产市场调控的各项政策，加快建设廉租房和中低价位普通商品住房，改进和规范经济适用住房制度。

此外，还要完善医疗收费和药品价格政策，规范医疗器械价格。全面推行学校收费公示制度，开展药品、医疗服务、房地产、水电油气等价格的监督检查，加强市场监管，维护消费者合法权益。

相关专家学者指出：农村消费市场的启动，有望成为下阶段中国转变经济增长方式和实现经济持续快速增长的重要动力之一。

（二）供给管理

供给管理是指通过对总供给的调节来达到一定的政策目标。短期中影响供给的主要因素是生产成本，特别是生产成本中的工资成本；长期中影响供给的主要因素是生产能力，即经济潜力的增长。因此，供给管理主要包括控制工资与物价的收入政策、指数化政策、改善劳动力市场状况的人力资源政策以及促进经济增长的增长政策。

补充阅读

我国经济快速增长的保持与供给政策

第二次世界大战以后，日本、韩国、新加坡、德国、法国和意大利等国家以及中国台湾等地区都先后经历了相当长时期的经济高速增长阶段，实现了经济的起飞。这些国家和地区或者是从废墟中重建起来，或者是刚刚摆脱了殖民统治，百废待兴，资源分配明显失衡，技术水平也普遍较低，同时还存在着大量的失业工人、农村剩余劳动力以及退伍的士兵。在体制方面，部分国家和地区在经济起飞阶段往往都处于一种社会的变革当中，政治、经济体制都发生了很大的调整，出现了很多制度方面的创新。然而当这些国家和地区进入了发达国家的行列以后，其增长率又和更为老牌的美国和英国一样，开始回归自然。就目前西方发达国家来讲，自然增长率大约在3%左右。我国却保持着7%增长率的增长，这不仅有赖于需求的拉动，同时更需要社会潜在生产能力（或供给）的迅速提升。我们在供给方面应该如何维持我国经济的高速发展呢？

【解析】供给中的许多要素，如人力资本、科学技术和基础设施等都是具有积极外部效应的产品，其中许多可以理解为公共产品。而微观经济学中的外部效应理论告诉我们，此类产品的市场价值通常会小于其社会价值，因此由市场所决定的产量会远远地小于社会的最优产量。如果仅仅依靠市场的机制和民间投资，我们很难使得供给中的许多要素如基础设施、人力资本和科技水平等能以较快的速度发展。这也势必会影响整个社会供给或潜在生产能力的提升。因此为了实现超常规的经济增长，我们势必要求政府加大对教育、科研和基础设施的支持力度。事实上，财政政策，特别是积极财政政策的主要目标是通过对教育、科研和基础设施等方面的投资，迅速提高我国经济社会的供给能力，并进而推动经济的高速增长。

（三）对外管理

宏观经济政策的目标不仅要实现国内均衡，同时还要实现国际均衡，这就需要采取必要的措施对国际收支进行调节。对外管理是指通过对国际贸易、国际资本流动、劳务的国际输出和输入等进行管理和调节，以实现国际收支平衡的目标。对外经济管理政策主要包括对外贸易政策、汇率政策、对外投资政策和国际经济关系协调等。

三、宏观经济政策的形成和发展

宏观经济政策的形成和发展与凯恩斯主义及宏观经济学的形成和发展相一致。20 世纪 30 年代以来，宏观经济政策的形成和发展经历了三个主要阶段。

第一阶段：20 世纪 30 年代到第二次世界大战。其间，凯恩斯发表的《就业、利息与货币通论》为各国政府干预经济提供了理论依据。该书从总需求的角度分析了国民收入的决定，并用有效需求不足来解释失业存在的原因。在实践中提出了自由放任、国家干预经济的主张。

第二阶段：第二次世界大战到 20 世纪 70 年代。美国政府于 1946 年通过《就业法》，把实现充分就业、促进经济繁荣作为政府的基本职能。这标志着国家全面系统地干预经济，由此，宏观经济政策的发展进入了一个新的时期。这一时期的宏观经济政策以凯恩斯主义为基础，主要的政策工具是财政政策与货币政策。

第三阶段：20 世纪 70 年代初，西方国家出现了高通货膨胀率与高失业率并存的局面，迫使它们对国家干预经济的政策进行反思。于是，宏观经济政策的发展进入第三个阶段。这个阶段最主要的特征是自由放任思潮的复兴。自由放任思潮要求减少国家干预、加强市场机制的调节作用，因此，经济政策的多样化和自由化成为宏观经济政策的重要趋势。

总的来说，20 世纪 30 年代以后，资本主义国家的总体趋势是借助国家的力量克服市场经济本身的缺陷。当然，资本主义社会的基础是市场经济，市场机制对经济的调节是基础性的，所以，宏观经济政策的一项重要任务是：如何把市场机制与国家干预更好地结合起来。

美国宏观经济政策的演变

美国在经历了 1929 年～1933 年的经济大危机之后，开始放弃自由放任经济，转而实行政府干预，注重财政政策与货币政策的使用。30 年代至 60 年代，美国经济政策以财政政策为主，货币政策从属于财政政策，这种政策搭配效果是好的，达到了促进经济增长和维持物价相对稳定的目的。60 年代末，越南战争的爆发成为美国经济的转折点。财政赤字日益增加，通货膨胀不断加剧，经济出现滞胀的局面。滞胀使凯恩斯主义陷入尴尬境地，而以弗里德曼为代表的货币主义开始兴起。在这种背景下，20 世纪 70 年代以控制货币供应量为中介目标的货币政策得到加强。

80 年代，美国联邦政府为了解决经济滞胀问题，将控制通货膨胀作为首要经济目标，实行了紧货币、松财政的政策。这种政策搭配有效地控制了通货膨胀，降低了失业率，但同时也种下了高利率、高赤字和高负债的恶果。1993 年克林顿政府，调整了财政货币政策，转而实行了适度从紧的财政政策，并配合偏松的货币政策。通过税收政策来增加财政收入，并适当压缩财政支出，调整政府支出结构。与此同时，美联储连续调低贴现率，为紧缩性财政政策的实施创造了条件。90 年代中后期美国的财政货币政策是成功的，它对经济稳定增长起到了积极的促进作用，反过来，经济的长期稳定增长又改善了财政状况，维护了良好的金融秩序。

2001 年，美国经济开始出现衰退，消费物价指数创 45 年来最大的跌幅，固定资本投资受阻，库存积压，企业支出疲软。为应对这一局面，布什政府采取了积极的财政政策与扩张的货币政策的组合。美国联邦政府从 2001 年开始采取减税政策，美联储连续 11 次降息，特别是“9·11”事件后，放松银根 125 个基本点，减轻了债务负担，降低了融资成本。同时，住房抵押贷款利率降至 30 年来的最低水平，使住房供给资金攀升，美国经济出现好转。这其中有减税降息的效果，也有伊拉克战争后军火工业的带动。美国经济出现好转是布什赢得 2004 年大选的重要原因。

任务二　认知财政政策

凯恩斯主义出现以前，财政政策的目的是为政府的各项开支筹集资金，实现财政平衡，它主要影响收入分配以及资源在私人部门与公共部门之间的配置。凯恩斯主义出现以后，财政政策被作为需求管理的重要工具，用以实现既定的政策目标。

一、财政政策的含义

财政政策是指为了提高就业水平、减轻经济波动、防止通货膨胀、实现稳定增长而对政府收入和支出水平所作的决策。财政政策是国家干预经济的主要政策之一。

财政政策主要包括政府支出政策和政府收入政策。

政府支出是指整个国家中各级政府支出的总和，主要包括政府采购和政府转移支付两大类。政府采购是指政府对商品和劳务的采购，如采购军需品、政府雇员报酬、公共项目工程所需的支出等。政府转移支付是指政府在社会福利保险、贫困救济和补助等方面的支出。

政府收入是指整个国家中各级政府收入的总和，其中税收是最主要的组成部分。税收可以分为不同的种类。根据课征对象，税收可以分为财产税、所得税和流转税；根据收入中被扣除的比例，税收可以分为累退税、累进税和比例税。公债是政府收入的又一组成部分，它是政府对公众的负债。公债不同于税收，是政府运用信用形式筹集财政资金的特殊方式。

二、财政政策的分类

财政政策工具是指财政当局为了实现既定的政策目标所选择的操作手段。西方政府为了实现既定的经济政策目标，使用的财政政策工具主要有：政府购买、政府转移支付、税收和公债以及预算规模等。

（一）政府购买

政府购买是指政府对商品和劳务的采购，它是一种实质性支出，存在商品和劳务的实际交易，因而形成直接的社会需求和购买力。在总需求不足的情况下，政府可以加大政府购买，如举办公共工程等，以增加社会整体需求水平，抑制经济衰退；在总需求过高的情况下，政府可以采取相反的政策，减少购买支出，降低社会总需求，抑制通货膨胀。因此，政府购买的变动是财政政策的有力手段。

（二）政府转移支付

政府转移支付是指政府在社会福利保险、贫困救济和补助等方面的支出。这种支付并无商品和劳务的交换与之相对应，属于货币性支出，是政府将收入在不同社会成员之间进行转移和重新分配。经济萧条时期，政府采取提高转移支付水平的政策，可以提高人们的可支配收入和消费支出水平，增加社会有效需求，抑制经济衰退。经济繁荣时期，政府则可以采取降低政府转移支付水平的政策，从而降低人们可支配收入和社会总需求水平，控制经济膨胀。

（三）税收和公债

税收是政府财政收入最主要的组成部分。税收政策主要通过税率和税收绝对量的变动来影响国民经济运行。总需求不足时，政府降低税率，让个人和公司有更多的可支配收入来刺激总需求。相反，总需求过旺时，政府提高税率，减少个人和公司的可支配收入，从而降低总需求。

公债是指政府对公众举借的债务，或公众对政府的债权，它包括内债和外债。这里主要分析内债。公债是政府财政收入的重要组成部分，包括中央政府的债务和地方政府的债务，中央政府的债务又称国债。公债不仅是政府弥补财政赤字的一个重要手段，同时也是重要的政策工具。政府发行或采购公债，一方面增加财政收入或财政支出，影响财政收支；另一方面还能在货币市场和资本市场实行金融扩张或金融紧缩。因此，公债政策起着双重经济政策的作用。

（四）财政预算

财政预算是指政府的收支计划。政府可以通过增加或压缩财政预算规模调节国民经济的运行，主要表现为：调节国民收入的分配和再分配；调节社会总供给和总需求的平衡；调节国民经济中各种比例关系和产业结构。

三、财政政策的应用

（一）内在稳定器——自动性财政政策

内在稳定器是指经济运行中随着社会总需求的变化而变化，自动调整经济、促进社会经济趋于稳定的政策措施。西方经济学家认为，由于财政制度本身的某些特点，有些财政支出与税收政策具有一定自动调节经济运行的功能。他们把财政政策中那些具有自动调节经济运行功能的政策措施称为经济的内在稳定器。

具有内在稳定器功能的财政政策主要包括以下几个方面：

1. 政府税收的自动变化

经济衰退时，国民产出水平下降，个人收入减少。在税率不变的情况下，政府税收会自动减少，留给人们的可支配收入就会自动减少一些，从而使消费和需求自动下降一些。在实行累进税的情况下，经济衰退使纳税人的收入自动进入较低纳税档次，政府税收下降的幅度会超过收入下降的幅度，从而可以起到抑制衰退的作用。反之，经济繁荣时，失业率下降，人们的收入自动增加，税收会随着个人收入的增加而自动增加，留给人们的可支配收入也就会自动增加一些，从而使消费和需求自动增加一些。在实行累进税的情况下，繁荣使纳税人自动进入较高的纳税档次，政府税收上升的幅度会超过收入上升的幅度，从而起到抑制通货膨胀的作用。因此，西方学者认为，税收因经济变动而自动发生变化的内在机制和伸缩性是一种有助于减轻经济波动的自动稳定因素。

2．政府支出的自动变化

这里主要是指政府的转移支付，它包括政府的失业救济和其他社会福利支出。经济出现衰退时，失业增加，符合救济条件的人数增多，失业救济和其他社会福利开支会相应增加，这会抑制人们收入特别是可支配收入的下降，进而抑制消费需求的下降。经济繁荣时，失业人数减少，政府的转移支付也会自然减少，从而抑制可支配收入和消费的增长。

3．农产品价格的维持制度

经济萧条时，农产品价格下降，政府根据农产品价格维持制度，按支持价格收购农产品，可以使农民收入和消费维持在一定的水平。经济繁荣时，农产品价格上升，政府减少对农产品的收购并抛售农产品，限制农产品价格上升，这样不但抑制了农民收入的增长，也减少了总需求的增加。

总之，政府税收和转移支付的自动变化以及农产品价格维持制度对宏观经济活动都能起到直接的稳定作用，它们是财政制度的内在稳定器，属于自动性财政政策，是经济波动的第一道防线。

（二）补偿性财政政策

补偿性财政政策是指政府根据对经济情况的判断而主动调整财政收支以改变社会总需求的财政政策。它是凯恩斯主义的重要组成部分，其立足点是自动性财政政策的作用十分有限，只能缓和而不能消除经济波动。当社会总需求过小（过大）时，必须主动提高（降低）总需求来予以补偿，所以称之为补偿性财政政策。

1．紧缩性财政政策

紧缩性财政政策是指在经济高涨期，通过财政分配活动减少或抑制社会总需求，降低经济过热所产生的各种副作用的政策措施。其运行机理如图 13-1 所示。

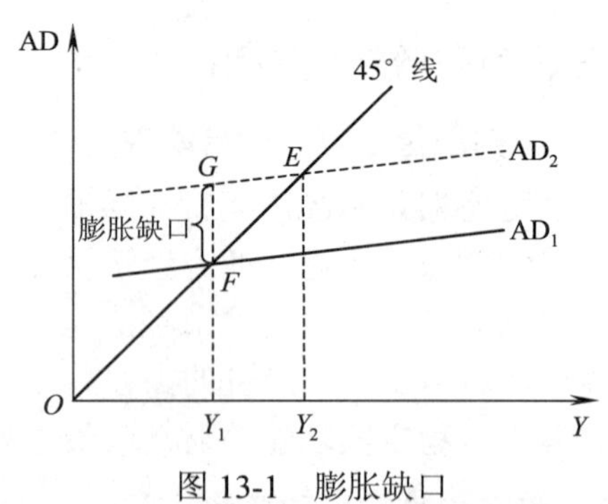

图 13-1 膨胀缺口

图中的横坐标表示国民收入，纵坐标表示总需求。Y_1 表示充分就业时的收入或潜在收入。当经济中的总需求为 AD_2 时，经济中的均衡收入为由 E 点所决定的 Y_2。由于 Y_2 大于 Y_1，这时就出现了膨胀缺口 FG。消除膨胀缺口，从理论上讲就是使收入达到充分就业的水平 Y_1。显然，要做到这一点，需要将总需求曲线从 AD_2 减少到 AD_1 的水平。

为此，政府可以采取旨在抑制总需求的紧缩性财政政策，主要的政策手段包括缩小预算规模、增税、减少国家信用和实行财政盈余等。

（1）缩小预算规模。国家预算的规模是指以正常的财政收入安排的财政支出。不包括国家债务和向银行透支。国家预算规模的大小和社会总需求的大小有着正相关关系，而且国家预算收入的紧缩效应要大于企业和居民个人收入的紧缩效应，这样，国家预算规模的缩小也就意味着降低社会总需求。

（2）增税。增税实质上是把部分居民用于消费支出的货币收入转移到国家手里。以抑制社会总需求。增税对投资有较强的抑制作用，是紧缩性财政政策的有力手段。

（3）减少国家信用。国家信用的减少直至取消，实质上是把一部分原先由国家安排的货币收入还原为最初状态——储蓄。相对于存在国家信用的情况来说，缩小或取消国家信用就是减少了社会总需求。这里需要说明的是，如果国家信用来源于企业和居民对即期消费的节约，那么社会总需求水平便不可能收缩，只会产生结构性调整社会总需求的效应。

（4）财政盈余。财政盈余是缩小社会总需求的一种典型形态。财政收入本身代表一部分社会采购力，而财政盈余则意味着把相应数量的社会采购力冻结起来，因此，可以把财政盈余的数量视为社会总需求相对缩小的数量。

2. 扩张性财政政策

扩张性财政政策是指在经济萧条时期，通过财政分配活动来增加或刺激社会总需求，以防止经济衰退所产生的各种副作用的政策措施。其运行机理如图 13-2 所示。

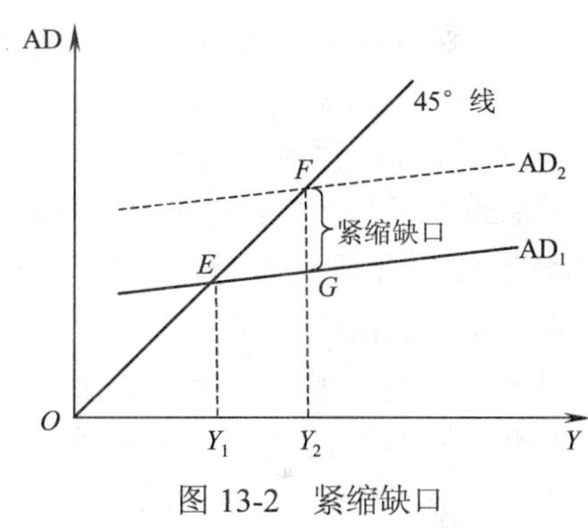

图 13-2　紧缩缺口

图中的横坐标表示国民收入，纵坐标表示总需求。Y_2 表示充分就业时的收入或潜在收入，当经济中的总需求为 AD_1 时，经济中的均衡收入为由 E 点所决定的 Y_1。由于 Y_1 小于 Y_2，这时就出现了紧缩缺口 FG。实现充分就业。即消除紧缩缺口，从理论上讲就是使收入达到充分就业的水平 Y_2。显然，要做到这一点，需要将总需求线从 AD_1 上升到 AD_2 的水平。

为此，政府可以采取旨在增加总需求的扩张性财政政策，主要的政策手段包括扩大国家预算规模、减税、扩大国家信用规模和财政赤字等。这些措施与紧缩性财政政策的各项措施在原理上是一致的，只是方向相反而已。这里就不再重复了。

（三）财政预算平衡原则

压缩或增加财政收支必然会涉及财政预算平衡问题，财政预算原则的演变过程反映了财政政策的内在要求。西方国家的财政预算原则大致有以下几种。

1. 年度平衡预算

年度平衡预算是指每个财政年度的财政收支平衡，这是 20 世纪 30 年代大危机以前普遍采取的政策原则。这个原则后来遭到凯恩斯主义者的反对。他们认为，衰退时，税收必然会随收入的减少而减少。为了减少赤字、平衡收支，只有减少政府支出或提高税率，其结果才加深衰退；通货膨胀时，税收必然会随收入的增加而增加。为了减少盈余，只有增加政府支出或降低税率，其结果加剧通货膨胀。年度平衡预算会使经济波动更为严重，目前，这一预算原则基本上已经被废弃。

2．周期平衡预算

周期平衡预算是指根据经济周期的波动，在经济衰退时有意安排预算赤字，在经济繁荣时有意安排预算黑字（盈余），以丰补歉，追求整个经济周期内的收支平衡。这种理论为财政政策的实施提供了理论基础，但实行起来却非常困难，因为在一个预算周期内，很难准确地估计繁荣和衰退的时间与程度，二者也不一定完全相等。

3．功能性财政预算

功能性财政预算是指政府根据经济发展情况机动灵活地增减财政收支，以消除经济波动，促进经济增长。它强调的是财政制度促进经济长期、稳定增长的功能和职责。当然，由于经济波动、决策时滞以及效果时滞等因素，功能性财政预算的作用也难以全部发挥。

四、财政政策的挤出效应

财政政策的挤出效应是指政府采购增加会使利率上升，利率的上升对消费或投资则会产生一定的抑制作用。财政政策的挤出效应可以用IS-LM模型清楚地说明，如图13-3所示。

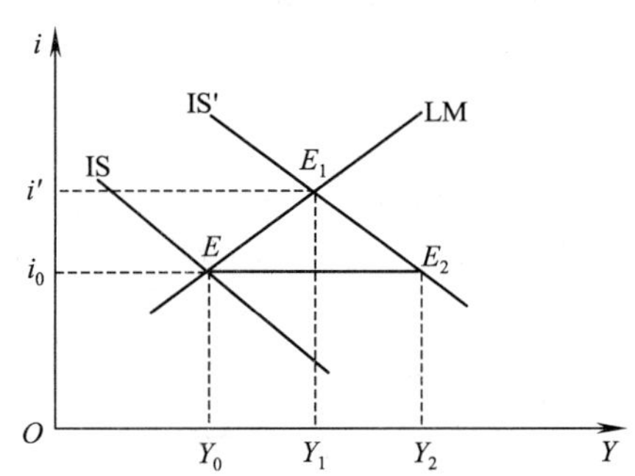

图13-3 财政政策的挤出效应

图13-3中，假定政府实行一项扩张性财政政策，增加政府采购使IS曲线向右移动到IS′，右移的距离为EE_2。根据乘数理论，EE_2为政府采购乘数与政府采购增加额的乘积。这时，国民收入应从Y_0增加到Y_2。但是，如果考虑到货币市场，实际上国民收入不可能增加到Y_2。因为如果国民收入增加到Y_2，必须假定利率i不变，而利率肯定是上升的。当IS曲线向右方移动时，收入增加，人们对货币的交易需求也会增加，但货币供给并未变动（LM曲线未发生变动）。因而人们用于投机需求的货币就会减少，这将推动利率上升。利率上升抑制了私人投资，从而使新的均衡点位于E_1处，这时的收入是Y_1，而不是Y_2。

挤出效应这一概念使人们进一步认识了财政政策的作用。在实现充分就业的情况下，挤出效应最大，其数值为1，也就是政府支出的增加等于私人支出的减少，此时，财政政策的作用非常有限；在没有实现充分就业的情况下，挤出效应介于0和1之间，财政政策充分发挥作用的前提是挤出效应不存在或者非常小。

里根的经济政策

在经济政策方面，里根最为人传诵的是他就职演说中的名句："就目前的（经济）危机而言，政府不能解决我们的问题，政府本身就是问题。"

要理解里根所说的危机，我们得回到20世纪70年代末，也就是里根上任的前夕，看看里根接手的是怎样的一个经济摊子。

70 年代末期，美国经济出现了前所未有的滞胀，也就是通胀率与失业率同时居高。凯恩斯主义经济学家束手无策，因为按照凯恩斯主义的理论，尤其是当时盛行的菲利普斯曲线，失业率和通胀率具有替代关系，此消彼长，不会同时出现。

里根完全否定了这套学说及其背后的信念。他欣赏一些与之对立的经济学家，采纳了两套全新的经济理论，其一是弗里德曼的货币理论，其二是曼德尔和拉发等人的供应学派理论。

弗里德曼的货币理论认为，通货膨胀的唯一原因是货币发行量过大。而不是其他五花八门的理由。虽然控制通胀是中央银行的工作，与行政无关，但里根并非无事可做。前两任总统尼克松和卡特，为了抑制通胀施行过不少愚蠢的经济政策。里根上任当天，就签署法令，立即解除了全国的汽油价格管制。加油站外排了 10 年的长队，一个礼拜就消失了。

供应学派理论认为，政府要增加收入，边际税率并非越高越好。据说拉发在一块餐巾上画出了著名的“拉发曲线”：如果税率是零，政府的收入是零；但如果政府的税率是 100%，人们不想从事任何工作，政府的收入也是零。只有适当调节税率，政府才能取得最大的收入。

美国当时的边际税率高达 70%，已经接近后一个极端。因此，里根主张减税，从而鼓励企业增加生产，把经济带出困境。为了给民主党人控制的国会施加压力，他在黄金时间发表电视演说，要求国民给他们选区的国会议员写信或打电话，表达减税的心愿。这一招果然奏效，国会通过了里根大刀阔斧的减税计划，边际税率两年后减至 50%，而美国经济也开始复苏。

然而，最大的问题是，里根在减税的同时，完全没有触及庞大的政府开支。他竞选时承诺要致力于缩小政府规模和福利开支，但此后 8 年，他实际上没有减少一项政府开支。加上他推行的大规模军备计划，结果财政赤字激增。

里根上任时的财政赤字是 500 亿美元，80 年代中期是 2 000 亿美元，到他离任时达到 1.5 万亿美元。人们指责里根任内的经济繁荣，是靠“先花后挣钱”带来的。继任的布什和克林顿，为了填补这个大窟窿，不得不连番征税，累计超过了里根上任时的水平。

真正的供应学派，是在减税的同时减少政府项目，否则公共开支不可能平衡，而赤字迟早要靠税收来填补。相比之下，说服国会通过减税提议不难，但政府开支一旦上马，就几乎永远不可能削减。所以，人们称颂的“里根经济学”，其实只尝试过一半。

没有人怀疑里根让政府瘦身的雄心壮志，但无情的数字证明他在这方面一事无成。这位共和党领袖能做的，似乎只有幽自己一默。记者质问他：“你把问题推卸给过去，推卸给国会，难道自己就没有责任？”里根接过话茬回答：“有。我（年轻时）当过多年的民主党党员。”

任务三 认知货币政策

货币政策是指政府根据宏观经济调控目标，通过中央银行对货币供给和信用规模的管理来调节信贷供给和利率水平，以影响和调节宏观经济运行状况的经济政策。为了了解货币政策，有必要了解有关货币政策的基本知识和基本概念。

一、有关货币政策的基本概念和基本知识

（一）货币与基础货币

货币是指人们普遍接受的、充当交换媒介的一般商品。根据流动性或变现能力，经济学家把货币分为不同的层次，如 M_1、M_2、M_3。美国对各层次货币的划分规定如下：

M_1=现金+活期存款

M_2=M_1+储蓄+在所有存款机构的小额定期存款

M_3=M_2+所有存款机构的大额定期存款+商业银行、储蓄贷款机构的定期存款协议

基础货币又称高能货币，是指中央银行发行的货币，具有创造更多其他货币的能力，在整个货币系统中处于基础地位。

（二）商业银行的货币创造功能

西方经济学家认为，货币供给量取决于流通中现金和商业银行存款的数量。商业银行吸收存款和发放贷款时，具有创造货币从而增加货币供给量的功能。

商业银行的活期存款就是货币，它可以用支票在市场上流通。增加活期存款就是增加货币供给。在现代银行与企业的信贷关系中，银行向企业贷款，企业得到贷款后并不直接提取现金，而是把贷款作为活期存款再存入同自己有业务往来的银行账户，以便随时开出支票。这样，商业银行体系在增加贷款的同时，促成了体系内存款的增加。由于存款就是货币，商业银行通过贷款而增加的存款就是商业银行在业务活动中所创造的货币。在中央银行货币发行量既定的情况下，商业银行创造的存款会使流通中的货币数量增加。

商业银行创造货币的能力受两个因素的影响。一是商业银行所吸收的最初存款，二是法定存款准备金率。如果以 R 代表最初存款，以 D 代表存款总额即创造出的货币量，以 r 代表法定存款准备金率（$0<r<1$），商业银行体系能够创造出的货币总量用公式表示为

$$D=\frac{R}{r}$$

该公式表明，商业银行体系所能创造出来的货币量与最初存款成正比，与法定存款准备金率成反比。假定法定存款准备金率为 20%，最初某商业银行所吸收的存款为 100 万元，那么，整个商业银行体系可以增加的存款总额为 100/20%=500 万元。

（三）货币乘数

货币乘数是指中央银行发行基础货币所引起的相对于基础货币，实际货币供给量增加的倍数。货币供给量指流通中的货币数量，它是经济中现金与存款的总和，即货币供给量=现金+存款。如果用 H 表示基础货币，M 表示货币供给量，m 代表货币乘数，则有如下关系式

$$m=\frac{\text{货币供给量}}{\text{基础货币}}=\frac{M}{H}$$

或

$$\text{货币供给量}=\text{基础货币}\times\text{货币乘数}=H\cdot m$$

二、货币政策的作用机制

货币政策的作用机制是指中央银行运用货币政策工具影响各种经济指标，进而实现既定政策目标的传导途径与作用机理。货币政策通过货币供给量的变动调节利率，再通过利率的变动影响总需求，其传导机制如图 13-4 所示。

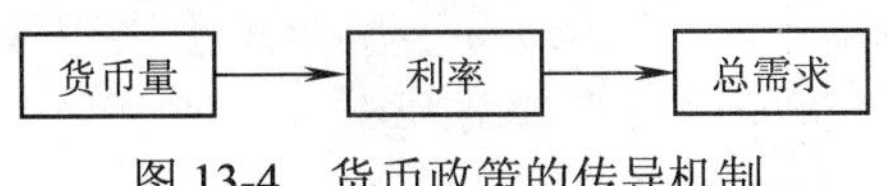

图 13-4　货币政策的传导机制

由图 13-4 可见，货币政策的直接目标是利率。利率的变动通过调节货币供应量来实现，所以调节货币供应量只是手段；调节利率的目的是调节总需求，所以总需求变动是货币政策的最终目标。

货币政策一般分为扩张性货币政策和紧缩性货币政策。扩张性货币政策通过增加货币供给量来带动总需求的增长。在这种情况下，取得信贷更为容易，利率也会相应降低，因而经济萧条时多采用扩张性货币政策。反之，紧缩性货币政策是通过减少货币供给的增长来降低总需求水平，在这种情况下，取得信贷比较困难，利率也随之提高，因而经济高涨时多采用紧缩性货币政策。

三、货币政策工具及其应用

货币政策工具是指货币当局为了实现既定的政策目标所选择的操作手段。西方政府为了实现既定的经济政策目标，经常使用的货币政策工具包括一般性政策工具和选择性政策工具。

（一）一般性货币政策工具及其应用

一般性货币政策工具是指西方国家中央银行多年来一直采用的三大政策工具：法定存款准备金率、再贴现政策和公开市场业务，这三大政策主要用于调节货币总量。

1．法定存款准备金率

法定存款准备金率是指中央银行以法律形式规定的商业银行将其吸收存款的一部分上缴中央银行作为准备金的比率。中央银行改变法定存款准备金率可以通过对准备金的影响来调节货币供给量。例如，中央银行降低法定存款准备金率，使商业银行产生超额准备金，这部分准备金可以作为贷款放出，通过银行系统存款的成倍扩大，增加货币供给量和降低利率。反之，中央银行提高法定存款准备金率，会使商业银行原有的准备金低于法定要求。这样，商业银行必须收回贷款，通过银行系统存款的成倍收缩，减少货币供给量和提高利率。改变法定存款准备金率会引起宏观经济活动的强烈波动，实践中很少使用这种强有力的武器。

2．再贴现政策

贴现是指商业银行从收受的未到期商业票据面值中扣除利息，并把票面余额以现金形式支付给持票人的信用活动。再贴现是指商业银行将其收受的商业票据拿到中央银行申请再贴现，我们可以将其理解为中央银行对商业银行的贷款，调整再贴现率就是中央银行调高或降低对商业银行发放贷款的利率。

萧条时期，中央银行降低贴现率，可以鼓励商业银行借款，从而增加商业银行的准备金，这样可以增加它对客户的放款，放款的增加又会通过银行创造货币的机制增加货币的供给量并降低利率。繁荣时期，中央银行提高贴现率，可以限制商业银行贷款，使商业银行准备金短缺，这样商业银行必须减少对客户的放款或收回贷款，贷款的减少又会通过银行创造货币的机制减少货币的供给量并且提高利率。

3．公开市场业务

公开市场业务是指中央银行在公开市场即金融市场上买进或卖出有价证券。运用公开市场业务，可以通过对货币供给量的调节来调节利率，并通过利率的变动来调节总需求，达到宏观经济政策的目标。例如，经济萧条时，中央银行在金融市场上买进有价证券，可以增加银行系统的基础货币，通过银行系统的存款创造，导致货币供给量多倍扩大和利率下降，这会促进私人投资和消费的扩张，带动生产和就业的增长。与此同时，中央银行采购有价证券会使债券的需求增加，从而债券价格上升，利率下跌，这也会鼓励私人增加投资和消费，推动国民生产总值和就业的增加。经济繁荣时，中央银行在金融市场上卖出有价证券，会使银行系统基础货币减少，导致货币供给量多倍减少和利率上升。这样，私人的投资和消费支出就会下降，通货膨胀得到缓解。

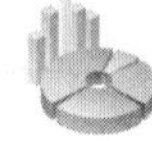

同前两种货币政策工具相比，公开市场业务具有明显的优势，主要包括：主动性强、灵活性高、调控效果和缓、震动性小以及影响范围广等。因此，公开市场业务是最重要的货币政策工具。

（二）选择性货币政策工具

除了上述调节货币总量的三大工具外，货币政策工具还有另外几种。这些工具一般都是有选择地使用，故称之为选择性货币政策工具，主要有以下几种：

1．道义上的劝告

中央银行对商业银行发出口头或书面的谈话或声明劝说商业银行自动地遵循中央银行所要求的信贷政策。这种劝告没有法律约束力，但能发挥一定的作用。

2．利率上限

中央银行规定商业银行和其他储蓄机构定期存款和储蓄存款的利率上限。

3．控制消费信贷

中央银行控制分期付款的条件，包括消费者采购耐用消费品的最低现付额和最长偿还期。

任务四　认知相机抉择和宏观经济政策的局限性

宏观经济政策被用来弥补市场缺陷，但是宏观经济政策也有自身的局限性。同时，不同类型的宏观经济政策有着不同的特点，这要求政府在具体操作时相机抉择。

一、相机抉择

相机抉择是指政府在进行宏观经济管理时，根据市场波动的实际情况和各项政策措施的特点，机动灵活地决定和选择适当的政策措施进行调节。

（一）财政政策和货币政策的比较

财政政策和货币政策各有自身的特点，其作用效果也不一样。具体表现为以下几个方面：

1. 两者的调节领域不同

财政政策和货币政策调节的侧重点都是社会总需求，但两者的具体调节领域却不尽相同。财政政策对社会总需求的调节主要是在分配领域进行，而货币政策对社会总需求的调节主要发生在流通领域。

2. 两者对总量和结构调节的效应不同

财政政策与货币政策在调控供求总量与结构的作用范围及其作用力度上存在差别。财政政策调整的侧重点是资源配置和经济结构的优化，对总量的调节作用具有一定的局限性。货币政策对社会供求总量的调控作用比较突出，在改善供求结构及国民经济重大比例方面的作用相对有限。

3. 两者发挥作用的快慢不同

财政政策的变化一般要通过立法机构，其政策制定的时间间隔比较长；货币政策直接由中央银行决定，政策制定的时间间隔相对比较短。但是，由于财政政策直接影响消费和投资总量，货币政策间接影响消费和投资总量，所以货币政策发挥作用的时间间隔相对较长。

4. 两者实行过程中受到的阻力不同

一般来说，每种紧缩性措施都可能遇到阻力，但是阻力的大小不同。总体上讲，财政政策的阻力大于货币政策的阻力。财政政策中，增税和减少政府开支的阻力相对更大一些。

（二）政策选择的原则——相机抉择

实际经济情况千差万别，不同的财政政策和货币政策又各具特点，所以在运用宏观经济政策的过程中，政府要根据不同经济政策的特点和具体经济形势把两者协调起来综合运用。这样才能使宏观经济政策发挥最大的效用，实现预期的目的。一般来说，紧急情况下，如出现严重的通货膨胀或严重的经济萧条，运用见效快而且效果大的各种宏观经济政策；相反，对于刚刚出现的各种非正常苗头，主要运用较为平缓的政策措施。相机抉择的实质就是灵活地运用各种政策。

二、财政政策和货币政策的配合使用

要实现国民经济宏观调控目标，需要各种经济政策的协调配合，特别需要财政政策与货币政策的协调配合。财政政策和货币政策都有扩张、紧缩和中性三种类型。据此，可以把两者之间的配合形式分为四种。

（一）“双松”政策

“双松”政策，即松的财政政策和松的货币政策。松的财政政策主要通过减少税收和扩大政府支出规模来刺激社会总需求；松的货币政策主要通过降低法定存款准备金率、再贴现率等扩大信贷支出规模，以及利用公开市场业务手段来增加货币的供给。在社会总需求严重不足的情况下，为刺激消费和投资、扩大就业，从而刺激经济增长，一般实行“双松”政策。“双松”搭配可以强有力地刺激社会总需求，促进经济增长，但也可能诱发财政赤字和通货膨胀，影响经济稳定和社会安定。

（二）“双紧”政策

“双紧”政策，即紧的财政政策和紧的货币政策。紧的财政政策主要通过增加税收、削减政府支出规模来抑制社会总需求；紧的货币政策主要通过提高法定存款准备金率、再贴现率等压缩信贷规模以及利用公开市场业务手段来减少货币供给。在社会总需求严重膨胀的情况下，一般采取“双紧”政策。“双紧”搭配对经济的影响与“双松”恰好相反，可以有效地抑制社会总需求，缓解通货膨胀压力，但也可能抑制供给，使整个经济陷入萎缩状态。

（三）紧的财政政策和松的货币政策

紧的财政政策可以抑制社会总需求，防止经济过热和抵制通货膨胀；松的货币政策可以保持经济的适度增长。这种政策组合效应的优点是在控制通货膨胀的同时，保持适度的经济增长，缺点是如果货币政策过松，将难以抑制通货膨胀。

（四）松的财政政策和紧的货币政策

松的财政政策在于刺激社会总需求，对克服经济萧条较为有效；紧的货币政策可以避免过高的通货膨胀率。这种政策组合效应的优点是在保持适度经济增长的同时，实现对经济结构的调整和尽可能地避免通货膨胀，缺点是如果长期运用这种搭配方式，会积累大量的财政赤字。

一般来说，“双紧”、“双松”政策主要解决总量问题，“一松一紧”政策主要取决结构问题。至于在何种情况采用何种搭配方式，主要取决于一定时期的社会经济运行状况，也就是前面所讲的相机抉择。

三、宏观经济政策的局限性

由于各种条件限制，宏观经济政策的作用结果与预期目标之间总是存在着一定的偏差，从而表现出一定的局限性。这些局限性主要包括时滞、预期、不确定性等。

（一）时滞

时滞是指宏观经济政策从决策、实施到完全发挥作用之间存在的时间间隔。时滞包括资料时滞、识别时滞、行政立法时滞、传导及生效时滞。资料时滞是指经济问题出现后总是需要一定时间才会在有关的统计资料上显现出来。政府同时也需要一定的时间收集整理有关资料并据此分析判断，这便是识别时滞。在识别经济问题的性质后，政府要制定经济政策并通过相应的法律程序予以批准，其中耗费的时间就是行政立法时滞。政策实施后需要一定时间的传导才能影响经济个体的经济行为，这便是传导时滞。从经济个体行为的变化到社会宏观经济变量的变化过程是生效的时滞。由于时滞的存在，政府政策不值得完全信赖，因为它可能在不适当的时候发挥不适当的作用。

（二）预期

预期是指人们对未来经济变动和政策导向的预测或估计。受信息不完全和认识能力的局限，人们的预期值与实际值不可能完全一致，这样，会影响宏观经济政策效应的发挥。例如，在萧条期，中央银行采取措施使商业银行扩大放款，而且放款风险也不大，如果商业银行预期放款风险比较大，可能不会作出扩大放款的反应。由此可见，只要人们的预期值与实际值不一致，宏观经济政策就难以达到预期目标。另外，政府制定经济政策也取决于政府对经济变动的预期。与个人预期一样，政府预期也不可能完全合乎理性，这样，政府的经济政策就不可能完全正确。所以，预期是影响宏观经济政策效应的一个重要因素，如何才能提高预期的准确性和科学性，是一个有待进一步研究的问题。

（三）不确定性

经济政策不是孤立的，它受到许多因素的影响。例如，大选前夕，尽管经济中已出现通货膨胀，但总统为了连任，一般不愿意采取紧缩性政策，因为紧缩性政策会增加失业、对他当选带来不利的影响。

日本20世纪90年代财政货币政策的失误

“凯恩斯革命”之后，财政政策和货币政策成为西方发达国家调控宏观经济不可或缺的基本工具，它们有成功的经验也有失败的教训。其中，日本在执行财政政策和货币政策实践中遇到的问题，对我们有很好的参考价值。

第二次世界大战后，日本政府曾根据经济发展需要，几次调整财政货币政策。20世纪50年代至70年代初，日本政府为了刺激经济发展，采取了一些行之有效的扩张性政策。减免税收，增加财政支出，增大社会福利开支。为重点产业提供优惠贷款，并实行贷款额度优先政策。进入70年代，日本经济陷入了“滞胀”。为此，日本采取了先治“胀”后去“滞”的策略，首先采取的是财政货币双紧政策。当通胀高峰过后，及时调整政策，用扩张政策解决经济停滞问题。使经济迅速复苏。正是由于日本政府在70年代的危机中采用了恰当的财政货币政策，日本经济增长率在80年代名列世界前茅。

然而，日本政府的财政货币政策也有过失误的教训。自1991年开始，为了应对经济萧条和衰退，日本政府在不到10年的时间内投入了大量资金来刺激经济增长，但效果甚微。这一时期，财政赤字问题十分严重，到了难以为继的地步。鉴于这种状况，日本政府颁布了《财政改革法》，采取紧缩的财政政策。但结果是国民消费支出大幅度下降，政府对公共事业的投资也明显减少。日本经济继续滑坡，以致发展为战后最严重的经济衰退。在经济一片萧条的大环境下，日本金融机构不良债权不断增加。银行为防止金融风险，出现了严重的“慎贷”或“惜贷”现象，从而使企业特别是中小企业融资困难。日本银行自1995年以来基本实行零利率政策，但商业银行贷款仍增长缓慢。中央银行通过公开市场业务向商业银行增加的货币供应，又通过商业银行在中央银行的存款等形式回流到中央银行，形成了资金在中央银行和商业银行之间的循环。结果是货币政策的扩张效应传递不到实体经济部门，货币政策严重失灵。

日本政府在泡沫经济破灭后采取的一系列调控努力收效甚微，与其政策连续性不强有一定关系。1992年～1995年间，日本政府6次采取措施刺激经济，并取得了一些成效，使经济回升。但1997年桥本内阁又实行紧缩政策。这些紧缩性政策和亚洲金融危机结合，使刚刚复苏的日本经济又趋于下降。1998年后日本政府以刺激经济复苏为目标，连续追加预算，增加国债发行。但到了2001年，小泉内阁又改变了刺激政策，强调推行结构改革，财政政策转向了收缩和防范风险。同时，日本货币政策也缺乏连续性，1996年政府向金融公司注入“住房专用贷款”，但1997年政府不再救助金融机构，一批证券公司和城市银行倒闭。1998年又分两次向金融系统注入巨额资金。政权频繁更迭、政策不连贯和朝令夕改，打击了投资者与消费者的信心，扩张政策的效果因此大打折扣。

从日本财政货币政策组合的实践中可以看出，财政货币政策组合能否产生成效的关键，一是要准确地判断宏观经济走势及微观经济状态，以确定合理的政策取向；二是在政策执行一段时间后，要及时评估政策效果，以便适时进行政策调整或转换。

本章小结

宏观经济政策是指国家（通过其政府）对宏观经济运行过程进行管理与调节，实现经济均衡增长的各项政策措施的总称。宏观经济政策的目标包括充分就业、经济增长、物价稳定和国际收支平衡。宏观经济政策的目标存在着一致的一面，也存在着矛盾的一面。宏观经济政策工具是用来达到政策目标的手段，根据调节对象的不同，宏观经济政策工具可以分为需求管理、供给管理和对外管理等几种类型。

财政政策是指为了提高就业水平、减轻经济波动、防止通货膨胀、实现稳定增长而对政府收入和支出水平调整所作的决策。财政政策的主要内容包括政府支出政策和政府收入政策。财政政策工具是指财政当局为了实现既定的政策目标所选择的操作手段。财政政策的工具主要有：政府采购、政府转移支付、税收和公债以及预算规模等。财政政策具有内在稳定器的作用，政府应根据对经济情况的判断主动地采取补偿性财政政策对宏观经济进行调节。

货币政策是指政府根据宏观经济调控目标，通过中央银行对货币供给和信用规模管理来调节信贷供给和利率水平，以影响和调节宏观经济运行状况的经济政策。货币政策工具是指货币当局为了实现既定的政策目标所选择的操作手段。西方国家经常实施的货币政策工具包括一般性政策工具和选择性政策工具。

相机抉择是指政府在进行宏观经济管理时，根据市场波动的实际情况和各项政策措施的特点，机动灵活地决定和选择适当的政策措施进行调节。要实现国民经济宏观调控目标，需要财政政策与货币政策的协调配合。财政政策和货币政策的配合形式包括：双松政策、双紧政策、紧的财政政策和松的货币政策以及松的财政政策和紧的货币政策。

最后，由于各种条件的限制，宏观经济政策总是表现出一定的局限性。这些局限性主要包括时滞、预期和不确定性等。

主要概念　宏观经济政策　需求管理　供给管理　内在稳定器

思考与练习

一、名词解释

宏观经济政策　需求管理　供给管理　内在稳定器　财政政策　货币政策

二、单项选择题

1. 宏观经济政策的目标是（　　）。

A. 充分就业和物价稳定

B. 物价稳定和经济增长

C. 充分就业、物价稳定、减少经济波动和实现经济增长

D. 充分就业、物价稳定、经济增长、国际收支平衡

2. 政府为达到既定的经济目标而对财政收入、财政支出和公债的发行和偿还作出的决定是（　　）。

A. 财政政策　　B. 货币政策　　C. 国家政策　　D. 金融政策

3. 财政支出包括两大类，即（　　）。

A. 政府购买和政府转移支付　　B. 政府购买和公债发行

C. 政府转移支付和公债发行　　D. 公债发行和收入分配

4. 假如中央银行出售给商业银行1亿元债券，在货币乘数为5的情况下，货币供给将减少（　　）。

A. 1亿元　　B. 4亿元　　C. 5亿元　　D. 不变

5. 凯恩斯主义货币政策通过对（　　）的调节来调节利率，再通过利率的变动影响总需求。

A. 贴现率　　B. 准备率

C. 货币供应量　　D. 货币需求量

三、判断题

1. 减少政府购买的办法属于扩张性财政政策。（　　）

2. 中央银行卖出国债的政策措施属于扩张性货币政策。（　　）

3. 补偿性财政政策就是用繁荣时期的预算盈余，弥补萧条时期留下的预算赤字，以实现经济周期中的政府收支平衡。（　　）

4. 充分就业与经济增长有一致的一面，也有矛盾的一面。（　　）

5. 物价稳定就是通货膨胀率为零。（　　）

四、问答题

1. 简要说明宏观经济政策的目标。

2. 经济萧条时应该如何运用财政政策？

3. 财政政策工具主要有哪些？

4. 简述一般性货币政策工具及其应用。

5. 什么叫做相机抉择？

技 能 训 练

联系我国的经济现状，分析我国当前采用的经济政策是什么？为什么？

项目实训

【实训主题】政府目标和政府政策——党的“十八大报告解读”。

【实训目标】

了解我国现阶段的政策目标，分析政府政策。

【实训内容与要求】

1. 以自愿原则建立小组，推举组长。
2. 各小组进行组内任务安排。
3. 完成本项目活动的过程记录（包括时间、地点、内容、成员及分工情况）。
4. 每组选派1～2代表展示和讲解本组成果。

【实训时间】

1. 课下准备。
2. 各组成果展示：每组10分钟之内。

【实训考核】

1. 过程考核：教师和学生根据小组递交的活动记录来考核每一小组及成员。
2. 成果考核：由教师对各组分析、演讲的情况进行评估打分。

参 考 文 献

[1] 萨缪尔森，诺德豪斯．经济学[M]．北京：华夏出版社，1998．

[2] 格里高利·曼昆．经济学基础[M]．北京：三联书店，2003．

[3] 迈克尔·帕金．经济学[M]．北京：人民邮电出版社，2003．

[4] 斯蒂格利茨．经济学[M]．北京：中国人民大学出版社，2000．

[5] 厉以宁．西方经济学[M]．北京：高等教育出版社，2002．

[6] 李冲．现代西方经济学原理[M]．广州：中山大学出版社，2003．

[7] 梁小民．微观经济学[M]．北京：中国社会科学出版社，1996．

[8] 梁小民．宏观经济学[M]．北京：中国社会科学出版社，1996．

[9] 卢锋．经济学原理[M]．北京：北京大学出版社，2003．

[10] 牛国良．西方经济学[M]．北京：高等教育出版社，2002．

[11] 沈伟．现代西方经济学原理[M]．2 版．沈阳：东北大学出版社，1999．

[12] 尹伯成．西方经济学[M]．上海：上海人民出版社，2002．

[13] 张瑞恒．经济学原理[M]．重庆：重庆大学出版社，2002．

[14] 方欣，崔海潮．西方经济学[M]．北京：科学出版社，2005．

[15] 张淑云，李文和．西方经济学教程[M]．北京：化学工业出版社，2004．

[16] 何璋．西方经济学[M]．北京：中国财政经济出版社，2000．